FRANZ JOSEF WETZ

Illusion Menschenwürde

Aufstieg und Fall eines Grundwerts

Klett-Cotta

Klett-Cotta

Printed in Germany
Völlig überarbeitete Neuausgabe von »Die Würde der Menschen ist antastbar. Eine Provokation« (1998)
Schutzumschlag: Finken & Bumiller
Gesetzt aus der Berling von Typomedia GmbH, Ostfildern
Auf holz- und säurefreiem Papier gedruckt und gebunden von Clausen & Bosse, Leck
ISBN 3-608-94122-3

Bibliographische Information Der Deutschen Bibliothek
Die Deutsche Bibliothek verzeichnet diese Publikation in der Deutschen Nationalbibliographie; detaillierte bibliographische Daten sind im Internet über <http://dnb.ddb.de> abrufbar.

Inhalt

Ein Wort für Sonntagsreden

»Wir, die Völker der Vereinten Nationen, [sind] fest entschlossen […], unseren Glauben […] an Würde und Wert der menschlichen Persönlichkeit […] erneut zu bekräftigen« – heißt es in der Präambel der am 26. Juni 1945 verabschiedeten *Charta der Vereinten Nationen*. Ähnlich lautet Artikel 1 der am 10. Dezember 1948 von der Generalversammlung der Vereinten Nationen verkündeten *Allgemeinen Erklärung der Menschenrechte:* »Alle Menschen sind frei und an Würde und Rechten gleich geboren.« Dem folgt unser *Grundgesetz*, welches am 24. Mai 1949 in Kraft trat, und das, von der Präambel einmal abgesehen, mit den Worten beginnt: »Die Würde des Menschen ist unantastbar. Sie zu achten und zu schützen ist Verpflichtung aller staatlichen Gewalt.« Ganz offensichtlich diente diese Formulierung als Vorlage für Artikel 1 der *Charta der Grundrechte der Europäischen Union* vom 9. Dezember 2000: »Die Würde des Menschen ist unantastbar. Sie ist zu achten und zu schützen.« Heute werden Achtung der Menschenwürde und Einhaltung der Menschenrechte weltweit gefordert.

Leider klaffen in der Praxis jedoch Abgründe zwischen Anspruch und Wirklichkeit. Angst- und Schreckensschreie Tausender auf der ganzen Welt machen Menschenrechtsverletzungen von bedrückendem Ausmaß offenbar. Im 20. Jahrhundert kannte die von Menschen bewirkte Not und Qual keine Grenzen; man nennt es daher oft das blutigste und brutalste in der abendländischen Geschichte. So fielen in den letzten hundert Jahren Millionen Menschen grausigem Treiben zum Opfer, dem bis heute anscheinend nichts und niemand dauerhaft Einhalt zu gebieten vermag, denn die Bereitschaft, dem Schwächeren weh zu tun, besteht unvermindert fort.

Die im Jahre 1961 von dem Londoner Rechtsanwalt Peter Benenson gegründete Menschenrechtsorganisation *amnesty international* wies erst jüngst wieder auf Menschenrechtsverletzungen der schlimmsten Art hin, die auf drastische Weise verdeutlichen, daß der Kampf für die Freilassung von gewaltlosen, politischen Gefangenen, gegen Todesstrafe, Folter und andere Formen unmenschlicher Grausamkeit weiter gehen muß. Auch künftig werden Durchsetzung fairer Gerichtsverfahren, Hilfe für politisch Verfolgte und Unterstützung ihrer Angehörigen wichtige Aufgaben der internationalen Politik bleiben. Heute üben unterschiedliche Organisationen rund um den Erdball mit den ihnen zur Verfügung stehenden Mitteln Druck auf Staatsführungen aus, die Menschen wegen ihrer Überzeugung, Hautfarbe und Rasse benachteiligen oder mißhandeln.

In unermüdlichem Kampf gegen die Gleichgültigkeit einer durch die täglichen Nachrichten über menschliche Greueltaten abgestumpften Öffentlichkeit dokumentiert *amnesty international* die Schrecken der Welt regelmäßig in Fakten und Zahlen. Die Bilanz ist jedes Mal erschreckend, wenn man bedenkt, in wieviel Staaten Gefangene nach wie vor gefoltert und willkürlich hingerichtet werden, wieviel Tausende ohne Anklage in Kerkern sitzen, wieviel bewaffnete Konflikte auf dem Rücken der Zivilbevölkerung ausgetragen werden, wieviel Millionen Verzweifelter auf der Flucht sind, wieviele Menschen in absoluter Armut dahinvegetieren und wieviel unschuldige Kinder daran täglich sterben. Besonders verabscheuungswürdig ist der weltweite Handel mit Hinrichtungs- und Folterwerkzeugen, wie Daumenschrauben, Fußeisen oder Elektroschockgeräten, in den selbst einige Industrienationen verstrickt sind. Aber der Aufschrei der Empörung verhallt bis heute meist unerhört.

Nun braucht dieser erdrückende Katalog des Vergehens gegen die Menschlichkeit hier nicht weiter aufgeblättert zu werden; vieles ist bekannt, die Medien berichten fast täglich davon. Wem käme da nicht die Frage, ob es eine unantastbare Menschenwürde überhaupt gibt?

Tatsächlich abhanden gekommen war sie 1980, als unbekannte Täter von einem Schriftrelief des Frankfurter Schwurgerichtsgebäudes mit dem Wortlaut: »Die Würde des Menschen ist unantastbar« die »Würde« gestohlen hatten. »Daß die Justiz so plötzlich ihre Würde verlor, war am hellichten Tag geschehen. Gerade lag die Würde am Boden, da huschten junge Männer herbei und bemächtigen sich ihrer. Arbeiter am Gebäude, die den großen Spruch nach erfolgter Renovierung der Fassade wieder anbringen wollten, sahen noch, wie sie sich hurtig davonmachten – auf dem Fahrrad und hintendrauf die Würde.«[1] Anschließend forderten die Entwender auf einem Flugblatt die »Freilassung aller Gefangenen, die Auflösung aller Schulen und sonstigen Verdummungszentren, Stillegung aller Fabrik- und Atomanlagen, Einführung der Menschenrechte für alle, Ausrufung der Anarchie.« Doch konnte die »Würde« nach wochenlanger vergeblicher Suche auch ohne Erfüllung dieser teilweise verrückten Forderungen wieder sichergestellt werden. Statt unwiederbringlich verloren, war sie lediglich baden gegangen: Man fand sie, leicht ramponiert, in einem nahegelegenen Baggersee. Wie es hieß, sollte sie ursprünglich sogar im Meer versenkt werden, doch schien sie diesen Aufwand nicht wert zu sein. So bekam das Justizgebäude seine alte Würde wieder, mit der sich offenbar leicht Mißbrauch treiben läßt, und die, worauf der hochsymbolische Akt der Seebestattung aufmerksam machte, mühelos untertauchen, sozusagen in der Versenkung verschwinden kann.

Angesichts von Leid und Ungerechtigkeit überall auf der Welt klagen wir die Würde dort ein, wo sie verletzt, mißachtet, mit Füßen getreten wird. Doch sind wir uns überhaupt im klaren, was Menschenwürde bedeutet, in deren Namen wir gegen alle von Menschen begangenen Grausamkeiten immer wieder aufbegehren? Haben tatsächlich alle Menschen die gleiche Würde, nur weil sie Menschen sind – der untadelige Bürger ebenso wie der schlimmste Verbrecher? Heutzutage glauben viele, daß es eine allgemeine Menschenwürde gibt, selbst wenn sie bei Tag und bei Nacht auf übelste Weise verletzt wird. Daher darf die Frage nicht unbeantwortet bleiben, was Würde ist. Wie zeigt sie sich, woher kommt sie, worauf gründet sie? Bis heute überläßt man Fragen dieser Art gerne Metaphysikern und Juristen, welche die Würde auch als ihre Domäne ansehen; die philosophische Ethik scheint dagegen auf diese Fragen verzichtet und sich mit diesem Verzicht bereits abgefunden zu haben. Dennoch ist es keine Übertreibung zu sagen, daß nur wenige Menschen den genaueren Inhalt der Würdeidee und deren Begründung wirklich kennen. Vermutlich würden bei einer Umfrage in den Parlamenten unserer Länder und in den Fußgängerzonen unserer Städte die meisten Politiker und Bürger in Verlegenheit geraten, wenn man von ihnen Näheres über Bedeutung und Begründung der Menschenwürde erfahren möchte.

Weder das *Grundgesetz* noch die *Allgemeine Erklärung* oder irgendeine andere Proklamation gibt hierüber klare Auskunft, und wir beginnen gewöhnlich verlegen zu werden, wenn man uns nach Sinn, Gültigkeit und Verbindlichkeit dieser großartigen Idee befragt. Die Würde des Menschen ist zwar ein Schlagwort der Gegenwart mit höchster Rechtsbedeutung, diesem haftet aber eine merkwürdige Vagheit an, die es mit anderen hohen populären Begriffen wie »das Schöne« oder »das Gute« teilt. Hier wie dort verschleiert das Pathos, das mit solchen Ausdrücken einherzugehen pflegt, allzu leicht deren Unbestimmtheit. Aber auch große Wissenslücken kennzeichnen das heutige Würdebewußtsein, weshalb die Würde oft bloß zitiert, doch nur selten definiert wird. Obwohl wir uns lautstark zum Grundsatz der Menschenwürde bekennen, weiß kaum einer genau, was dieser Ausdruck eigentlich bedeutet und worauf sich dieses schöne Wort im Ernstfall noch stützen könnte; ja, seine Konturen verschwimmen desto stärker, je intensiver man sich damit befaßt. Darum ist es nicht weiter verwunderlich, daß heute einige diese Idee als bloße Phrase, schöne Floskel oder leere Worthülse belächeln und als rhetorisches, praxisfernes Ornament abtun. Die Sprache der großen Worte scheint mittlerweile verschlissen zu sein. Der Begriff Menschenwürde vermag zwar nach wie vor zu faszinieren, er scheint aber nichts als eine abgegriffene, bedeutungslose Begriffsschablone zu sein. In diesem Sinne ist die Aussage des Nobelpreisträgers *Friedrich A. von Hayek* zu verstehen: »So edel und lobenswert die Gefühle sind, die in Begriffen wie Menschenwürde ihren Ausdruck finden, für sie ist in einem Versuch zu rationaler Überzeugung kein Platz.«[2] Denn bei näherem Hinsehen erweisen sich solche Sprachgebilde – trotz oder gerade wegen ihres Glanzes und ihrer Leuchtkraft – als unverständlich, als bloße Präambellyrik und Fassadenornamentik. Wenn das stimmt, dann ist die Würde, welche jedem Menschen von Natur aus zukommen soll, heute nicht mehr nur praktisch gefährdet, sondern sogar theoretisch. Es scheint, als sei sie ein bloßer Sprachfetisch, ein Orakel, das im Anrufungsfall zwar sofort zur Stelle ist und besonnene Gemüter bisweilen in ehrfürchtiges Schweigen versetzt, das aber als Antwort auf die drängenden Fragen unserer Zeit doch nur dunkle Sprüche bereithält.

Das klingt beunruhigend – und ist es auch, wenn man bedenkt, daß die Menschenwürde den höchsten Rechtswert unserer Verfassung darstellt und deren tragendes Prinzip ist, das höheren Rang als alle mehrheitsdemokratischen Entscheidungen besitzt. Nach Art. 79 Abs. 3 des Grundgesetzes gehört die Menschenwürde zum Kernbestand der Verfassungsordnung, der, wie es dort heißt, niemals durch Verfassungsänderungen berührt werden darf, von jeder Verfassungsrevision ausgenommen ist. Wie aber konnten die Urheber des Grundgesetzes, der Parlamentarische Rat, einen so vagen Rechtsbegriff, dem sehr Unterschiedliches unterlegt werden kann, in den Mittelpunkt des Grundgesetzes rücken und zu einer alle Staatsgewalt bindenden Leitidee erheben? Diese Frage drängt sich jedem nachdenklichen Menschen auf, der erkennt, daß die Erhebung eines unbestimmten Begriffes in den Rang höchster Verbindlichkeit soviel bedeutet, wie diesen letzten Endes doch unverbindlich zu lassen.

Sosehr im politischen Bekenntnis zur Menschenwürde eine Antwort auf die nationalsozialistische Tyrannei gesehen werden muß, ist damit nicht schon die Frage beantwortet, was menschliche Würde eigentlich bedeutet. Diese Idee wird im Grundgesetz einfach vorausgesetzt, ohne daß weiter erklärt würde, worin sie besteht und worauf sie sich gründet. Die beklagte Offenheit hat allerdings einen Vorzug: Sie ermöglicht es, daß die Idee der Menschenwürde ihre Wirkung im Wandel der Zeit bewahren und an neue Erkenntnisse oder veränderte Wertvorstellungen angepaßt werden kann. Erst so ist sie mit verschiedenen Grundeinstellungen vereinbar und mithin mögliche Grundlage für eine pluralistische Gesellschaft mit unterschiedlichen Weltanschauungen. Denn läßt man die Idee menschlicher Würde undefiniert, so können ihr zumeist alle zustimmen. Nicht zuletzt deshalb weigern sich manche Rechtswissenschaftler, den Ausdruck Würde näher zu bestimmen. Diesen für vielfältige Auslegungen offenhaltend, vertrauen sie darauf, daß wir auch ohne solche Definitionen die richtigen Vorstellungen mit diesem Begriff verbinden.

Allerdings ist die Kehrseite hiervon eine beunruhigende Ungreifbarkeit der Würdeidee, wodurch sie in den Verdacht gerät, eine willkürlich auslegbare Leerformel zu sein. Als Leerstelle mit unbestimmtem Auslegungsspielraum gilt sie mit Recht als zu vage, um verbindliche Richtschnur für den Gesetzgeber und orientierender Grundwert für die Bürger sein zu können. Trotz der aufgezeigten Vorteile bleibt ihre Unschärfe somit ein großes Problem und die sich daraus ergebende Versuchung, den Ausdruck Würde mit beliebigen, widersprüchlichen Inhalten zu füllen, eine ernste Gefahr, der mit einer klaren, wohlbegründeten Würdevorstellung begegnet werden muß; andernfalls droht die höchste Verfassungsgarantie beliebig zu werden, ins Leere zu laufen.

Gesucht wird demnach eine gut begründete, allgemeingültige Bestimmung der Würdeidee, die dem Pluralismus des modernen Staates wie der multikulturellen Weltöffentlichkeit gerecht wird. Eine solche darf nach der einen Seite hin nicht dogmatisch, nach der anderen nicht willkürlich sein. Doch selbst wenn es gelänge, die Würdeidee schärfer zu profilieren, so wären damit nicht schon alle Schwierigkeiten aus dem Wege geräumt bei der Anwendung dieses Begriffes in der Gesetzgebung, Verwaltung und Rechtsprechung, da jede sei es noch so scharfe Würdedefinition nur eine Auslegungsrichtung vorgeben kann, niemals aber ein operationalisierbares Handlungsprinzip darstellt.

Weit davon entfernt eine glaubwürdige Form der Begründung zu sein, war der Würdebegriff in der Vergangenheit oft bloß deren schlechter Ersatz, und bis heute tritt das Bekenntnis zur Würde häufig an die Stelle guter Argumente. Nicht selten liefert die Idee der Würde den Schein einer Begründung und konserviert auf diese Weise nur die Probleme, als deren Lösung sie auftritt. Darauf vertrauend, daß niemand gerne gegen die Menschenwürde verstößt, mißbrauchen die einen sogar diesen Begriff, um ihre Argumentationsgegner mundtot und sprachlos zu machen, die anderen, um ihrer eigenen, nicht verallgemeinerungsfähigen Weltanschauung zu allgemeiner Anerkennung zu verhelfen. Solche Instrumentalisierungen lassen sich am ehesten noch verhindern durch nähere Bestimmung der Würdeidee, welche allerdings eine intensive Auseinandersetzung mit ihren geistesgeschichtlichen Quellen und Grundlagen voraussetzt. Darum soll als erstes ein Überblick über die herkömmlichen Bedeutungen und Ableitungen des Würdebegriffs gegeben werden.

Kulturgeschichte der Würde

Menschenwürde bedeutete nicht zu allen Zeiten das gleiche; in der Geschichte des abendländischen Denkens wurden verschiedene Vorstellungen davon entwickelt: griechisch-römische, christlich-metaphysische, humanistisch-aufklärerische, vernunftphilosophisch-idealistische. Man kann sagen, es gibt fast ebenso viele Würdeinterpretationen, wie es philosophische Lehren und Strömungen gibt, und der Vielgestaltigkeit der damit verbundenen Menschenbilder sind keine Grenzen gesetzt. Ebenso ist die Würdeidee nicht ausschließlich abendländischer Herkunft, wie man annehmen könnte; sie kommt gleichfalls in der frühen chinesischen Kultur, dem Konfuzianismus vor, besonders in der Lehre Mengzis.[1] Aber wenn im Verlauf der Jahrtausende die Würde des Menschen ganz unterschiedlich ausgelegt wurde, so bestehen doch zahlreiche Überschneidungen und Übereinstimmungen – selbst zwischen so gegensätzlichen Lehren wie der des Konfuzianismus und Kants –, die allen Menschen, unabhängig von Herkunft und Rang, eine besondere Würde zuerkennen allein aufgrund ihres Menschseins, das heißt ihrer angeborenen Personalität und Moralität wegen.

Aufs Ganze gesehen gliedert sich das abendländische Denken über die Menschenwürde in mehrere Epochen, in denen immer neue Anläufe der Auslegung und Begründung gemacht wurden. Im folgenden sei daher unterschieden zwischen der Würdevorstellung der griechischen und römischen Antike, der stoisch-christlichen Metaphysik, der humanistischen Renaissance und der idealistischen Vernunftphilosophie des ausgehenden 18., der ersten Hälfte des 19. Jahrhunderts und zweiten Hälfte des 20. Jahrhunderts.

Allgemein versteht man unter Würde einen absoluten, ideellen Wert, der dem Menschen an sich zukomme, weshalb jeder Einzelne unabhängig von seiner Stärke und Schwäche einen rechtlich zu schützenden Anspruch auf Achtung von seinen Nächsten und der Staatsgewalt habe. Dabei wird der Ausdruck Menschenwürde zumeist auf zweierlei Weise verwendet: Zum einen bezeichnet Menschenwürde ein *abstraktes Wesensmerkmal,* wonach dem Einzelnen kraft seines Menschseins und unabhängig von seinem Verhalten oder den Verhältnissen, in denen er lebt, ein absoluter, ideeller Wert zukommt. Man kommt mit Würde wie mit Armen und Beinen ausgestattet zur Welt. Zum anderen meint Menschenwürde einen *konkreten Gestaltungsauftrag,* demzufolge es hauptsächlich von uns Menschen selbst, unserer Lebensweise und unseren Umgangsformen abhängt, ob und inwiefern wir Würde besitzen. In diesem Zusammenhang wird Würde mal als angeborene menschliche Eigenschaft mal als gesellschaftliche Leistung betrachtet.

In der Kulturgeschichte wurden beide Ansätze – *Würde als natürliche Vorgabe und ethische Aufgabe* – fast immer miteinander verbunden. Man sagte, der Mensch solle sich in seinem Leben seiner angeborenen Würde als *Wesensmerkmal* durch sein Denken und Tun als *Gestaltungsauftrag* würdig erweisen. Doch durchzieht lediglich die Vorstellung der Würde als konkreter Gestaltungsaufgabe die gesamte abendländische Kultur, nicht aber das Verständnis der Würde als natürlicher Grundausstattung und abstrakter Wesensbestimmung.

Heute glauben viele, daß die politisch-rechtliche Idee der Menschenwürde auf das 18. Jahrhundert, das Jahrhundert der Erklärung der Menschenrechte, zurückgeht; ebenso scheint es selbstverständlich, daß sich die geistesgeschichtliche Idee der Menschenwürde bis in die Antike zurückverfolgen läßt. Doch wie sich die erste Annahme als falsch herausstellt, so ist die zweite zumindest problematisch.

Antike – Ein moralischer Adel

Die uns geläufige Idee der Menschenwürde als unverlierbare Wesensbestimmung war nicht allen Zeiten und Kulturen bekannt. In den Zeugnissen der antiken Griechen und Römer, welche die Sklaverei für philosophisch begründbar hielten, sucht man sie vergebens. Die Alten bestritten nicht nur, daß alle Menschen die gleiche Würde haben, sie leugneten die Würde als natürliche Grundausstattung überhaupt. Würde war für sie nicht etwas, das allen Menschen zukommt, noch weniger etwas, das allen zusteht.

Zwar gibt es im griechischen Altertum verschiedene Begriffe für Würde, wie »time«, »axia«, »axioma«, die man normalerweise mit Wert, Ehre oder Ansehen übersetzt; diese Ausdrücke bezeichnen aber in der Regel keine Eigenschaften, die der Mensch von Natur aus hat. Die Würde galt nicht als angeborenes Wesensmerkmal, sondern als Ergebnis moralischer Leistungen und Verdienste.

Ähnlich bezeichnet im römischen Sprachgebrauch Würde, »dignitas et excellentia«, einen auf tugendhaftem Verhalten beruhenden Wert, eine innere Haltung, ein bestimmtes Auftreten und Benehmen des Menschen, wozu auch dessen äußere Erscheinungsweise gehört. Daneben hing Würde mit dem Ansehen des Einzelnen in der Öffentlichkeit zusammen, wobei häufig gesellschaftliche Stellung und Herkunft darüber entschieden. Allgemein galt der Grundsatz: je höher die soziale Anerkennung, um so größer die Würde, die man entweder selbst erwarb oder von seinen Vorfahren erbte. Die schönsten antiken Darstellungen würdevoller Persönlichkeiten stammen von Aristoteles und Cicero, weshalb auf diese näher eingegangen sei.

Nach *Aristoteles* verkörpert allein der sogenannte Großgesinnte einen würdigen Menschen[2], der weder zu Aufgeblasenheit und Prahlerei neige noch zu Kleinmütigkeit und Tiefstapelei. Doch sei erst derjenige im wahren Sinne großgesinnt, »der sich großer Dinge für würdig halte und es auch sei.«[3] So ein Mensch erhebe sich niemals über andere, aber er krieche ebensowenig vor ihnen, so daß alle ihm Ehrerbietung erweisen könnten. Stets wahre der Großgesinnte das rechte Maß, er gehe maßvoll mit Reichtum und Macht um, und ertrage darüber hinaus sein Unglück, über das er sich nicht übermäßig betrübe, genauso gelassen wie sein Glück, durch das er sich nicht zu Übermut hinreißen lasse. Der Großgesinnte sei ein Mensch mit Augenmaß, dessen Aufwand an Mühe und Sorge stets im richtigen Verhältnis zu den angestrebten Zielen stehe – weder zu gering noch zu groß.

Nur ein solcher Mensch wisse sich zu beherrschen, was bereits Platon Besonnenheit nannte, deren genaues Gegenteil zügellose Ausschweifung sei. Der Großgesinnte aber erliege nicht seinen Leidenschaften, Lüsten und Begierden, sondern vermöge diese zu bändigen und sich von mäßigender Vernunft beherrschen zu lassen. Dabei strebe er mit Maß nach dem »Angenehmen für die Gesundheit und das körperliche Wohlbefinden«.[4]

Aus dem Dargelegten wird deutlich, daß der Großgesinnte, wie man sagt, eine Persönlichkeit mit echtem Format ist, das sich ebenfalls in seinen Umgangsformen und seinem Äußeren spiegelt – im Gehen, Sprechen und der Ruhe, die er ausstrahlt. Er redet mit tiefer Stimme, niemals laut, läuft nicht zu schnell, sondern schreitet bedächtig und anmutig. Wie schon Aristoteles beklagte, besitzen nur wenige diese Würde, die keine Wesenseigenschaft darstellt, sondern auf persönlicher Leistung beruht. Ähnlich beschreibt *Cicero* die Würde des Menschen als selbst erworben, bezieht diesen Begriff aber stärker als Aristoteles auf die politische und soziale Stellung des Einzelnen. Würde setzt seiner Ansicht nach Zugehörigkeit zum römischen Adel oder Bekleidung eines höheren Amtes voraus. Würdenträger sind demnach entweder adeliger Herkunft oder Menschen mit besonderem gesellschaftlichem Rang. Dieser verpflichte sie zu vorbildlichem, tadellosem Lebenswandel, der die ihnen bereits zuerkannte Würde noch weiter vergrößere, die als persönliches Verdienst einen moralischen Adel darstelle.

Nach Cicero besitzt Würde, wer seine Leidenschaften bezwingt, seine Gefühle beherrscht, die bitteren Härten des Lebens tapfer zu tragen vermag. »Frei muß man sein von jeder Verwirrung des Geistes, sowohl von Begierde und Furcht, als auch besonders von Kummer, großer Lust und Zorn, auf daß Ruhe der Seele und Ungestörtheit herrsche, die Beständigkeit und Würde mit sich bringt.«[5] Wer sich dagegen an seine Triebe versklavt und das ausgewogene Gleichmaß nicht findet, lebt unfrei.[6] Wie für Aristoteles, so ist auch für ihn »Unglück und Glück unbeherrscht zu tragen, ein Zeichen von Haltlosigkeit«[7], die ebenfalls menschlicher Würde widerspreche, über welche nur standhafte, selbstbeherrschte Personen verfügten.

Anders im Wortlaut und dennoch gleichen Sinnes Jahrhunderte später *Schiller*, der Würde vor allem als persönliche Aufgabe ansah, nicht aber als metaphysische Vorgabe. In der Abhandlung *Über das Erhabene* lobt er auf ähnliche Weise wie Cicero jenen, der »gelernt hat zu ertragen, was er nicht ändern kann, und preiszugeben mit Würde, was er nicht retten kann!«[8] Und in *Anmut und Würde* betont er wie die alten Griechen und Römer: »Beherrschung der Triebe durch die moralische Kraft ist Geistesfreiheit, und Würde heißt ihr Ausdruck in der Erscheinung.«[9] Auch für ihn bedeutet Würde soviel wie Unterordnung des Sinnlichen unter das Sittliche, was zwei Jahrtausende zuvor Platon und Aristoteles bereits Besonnenheit nannten. Schiller führt dazu näher aus, daß in einer würdevollen Persönlichkeit auf sichtbare Weise »der Geist [...] als Herrscher auf[trete]«[10], wodurch bei anderen Menschen ein Gefühl geweckt werde, »welches Achtung heiße, und von der Würde unzertrennlich sei.«[11] Achtung ist seiner Auffassung nach eine aufrechte Haltung, die sich »beugt vor ihrem Gegenstande.«[12] Dabei bedeutet für ihn Würde aber mehr als nur Beherrschung der Affekte und Moralität, gemeint ist damit vor allem deren Darstellung in der sichtbaren Welt.

Wie Schiller ist Goethe der Auffassung, daß die Kunst an der Erfüllung dieser Aufgabe mitzuwirken habe. So sieht er beispielsweise den »Hauptzweck aller Plastik, welches Wort wir uns künftig zu Ehren der Griechen bedienen, daß die Würde des Menschen innerhalb der menschlichen Gestalt dargestellt werde.«[13]

Ähnlich zeigt sich schon nach Cicero die Würde eines Menschen in dessen äußerer Erscheinung, in Gestik und Mimik, aber ebenso in Körperpflege und Bekleidung.[14] Jedoch hängt Würde nicht allein von *innerer Selbstbeherrschung* und *äußerer Selbstdarstellung* ab, sondern, wie erwähnt, auch von *gesellschaftlicher Wertschätzung* – ob die Mitmenschen einen beispielsweise ernst nehmen und als freien Menschen respektieren. Besonders die Römer bezogen den Begriff Würde auf das Ansehen des Einzelnen in der Öffentlichkeit und sahen darin ein wesentliches Stück der eigenen Persönlichkeit. Solch hohe gesellschaftliche Achtung genossen vor allem jene, die für das Gemeinwesen nützliche Dienste leisteten, weshalb ihnen ehrenvolle Ämter anvertraut wurden. So verstanden die Römer unter Würde außer tugendhafter Lebensweise noch die persönliche Wertschätzung durch die Allgemeinheit. Eine solche brachte die Gesellschaft entweder adeligen Personen oder Menschen mit besonderem sozialen Rang entgegen, die als Würdenträger in der Regel ein höheres politisches Amt bekleideten.

Dabei wurde der Würdebegriff mehr auf das Amt als auf die Person bezogen. Die mittelalterlichen Sprüche: »Die Würde stirbt nie« – »dignitas non moritur« – oder: »Die Würde geht niemals zugrunde«, selbst wenn die Person stirbt, die sie besitzt – »dignitas nunquam perit« –, meinten lediglich: Das politische oder kirchliche Amt, beispielsweise der Königsthron und Bischofsstuhl, behalten über jeden personellen Wechsel hinweg ihre gleiche Würde, die vom jeweiligen Vorgänger an dessen Nachfolger übergeht.

Hier wie sonst auch bezeichnete Würde nicht einen Wert, der dem Menschen an sich anhaftet, sondern eine menschliche Leistung, die als solche starken Schwankungen unterworfen war. Denn Würde galt als eine Größe, die man durch eigenes

Zutun vermehren und verringern konnte, folglich niemals ein für allemal besaß. Sie nahm in dem Maße ab, wie die soziale Anerkennung sank; sie vergrößerte sich, wenn diese stieg. Aber sie wuchs auch durch vernünftigen Lebenswandel, wohingegen ein ausschweifendes Leben sie gänzlich vernichtete.

Aus dem Gesagten erhellt, Würde war für die alten Griechen und Römer keine Wesensbestimmung, die allem, was Menschenantlitz trägt, von Geburt an zukommt, sondern eine Errungenschaft, die sich einige wenige erwarben durch eigene Anstrengung, dann durch soziale Anerkennung oder aufgrund des besonderen Amtes, das sie in der Gesellschaft innehatten. Diese Vorstellung blieb im europäischen Mittelalter erhalten, und genaugenommen hat sie bis heute fast nichts von ihrer Bedeutung eingebüßt. Infolge sittenwidrigen Verhaltens und fehlender gesellschaftlicher Anerkennung konnte man seinen moralischen Adel aber auch wieder verlieren, was jedoch – wenigstens theoretisch – nicht die Möglichkeit ausschloß, ihn bei nächster Gelegenheit und entsprechender Lebensführung von neuem zu gewinnen.

Spätantike und Mittelalter – Gottes wertvolle Kreatur

So wenig die antiken Griechen und Römer die Idee der allgemeinen Wesenswürde kannten, gänzlich fremd war sie ihnen nicht. Obwohl es keine sicheren Belege dafür gibt, trat sie wohl zuerst in der mittleren Stoa auf, deren Begründer Panaitios die griechische Kultur nach Rom brachte. Allgemein waren die Stoiker weltverklärende Pantheisten, die sich das Universum als einen göttlichen Ordnungszusammenhang vorstellten, welcher von einer alles durchdringenden Vernunft, auch Weltseele genannt, beherrscht und gelenkt werde. An dieser hätten die Menschen teil – und zwar unabhängig von ihrer sozialen Stellung, wodurch ihnen allen eine besondere Würde zufiel.

Allerdings war der allererste, der nachweislich von allgemeiner Menschenwürde sprach, Cicero, dem zufolge Würde bereits unserer Natur innewohnt und folglich mehr ist als nur eine geistige Grundhaltung, äußere Erscheinungsweise oder öffentliche Stellung und Anerkennung. Unmißverständlich schreibt er in *De officiis*, daß nicht erst in gesunder Hautfarbe, ausgesuchter Körperpflege, schöner Kleidung, stolzem Schreiten und langsamem Reden, sondern schon »in unserer Natur Erhabenheit und Würde«[15] liege. Soweit bekannt, gestand er damit zum ersten Mal allen Menschen Würde zu und nicht mehr nur angesehenen Persönlichkeiten. Näher zeige sich die Würde des Menschen an dessen Stellung im Kosmos, am Rang seines Geistes und dessen Teilhabe an der Weltvernunft, durch die er alles erkennen könne und mit deren Hilfe er sein Leben so gut wie möglich gestalten solle. Diese Vorstellungen, denen Cicero große Bedeutung beimaß, sind stoischer, teilweise platonischer Herkunft.

Immer wieder kann man bei ihm lesen, »daß wir alle teilhaben an der Vernunft«[16], und daß wir nur deshalb wissen, »was Ordnung ist, was es ist, was sich ziemt, was das Maß in Taten und Worten ist.«[17] Das unterscheide uns von den Tieren, denen grundsätzlich die Fähigkeit zu Willensbildung und Denken fehle. Seiner Auffassung nach ist die Differenz zwischen ihnen und uns nicht nur gradueller, sondern prinzipieller Art, was auf eine Vorrangstellung des Menschen vor allen übrigen Lebewesen hindeutet. Wie es scheint, dient der Begriff Wesenswürde, der die menschliche Einzigartigkeit auf bestimmte geistige Merkmale gründet, auch zur Abgrenzung des Menschen von anderen Lebewesen. So beginnt die Geschichte der Würdeidee mit einer einseitigen Privilegierung des Menschen allen übrigen Kreaturen gegenüber, die offenbar als würdelos empfunden werden. Denn Bestimmungen wie Vernunft und Freiheit verleihen nicht nur jedem Menschen eine eigene Würde, sie weisen ihm auch eine Sonderstellung innerhalb der Natur zu. Aus der angeborenen Würde jedes einzelnen Individuums folgt geradezu mit Notwendigkeit die Würde der gesamten Gattung.

Deshalb hat nach Cicero jeder, »wer er auch sei, eben aus dem Grunde, weil dieser ein Mensch ist«[18], nicht nur ein Recht auf Achtung und Anerkennung, er hat sogar die Pflicht, für sich und seinesgleichen mehr zu sorgen als für die übrigen Lebewesen. Diese stoische Idee einer allen Menschen eigenen Würde kam anschließend im frühen Christentum zu voller Entfaltung und blieb im gesamten Mittelalter lebendig, wo aus der Gottebenbildlichkeit des Menschen und der Erlösungstat Christi auf die Vorrangstellung des Menschen vor allen übrigen Geschöpfen geschlossen wurde.

Dabei ging mit der Einführung des Würdebegriffes in die christliche Lehre von Anfang an eine kritische Auseinandersetzung mit dem bisherigen Würdeverständnis einher. Zahlreiche frühchristliche Schriftsteller verurteilten die römische Vorstellung der *Würde als persönliche Leistung, äußere Erscheinungsweise* oder *Merkmal einer gehobenen Stellung und adeliger Geburt*[19], nicht aber die stoische Idee der *Würde als menschliche Teilhabe an der göttlichen Vernunft*. So ermahnt uns der christliche Apologet *Minucius Felix:* »Mit Rutenbündeln und Purpurgewändern prahlst du? Eitle Verblendung des Menschen und hohles Achtungsbezeigen vor der Amtswürde ist es, zu glänzen im Purpurgewande, in der Gesinnung aber schmutzig zu sein. Aufgrund vornehmer Abkunft bist du edel? Erwähnst die glanzvollen Namen deiner Eltern? Alle werden wir doch nach gleichem Los geboren, allein nach der Tugend unterscheidet man uns.«[20] Deutlicher noch wird der Mailänder Bischof *Ambrosius:* »Jegliche weltliche Würde ist der Macht des Teufels unterworfen«[21], die wahre Würde des Menschen ist dagegen nicht von dieser Welt, weder erwerbbarer Ruhmestitel noch ererbbarer Adelstitel. Christlich gesehen ist sie eine Auszeichnung, die sich der Mensch nicht selbst geben kann, sondern von Gott empfängt, ein Gnadenerweis und Geschenk.

In diesem Sinne sind auch die Worte des *Theophilos von Antiochien* zu verstehen: »Als erstes deutet [Gott] die Würde des Menschen an [...], denn nur die Erschaffung des Menschen hält er für würdig, ein Werk seiner eigenen Hände zu sein.«[22] Damit stimmt *Gregor von Nyssa* überein, dem zufolge die zur Herrschaft über die Welt bestimmte Menschenseele aufgrund ihrer Gottebenbildlichkeit und Unsterblichkeit königliche Würde besitzt.[23] Gleichfalls preist *Augustinus*, von der Würde der vernunftbegabten Seele überzeugt, deren Einzigartigkeit und Größe: »Wie Gott jedes Geschöpf an Würde übertrifft, so die Seele jede leibliche Schöpfung.«[24] Ähnlich und doch mit anderem Schwerpunkt schreibt er weiter: »Welch große Würde dir Gott verliehen hat, erhellt am meisten daraus, daß Gott, der allein von Natur aus dein Herr ist, andere Güter geschaffen hat, über die auch du Herr bist.«[25]

Papst *Leo der Große* wendet sich der menschlichen Würde vor allem in seinen Predigten zu. Anläßlich des Weihnachtsfestes rief er in einem Lobpreis der Menschwerdung Christi aus: »Erwache, Mensch, und erkenne die Würde deiner Natur. Erinnere dich, daß du nach dem Bilde Gottes gemacht bist, das zwar in Adams Fall verdorben, in Christus jedoch wiederhergestellt worden ist. Gerade bei dem religiösen Geheimnis des Geburtstages unseres Herrn laßt uns überlegen, was göttliche Gnade unserer Natur erwiesen hat.«[26]

Fassen wir die verschiedenen Aspekte zusammen, die nach den griechischen und lateinischen Kirchenvätern die menschliche Würde ausmachen, so ergibt sich folgendes Bild: Nach christlichem Verständnis gründet die Würde des Menschen einmal auf dessen *Gottebenbildlichkeit* – darauf also, daß Gott den Menschen bei der Schöpfung nach seinem Bildnis formte und dadurch teilhaben läßt an seiner Vernunft und Macht. Als Kind Gottes und dessen Ebenbild besitze der Mensch einen absoluten Wert, wodurch er sich von allen übrigen Kreaturen unterscheide. Aus dem Naturzusammenhang herausragend, wohne er sogar in der Mitte des Alls, das für ihn und um seinetwillen erschaffen sei.

Dann zeigt sich nach christlicher Auffassung die erhabene Würde des Menschen an dessen *aufrechtem Gang*, seiner *Perso-*

nalität, dem *freien Willen*, seiner *unsterblichen Seele* und an der *Vernunft*, mit deren Hilfe der Mensch sich selbst, Gott und die Welt erkennen könne.

Besonders aber tritt seine Würde und Erhabenheit an der Menschwerdung Gottes und Erlösungstat Christi hervor – daran also, daß Gott selbst Fleisch wurde, um die Menschen durch Tod und Auferstehung zu erlösen.

Für die Kirchenväter war es selbstverständlich, daß alle Menschen die gleiche Wesensnatur haben und daß der Schöpfer jedem von uns eine eigene Würde mit auf die Welt gab. Deshalb mißbilligten sie auch, daß manche bloß aufgrund ihrer *adeligen Herkunft*, *sozialen Stellung* oder *äußeren Vorzüge* geschätzt wurden, und forderten, alle Menschen ihres *bloßen Menschseins* wegen zu achten. Hierbei schlossen sie aus der Wesenswürde des Einzelnen auf die Gleichheit aller – eine Idee, die im *Neuen Testament* bereits vorkommt und *Paulus* auf die Formel brachte: »Hier ist nicht Jude noch Grieche, hier ist nicht Sklave noch Freier, hier ist nicht Mann noch Frau, denn ihr seid alle einer in Christus Jesus«[27], was näherhin bedeutet, daß vor Gott alle Menschen gleich sind. Aber so sehr diese Auffassung auf das Neue Testament zurückgeht, sie ist sehr viel älter als die christliche Lehre. Nicht nur daß sie bereits in der stoischen Philosophie vorkommt, ihre Ursprünge gehen bis in die Sophistik, das 5. Jahrhundert vor Chr., zurück. Schon *Antiphon* betont: »Von Natur sind alle gleich, ob Barbaren oder Hellenen [...]. Denn wir atmen alle durch Mund und Nase und essen alle mit den Händen.«[28]

Die Idee, daß alle Menschen eine unvergleichliche Würde besitzen, die sie nicht sich, sondern Gott verdanken, blieb bis in die mittelalterliche Scholastik erhalten. *Thomas von Aquin* zitiert den Kirchenvater *Hieronymus*, der Jahrhunderte zuvor geschrieben hat: »So groß ist die Würde der Seele, daß eine jede von Geburt an einen Engel zu ihrem Schutz zugewiesen erhält«[29]. Allerdings spielt die Würde in der Scholastik eine geringere

Rolle als vermutet. Allgemein stellt sie für *Thomas von Aquin* eine Eigenschaft dar, die einer Sache ihrer selbst wegen zukommt: »Würde steht für sich und gehört zum Wesen.«[30] Im besonderen aber sieht er den letzten Grund für die Würde des Menschen in dessen Personalität: »In der gesamten Natur bezeichnet Person das, was am vollkommensten ist. Der Name Person ist gegeben, um diejenigen zu kennzeichnen, die Würde haben.«[31] »Person bringt [also] Würde mit sich«[32], ja, »Person scheint der Name der Würde zu sein.«[33] Aber die Würde des Menschen zeigt sich nicht nur an dessen innerer Natur, der Personalität, sondern auch im christlichen Heilsereignis: »Die Erlösung durch das Leiden Christi, woran der Mensch erkennt, wie sehr Gott ihn liebt, verleiht ihm höchste Würde.«[34]

Es wird deutlich, daß sich hinter dem christlich-metaphysischen Verständnis der Menschenwürde ganz Unterschiedliches verbirgt, wovon die drei wesentlichen Gesichtspunkte nochmals hervorgehoben seien: einmal die Vorstellung vom Menschen als Geschöpf und Kind Gottes, das als *Krone der Schöpfung* einen festen Platz in der Mitte des Alls hat, das nach traditioneller Auffassung für ihn und um seinetwillen erschaffen wurde; dann die Interpretation des Menschen als *Person*, auf die seine Vernunft und Freiheit hindeuten; schließlich das Bild vom Menschen als erlösungsbedürftigem Sünder, der durch *Christi Tod und Auferstehung göttliche Würde* erlangte, wie es bis zum *Zweiten Vatikanischen Konzil* im Opfergebet der tridentinischen Messe hieß: »Gott, der Du die Würde der menschlichen Substanz in wunderbarer Weise begründet und noch wunderbarer erneuert hast, [...].«

Den verschiedenen Vorstellungen gemeinsam ist die begriffliche Kennzeichnung der Würde als Seinsqualität und Eigenwert, welcher dem Menschen aufgrund seiner besonderen Wesensnatur zukommt. Die so verstandene Würde ist ein kreatürliches Adelszeichen, das der Einzelne von Gott empfängt, nicht aber aus sich heraus hat. Darum soll sie für jedermann, auch für Staat und Gesellschaft, unverfügbar bleiben; alle haben sie zu achten, zu schützen und zu bewahren. Das heißt, obwohl die Würde nicht mehr wie bei den antiken Griechen und Römern aus menschlichen Ausdrucks- und Umgangsformen abgeleitet wird, muß sie nach christlichem Verständnis doch gepflegt werden, wenn sie nicht verkümmern soll. So folgt aus der allen Menschen angeborenen Wesenswürde zugleich ein Gestaltungsauftrag – nämlich ehrenhaft und gottesfürchtig zu leben, mit sich selbst und anderen schonend umzugehen und sich nicht von seinen Trieben und ungezügelter Ichsucht hinreißen zu lassen. Dementsprechend forderte bereits *Papst Leo der Große:* »Erkenne, Christ, deinen würdigen Rang, und teilhaftig göttlichen Wesens gemacht, kehre nicht in die alte Niedrigkeit zurück durch ein Verhalten, das deiner Art nicht entspricht.«[35] Denn »nur wenn wir den göttlichen Willen nachahmen, wird in uns die Würde göttlicher Erhabenheit sein.«[36] Gleichfalls kommt für *Thomas von Aquin* tugendhaftem Verhalten ein Höchstmaß an »Würde«[37] zu: »Würde wird einem Menschen [...] hauptsächlich auf Grund der Tugend zugesprochen«[38], während Zuchtlosigkeit »der Würde des Menschen am meisten widerspricht«[39]. Darüber hinaus besitzt nach Thomas »derjenige größere Würdigkeit, der die größere Fülle geistiger Gnadengaben besitzt. In anderer Weise (jener), der weniger heilig und weniger wissend, zum Gemeinwohl mehr beiträgt wegen seiner Machtstellung oder weltlichen Mühewaltung.«[40] Je mehr Intelligenz und gesellschaftliches Engagement und je höher der soziale Rang, desto größer also die Würde, die in verschiedener Ausprägung jeder Mensch als Gottebenbild besitzt. Darum sollen nicht nur sogenannte Würdenträger sie achten, sondern alle, im Bewußtsein, sie durch Sünde, moralisches Fehlverhalten und Ungehorsam gegen Gott beschädigen zu können.

Schon *Platon* beschrieb in den *Gesetzen* die vernunftbegabte Seele als das göttlichste und wertvollste am Menschen, das dieser auf schlimmste Weise mißachte, wenn er sich wilden Begierden und rasender Liebesglut hingebe, statt ein besonnenes, einsichtsvolles, tapferes Leben zu führen.[41] Ähnlich beflecken nach den Kirchenvätern *Gregor von Nyssa* und *Tertullian* jene das allen Menschen innewohnende Bild Gottes, die es an ehrfürchtiger Achtung vor dem Schöpfer, den Nächsten und sich selbst fehlen lassen.[42] Doch bleibt selbst ein sündiger Mensch Geschöpf und Kind Gottes, wie *Augustinus* betont: »Wenn auch unsere Seele in ihren Sünden ganz versinkt, so ist sie immer noch erhabener und besser, als wenn sie etwa in sichtbares Licht verwandelt würde.«[43] Das scheinen allerdings nicht alle so gesehen zu haben. Manche nahmen sogar an, daß man seine Würde durch lasterhaften Lebenswandel gänzlich vernichten könne. Beispielsweise glaubte *Thomas von Aquin*, »daß der Mensch, der durch Sünde von der Vernunftordnung abweicht, sich dadurch auch von der menschlichen Würde lossagt.«[44] Solche Individuen setzte man damals gerne wilden Tieren gleich, nachdem man diesen bereits jegliche Würde aberkannt hatte. Schon in *Psalm 49* ist die Rede von uneinsichtigen Menschen, die »unvernünftigem Vieh ähneln«, und im *Staat* charakterisiert *Platon* vernunftlose Bürger als abartige Wesen, die »wie das Vieh stets nur abwärts schauen; zur Erde und über die Tische gebückt, fressen sie und bespringen sich auf der Weide.«[45] Gleiches kann man in den Werken von Laktanz, Ambrosius und Augustinus lesen, die auf ähnlich drastische Weise sittenlose Sünder mit dumpfem Vieh und wilden Bestien vergleichen.[46]

Alles in allem war man davon überzeugt, daß der Einzelne seinen angeborenen Adelsstand durch eigenes Verschulden verletzen und verlieren könne; die meisten aber hielten die Würde für eine unzerstörbare Eigenschaft. Zwar könne man diese trüben, aber völlig auslöschen könne man sie nicht, da doch selbst der größte Sünder noch Krone der Schöpfung und Gottebenbild bleibe.

Rückblickend ergibt sich somit folgendes Bild: In der stoisch-christlichen Tradition tritt die Würde des Menschen erstmals als *Gestaltungsauftrag* und *Wesensmerkmal* hervor. Als letzteres zeigt sie sich besonders in *Vernunft* und *Freiheit*, am *aufrechten Gang*, an der *Gottebenbildlichkeit* und *Sonderstellung des Men-*

schen in der Natur wie auch an der *Erlösungstat Christi.* Alle genannten Punkte deuten auf die unvergleichliche Erhabenheit und Würde des Menschen hin. Damit steht fest, die Idee allgemeiner Menschenwürde entstammt ursprünglich der abendländischen Metaphysik, ist stoisch-christlicher Herkunft und ohne theologischen Deutungshorizont gar nicht verstehbar.

Humanismus und Renaissance – Der großartige Mensch

Besonderes Augenmerk fällt auf die Würdeidee in Humanismus und Renaissance, das heißt im Übergang vom Mittelalter zur Neuzeit. Anders als in Patristik und Scholastik entstehen nun sogar eine Reihe von Büchern mit dem Ausdruck Würde im Titel. An erster Stelle steht Facios Schrift *Über die Würde und Erhabenheit des Menschen*, gefolgt von Manettis gleichlautendem Werk *Über die Würde und Erhabenheit des Menschen*, dann Pico della Mirandolas *Rede über die Würde des Menschen*, weiter Boaistuaus *Kurze Abhandlung über die Erhabenheit und Würde des Menschen* und nicht zuletzt Pérez de Olivas *Dialog über die Würde des Menschen*. In allen Abhandlungen gewinnt der Ausdruck Menschenwürde – dignitas hominis – sein besonderes Gewicht aus der Gegenüberstellung zur mittelalterlichen Erfahrung menschlichen Elends – der miseria hominis.

Aller vermeintlichen Schönheit des Irdischen setzte man damals die ganze Häßlichkeit des Vergänglichen entgegen, wobei die eindrucksvollen Schilderungen der abstoßenden Seiten des Lebens die Menschen zu Weltverzicht gemahnen sollten. Es entstand eine umfangreiche Literatur *Über die Verachtung der Welt – De contemptu mundi*. Bekannte Autoren gleichnamiger Bücher sind etwa Anselm von Canterbury, Bernhard von Clairvaux und Francesco Petrarca.

Das berühmteste Dokument stammt von *Lotario de Segni*, dem späteren *Papst Innozenz III.*, der das philosophische und theologische Menschenbild des Mittelalters von seiner dunkelsten Seite her darstellt. Bemerkenswerterweise trägt sein Buch die Überschrift *Über das Elend des menschlichen Daseins*, dessen Armseligkeit und Nichtswürdigkeit er auf krasse Weise beschreibt: »Ich habe die Gelegenheit ergriffen, die Hinfälligkeit und Dürftigkeit der menschlichen Natur, soweit mir dies möglich war, zu schildern.«[47]

Aber lange vor Papst Innozenz III. und den drei anderen Philosophen wurde bereits von Dichtern der griechischen Antike und Denkern der biblisch-jüdischen Tradition erkannt, daß der Mensch ein armes, jämmerliches Geschöpf ist, wie einige Beispiele beweisen. So schreibt *Homer:* »Das haben die Götter verhängt über sterbliches Dasein: Leben in Leid«[48], und diesen Gedanken vertiefend, findet *Simonides*: »Gering ist der Menschen Macht, erfolglos ihr Streben, in knappem Dasein Mühsal um Mühsal; unentrinnbar hängt gleichmäßig über ihnen der Tod [...]. Es gibt kein Unglück, das nicht zu erwarten wäre bei Menschen.«[49] *Pindar* kommt deshalb zu dem Schluß: »Der Mensch ist ein Schatten im Traum«[50], ein Tageswesen ohne feste, dauernde Substanz.[51]

In dieser Tradition steht *Papst Innozenz III.*, wenn er mit eindringlichen Worten darlegt, daß die Menschen aus Staub und Asche geformt seien, aus Erde vom Ackerboden und unflätigem Samen, daß sie als Werk sündhafter Ausschweifungen schwach, gebrechlich und nackt zur Welt kommen, daß ihr von schmerzhaften Krankheiten und Ängsten gezeichneter Körper häßlich sei, von Flöhen, Läusen und Würmern geplagt. Zu alledem erzeugten sie nur Schleim, Urin und Kot im Unterschied zu den Bäumen des Feldes, die Blüten und Früchte hervorbrächten. Das ganze menschliche Leben, das selbst bei Nacht keine Ruhe finde, sei eine einzige Plackerei und Mühsal – nur klebriger Dreck, wie er klagt.[52]

Gegen dieses überaus düstere Menschenbild erhoben die Humanisten vom 14. bis 16. Jahrhundert Einspruch, indem sie fast ebenso einseitig die menschliche Würde, Größe und Erhabenheit betonten. Ganz traditionell lasen sie diese an der *Gott-*

ebenbildlichkeit des Menschen ab, seiner *Vernunft* und *Freiheit*, seiner *ausgezeichneten Stellung im All*, der *Unsterblichkeit der Seele* und – das war das Neue – an der *Wohlgeformtheit des menschlichen Körpers*. Dabei betrachteten sie wie alle vorherigen Denker, die sich mit der Würde des Menschen befaßt hatten, das irdische Leben als an sich wertvoll; nur hoben sie dieses nun stärker hervor.

So sah *Petrarca*, der, wie bereits angedeutet, die menschliche Gebrechlichkeit keineswegs bestritt, das wahre Wesen des Menschen doch allein in seiner Würde begründet: »Das Elend der menschlichen Situation ist groß und vielfältig, das bestreite ich nicht [...]. Aber blick' auch in die andere Richtung, und du wirst gleichfalls vieles sehen, was das Leben glücklich und angenehm macht. [...] Da ist jenes Bildgleichnis Gottes, des Schöpfers im Innern der menschlichen Seele, da sind Talent, Gedächtnis, Voraussicht, beredter Ausdruck, so viele Erfindungen, so viele Künste, [...] soviel Gunst der Umstände und der Bedürfnisbefriedigungen, dazu die ganze Mannigfaltigkeit der Dinge, die euch [...] zur Ergötzung dienen! Die ganze bunte Pracht der Blumen! an so vielen Gerüchen, Farben, Geschmäcken, Tönen, die aus Gegensätzen hervorgegangene Harmonie!«[53] Deshalb stand für Petrarca gänzlich außer Frage, daß »die menschliche Natur einen erhabenen Platz unter den Geschöpfen einnimmt«[54], alle anderen Kreaturen »an Würde überragt«[55], denn »es gibt keines, auf das der Schöpfer die gleiche Sorgfalt verwendet hätte.«[56]

Ähnliches liest man in den Werken *Ficinos*, der gleichermaßen erkannte, daß das menschliche Leben von Schmerz und Unruhe begleitet wird, und der sich deshalb auch nicht scheute, die ganze Trostlosigkeit des irdischen Daseins darzustellen. Doch so beschwerlich das Leben sei, dessen Vorzüge überwögen bei weitem die Nachteile. Für Ficino stand fest, »daß der Mensch wegen seines Verstandes das vollkommenste aller Lebewesen ist, ja überhaupt aller der Dinge, die sich unter dem Himmel befinden.«[57] Ausgestattet mit einer unsterblichen Seele, bilde er das Zentrum der Natur und werde darum mit Recht die Weltmitte genannt.

Dieser Meinung war auch *Manetti*, für den es wie für *Pico della Mirandola* »nichts Wunderbareres als den Menschen«[58] gab. Allerdings besangen beide absolut einseitig die Würde und Erhabenheit des Menschen, indem sie von dessen Elend gänzlich absahen, als existierten Armut, Krankheit, Mangel und Entbehrung in dieser Welt nicht. Wie viele andere seiner Zeit pries Manetti, von der Gottebenbildlichkeit des Menschen und dessen Vorrangstellung in der Schöpfung überzeugt, die Schönheit des nackten Körpers und dessen aufrechten Gang, der jedem von uns den Blick zum bestaunenswerten Sternenhimmel ermögliche. Außerdem lobte er das menschliche Sehvermögen und Gehör, *Hände* und *Finger*, den *zweigliedrigen Daumen*, mit denen die Menschen wunderbare Dinge vollbrächten.

Heute wissen wir, daß die Entwicklung der Hände, die wir zur Berührung und Gestaltung der Welt nutzen, mit der Evolution unseres visuellen Systems einherging. Das Zusammenspiel der Hand mit dem Gehirn und den Sinnesorganen, insbesondere den Augen, macht den Menschen zum intelligentesten Lebewesen. Schon der altgriechische Anaxagoras betonte, daß der Mensch nur deshalb ein verständiges Wesen sei, weil er außer Verstand noch Hände besäße. Aristoteles bezeichnete sie als »Werkzeug aller Werkzeuge«, die der denkende Mensch zu den unterschiedlichsten Zwecken gebrauchen könne; ihnen kämen universelle Fähigkeiten zu. Cicero pries ebenfalls die Kunstfertigkeit der menschlichen Hände, die sich zum Malen, Formen, Saiten- und Flötenspiel genauso eigneten wie zum Errichten prachtvoller Paläste und ganzer Städte; doch seien sie zur Beschaffung des Lebensnotwendigen ebenfalls unverzichtbar. Erst mit ihrer Hilfe konnten sich die Menschen inmitten der Natur eine zweite Natur schaffen: die Kultur, worauf besonders die Philosophen der Renaissance hinwiesen.

Geradezu euphorisch loben sie die dreigliedrigen Finger und

den zweigliedrigen Daumen als körperliche Vollkommenheiten, mit denen sich wunderbare Dinge in Kunst und Technik vollbringen ließen. Mit erstaunlicher Präzision beschreiben sie dabei Hand und Finger, unter denen der zweigliedrige Daumen als ihr »ordnender Lenker« eine bevorzugte Stellung einnehme. Er stehe allen Fingern, deren Spitzen er an den Innenflächen erreichen könne, wie ein Herrscher gegenüber. Erst durch die Oppositionsfähigkeit des Daumens werde das Greifen der Hand möglich.

Tatsächlich sind der Vielseitigkeit unserer Hände kaum Grenzen gesetzt. Damit lassen sich nicht nur die verschiedenartigsten Werke hervorbringen, darüber hinaus sind sie Ausdrucksorgane. Durch Gesten können sie die Sprache unterstützen, wenn nicht sogar an deren Stelle treten, wie die Gebärdensprache der Taubstummen eindrucksvoll beweist. Außerdem können sie als Tastsinn das fehlende Augenlicht der Blinden teilweise ausgleichen. So gelten sie mit Recht als »Geniestreich der Evolution«, mit der wir die vielfältigsten Bewegungen ausführen können. Der Renaissance-Philosoph Manetti nannte sie deshalb eine Art göttliche Vollkommenheit.

Der menschliche Körper, im Altertum häufig Grab der Seele genannt, war für ihn ein Gottesbeweis. Dieser sei deshalb so vorzüglich geformt, »damit er durch seine Gestalt ein würdiges und zugleich passendes Gefäß für die vernünftige Seele bilden könne.«[59] Denn nur ein vollkommener Körper sei der unsterblichen Seele angemessen, durch die der Mensch, die Mitte der Schöpfung, allen übrigen Lebewesen überlegen sei.

Aber Manetti stellte den Menschen nicht nur an die Spitze der Seinspyramide, er erklärte ihn auch zum Herrn und Eigentümer der Welt. Dementsprechend heißt es bei ihm, »daß alles, was immer gemacht ist, uns gehört [...]. Unser ist das Firmament, unser sind die Himmelskörper, unser die Gestirne, unser die Sterne, unser die Planeten.«[60] Hieraus wird deutlich, wie sehr die Renaissance-Philosophen die Idee der Menschenwürde überdehnten, und es ist darum keineswegs verwunderlich, daß sie die Menschen nicht bloß als Gottes Ebenbild vorstellten, sondern teilweise sogar vergöttlichten. So nannten Petrarca und Manetti, die Würde ins Grenzenlose steigernd,[61] den Menschen tatsächlich einen »Gott«[62].

Gegen diese überspannten Bewertungen wandten sich anschließend wieder *Shakespeare, Montaigne* und *Voltaire*[63], die stärker auf die Nichtigkeit des Menschen und dessen bescheidenen Platz im Weltall hinwiesen, jedoch nicht, um wie Papst Innozenz III. lediglich das Elend des menschlichen Daseins aufzuzeigen, sondern vielmehr um dessen übertriebenen Stolz und Hochmut zu brechen. Bereits in Shakespeares *Hamlet* kann man lesen: »Welch ein Meisterwerk ist der Mensch! Wie edel durch Vernunft? Wie unbegrenzt an Fähigkeiten! In Gestalt und Bewegung wie ausdrucksvoll und wunderwürdig! Im Handeln wie ähnlich einem Engel! Im Begreifen wie ähnlich einem Gott! Die Zierde der Welt! Das Vorbild des Lebendigen! – Und doch, was ist mir diese Quintessenz von Staub?«[64]

Auf die Philosophie der Renaissance und auf Psalm 8 anspielend, in dem steht, daß Gott den Menschen wenig niedriger machte als sich selbst, indem er diesem alles unter seine Füße legte, schrieb noch drastischer *Montaigne*: »Die Anmaßung ist unsere natürliche Erbkrankheit. Das unglückseligste und gebrechlichste aller Geschöpfe ist der Mensch, und allzumal das hoffärtigste.«[65]

Dennoch glaubte der Katholik Montaigne an die Gottkindschaft der Erdenbürger, die in sich Elend und Größe vereinigten. Im 17. Jahrhundert vertiefte und entwickelte *Pascal* diese Vorstellung weiter. Wie kaum ein anderer zuvor arbeitete er die »Doppelheit des Menschen«[66] heraus, der ebenso zu »maßlosester Anmaßung [wie] zu grauenvollster Niedergeschlagenheit«[67] neige. Unter der Überschrift »Größe und Elend«[68] verknüpfte er die Idee menschlicher Wichtigkeit mit der Erfahrung der Nichtigkeit und vermied so nach der einen Seite hin den übertriebenen Pessimismus von Papst Innozenz III., nach der anderen den überzogenen Optimismus einiger Renaissance-Philosophen. Der Mensch sei weder Tier noch Engel, betonte er, sondern ein Wesen dazwischen. Dieses dürfe nie vergessen werden, da es gefährlich sei, »wenn man den Menschen zu sehr darauf hinweise, daß er den Tieren gleiche, ohne ihm zugleich seine Größe vor Augen zu führen.«[69] Genauso gefährlich sei es aber, wenn man ihm nur seine Größe ohne seine Niedrigkeit vor Augen führe.[70] Eindrucksvoll legt Pascal beide Aspekte im berühmten Fragment 347 seiner *Gedanken* dar: »Nur ein Schilfrohr, das zerbrechlichste in der Welt, ist der Mensch [...]: Ein Windhauch, ein Wassertropfen reichen hin, um ihn zu töten. Aber wenn das All ihn vernichten würde, so wäre der Mensch doch edler als das, was ihn zerstört, denn er weiß, daß er stirbt, und er kennt die Übermacht des Weltalls über ihn; das Weltall aber weiß nichts davon. Unsere ganze Würde besteht also im Denken.«[71] Das heißt, als vom Weltall umfaßtes Naturwesen ist der Mensch nach Pascal völlig unerheblich, als ein das Weltall umgreifendes Vernunftwesen dagegen höchst bedeutsam.

Zusammenfassend ergibt sich folgendes Bild: In Humanismus und Renaissance gilt die oftmals übertrieben vorgestellte Würde des Menschen als *Wesensmerkmal*, das dem Menschen als solchem zukommt, nicht allein *gehobenem Stand, adeliger Herkunft* und *tadelloser Lebensweise*. Aus diesem allen Menschen angeborenen Wesensmerkmal wird dann wieder die Pflicht zu einem würdevollen Leben herausgelesen.

Der Humanismus selbst bezeichnet diesen *Gestaltungsauftrag*. Sein Ziel sind die intellektuelle und sittliche Bildung des Menschen in der Auseinandersetzung mit der Gelehrsamkeit und dem Stil des klassischen Altertums, dann die Vervollkommnung des menschlichen Daseins durch geistige Lebensgestaltung, das heißt durch Überordnung der Vernunft über die Leidenschaften und schließlich die Veredelung des Einzelnen zu einem freundlichen wohlwollenden Menschen mit kultivierten Lebensgewohnheiten. Wie viele andere weist *Erasmus von Rotterdam* darauf hin, »daß man allgemein alles, was zum gegenseitigen Wohlwollen gehört, menschlich nennt, so daß das Wort Menschlichkeit nicht schon unsere Natur bezeichnet, sondern das sittliche Verhalten eines Menschen, das seiner Natur würdig ist.«[72] Charakteristisch für den Humanismus der Renaissance ist die Überzeugung, daß gebildete Studien, eine hochgeformte Sprache, Wissenschaft und Kunst auf der einen Seite und eine der menschlichen Würde angemessene ethische Gesinnung einander bedingten. Erasmus schreibt: »Bildung entspricht in höchstem Maße die Menschennatur, ein Ungebildeter verdient nicht einmal die Bezeichnung Mensch. [...] Allein die Bildung sei Führerin und gewissermaßen Erzieherin zu moralischer Vollkommenheit.«[73]

Weit davon entfernt sich vom christlich-metaphysischen Menschenbild abzukehren, das die Renaissance-Philosophen im Gegenteil weiter ausmalten, gründeten sie Größe und Erhabenheit des Menschen auf dessen *Gottebenbildlichkeit*, *Verstand* und *Sonderstellung in der Welt*. Mögen ihre Ausführungen zur Menschenwürde systematischer und umfangreicher sein als die der mittelalterlichen Philosophen, und mögen ihre Vorstellungen von Bildung und Erkennbarkeit der Würde am menschlichen Körper auch über das traditionelle Verständnis hinausgehen, den Boden der christlichen Metaphysik verlassen sie dennoch nie.

Neuzeit – Geist, Vernunft und Freiheit

Von Größe *und* Elend des Menschen überzeugt, überwand *Pascal* die einseitigen Darstellungen seiner Zeit, die entweder von Größe *oder* Elend des Menschen ausgingen. Zugleich leitete er einen Prozeß ein, in dessen Verlauf die religiös-metaphysische Begründung der Menschenwürde immer mehr an Bedeutung verlieren sollte. So gesehen markiert seine Philosophie eine Phase des Umbruchs, wenn nicht sogar den Beginn der Neuzeit, in der die Würde nicht länger auf die Gottebenbildlichkeit und

Mittelpunktstellung des Menschen im Weltall zurückgeführt wird, sondern nur noch auf seine *Vernunft* und *Freiheit*. In dieser Geschichte der allmählichen Herauslösung der Würdeidee aus der alten religiös-metaphysischen Einbindung fällt Pascal eine wichtige Rolle zu. Denn obwohl ein gläubiger Christ, bestimmt er die Würde des Menschen nicht mehr über dessen Standort in der Welt. Unmißverständlich schreibt er: »Die ganze Würde des Menschen liegt im Denken«[74], und erläutert: »Nicht im Raum habe ich meine Würde zu suchen, sondern in der Ordnung meines Denkens [...]. Durch den Raum erfaßt mich das Weltall und verschlingt mich wie einen Punkt, durch das Denken erfasse ich es.«[75] Dieser Gedanke, demzufolge die menschliche Würde allein im Denken besteht, ist charakteristisch für die gesamte neuzeitliche Philosophie bis zu *John Stuart Mill*, der im 19. Jahrhundert den Begriff »Würde«[76] gleichfalls nur noch im menschlichen Verstand begründet sah.

Daß Pascal die Würde ausschließlich auf das Denken bezog, muß als Folge der verlorenen Sonderstellung des Menschen im Universum gesehen werden. Nach und nach hatte sich zu Beginn der Neuzeit die Erkenntnis von der Unendlichkeit des Alls durchgesetzt, die dem Menschen auf beunruhigende Weise seine Winzigkeit und Nichtigkeit vor Augen führte. Bereits *Kopernikus*, der statt unserer Erde die Sonne in den Mittelpunkt des Alls rückte und die doppelte Bewegung unseres Planeten erkannte – Drehung um die eigene Achse und Jahreslauf um die Sonne –, betonte »die Unermeßlichkeit des Himmels in Beziehung zur Erdgröße«[77]. Mit eindringlichen Worten machte er darauf aufmerksam, daß »die Erde im Hinblick auf den Himmel wie ein Punkt zu einem Körper und wie ein Begrenztes zu einem Größenunbegrenzten sich verhält.«[78] Allerdings war mit diesem allmählichen Übergang vom geo- und heliozentrischen Weltbild zum offen-unendlichen Weltall nicht nur die alte Vorstellung widerlegt, daß die Erde unbeweglich in der Mitte des Universums liege, sondern auch die Annahme, daß der Kosmos eine Stufenordnung darstelle – mit dem Menschen an der Spitze. Zudem wurde jetzt der Glaube immer zweifelhafter, daß die Welt für den Menschen und um dessentwillen erschaffen sei.

Erstaunlicherweise sah Kopernikus, der christlichen Glaubenssätzen niemals widersprach und weiter daran festhielt, daß die »Weltmaschine [...] um unseretwillen vom besten und genauesten Werkmeister gebaut sei«[79], in der Herausnahme des Menschen aus der Mitte des Alls keinen Einwand gegen dessen angemaßte Sonderstellung in der Natur. Daß sich nicht der ganze Sternenhimmel um die Erde dreht, schien ihm unwesentlich für die Beantwortung der Frage nach der Bedeutung des Menschen; dieser konnte Krone der Schöpfung sogar außerhalb der Weltmitte sein, wie er meinte. Näher betrachtet, entkoppelten Kopernikus und Galilei diese Frage von der Kosmologie, indem sie die alles überragende Würde des Menschen lediglich an dessen Fähigkeit festmachten, als einziges unter allen irdischen Geschöpfen die Welt erforschen und erkennen zu können.[80]

Pascal vertrat eine verwandte Position, da er ebenfalls die Frage nach der Würde des Menschen von dessen Stellung im Kosmos ablöste. Ähnlich Kopernikus verband er die menschliche Besonderheit weder mit seiner Stellung in der Schöpfungsordnung – wie manche Philosophen des Mittelalters – noch mit seiner körperlichen Gestalt – wie einige Philosophen der Renaissance –, sondern ausschließlich mit seiner Denkfähigkeit.

Damit war der entscheidende Schritt zum neuzeitlichen Würdeverständnis vollzogen, den *Pico della Mirandola* mehr als ein Jahrhundert zuvor auf völlig andere Weise getan hatte. Kopernikus und Pascal vergleichbar zweifelte er niemals auch nur im entferntesten an der Existenz Gottes, obwohl er gleichfalls dem Menschen keinen hervorragenden Platz innerhalb der Schöpfung zuerkannte. Er löste den Menschen aus dem Gesamtzusammenhang heraus und schenkte ihm dadurch eine in der Philosophie bis dahin unbekannte Freiheit. Anders aber als Pascal und Kopernikus gründete er »die Würde des Menschen«[81] nicht auf dessen Denkfähigkeit, sondern auf besagte Freiheit. Dennoch ist ihnen, wie gesagt, eines gemeinsam: Sie machten die Würde des Menschen nicht länger an dessen privilegierter Position in der Welt fest. So läßt Pico Gott zu Adam sagen: »Wir haben dir keinen festen Wohnsitz gegeben, [...] kein eigenes Aussehen, noch irgendeine besondere Gabe, damit du den Wohnsitz, das Aussehen und die Gaben, die du selbst dir ausersiehst, entsprechend deinem Wunsch und Entschluß habest und besitzest. Die Natur der übrigen Geschöpfe ist fest bestimmt und wird innerhalb von uns vorgeschriebenen Gesetzen begrenzt. Du sollst dir deine ohne jede Einschränkung und Enge, nach deinem Ermessen, dem ich dich anvertraut habe, selber bestimmen [...]. Weder haben wir dich himmlisch noch irdisch, weder sterblich noch unsterblich geschaffen, damit du wie dein eigener in Ehre frei entscheidender, schöpferischer Bildhauer dich selbst zu der Gestalt ausformst, die du bevorzugst.«[82] Dabei erschuf nach Pico Gott die Menschen deshalb wesensmäßig unbestimmt, weil er zuvor alle möglichen Wesensbestimmungen an andere Lebewesen verteilt und nun keine mehr für die Menschen übrig hatte. Vorläufer dieser kuriosen Geschichte ist ein Mythos aus dem platonischen Dialog *Protagoras*, dem zufolge die Götter alle vorhandenen Wesensmerkmale an die vernunftlosen Tiere vergaben, so daß hierauf keine mehr für die vernunftbegabten Menschen da waren.[83]

Hiernach unterscheiden sich letztere durch ihr Nichtfestgelegtsein, ihre Freiheit, von den übrigen Lebewesen, die ohnmächtigen Marionetten gleichen. Im Gegensatz dazu kann der Mensch frei wählen zwischen verschiedenen Möglichkeiten; er ist sein eigener Herr und die Selbstbestimmung, auf der seine Würde beruht, sein kostbarstes Gut.

Pico della Mirandola gleich bedient sich auch Erasmus von Rotterdam der Bildhauersprache zur Beschreibung des Menschen, allerdings mit dem Unterschied, daß er – statt von persönlicher Selbsterschaffung – von fremder Unterweisung spricht: »Wie ein Werkstoff, der sich für eine Skulptur eignet, nur dann Standbild heißen wird, wenn er durch das Zutun eines Künstlers Gestalt gewonnen hat, so schafft die Geburt nicht den Menschen, sondern nur ein zur Aufnahme der Menschennatur geeignetes Wesen. Was geboren wird, ist gewissermaßen unbehauener Werkstoff. Erst die Unterweisung gibt diesem Gestalt.«[84]

Die Vorstellung, wonach weder Gott noch Natur das menschliche Denken und Handeln festlegen, sondern der Mensch Schöpfer seiner selbst ist, findet in den folgenden Jahrhunderten immer stärkeren Beifall. So spielt sie bis zum modernen Existentialismus eine wesentliche Rolle. Wie Pico sieht Sartre die Würde des Menschen ausschließlich in dessen Freiheit begründet, wobei er sogar glaubt, daß der Existentialismus die einzige Theorie ist, »die dem Menschen eine Würde verleihen kann.«[85] Deren höchster Grundsatz, der beweisen soll, »daß der Mensch eine größere Würde hat als der Stein oder der Tisch«[86], lautet: »Der Mensch ist, wozu er sich macht.«[87] Gleichfalls verankert Jaspers die »Würde«[88] des Menschen in dessen Fähigkeit, sich selbst zu bestimmen und »im Äußersten selbst den Tod [zu] geben.«[89]

Kein Geringerer als der berühmte Natur- und Völkerrechtler *Pufendorf* hatte bereits im 17. Jahrhundert den für Picos Würdeverständnis entscheidenden Begriff der Freiheit mit dem für Pascals Würdevorstellung charakteristischen Begriff des Denkens verbunden. Wie viele vor und nach ihm glaubte Pufendorf, daß »alle Menschen über das gleiche Maß Freiheit«[90] verfügten. Dabei unterschied er zwischen natürlicher und sittlicher Ordnung und differenzierte demgemäß zwischen naturhaften Gegenständen – »entia physica«[91] – und moralischen Dingen – »entia moralia«[92]. Dieses Begriffspaar geht bis auf das 12. Jahrhundert zurück, wurde jedoch erst im 17. Jahrhundert durch Pufendorf bekannter, um anschließend über Christian Wolf in Kants Philosophie zu gelangen.[93] Das »moralische Sein«

bezeichnet das geistige Leben der Menschen insgesamt, besonders aber deren sittlich gebundene Freiheit, die im Unterschied zu den naturhaften Dingen eine eigene Würde besitzt, welche auch Pufendorf – wie Pascal und Kopernikus – nicht mehr auf die herausragende Stellung des Menschen im All stützte.

In seinem Handbüchlein *Über Menschen- und Bürgerpflicht nach dem Naturgesetz* schreibt Pufendorf: »Der Mensch ist ein Lebewesen, das nicht nur aufs eifrigste auf Selbsterhaltung bedacht ist, sondern dem auch eine ziemliche empfindliche Selbstachtung angeboren ist: Wenn diese irgendwie beeinträchtigt wird, dann pflegt er sich oft nicht weniger zu erregen als über einen seinem Körper oder seiner Habe zugefügten Schaden. Ja allein schon in dem Wort Mensch offenbart sich, daß in ihm eine besondere Würde liegt.«[94] Gleiches steht in seinem Hauptwerk *Über Natur- und Völkerrecht*: »Allein schon mit dem Wort Mensch wird kundgetan, daß diesem eine gehörige Würde eignet.«[95] Aber bereits zuvor führte er aus, daß »die überragende Würde des Menschen im Vergleich zu den unvernünftigen Wesen besonders ins Auge [springe], weil dieser mit der edelsten Seele ausgestattet sei, die starke Wirkung ausübe sowohl durch ihr Augenlicht, das sich dadurch auszeichne, die Dinge zu erkennen und zu unterscheiden, sowie durch die fein ausgebildete Beweglichkeit, dieselben zu suchen oder zu meiden.«[96] Daneben preist er in anderem Zusammenhang die »Würde des menschlichen Wesens«, das »unter den übrigen Lebewesen hervorrage«[97]; dabei betont er: »Die höchste Würdigung hat der Mensch aufgrund der Tatsache, daß er eine unsterbliche Seele besitzt, die begabt ist mit dem Licht des Verstandes, der Fähigkeit, die Dinge zu beurteilen und auszuwählen, und mit schöpferischem Geschick für sehr viele Handlungsweisen.«[98] Zusammenfassend besteht nach Pufendorf die allen Menschen gemeinsame Würde also einmal in der *Unsterblichkeit der Seele*, dann in deren *Freiheit* sowie schließlich in ihrer *Denkfähigkeit*.

Auffälligerweise interpretierte er – Pico und Pascal ähnlich – die Würde nur noch teilweise religiös-metaphysisch, obwohl er von der Wahrheit der christlichen Lehre überzeugt war. Alle drei gründeten die dem Menschen angeborene Erhabenheit weniger auf dessen Gottebenbildlichkeit und Stellung in der Welt als vielmehr auf seine besonderen Geistesgaben. Damit nahmen sie einen Gedanken Kants vorweg, der die unverlierbare Würde des Menschen einzig aus dessen Vernunft ableitete. Nach Kants Auffassung ist die letzte Grundlage der Würdeidee, die in seiner Moral- und Rechtsphilosophie eine zentrale Rolle spielt, die Fähigkeit des Einzelnen zu sittlicher Selbstbestimmung. Doch trotz der offensichtlichen Unterschiede zwischen dem Würdeverständnis der spätantiken und mittelalterlichen Tradition, der Renaissance und Vernunftphilosophie Kants sahen die Anhänger der erwähnten Geistesrichtungen in der Würde sowohl ein Wesensmerkmal als auch einen Gestaltungsauftrag. Jedoch darf diese grundlegende Übereinstimmung nicht darüber hinwegtäuschen, daß Kant ein in vielerlei Beziehung neues Würdeverständnis entwickelte.

Wie Pufendorf die Wirklichkeit in naturhaftes Seiendes – ens naturae – und moralisches Sein – ens morale – gliederte, so unterschied zu Beginn der Neuzeit Descartes zwischen ausgedehnter Natur – res extensa – und denkendem Geist – res cogitans. Bereits im Altertum betrachtete man den Menschen als Bürger zweier Welten, als Teil der sogenannten Sinnenwelt – mundus sensibilis – und Verstandeswelt – mundus intelligibilis. Auf dieser Linie bewegt sich auch *Kant*, wenn er den Menschen gleichfalls als Doppelwesen beschreibt. Als Lebewesen unter anderen – ens naturae, res extensa, homo phainomenon – gehöre er zur sichtbaren Welt, zum Reich der Natur, dem riesenhaften Kosmos; als sittlich gebundenes Vernunftwesen – ens morale, res cogitans, homo noumenon – zur sittlichen Welt, einem der Natur entrückten Reich des Geistes. So existiere der Mensch einerseits im Weltall, das sich »ins unabsehlich Große mit Welten über Welten und Systemen von Systemen, überdem noch in grenzenlose Zeiten ihrer periodischen Bewegung«[99] erstrecke. Innerhalb dieses unermeßlichen Universums stelle er ein »Wesen von geringer Bedeutung« dar, das »mit den übrigen Tieren, als Erzeugnissen des Bodens, einen gemeinen Wert«[100] habe. Er sei ein »Teil der Erdgeschöpfe«[101], ein »tierisches Geschöpf, das die Materie, daraus es ward, dem Planeten (einem bloßen Punkt im Weltall) wieder zurückgeben müsse, nachdem es eine kurze Zeit [...] mit Lebenskraft versehen gewesen.«[102]

Andererseits gebe es etwas im Menschen, das ihn von allen übrigen Lebewesen unterscheide und ihn trotz seiner kosmischen Entbehrlichkeit aus dem physischen Weltall heraushebe, ihn adele: »Daß der Mensch in seiner Vorstellung das Ich haben kann, erhebt ihn unendlich über alle andere auf Erden lebende Wesen. Dadurch ist er eine Person und [...] ein von Sachen [...] durch Rang und Würde ganz unterschiedenes Wesen«[103]. Doch ist es das Selbstbewußtsein nicht allein, das den Menschen über die Natur stellt, es ist auch »das moralische Gesetz in [ihm]«[104], das diesem »ein von der Tierheit und selbst von der ganzen Sinnenwelt unabhängiges Leben«[105] offenbart. So ist jeder Einzelne ein teils der Natur unterworfener »Tiermensch«, teils aus der Natur herausragender »Vernunftmensch«[106]. Erst beide Aspekte zusammengenommen, beschreiben den Menschen angemessen als ein »mit Vernunft begabtes Erdwesen.«[107] Als letzteres verkörpert er ein Wesen unter anderen, als vernünftiges Ich dagegen eine Person mit besonderer Würde. Dabei wiegt für Kant wie bereits für Pascal das unermeßliche Weltall nichts gegen den menschlichen Geist; es tut dessen Wertbesonderheit keinerlei Abbruch, wie er zu sagen pflegt.

Trotz der Eigenständigkeit seines Ansatzes vertritt Kant einen eher traditionellen Standpunkt, denn auch er bewertet den Menschen wegen Vernunft und Geist höher als die übrigen Geschöpfe; jedoch definiert er im Gegensatz zu den Denkern der christlich-metaphysischen Tradition die Würde des Menschen nicht mehr mit dessen Gottebenbildlichkeit.

Allgemein hält Kant die Würde für einen »unbedingten, unvergleichlichen Wert«[108]. Würde zu haben heißt seiner Auffassung nach, absolut wertvoll zu sein, einen »inneren Wert«[109] zu besitzen und somit »über allen Preis erhaben«[110], unkäuflich zu sein. Er schreibt: In der Menschenwelt »hat alles entweder einen Preis oder eine Würde. Was einen Preis hat, an dessen Stelle kann auch etwas anderes als Äquivalent gesetzt werden; was dagegen über allen Preis erhaben ist, mithin kein Äquivalent verstattet, das hat eine Würde.«[111] Demnach bedeutet einen Preis zu haben, einen nur äußeren Wert zu besitzen und damit ersetz- oder austauschbar zu sein. Jeder einzelne Mensch jedoch hat nach Kant einen inneren Wert und ist sonach einmalig, unvertretbar durch andere. Da er Vernunftwesen und nicht bloßes Naturwesen sei, habe er berechtigterweise Anspruch auf Achtung, umgekehrt aber auch die Pflicht, seinesgleichen zu achten. Hier wie sonst sind Anspruch und Verpflichtung eng miteinander verbunden. Kant formuliert das so: Der Mensch als aus der Natur herausragendes Vernunftwesen »besitzt eine Würde (einen absoluten inneren Wert), wodurch er allen anderen vernünftigen Weltwesen Achtung für ihn abnötigt.«[112] Diese schulde man sogar jenen, die ihre Würde selbst verleugneten, welche man ihnen aber deshalb nicht absprechen dürfe, was auch gar nicht gehe, da sie unzerstörbar sei. Hiernach darf »ich selbst dem Lasterhaften als Menschen nicht alle Achtung versagen, die ihm wenigstens in der Qualität eines Menschen nicht entzogen werden kann; obzwar er durch seine Tat sich derselbst unwürdig macht.«[113] Diese Auffassung vertraten Jahrhunderte zuvor bereits Augustinus und danach noch Fichte und Hegel, der einmal gesagt haben soll: »Selbst der verbrecherische Gedanke eines Bösewichts ist großartiger und erhabener als die Wunder des Himmels.«[114]

Nach Kant haben wir nicht nur Rechte und Pflichten gegeneinander, sondern ebenso Verpflichtungen uns selbst gegenüber. Wie alle Vernunftwesen uns heilig und unverletzlich sein sollen, so sollen wir uns selbst auch achten. Genaugenommen ist ohne Selbstachtung die Achtung eines anderen gar nicht möglich. Unter der Überschrift »Pflichten gegen sich selbst«[115] fordert darum Kant jeden Einzelnen auf, die eigene Würde, »die ihn vor allen Geschöpfen adelt«[116] und ihm »Achtung gegen sich selbst einflößt«[117], niemals zu beleidigen. Daß man sich Schaden zufügen, Unrecht tun, gewissermaßen an sich selbst vergehen kann, davon waren bereits Platon und Aristoteles überzeugt.[118] Bereits sie ermahnten den Menschen, sich stets seines besonderen Wertes bewußt zu bleiben und dementsprechend zu benehmen. Nach Kant gehört hierzu, niemals vor seinen Mitmenschen zu kriechen oder sich ihnen hündisch zu unterwerfen. Denn wer vor anderen freiwillig das Rückgrat beuge, um mit gekrümmtem Rücken und nach oben schielenden Augen um ihre Gunst zu buhlen, dadurch den aufrechten Gang aufgebe, der trete die eigene Würde mit Füßen. Deshalb sei das »Bücken und Schmiegen vor einem Menschen [...] in jedem Fall eines Menschen unwürdig.«[119] Nun ist damit allerdings nicht schon die Frage beantwortet, worauf sich die geforderte Achtung denn eigentlich bezieht. Was ist die Vernunft, die sich nicht in den Naturzusammenhang eingliedern läßt, uns absolute Würde verleiht und uneingeschränkte Hochachtung verdient? Kant beschreibt sie als Fähigkeit zu moralischer Selbstbestimmung, als sittlich gebundene Freiheit, Autonomie und betont wie viele seiner Zeitgenossen, daß Freiheit das einzige dem Menschen angeborene Recht sei, das nicht auf dessen Setzung beruhe, sondern ihm von Geburt an zukomme und darum auch gesellschaftlich zustehe.[120] »Autonomie ist also der Grund der Würde der menschlichen und jeder vernünftigen Natur«[121], wobei Autonomie hier soviel bedeutet wie Selbstbestimmung zu Gehorsam gegen das sogenannte Sitten- oder Vernunftgesetz. »Also ist die Sittlichkeit [...] dasjenige, was allein Würde hat«[122], und die »Würde des reinen Vernunftgesetzes in uns«[123] oder die »Würde der Menschheit in unserer eigenen Person«[124] das, was besondere Achtung verdient. Hierbei versteht Kant unter Menschheit nicht die Gesamtheit aller

Menschen, wie man vermuten könnte, sondern wieder Vernunft, Moralität, Freiheit.

Letztere äußere sich vor allem in der menschlichen Fähigkeit zum Abstandnehmen von den eigenen Begierden, Instinkten und Trieben. Als Vernunftwesen sei der Einzelne nicht nur von Naturgesetzen beherrscht, sondern vielmehr in der Lage, seine natürlichen Leidenschaften zu bezwingen, wenn er es nur ernsthaft wolle. Daß er es unbedingt sollte, daran bestand für Kant keinerlei Zweifel. So rief er die Menschen immer wieder dazu auf, sich von den Neigungen und Instinkten ihrer Triebnatur zu lösen, sich in Triebverzicht und Selbstbeherrschung zu üben. Denn je mehr einem dieses gelinge, um so deutlicher trete die uns allen innewohnende Würde hervor – ein seit den antiken Griechen und Römern geläufiger Gedanke mit dem einzigen Unterschied, daß die Alten die Würde fast ausschließlich als Gestaltungsauftrag darstellten, dagegen Kant, Pufendorf, Pascal, die Philosophen der Renaissance und des Mittelalters zusätzlich als Wesensmerkmal. Letzteren ähnlich fordert Kant, von der »Überlegenheit des übersinnlichen Menschen in uns über den sinnlichen«[125] ausgehend, daß das moralische Ich sich alle Lüste und Begierden unterwerfe. Dabei bewertet er schon die bloße Möglichkeit dazu als »Gegenstand der höchsten Bewunderung«[126], welcher den Menschen »gleichsam einen heiligen Schauer über die Größe und Erhabenheit seiner wahren Bestimmung fühlen«[127] lasse.

Jedoch ist damit die menschliche Freiheit erst negativ beschrieben, die mehr bedeutet als Unabhängigkeit von der eigenen Triebnatur; positiv verstanden, bezeichnet sie die Fähigkeit, sich selbst zu moralischem Handeln zu bestimmen. Wie erwähnt, huldigt Kant keinem schrankenlosen Individualismus, sondern verbindet Freiheit stets mit Moralität. Ein wirklich freier Wille ist seiner Auffassung nach ein Wille zur Sittlichkeit, ein im wahren Sinne des Wortes guter Wille, nicht aber entfesselte, ungebundene Willkür, die sich bei näherem Hinsehen als Ohnmacht, Fremdbestimmung, als entwürdigende Herrschaft der Triebe herausstelle. Im Gegensatz dazu orientiere sich ein moralischer Mensch am Sittengesetz, dem zufolge nur das gewollt werden soll, was alle Vernunftwesen wollen können, nachdem sie ihre triebhafte Selbstsucht in Schranken gewiesen haben. Stets soll man sich fragen, was geschehen würde, wenn alle so handelten wie man selbst, und sich dann mit moralischer Gesinnung so verhalten, daß tatsächlich jeder wie man selbst handeln könnte, ohne daß dadurch logische Widersprüche, Chaos, Ungerechtigkeit, Leid entstünden.

Dabei verläuft Kants Denkweg von der Wahrnehmung eigener Zurechnungsfähigkeit über die sittliche Vernunft zum Homo noumenon, der allein besondere Würde besitze.

Die von Kant sittlich interpretierte Freiheit offenbart den Menschen als Herrn über sich, erlaubt ihm aber nicht, selbstherrlich und unbegrenzt über sich zu verfügen. Kant schreibt: Der Mensch ist zwar »sein eigener Herr, aber nicht Eigentümer von sich selbst«[128]. In dieser Beziehung stimmt seine Position durchaus mit der christlichen Auffassung überein, der zufolge der Mensch ja gleichfalls nicht über das eigene Leben beliebig verfügen darf, da es Eigentum und Geschenk Gottes sei. Als moralisches Vernunftwesen besitzt der Einzelne zwar Macht über sich, darf diese aber nicht dazu mißbrauchen, sich ihrer zu entledigen. Auch wenn der Mensch sein eigener Herr ist, so soll er sich dennoch nicht als Herr über sein Herrsein fühlen und aufspielen. Im Gegenteil soll die sittlich gebundene Freiheit dem Zugriff des Menschen entzogen bleiben, der dieser Achtung und Ehrerbietung schulde.

Der zu freier, verantwortlicher Selbstbestimmung fähige Mensch ist als Wesen mit absolutem Wert ein Zweck an sich. Er verkörpert kein bewußtloses Ding wie ein Stück Holz, kein bloßes Mittel wie ein Werkzeug, sondern steht ganz für sich, weshalb er sich selbst und andere achten soll. Demgemäß lautet das Sittengesetz: »Handle so, daß du die Menschheit, sowohl in deiner Person als in der Person eines jeden anderen, jederzeit zugleich als Zweck, niemals bloß als Mittel brauchst«[129], wobei

Menschheit wieder soviel wie Moralität und Freiheit bedeutet. Als Person, das heißt als sittlich gebundenes Vernunftwesen mit achtungswürdigem Wert, soll der Einzelne nie als reines Mittel oder Werkzeug, Sache oder Objekt benutzt werden – nicht einmal durch sich selbst. Deshalb verbietet seine Würde ihm auch, sich als Sklave oder Prostituierte zu verdingen, sich selbst zu mißhandeln, zu verkaufen oder gar zu töten – aber nicht, weil das menschliche Leben Gott gehörte, sondern weil es für sich genommen bereits einen absoluten Wert darstellt. Sollte sich der Mensch trotzdem zu diesen Handlungen hinreißen lassen, so verletzt er nach Kant die eigene Würde und verleugnet damit sich selbst. Ähnliches gilt nicht allein für jene, die, »dem Trunke ergeben, unnatürliche Sünden begehen, alle Arten von Unmäßigkeit ausüben, welches [...] den Menschen weit unter die Tiere erniedrigt«[130], sondern genauso für solche Bürger, welche »die Würde der Menschheit durch die Lüge erniedrigen«[131], denn auch »Lüge ist Wegwerfung und gleichsam Vernichtung [der] Menschenwürde.«[132]

Ebenfalls gefährden Tierquäler und Naturzerstörer die Menschenwürde, da die Pflicht zu sittlicher Selbstvervollkommnung nicht bloß jedes rohe Verhalten sich selbst und anderen gegenüber verbietet, sondern auch gegen die Tier- und Pflanzenwelt. Wie es scheint, sind wir zu rücksichtsvollem Umgang mit der außermenschlichen Natur nicht deshalb verpflichtet, weil diese ein Recht auf Achtung hätte, das bloß Vernunftwesen, keineswegs aber Tieren zustehe. In letzteren sah Kant nur »Sachen [...], mit denen man nach Belieben schalten und walten kann«[133]. Trotzdem lehnte er jede Brutalität gegen sie ab wegen der verrohenden Folgen, die solches Verhalten für den Umgang der Menschen untereinander hätte. Diese seien sich selbst gutes Benehmen gegen die Tier- und Pflanzenwelt schuldig, wie überhaupt alle Verpflichtungen der außermenschlichen Natur gegenüber den Pflichten des Menschen gegen sich selbst entspränge: »In Ansehung des Schönen, obgleich Leblosen in der Natur ist ein Hang zum bloßen Zerstören der Pflicht des Menschen gegen sich selbst zuwider [...]. In Ansehung des lebenden obgleich vernunftlosen Teils der Geschöpfe ist die Pflicht der Enthaltung von gewaltsamer und zugleich grausamer Behandlung der Tiere der Pflicht des Menschen gegen sich selbst (noch) weit inniglicher entgegengesetzt [...]. Dankbarkeit für lang geleistete Dienste eines alten Pferdes oder Hundes (gleich als ob sie Hausgenossen wären) gehört indirekt zur Pflicht des Menschen, nämlich in Ansehung dieser Tiere, direkt aber betrachtet ist sie immer nur Pflicht des Menschen gegen sich selbst.«[134] Wenn das stimmt, worauf noch einzugehen sein wird, dann heißt andere Lebewesen grausam zu behandeln, weniger nur sie zu schädigen als vielmehr sich selbst; es bedeutet, die eigene Würde zu beleidigen.

Statt dessen soll man in der alltäglichen Praxis versuchen, das zu werden, was man in der philosophischen Theorie immer schon ist: eine würdevolle Persönlichkeit, die Achtung verdient. Hieraus wird deutlich, für Kant ist Menschenwürde als Inbegriff sittlicher Freiheit zugleich Wesensmerkmal und Gestaltungsauftrag, der jeden zu einem »moralisch-guten Lebenswandel«[135] gemahnt, zur »Gesinnung eines sittlichwohlgeführten Lebens«[136], wie es unserer »Erhabenheit und Würde«[137] entspricht.

Allerdings darf niemand seinem Nachbarn ein solches Leben aufzwingen. Denn wenn auch erst ein der Moralität gegenüber aufgeschlossenes, von blinder Leidenschaft befreites Dasein den Menschen mit sich selbst versöhnt und diesem Selbstachtung verleiht, so gehört doch zur Achtung vor der Würde eines anderen, diesen nicht zu Selbstachtung zu nötigen. Mit Kants Worten: »Niemand kann mich zwingen auf seine Art [...] glücklich zu sein, sondern ein jeder darf seine Glückseligkeit auf dem Wege suchen, welcher ihm selbst gut dünkt, wenn er nur der Freiheit anderer, einem ähnlichen Zwecke nachzustreben, die mit der Freiheit von jedermann nach einem möglichen allgemeinen Gesetze zusammen bestehen kann [...], nicht Abbruch tut.«[138] Tatsächlich kann sich der Einzelne erst in der Gesellschaft selbst verwirklichen, in der sich die Bürger gegenseitig als freie Wesen respektieren und dementsprechend behandeln; nur so ist überhaupt Freiheit im Sinne der »Unabhängigkeit von eines anderen nötigender Willkür«[139] möglich, meint Kant. Darum sollten wir Sorge dafür tragen, daß die eigene Freiheit mit der anderer Menschen auf der Grundlage fester Regeln zusammen bestehen und übereinstimmen kann. Hierzu gehört, daß man seine Nachbarn nicht dazu zwingt, dem eigenen Lebensweg zu folgen, sondern ihnen erlaubt, nach ihrer Façon selig zu werden, solange sie nur die Freiheit ihrer Mitmenschen achten und anerkennen.[140] Hiernach endet die eigene Freiheit erst dort, wo die der anderen beginnt. Kant und auch Mill waren Anhänger eines politischen Liberalismus, nach dem nicht so sehr die Gewährleistung von Freiheit einer Begründung bedarf als vielmehr deren Begrenzung, die ihrer Auffassung nach wieder nur Freiheit, nämlich die Freiheit der anderen, zu rechtfertigen vermag, welche der eigenen notwendigerweise eine Grenze zieht.

Nun dürfen diese grundsätzlichen Überlegungen aber nicht den Blick davor verschließen, daß Kant nicht jeden im politischen Sinne als frei anerkannte, sondern, den Vorstellungen seiner Zeit gemäß, nur die selbständigen Staatsbürger männlichen Geschlechts, was man kurz so ausdrücken kann: Für Kant sind alle Menschen frei – ausgenommen Kinder, Frauen, Bedienstete und Tagelöhner!

Zusammenfassend sei festgehalten: Die Würde des Menschen, dessen von allen zu achtender Eigenwert, besteht nach Kant in seiner *aus der Natur herausragenden Vernunft*, die jeden von uns in den *Rang eines freien, sittlich gebundenen Wesens* erhebt. Mit diesem Menschenbild bleibt Kant auf dem Boden der philosophischen Tradition. Denn ob Cicero, Augustinus, Leo der Große, Thomas von Aquin, Manetti, Pascal oder Pufendorf, sie alle sahen in der Würde ein der Natur entrücktes Wesensmerkmal mit absolutem Wert, das einzig den Menschen zukomme, der übrigen Natur jedoch fehle. Darüber hinaus stimmten die genannten Denker in der Beschreibung der Menschenwürde als Verpflichtung, Chance, Aufgabe, kurz, als Gestaltungsauftrag überein. Im Unterschied aber zu den mittelalterlichen Denkern verabschiedeten die meisten Philosophen der Neuzeit die religiös-metaphysische Begründung der Würde – so auch Kant, der die Idee der Gottebenbildlichkeit fast gänzlich fallenließ.

Moderne – Bedingung fairer Kommunikation

Wilhelm von Humboldt verbindet mit Kant nicht nur, daß er gleichfalls von »Würde der Menschheit«[141] spricht, sondern ebenfalls, dass er darin eine Wesensbestimmung und einen Gestaltungsauftrag ohne besonderen religiösen Bezug erblickt. Jeder Mensch sei dazu berufen, das eigene Dasein durch Bildung »zu adeln, ihm eine bestimmte, seiner würdige Gestalt zu geben«[142], wobei schon die bloße Fähigkeit dazu eine »Achtung erregende Würde« besitze. Allgemein formuliert versteht Humboldt unter Bildung eine durch Wissenschaft ermöglichte Entfaltung des Einzelnen zu sittlicher Vollkommenheit. In die gleiche Richtung wie Wilhelm von Humboldt gehen alle Neuhumanisten – ob Schiller oder Herder, der etwa schreibt: »Der Mensch hat kein edleres Wort für seine Bestimmung als Er selbst ist.«[143] Bereits seine Gestalt lehre ihn, die eigene Würde als der Humanität erstes Merkmal zu sehen.

Nachdem so die Würde bei Kant und den Neuhumanisten auf den Boden der sittlichen Vernunft als neue Grundlage gestellt worden war, kam es in der Philosophie des Deutschen Idealismus – wie wenige Jahrhunderte zuvor in der Renaissance – erneut zu einer Überbewertung des Menschen. Nun wurden Geist, Vernunft und Freiheit absolut gesetzt, teilweise sogar Gott gleichgesetzt, wobei jedoch die deutschen Idealisten dem Ausdruck Würde alles in allem nur wenig Bedeutung beimaßen.

In *Schellings* Philosophie kommt er so gut wie gar nicht vor. Vom Kantischen Grundsatz ausgehend, daß jeder von uns kraft seines Menschseins Achtung und Anerkennung verdiene, zog Schelling dem Freiheitsdrang des Menschen klare Grenzen. Er glaubte, daß schon der Anblick eines Fremden einen zwingen könne, die eigene Freiheit einzuschränken: »Schaudernd stehe ich still. Hier ist Menschheit! ruft es mir entgegen, ich darf nicht weiter.«[144] Wie Kant gebrauchte er in diesem Zusammenhang den Ausdruck Menschheit im Sinne von Vernunft und Freiheit, überzeugt davon, daß ohne gegenseitige Achtung individuelle Selbstbestimmung unmöglich sei, ohne eine gewisse Selbstbeschränkung keine Gemeinschaft geistig freier Menschen entstehen könne. Dabei war auch er der Auffassung, daß die Erkenntnis der menschlichen Würde den Einzelnen zugleich darüber aufkläre, wie er sein Leben führen sollte: »Gebt dem Menschen das Bewußtsein dessen, was er ist, er wird bald auch lernen, was er soll: gebt ihm theoretische Achtung vor sich selbst, die praktische wird bald nachfolgen«[145]. Mit Kant übereinstimmend, betonte Schelling immer wieder, daß der Mensch als freies Vernunftwesen »kein Ding, keine Sache, und seinem eigentlichen Sein nach überhaupt kein Objekt sei«[146], weshalb man ihn auch nicht als solches behandeln dürfe.

Ähnlich *Hegel*, der, selten genug, die Würde des Menschen wieder stärker aus dessen Fähigkeit ableitete, das Ganze der Wirklichkeit bis in alle Einzelheiten ergründen zu können. »Der Mensch, da er Geist ist,« – schreibt er – »darf und soll sich selbst des Höchsten würdig achten; von der Größe und Macht seines Geistes kann er nicht groß genug denken. Und mit diesem Glauben wird nichts so spröde und hart sein, das sich ihm nicht eröffnete. Das zuerst verborgene und verschlossene Wesen des Universums hat keine Kraft, die dem Mute des Erkennens Widerstand leisten könnte; es muß sich vor ihm auftun und seinen Reichtum und seine Tiefen ihm vor Augen legen und zum Genusse geben.«[147] Hiernach beruht die Würde des Menschen auf seiner Macht, die Wirklichkeit erkennen zu können, wie auch auf dem Vermögen, das eigene Leben an dieser Erkenntnis aus- und danach einzurichten: »denn Würde hat der Mensch [...] nur indem er von einem Anundfürsichseienden, einem Substantiellen weiß und diesem seinen natürlichen Willen unterwirft und gemäß macht.«[148] Erst dadurch »erhält er eine Würde, und dann ist [...] das Leben selbst etwas wert.«[149] »Die Philosophen beweisen diese Würde, die Völker werden sie fühlen lernen.«[150]

Schelling und Hegel ähnlich gründet *Fichte* die »Würde des Menschen«[151], »die über alle Natur erhaben ist«[152], auf die menschliche Macht, die Welt nach Gesetzen der Vernunft zu gestalten, das Leben nach moralischen Regeln zu führen und zu sich selbst »Ich« sagen zu können – eine Fähigkeit, die allen Menschen, Verbrecher eingeschlossen, höchste Würde verleihe: »Das ist der Mensch; das ist jeder, der sich sagen kann: Ich bin Mensch. Sollte er nicht eine heilige Ehrfurcht vor sich selbst tragen, und schaudern und erbeben vor seiner eigenen Majestät! Das ist jeder, der mir sagen kann: Ich bin. – Wo du auch wohnest, du, der du nur Menschenantlitz trägst ob du auch noch so nahe grenzend mit dem Tiere unter den Stecken des Treibers Zuckerrohr pflanzest [...] – oder ob du nur der verworfenste, elendste Bösewicht scheinest – du bist doch was ich bin; denn du kannst mir sagen: Ich bin.«[153] Darum soll nach Fichte jedem Menschen ein Mindestmaß an Respekt entgegengebracht, allen mit Zurückhaltung, Scheu – »verecundia« wie die alten Römer sagten – begegnet werden.

Im *Neukantianismus* des 19. Jahrhunderts werden die überzogenen Würdevorstellungen der Deutschen Idealisten wieder relativiert, wobei allerdings auch hier diese alteuropäische Idee nur am Rande vorkommt. *Hermann Cohen* schreibt: »Das Ich ist es, [...] welches den Menschenwert, welches die Menschenwürde ausmacht«[154], die er wie *Leonard Nelson* als Wesensmerkmal darstellt, der betont: »Der Person positiv Würde erst zu geben, ist nicht Sache unseres Willens. Wir können sie nur anerkennen.«[155]

Ähnliches formulieren in der Gegenwart jüngere Vertreter der *Diskursethik*. Kants Würdekonzept transformierend, bemühen sie sich darum, die Würde über unsere Fähigkeit zu sittlicher Selbstbestimmung zu definieren. Allerdings haben die ersten Diskursethiker, Apel und Habermas, niemals versucht, die Menschenwürde als Sinn- und Möglichkeitsbedingung kommunikativen Handelns aufzuzeigen. Der Kern der Diskursethik besteht in der Überzeugung, daß wir Menschen zu reziprok-symmetrischer Anerkennung und das heißt zu egalitärem Umgang miteinander verpflichtet sind: Im Gespräch untereinander sollten stets alle hiervon Betroffenen ihre Interessen gleichermaßen zur Geltung bringen können und am Ende eine einvernehmliche Entscheidung auf der Grundlage der besten Argumente fällen. Zu diesem kategorischen Imperativ der Diskursethik gelangt Apel auf dem Wege einer strikt reflexiven Letztbegründung, nach der wir bei jedem Gespräch, das wir führen, immer schon Voraussetzungen anerkannt hätten, die sich nicht ohne Selbstwiderspruch bestreiten ließen. Deren Freilegung bedeutet seiner Auffassung nach, bereits die angesprochene Letztbegründung durchzuführen. So können wir nach Apel nicht gegen die Regeln der Argumentation sinnvoll argumentieren, ohne diese schon in Anspruch zu nehmen. Deshalb gelten diese Regeln unbedingt, absolut, eben kategorisch. Sie verpflichteten uns zu Verständigung und Kooperation mit unseren Gesprächspartnern, was deren Anerkennung als gleichberechtigte, wahrheits- und zurechnungsfähige Subjekte von vornherein einschließe.

Hier knüpfen nun die Versuche der jüngeren Diskursethiker an, der Idee der Menschenwürde auch kommunikationsethisch Geltung zu verschaffen. Ihnen zufolge ist die Würde ein Implikat der Möglichkeitsbedingungen sinnvoller Interaktion und Kommunikation: Um mit anderen ein faires Gespräch oder einen argumentativen Diskurs führen zu können, wozu wir nach Auffassung der Diskursethiker grundsätzlich verpflichtet sind und wofür sich ihrer Auffassung nach sogar letzte Gründe beischaffen lassen, gehöre immer schon die Anerkennung des Nächsten als Person mit eigener Würde. Diese sei gewissermaßen denknotwendig in der letztbegründbaren Ethik des herrschaftsfreien Diskurses enthalten.[156] So sei es unmöglich, anderen Menschen gegenüber eine kommunikative Haltung einzunehmen, ohne ihnen bereits Würde zuerkannt zu haben, die als solche ein moralischer Status sei.[157] Jedoch soll dabei Würde nicht als personale Eigenschaft oder Wesensmerkmal, das heißt: substanziell vorgestellt werden, allerdings auch nicht nur als Gestaltungsauftrag in der Interaktion zwischen den Menschen. Habermas weist ausdrücklich darauf hin, daß Menschenwürde »nicht eine Eigenschaft [...] ist, die man von Natur aus besitzen kann wie Intelligenz oder blaue Augen«[158], und eine andere Würdeauffassung zieht er nicht in Betracht – im Gegensatz zu den jüngeren Diskursethikern. Diese sehen in der Würde zwar auch keine natürliche Vorgabe, aber auch nicht bloß eine ethische Aufgabe, sondern statt dessen eine ethische Vorgabe – eben eine denknotwendige Bedingung der Möglichkeit gelingender Kommunikation.

Aufs große Ganze gesehen bietet sich am Ende dieses geschichtlichen Überblicks folgendes Bild: In der Antike bezeichnet die Menschenwürde vor allem einen Gestaltungsauftrag, einen moralischen Adel, den man durch eigene Leistung erwirbt. Im christlichen Mittelalter verwandelt sich die Würde in ein religiös-metaphysisches Wesensmerkmal, bleibt aber Gestaltungsauftrag. In Neuzeit und Moderne löst sich die Idee der Menschenwürde, weiter als Wesensmerkmal und Gestaltungsauftrag fortbestehend, aus der religiös-metaphysischen Einbindung heraus, um nun ihren letzten Grund in Vernunft, Moralität und Freiheit zu finden.

So reich die abendländische Philosophie an Auffassungen über die Menschenwürde ist, zur rechtlich-politischen Durchsetzung dieser Idee kam es in der Vergangenheit nicht. Jahrhundertelang stellte die Menschenwürde entweder einen religiös-metaphysischen Seinswert oder ethisch gebundenen Vernunftwert dar, verfassungsgeschützter Rechtswert dagegen wurde sie erst im 20. Jahrhundert, wie ein Blick auf die neuzeitliche Verfassungsgeschichte beweist. Doch ausgerechnet heute, da die Würdeidee höchste Rechtsbedeutung besitzt und die Achtung davor als weltgesellschaftliche Herausforderung gilt, wissen wir nicht mehr so genau, was sie ist und worauf sie sich im Ernstfall noch gründen ließe.

Würde als höchster Verfassungswert

Schiller schreibt im neunten *Brief über ästhetische Erziehung*: »Die Menschheit hat ihre Würde verloren, aber die Kunst hat sie gerettet und aufbewahrt.«[1] Dazu paßt der Aufruf an die Dichter in seinem großen Gedicht *Die Künstler:* »Der Menschheit Würde ist in eure Hand gegeben / Bewahret sie! / Sie sinkt mit euch! Mit euch wird sie sich heben!«[2] Ähnliches verlangt Marquis Posa von König Philipp in *Don Karlos*, wo zum allerersten Mal in der abendländischen Geschichte Achtung und Schutz der Menschenwürde zur Staatsaufgabe erklärt wird: »Ich höre, Sire, wie klein, wie niedrig Sie von Menschenwürde denken [...]. Mir deucht, ich weiß, wer Sie dazu berechtigt. Die Menschen zwangen Sie dazu; die haben freiwillig ihres Adels sich begeben, freiwillig sich auf diese niedere Stufe herabgestellt. Erschrocken fliehen sie vor dem Gespenste ihrer inneren Größe, gefallen sich in ihrer Armut, schmücken mit feiger Weisheit ihre Ketten aus. [...] Wie könnten Sie in dieser traurigen Verstümmelung – Menschen ehren?«[3] Dennoch: »Weihen Sie dem Glück der Völker die Regentenkraft [...] – stellen Sie der Menschheit verlorenen Adel wieder her. Der Bürger sei wiederum, was er zuvor gewesen, der Krone Zweck – ihn binde keine Pflicht, als seiner Brüder gleich ehrwürdige Rechte.«[4] Das sind schöne Worte, doch sollte es noch lange dauern, bis die Idee der Menschenwürde im 20. Jahrhundert tatsächlich den Weg ins Recht fand.

Im Labyrinth der Rechtsgeschichte

Die Wurzeln der Würdeidee mögen in ferner Vergangenheit liegen, als Rechtswert hingegen ist sie fast geschichtelos. Heute werden die Begriffe Menschenwürde und Menschenrechte in einem Atemzug genannt, stets aufeinander bezogen und miteinander verbunden. Beide stünden nicht in loser Beziehung zueinander, wird gesagt, sondern erstere sei Grundlage der letzteren. Hierbei herrscht nicht nur die Meinung vor, daß die Menschenrechte auf der Idee der Menschenwürde fußen, jene in dieser also ihren letzten Verpflichtungs- und Bestimmungsgrund haben. Man betrachtet die Menschenwürde außerdem als obersten Wert der Rechtsordnung insgesamt, als absoluten Orientierungspunkt eines jeden grundrechtlichen Wertesystems.

Nun lassen aber die *Charta der Vereinten Nationen* von 1945 und die *Allgemeine Erklärung der Menschenrechte* von 1948 einen solchen Begründungszusammenhang zwischen Menschenwürde und Menschenrechten nicht ohne weiteres erkennen; beide stehen darin gleichrangig nebeneinander. Dennoch legen die genannten Dokumente eine Deutung der Würde als Wurzel und Quelle der Menschenrechte nahe, zumal die *Vereinten Nationen* das Verhältnis zwischen beiden in der Folge tatsächlich so beschrieben. Verschiedentlich wird darauf hingewiesen, daß die Menschenrechte Teil einer Wertordnung seien, an deren Spitze die Menschenwürde stehe, worin wiederum jene ihren letzten Grund hätten.

Sei es der *Internationale Pakt über bürgerliche und politische Rechte,* der *Internationale Pakt über wirtschaftliche, soziale und kulturelle Rechte,* beide aus dem Jahre 1966, oder das *Übereinkommen gegen Folter* von 1984 – jeweils in den Präambeln betonen die genannten Dokumente alle, »daß sich diese Rechte aus der dem Menschen innewohnenden Würde herleiten.« Ähnlich heißt es in der *KSZE-Schlußakte* von 1975, daß sich die Menschenrechte »aus der dem Menschen innewohnenden Würde ergeben«. Sie stellen Tatsachen und Forderungen dar, die aufs engste mit der Würdeidee verknüpft sind.

Daß Würde eine juristisch bedeutungsvolle Eigenschaft ist, aus der notwendigerweise Rechte und Pflichten hervorgehen, war ebenfalls die Auffassung unserer Verfassungsgründer. Denn auf Art. 1 Abs. 1 des Grundgesetzes: »Die Würde des Menschen ist unantastbar«, folgt Absatz 2 mit den Worten: »Das Deutsche Volk bekennt sich darum zu unverletzlichen und unveräußerlichen Menschenrechten [...].« Dieses »darum« bringt die Menschenrechte in direkte Beziehung zur Idee der Menschenwürde, die hier wie anderswo auch tragender Grund zu sein beansprucht. Anscheinend liegen im Begriff Würde Ansprüche beschlossen, die in den Menschenrechten zum Ausdruck kommen und sich darin Geltung verschaffen.

Wenn das stimmt, dann besitzt die Idee der Würde den Charakter eines Konstitutionsprinzips oder Fundaments, das als solches zwar kein Menschenrecht darstellt, aber eine Begründung für Menschenrechte bereitstellt. Aus diesem Grund befürchten einige, daß mit der Idee der Menschenwürde zugleich die Menschenrechte verschwinden könnten. Es ist aber äußerst fraglich, ob der Einzelne erst dann Rechte haben kann, wenn er auch Würde besitzt. Weiter bekommt man in diesem Zusammenhang häufig zu hören, daß die Menschenrechte schon in geschichtlicher Hinsicht der Menschenwürde nachgeordnet seien, diese ihnen also vorangehe. Historisch gesehen stammten die Menschenrechte aus der Menschenwürde, die älter sei als die Vorstellung der allen Menschen angeborenen Rechte. Doch wird eine geschichtliche Besonderheit hierbei leicht übersehen. So selbstverständlich mittlerweile die Begriffe Menschenwürde und Menschenrechte in gleichem Atemzug genannt werden, so wenig gehören sie von Anfang an zusammen. Bemerkenswerterweise spielte der Begriff Menschenwürde in allen europäischen Erklärungen und Verfassungen des 18. und 19. Jahrhunderts noch überhaupt keine Rolle.

Während von Menschenrechten in der politischen Wirklichkeit seit dem 18. Jahrhundert die Rede ist, erfolgte die politisch-rechtliche Institutionalisierung der Menschenwürde erst vor wenigen Jahrzehnten. Ein politisches Bekenntnis zur Menschenwürde findet sich erstmals in den Erklärungen und Verfassungen des 20. Jahrhunderts – zuallererst, wenn auch eher beiläufig, in Artikel 151 der *Weimarer Reichsverfassung* von 1919, welche der Berliner Staatsrechtler Hugo Preuß entworfen hatte, dessen wichtigster Berater Max Weber war. Anknüpfend an eine Forderung Ferdinand de Lassalles, des ersten Präsidenten des 1863 gegründeten *Allgemeinen Deutschen Arbeitervereins*, welcher dem sogenannten vierten Stand zu einem »wahrhaft menschenwürdigen Dasein«[5] verhelfen wollte, legte Artikel 151 der Weimarer Reichsverfassung am Anfang des *Fünften Abschnitts – Das Wirtschaftsleben* fest: »Die Ordnung des Wirtschaftslebens muß den Grundsätzen der Gerechtigkeit mit dem Ziele der Gewährleistung eines menschenwürdigen Daseins für alle entsprechen.« Diese Formulierung übernahm fast wortwörtlich dreißig Jahre später die sozialistische Verfassung der ehemaligen DDR vom 7. Oktober 1949. Darin heißt es in Artikel 19 unter der Überschrift *Wirtschaftsordnung*: »Die Ordnung des Wirtschaftslebens muß den Grundsätzen sozialer Gerechtigkeit entsprechen; sie muß allen ein menschenwürdiges Dasein sichern.« In der neuen, zweiten Verfassung der ehemaligen DDR vom 6. April 1968 steht dagegen in Artikel 19, ähnlich wie im *Grundgesetz* der BRD – ja, sogar noch darüber hinausreichend: »Achtung und Schutz der Würde und Freiheit der Persönlichkeit sind Gebot für alle staatlichen Organe, alle gesellschaftlichen Kräfte und jeden einzelnen Bürger.« Allerdings gab es in der DDR kein einklagbares Recht auf staatliche Erfüllung dieses Verfassungsgebotes.

Nachdem nun also die Idee der Menschenwürde erstmals im Recht am Rande der Weimarer Reichsverfassung 1919 erwähnt wurde, tauchte sie danach erst wieder 1933 in Artikel 6 der ständestaatlich-faschistischen *Verfassung Portugals* auf, anschließend in der Präambel der *Irischen Verfassung* von 1937, dann vor allem in der *UN-Charta* aus dem Jahre 1945, in der »Würde und Wert der menschlichen Persönlichkeit« besonders hervorgehoben werden. Die am 26. Juni 1945 in San Francisco von allen 50 Teilnehmerstaaten unterzeichnete Stiftungsakte der Organisation der Vereinten Nationen, die auf Anregung des damaligen US-Präsidenten Roosevelt entstand, ist nachweislich der erste multilaterale Vertrag in der Geschichte, der sich mit Menschenrechten befaßt. Vorstufen und Anknüpfungspunkte hierfür boten die *Atlantik-Charta* aus dem Jahre 1941 sowie die Satzung des 1919 ins Leben gerufenen *Völkerbundes*, zu dessen Gründung der damalige US-Präsident Wilson den Anstoß gab. Allerdings kommt der Ausdruck Würde in beiden Urkunden noch nicht vor. Dafür findet man ihn um so häufiger in der am 10. Dezember 1948 von den Vereinten Nationen in New York beschlossenen *Allgemeinen Erklärung der Menschenrechte*, für die 48 der damals 56 anwesenden Mitgliedstaaten stimmten, während sich die übrigen 8 der Stimme enthielten: Tschechoslowakei, Jugoslawien, Polen, Saudiarabien, Südafrika, Ukraine, UdSSR und Weißrußland. Bereits in der Präambel wird von einer »allen Mitgliedern der menschlichen Familie innewohnende[n] Würde« gesprochen, von Glaube »an die Würde und den Wert der menschlichen Person«. Weiter heißt es in Artikel 1: »Alle Menschen sind frei und gleich an Würde und Rechten geboren«. Artikel 22 betont sogar, daß alle Menschen gleichen Anspruch darauf hätten, »in den Genuß der für [ihre] Würde [...] unentbehrlichen wirtschaftlichen, sozialen und kulturellen Rechte zu gelangen.« Ähnliches steht in Artikel 23, dem zufolge jeder Arbeitnehmer ein Recht auf eine Entlohnung besitzt, »die ihm und seiner Familie einer der menschlichen Würde entsprechende Existenz sichert.«

Im großen Ganzen der abendländischen Rechtsentwicklung nimmt das *Grundgesetz für die Bundesrepublik Deutschland* vom 23. Mai 1949 eine wichtige Stelle ein, da Art. 1 Abs. 1 erstmals die Menschenwürde zum tragenden Prinzip einer Staatsverfassung erhoben hat. Heute steht die Menschenwürde in den Verfassungen Rußlands, Weißrußlands, Rumäniens, Bulgariens, der Türkei, Chinas, Chiles, Kolumbiens, Kanadas, der Schweiz und zahlreicher Staaten der Europäischen Union, worauf noch näher eingegangen wird.

Während des Zweiten Weltkriegs traf sich in dem schlesischen Gut Kreisau des Grafen Helmuth von Moltke regelmäßig eine deutsche Widerstandsgruppe, um, ohne direkte Aktionen gegen Hitler zu planen, die Neuordnung Deutschlands nach dem erwarteten Zusammenbruch vorzubereiten. So forderte der sogenannte *Kreisauer Kreis* noch vor Kriegsende in einem Entwurf von 1943 »die Anerkennung der unverletzlichen Würde der menschlichen Person als Grundlage der zu erstrebenden Rechts- und Friedensordnung.« Ähnliches stand auch in den *Richtlinien für eine [künftige] deutsche Staatsverfassung,* die 1944 Sozialdemokraten im Londoner Exil formulierten: »Die Achtung und der Schutz der Freiheit und der Würde der Persönlichkeit sind die unveräußerlichen Grundlagen des staatlichen und gesellschaftlichen Lebens der deutschen Republik.« Andere Quellen, aus denen die Verfasser von Artikel 1 GG schöpften, sind außer der genannten *UN-Charta* von 1945 noch die fünf Landesverfassungen, die bereits vor Verabschiedung des *Grundgesetzes* in Kraft getreten waren und die alle ein Bekenntnis zur Menschenwürde enthalten.

Als erstes sei Artikel 3 der *Hessischen Verfassung* genannt, angenommen am 1. Dezember 1946: »Leben und Gesundheit, Ehre und Würde des Menschen sind unantastbar«; dann Artikel 100 der *Bayerischen Verfassung,* die nur einen Tag später, am 2. Dezember 1946, ausgefertigt wurde und am 8. Dezember in Kraft trat: »Die Würde der menschlichen Persönlichkeit ist in Gesetzgebung, Verwaltung und Rechtspflege zu achten.« Darauf folgte am 18. Mai 1947 die *Verfassung für Rheinland-Pfalz,* die wiederum im »Vorspruch« auf die achtunggebietende »Würde des Menschen« hinweist, während die *Landesverfassung der Freien Hansestadt Bremen* vom 21. Oktober 1947 sowohl in der Präambel von » Würde des Menschen« spricht als auch in Artikel 5: » Die Würde der menschlichen Persönlichkeit wird anerkannt und vom Staate geachtet.« Ähnlich Artikel 1 der *Saarländischen Verfassung* vom 15. Dezember 1947: »Jeder Mensch hat das Recht, als Einzelperson geachtet zu werden. Sein Recht auf Leben, auf Freiheit und auf Anerkennung der Menschenwürde bestimmt, in den Grenzen des Gesamtwohles, die Ordnung der Gemeinschaft.«

Alle bis zur Verabschiedung des Grundgesetzes beschlossenen Landesverfassungen enthalten ein Bekenntnis zur Menschenwürde, das merkwürdigerweise in den folgenden Verfassungen dennoch fehlt. Weder die *Landessatzung für Schleswig-Holstein* vom 13. Dezember 1949 noch die *Verfassung des Landes Nordrhein-Westfalen* vom 28. Juni 1950 oder die *Berliner Verfassung* vom 1. September 1950 erwähnt die Würde des Menschen – ebensowenig die *Niedersächsische Verfassung* vom 3. April 1951 oder die *Verfassung der Freien Hansestadt Hamburg* vom 6. Juni 1952, was damit zusammenhängen mag, daß mittlerweile das Grundgesetz in Kraft getreten war, das für alle Bundesländer verbindlich Achtung und Schutz der Menschenwürde zur höchsten Rechtsnorm erklärte. Die Verfassung von Nordrhein-Westfalen übernimmt in Artikel 4 ausdrücklich die Grundrechte des Grundgesetzes.

Jedenfalls taucht der Ausdruck »Würde des Menschen« erst wieder im »Vorspruch« der *Verfassung von Baden-Württemberg* vom 11. November 1953 auf – und Jahrzehnte danach in den Landesverfassungen der neuen Bundesländer: So garantiert die am 26. Mai 1992 verabschiedete *Sächsische Verfassung* in Artikel 7 und 14 allen Bürgern Schutz und Achtung der »Menschenwürde«; die am 16. Juli beschlossene Verfassung von *Sachsen-Anhalt* dagegen in Präambel und dem vierten Artikel. Am häufigsten kommt der Ausdruck Würde in der Verfassung des Landes *Brandenburg* vom 20. August 1992 vor: Während Präambel und Art. 7 Abs. 1 jedermann staatlichen Schutz seiner »Würde« zusichern, betont Art. 7 Abs. 2, daß grundsätzlich »jeder [...] jedem die Anerkennung seiner Würde« schulde. Art. 8

Abs. 1 gewährt jedem Bürger ein Recht auf »Achtung seiner Würde im Sterben«, und Artikel 28 erklärt die » Achtung vor der Würde« zu einem erstrangigen Erziehungs- und Bildungsziel. Dazu paßt Art. 31 Abs. 2, dem zufolge wissenschaftliche Forschungen gesetzlichen Beschränkungen unterliegen sollen, »wenn sie geeignet sind, die Menschenwürde zu verletzen.«

Das gleiche fordert Art. 7 Abs. 2 der Verfassung des Landes *Mecklenburg-Vorpommern* vom 23. Mai 1993, die darüber hinaus in Präambel und Art. 5 Abs. 2 die Entschlossenheit des Gesetzgebers äußert, »alle in diesem Land lebenden oder sich darin aufhaltenden Menschen zu achten und zu schützen.« So ist es ebenfalls zu lesen in Präambel und Art. 1 Abs. 1 der *Verfassung* des *Freistaats Thüringen* vom 25. Oktober 1993, in der es heißt: »Die Würde des Menschen ist im Sterben zu achten und zu schützen.« Außerdem betont Art. 22 Abs. 1: »Erziehung und Bildung haben die Aufgabe, [...] Achtung vor der Würde [...] zu fördern.« Zuletzt erklärt die neue *Berliner Verfassung* den »Schutz der Menschenwürde« zu einer allgemeinen Staatsangelegenheit. Art. 1 Abs. 1 des Grundgesetzes zitierend, heißt es in Artikel 6: »Die Würde des Menschen ist unantastbar. Sie zu achten und zu schützen ist Verpflichtung aller staatlichen Gewalt.«

Ähnliche Formulierungen stehen in den meisten Erklärungen und Abkommen der Vereinten Nationen nach 1948, die zwar gewöhnlich nur Empfehlungen geben, von denen aber einige bereits völkerrechtliche Verbindlichkeit besitzen. Sei es der genannte *Internationale Pakt über bürgerliche und politische Rechte* einerseits, der über *wirtschaftliche, soziale und kulturelle Rechte* andererseits, das *Internationale Übereinkommen zur Beseitigung jeder Form von Rassendiskriminierung,* verabschiedet im Jahre 1966, sei es die *Schlußakte der KSZE* von 1975, die *Erklärung über die Beseitigung aller Formen von Intoleranz und Diskriminierung aufgrund der Religion oder der Überzeugung* von 1981, das *Übereinkommen gegen Folter* von 1984, die *Erklärung über die Beseitigung der Gewalt gegen Frauen* und das *Übereinkommen über die Rechte des Kindes,* beide von 1989 – alle genannten Dokumente enthalten ein Bekenntnis zur Wesenswürde des Menschen, ohne diese genauer zu bestimmen. Wie das *Grundgesetz* geben auch die *Vereinten Nationen* keine Antwort auf die Frage nach der Bedeutung und Begründung menschlicher Würde. Diese Situation wirkt besonders irritierend, wenn man bedenkt, daß die wenigsten Menschen wissen, was jenes vielzitierte Wort besagt und worauf es letztlich fußt. Bevor aber näher auf dieses Problem eingegangen werden soll, sei der Frage nachgegangen, warum die Würde des Menschen ausgerechnet im 20. Jahrhundert oberstes Richtmaß und tragendes Verfassungsprinzip wurde.

Warum gerade im 20. Jahrhundert?

Sowohl die alten Erklärungen der Menschenrechte als auch das neuere Bekenntnis zur Menschenwürde antworten auf Herausforderungen ihrer Zeit. Sie wurden in einer geschichtlichen Situation niedergeschrieben, in der die Aussichten für eine solche Fixierung gut standen und vielen eine Besinnung auf die Grundlagen der menschlichen Zivilisation notwendig schien.

Wirkliche politische Relevanz erlangten zunächst aber nur die Menschenrechte, deren Anerkennung heute wegen anhaltender Mißachtung weltweit gefordert wird. Ihren klassischen Ausdruck fanden sie in den großen Proklamationen und Verfassungen des ausgehenden 18. Jahrhunderts. Ursprünglich waren sie Schutz- und Abwehrrechte der englischen Einwanderer in Nordamerika sowie des aufstrebenden Bürgertums in einigen westeuropäischen Staaten gegen Bevormundung und willkürliche Unterdrückung durch Staat und Kirche, deren selbstherrlichem Auftreten man Einhalt zu gebieten suchte.

Der älteste Menschenrechtskatalog stammt von der sogenannten *Repräsentativen Versammlung* der Kolonie Virginia, die der Verfassung vom 12. Juni 1776 eine *Bill of Rights* voranstellte, formuliert von George Mason, einem reichen Farmer in Virginia und Nachbarn von George Washington. Darin steht, daß »alle Menschen von Natur aus gleichermaßen frei und unabhängig sind und gewisse angeborene Rechte haben, deren sie, wenn sie in einen Gesellschaftszustand eintreten, ihre Nachkommen durch keine Abmachung berauben oder entkleiden können: nämlich den Genuß des Lebens und der Freiheit und dazu die Möglichkeit, Eigentum zu erwerben und zu besitzen und sein Glück zu suchen und zu finden.« Nur drei Wochen später, am 4. Juli 1776, wurde die vom sogenannten *Komitee der Fünf* ausgearbeitete *Unabhängigkeitserklärung* der 13 Vereinigten nordamerikanischen Staaten verkündet, durch welche die nordamerikanischen Kolonien Großbritanniens ihre Loslösung vom Mutterland vollzogen. Wesentlich knapper als in der *Virginia Bill of Rights* heißt es darin, daß jeder ein Recht auf Leben, Freiheit, Gleichheit und Streben nach Glück habe. Sehr konkrete Anlässe führten zur Abfassung dieser beiden Dokumente, deren Grundideen philosophischer Herkunft sind, teilweise der Staatslehre Lockes[6] entstammen, der allerdings das Recht auf Glücksstreben noch nicht kannte.

Die beiden klassischen Menschenrechtserklärungen mit der Idee der Freiheit und Gleichheit an der Spitze sind keineswegs aus dem Nichts entstanden; in England gab es bereits Gesetze zur Sicherung des Einzelnen vor staatlicher Willkür. Allen voran steht die *Magna Charta Libertatum* aus dem Jahre 1215, durch welche englische Barone ihren König Johann zur Achtung bestimmter Freiheitsrechte zwangen. Besonders erwähnenswert daraus ist Artikel 39, nach dem »kein freier Mann verhaftet, gefangengehalten, enteignet, geächtet, verbannt oder auf irgendeine Art zugrunde gerichtet werden [darf], es sei denn aufgrund gesetzlichen Urteilsspruchs seiner Standesgenossen gemäß dem Rechte des Landes.« Obwohl dieses Gesetz nur für den Personenkreis des Lehensrechts bestimmt war, also bloß für freie adelige Männer galt, ist es menschenrechtlich dennoch bedeutsam wegen der verbrieften Schutzzusicherung vor willkürlicher Verhaftung und Strafverfolgung.

Die von Sir Edward Coke, dem Verfasser der berühmten Gesamtdarstellung des alten englischen Rechts, mitgestaltete *Petition of Rights* von 1628 entwickelte die Grundidee der *Magna Charta* weiter. Ähnliches gilt für die sogenannte *Habeas-Corpus-Akte* von 1679, die nach den Anfangsworten: »Du sollst deinen Körper behalten« (im Sinne von »du sollst über deine Person verfügen«) benannt ist. Erst dieses Gesetz garantierte allen Engländern, auch den Bürgern der Kolonien, Schutz vor willkürlicher Verhaftung. Kein Untertan der englischen Krone sollte künftig ohne schriftlichen Befehl verhaftet, ohne gerichtliche Untersuchung in Haft gehalten, ohne vorangegangenes Gesetz verurteilt – nulla poena sine lege – und niemand für ein und dieselbe Sache zweimal bestraft werden können – ne bis in idem. Ähnliches steht in der 1689 vom englischen Parlament beschlossenen *Bill of Rights*, nach der jeder Bürger Rechte besitzt, welche der König niemals ohne Zustimmung des Parlaments einschränken oder verändern darf.

Allgemein gesprochen enthielten die den klassischen Menschenrechtskatalogen vorausgegangenen Erklärungen hauptsächlich Regelungen zur Verhütung ungerechter Anklagen und unverhältnismäßiger Haftstrafen sowie Gesetze zum besseren Schutz der Untertanen vor der Willkür des Königs, der bis dahin Verhaftungen ohne Angabe irgendeines Grundes anordnen durfte. Aber mögen diese Dokumente die klassischen Menschenrechtserklärungen auch noch so stark beeinflußt haben, sie selbst stellen solche noch nicht dar. Nicht bloß daß sich aus ihnen nur wenige Forderungen des Einzelnen an den Staat ergaben, sie unterlagen auch zu sehr staatlicher Gesetzgebung, wie überhaupt darin noch die Feststellung fehlte, daß alle Menschen frei und gleich geschaffen und von Geburt an mit unveräußerlichen Rechten ausgestattet sind.

Dazu kam es erst 1776 in der *Virginia Bill* of *Rights* und der *Unabhängigkeitserklärung* der 13 Vereinigten Staaten. Jene ist die erste geschriebene Verfassung der Neuzeit, der dann 1789 die gemeinsame Verfassung der amerikanischen Bundesstaaten folgte. Im gleichen Jahr fand in Frankreich die feierliche *Proklamation der Menschen- und Bürgerrechte* statt, in der wie in den Urkunden zuvor für jedermann ein Recht auf Freiheit, Eigentum, Gleichheit vor den Augen des Gesetzes und Schutz vor willkürlicher Verhaftung gefordert wurde; 1791 wurden diese Rechte in die französische Verfassung aufgenommen.

Inhaltlich brachte die französische Erklärung gegenüber der amerikanischen kaum Neues: Beide zählen grundlegende Rechte und Freiheiten des Einzelnen innerhalb des Staates auf. Die Unterschiede beziehen sich mehr auf die geschichtlichen Herausforderungen, auf welche sie antworteten. Während die amerikanische Unabhängigkeitserklärung die Herrschaftsanmaßungen des englischen Parlaments den Kolonien gegenüber zurückwies und dadurch deren Trennung vom Mutterland vollzog, wandte sich die französische Menschenrechtserklärung gegen die absolutistische Monarchie und die ständische Gesellschaftsordnung, um so der Forderung des Bürgertums nach Freiheit und Gleichheit Nachdruck zu verleihen und zum Siege zu verhelfen.

Die zu Beginn des 20. Jahrhunderts geführte Diskussion über den wahren Ursprung der ersten verbrieften Menschenrechte darf mittlerweile als abgeschlossen gelten. Damals vertrat *Georg Jellinek* die Auffassung, daß das von den amerikanischen Siedlern zum ersten Mal schriftlich fixierte Recht auf Religionsfreiheit allen nachfolgenden Menschenrechten als Modell diente.[7] Dagegen verankerte *Emile Boutmy* das Recht auf Religionsfreiheit in der französischen Aufklärungsphilosophie des 18. Jahrhunderts, deren Ideen die *Proklamation der Menschen- und Bürgerrechte* von 1789 nachweislich beeinflußt hätten.[8]

Heute steht fest, daß die französische Erklärung nach amerikanischem Vorbild verfaßt wurde. Dafür spricht bereits die Tatsache, daß *Marquis de Lafayette,* der Verfasser des ersten

Entwurfs der französischen Erklärung, im amerikanischen Unabhängigkeitskrieg an der Seite George Washingtons kämpfte. Außerdem stand Lafayette bei Abfassung der französischen Erklärung in freundschaftlicher Beziehung zu *Thomas Jefferson*, unter dessen Federführung die Unabhängigkeitserklärung entstand; mit ihm besprach er mehrmals den französischen Entwurf in Paris. So gesehen hat Jellinek recht und nicht Boutmy. Mittlerweile hat aber *Martin Kriele* auf überzeugende Weise nachgewiesen, daß das allererste verbriefte Menschenrecht, sozusagen das Urgrundrecht, das Recht auf Schutz vor willkürlicher Verhaftung war, wie es die *Petition of Rights*, die *Habeas-Corpus-Akte* und Jahrhunderte zuvor die *Magna Charta Libertatum* zeichnen – und nicht erst das Recht auf konfessionelle Freiheit.[9]

Nun fällt bei alldem auf, daß, obgleich die Menschenrechte gegen bestehende Unterdrückung, Unfreiheit, Ungleichheit formuliert wurden, sie sich ursprünglich nicht auf die Idee der Menschenwürde als letzten Bestimmungsgrund stützten. Menschenwürde wurde, um es zu wiederholen, erst im 20. Jahrhundert höchster Rechtswert. Der wesentliche Anlaß dafür lag in den furchtbaren Erfahrungen mit dem Dritten Reich, auf die das Bekenntnis zur Menschenwürde eine Antwort sein sollte. Nach Jahren beispielloser Brutalität, dem kaltblütigen Mord an Millionen Unschuldiger und Kriegsverbrechen von bis dahin ungekanntem Ausmaß war ein Zeugnis für den Achtung und Schutz gebietenden Eigenwert des Menschen – und zwar jedes einzelnen Menschen – dringend erforderlich. So sahen es jedenfalls 1945 die »Vereinten Nationen – fest entschlossen, künftige Geschlechter vor der Geißel des Krieges zu bewahren, die zweimal zu unseren Lebzeiten unsagbares Leid über die Menschheit gebracht hat.« Unter dem Eindruck der zahllosen Verbrechen gegen die Menschlichkeit und einer industriell betriebenen Vernichtung ganzer Menschenmassen besannen sie sich auf die Grundfesten der menschlichen Zivilisation.

Also waren es die menschenverachtenden Grausamkeiten

der nationalsozialistischen Diktatur, die das politisch-rechtliche Bekenntnis zur Menschenwürde erzwangen – eine historische Tatsache, die das Grundgesetz und die meisten Landesverfassungen nicht eigens aussprechen. Lediglich die Verfassungen Bayerns, Bremens und Sachsens machen ausdrücklich darauf aufmerksam. So beginnt die Landesverfassung Bremens mit den Worten: »Erschüttert von der Vernichtung, die die autoritäre Regierung der Nationalsozialisten unter Mißachtung der persönlichen Freiheit und der Würde des Menschen [...] verursacht hat [...]«. Gleichfalls ist in der Sächsischen Verfassung von »leidvollen Erfahrungen nationalsozialistischer und kommunistischer Gewaltherrschaft« die Rede. Aber mag die grauenhafte Selbsterniedrigung der Menschheit im Zweiten Weltkrieg auch nicht überall angesprochen sein, so ist doch die Erhebung der Menschenwürde zum obersten Rechtswert und höchsten Verfassungsprinzip im 20. Jahrhundert darauf zurückzuführen.

Darum kann man sagen: Zielten die Erklärungen der Menschenrechte im 18. Jahrhundert auf politische Befreiung und Herrschaftsbegrenzung hin, antwortet das heutige Bekenntnis zur Menschenwürde auf die nationalsozialistische Rechtsverwüstung und grauenvolle Barbarei. In unserer Gegenwart geht es vor allem um angemessene Reaktion auf die schrecklichen Greueltaten des Nationalsozialismus, nicht aber wie einst in Amerika um rechtliche Unabhängigkeit vom englischen Mutterland, allerdings auch nicht um Abschaffung überkommener Standesprivilegien wie ehemals in Frankreich.

Damit ist geklärt, warum das Ideal der Menschenwürde im 20. Jahrhundert zum höchsten Rechtswert erhoben wurde; es bleibt aber weiterhin unklar, warum es im Recht des 18. Jahrhunderts fehlt, wenn tatsächlich zutrifft, daß die Menschenrechte auf der Menschenwürde ruhen. Hierfür scheint es mehrere Erklärungen zu geben.

Warum nicht schon im 18. Jahrhundert?

Eine naheliegende Vermutung ist, daß die Idee der Menschenwürde im Recht des 18. und 19. Jahrhunderts deshalb fehlt, weil sie zu dieser Zeit noch keine Fürsprecher hatte und sich so nicht zu Wort melden konnte, eine andere, weil sie sich in früheren Zeiten noch von selbst verstand, was jedoch nach dem Holocaust, der übergenug Zündstoff bereitstellte, nicht mehr ohne weiteres möglich war. Jetzt mußte grundrechtsdogmatisch festgeschrieben werden, was bis dahin im Alltagsleben zuvor zwar nie offiziell verkündet, aber öffentlich auch nicht in Zweifel gezogen worden war, daß nämlich jeder einzelne Mensch Würde besitzt als Zeichen seiner Art. Genau das stand nicht mehr fest nach den furchtbaren Greueltaten der beiden Weltkriege und des Stalinismus.

So kann man mutmaßen, und wenn diese Mutmaßungen zuträfen, dann wäre die Aufnahme der Idee der Menschenwürde in die verschiedenen Verfassungen und Erklärungen weniger ein Beweis ihrer Geschichtsmächtigkeit und Weltwirksamkeit als vielmehr Ausdruck ihrer Ohnmacht, Brüchigkeit und Schwäche. Die Menschen mußten sich ihrer Würde grundrechtsdogmatisch vergewissern, weil die politische Wirklichkeit Zweifel darüber aufkommen ließ, ob es sie überhaupt gibt. Dann jedoch wäre die Würde als Rechtswert hauptsächlich ein Krisenphänomen.

Sosehr sie das tatsächlich ist, die Vermutung ist natürlich falsch, daß sich die Menschenwürde in der Vergangenheit von selbst verstand. Das beweisen die furchtbaren »Metzgereien und Räubereien der Geschichte«[10], in der, mit Benjamin gesprochen, »unablässig Trümmer auf Trümmer«[11] gehäuft wurden. Noch am Ende des 20. Jahrhunderts mit zwei Weltkriegen, Freiheitskämpfen, Stammesfehden, Revolutionen auf allen Kontinenten mit Millionen Toten, Krüppeln, Geschändeten, ihrer Würde beraubten Frauen, Männern und Kindern aller Altersstufen bot die Geschichte nach wie vor ein Bild des Jammers, ein trostloses Schauspiel, das keinerlei Zweifel daran läßt, daß sie »nicht der Boden des Glücks« ist, wie schon Hegel vermerkte.[12]

Man denke bloß an die Untaten der Europäer auf dem amerikanischen Kontinent im 16. Jahrhundert. Ohne die grausame Einzigartigkeit des nationalsozialistischen Völkermords in Abrede zu stellen, dürfte unbestritten sein, daß die an den Indios verübten Greueltaten den faschistischen Verbrechen gegen die Menschlichkeit in fast nichts nachstanden, obwohl Konzentrationslager – eine Erfindung der Briten, die sie im Burenkrieg mit »Erfolg« anwandten – damals noch gänzlich unbekannt waren. Das verdeutlicht bereits eine einfache Rechnung, bei der die Zahlen für sich sprechen: Von den etwa 80 Millionen um 1500 in Amerika lebenden Menschen fanden in der ersten Hälfte des 16. Jahrhunderts annähernd 70 Millionen den Tod, so daß nur ungefähr 10 Millionen überlebten.[13] Einer der wenigen Europäer, die sich damals für die Rechte der Indios einsetzten, war der Dominikaner Bartolomé de Las Casas. Mutig und entschlossen kämpfte er für die Eingeborenen, denen manche Europäer das Menschsein aberkannten, sie mit wilden Bestien, verachtungswürdigen Götzendienern und greulichen Menschenfressern verglichen.[14] Trotzdem war es nicht allein die Folge grauenhafter Massaker, daß die Indios vor allem von den Inseln des westindischen Raumes und der Küstengebiete »verschwunden« sind. Denn der Gedanke an planmäßige Ausrottung, an Genozid im strengen Sinne des Wortes lag den Spaniern fern, »wenn auch nicht aus edlen Motiven: Tote kann man nicht arbeiten lassen! Nach dem heutigen Stand unseres Wissens war etwas anderes ausschlaggebend: die fehlende Immunität gegen die aus der Alten Welt eingeführten Bakterien- und Virusinfektionen.«[15] Den Indios fehlte die körperliche Immunität gegen die von den Weißen eingeschleppten Infektionskrankheiten. Dazu wurden sie zu harter, ihnen fremder Arbeit auf Plantagen und in Bergwerken herangezogen, der sie nicht allzu lange gewachsen waren, so daß es zu einem Massensterben kam.

Noch Jahrhunderte später wurden auf dem gleichen Kontinent Schwarze als Menschen zweiter Klasse behandelt. Kränkende Geringschätzung, schmerzliche Zurücksetzung, absolute Nichtachtung kennzeichneten das Verhältnis der Weißen zu den Farbigen auch nach der Proklamation der »selbstverständlichen Wahrheit« von 1776, daß alle Menschen frei und gleich geboren werden. Geschichtlich gewachsene Sitten, Bräuche und Gewohnheiten besitzen teilweise eine solche Macht über den Einzelnen, daß sogar die Vorreiter neuer Rechtsvorstellungen ihre Ideale – abhängig vom jeweiligen Zeitgeist – manchmal wieder relativieren. Ideale Rechtsauffassungen können selbst noch dem realen Rechtsbewußtsein derjenigen voraus sein, die sie ursprünglich entwickelten.

So erklärte beispielsweise Immanuel Kant alle Menschen als frei und gleich, ohne aber jedermann berechtigten Anspruch auf die gleichen, freien Rechte im politischen Sinne stattzugeben; Frauen, Bedienstete und Tagelöhner etwa nahm er vom Wahlrecht aus. Sogar Thomas Jefferson, für den es eben eine »selbstverständliche Wahrheit« war, daß alle Menschen frei und gleich von ihrem Schöpfer erschaffen werden, konnte Sklaven im eigenen Haus halten, ohne dies als Widerspruch zu empfinden. Dementsprechend hatte man in den amerikanischen Verfassungen der 70er und 80er Jahre des 18. Jahrhunderts zwar allen Menschen ein Recht auf Freiheit und Gleichheit zuerkannt, die Sklaverei dauerte aber unvermindert fort. Erst als 1781 ein Sklave aus Massachusetts das von der Verfassung garantierte Recht auf Freiheit einklagte, wurde dort die Sklaverei abgeschafft. Andere Nordstaaten folgten, doch die Südstaaten hielten hartnäckig an der Sklaverei fest. Selbst nachdem die ersten 10 Zusatzartikel – Amendments – der Bundesverfassung von 1789 allen Amerikanern liberale Freiheitsrechte zugesichert hatten, waren die Südstaaten nicht bereit, diese der schwarzen Bevölkerung zu gewähren. Irritierenderweise gehörte hierzu auch der Staat Virginia, in dessen Verfassung es doch zum allerersten Mal hieß, »daß alle Menschen von Natur gleichermaßen frei und unabhängig sind.« Es sollte noch fast ein ganzes Jahrhundert dauern und eines blutigen Bürgerkrieges (1861–1865) bedürfen, bis die Sklaverei formell aufgehoben war. Endlich erklärte der 13. Zusatzartikel sie im Jahre 1865 für verfassungswidrig, und der 14. Zusatzartikel verpflichtete daraufhin sogleich alle Bundesstaaten zur Gleichbehandlung ihrer Bürger. Allerdings war die reale Gleichstellung der Schwarzen damit noch lange nicht erreicht, was nicht verwundert, wenn man bedenkt, wie moralisch verroht und geistig stumpf und träge die Menschen gelegentlich sein können. Noch Anfang der fünfziger Jahre galt die Rassentrennung für fast alle Bereiche des öffentlichen Lebens in den USA; es gab getrennte Schulen, Restaurants, Bahnwagen und Toiletten für Weiße und Schwarze. Erst 1954 verurteilte das höchste amerikanische Gericht das System der Rassentrennung als diskriminierend und rechtswidrig. Ähnlich verweigerten die Franzosen ihren Kolonien lange Zeit »Freiheit, Gleichheit, Brüderlichkeit«, obwohl sie sich nach der Revolution sonst gerne auf diese Prinzipien beriefen.

Aus diesen wenigen Beispielen, die stellvertretend für viele andere stehen, wird bereits ersichtlich, daß sich die Menschenwürde in den vergangenen Jahrhunderten keineswegs von selbst verstand. Das bedrückende Gegenteil ist die Wahrheit – und es ist zu offenkundig, als daß es weiterer Belege und Erklärungen brauchte. Der Menschheit war seit jeher ein schweres Los beschieden, und es ist eine Illusion zu glauben, daß erst im 20. Jahrhundert die Welt aus den Fugen geriet, zuvor aber in Ordnung war. Schon immer schwelte oder brannte es an vielen Plätzen auf der Erde, weshalb sich einem die bange Frage aufdrängt, ob das Leben, statt würdevoll geführt, nicht einfach nur überstanden werden möchte.

Immer noch ungeklärt ist aber die Frage, wieso die Idee der Menschenwürde nicht schon früher im europäischen Recht auftauchte. Um hierauf schlüssig antworten zu können, ist ein Sprung vom konkret Geschichtlichen ins abstrakt Philosophische vonnöten.

Man brauchte die Idee der Menschenwürde im Recht des 18. Jahrhunderts nicht, weil man an deren Stelle etwas anderes besaß: Letzter Verpflichtungs- und Bestimmungsgrund der Menschenrechte war das sogenannte Natur- oder Gottesrecht. Dementsprechend heißt es in der *Virginia Bill of Rights:* »Alle Menschen sind von Natur aus gleichermaßen frei und unabhängig und besitzen gewisse angeborene Rechte«, und in der amerikanischen *Unabhängigkeitserklärung* steht: »Wir halten diese Wahrheiten für evident, daß alle Menschen gleich erschaffen sind, daß sie von ihrem Schöpfer mit gewissen unveräußerlichen Rechten ausgestattet wurden.«

Hier kann auf das Naturrecht in seinen historisch veränderlichen Erscheinungs- und Wirkungsweisen nicht näher eingegangen werden; dazu wären ausführlichere Betrachtungen nötig. Nur soviel sei gesagt: Herkömmlicherweise unterscheidet man zwischen christlich-mittelalterlichem und profan-neuzeitlichem Naturrecht, wobei ersteres stärker theologisch ausgerichtet ist, letzteres mehr rationalistisch. Was beide Formen des Naturrechts miteinander verbindet, ist die Ableitung der den Menschen angeborenen Rechte entweder aus der Beschaffenheit der Welt oder der Wesensnatur des Menschen. Dabei geht man gewöhnlich davon aus, daß der Mensch über besondere Geistesgaben verfügt, die ihm den Zugang zum ewigen Recht und den unveränderlichen Menschenrechten eröffnen. Diese der Natur des Menschen oder der Schöpfung, aber auch dem Willen Gottes abgelauschten Rechte sollen für alle Völker und Zeiten Gültigkeit haben, immer und überall auf der Welt gelten. Die Erklärungen und Verfassungen des 18. Jahrhunderts wurden besonders geprägt von den naturrechtlichen Konzeptionen der neuzeitlichen Denker Pufendorf, Grotius und Thomasius[16], aber ebenso von *Locke,* der in seiner *Zweiten Abhandlung über die Regierung* »die natürliche Freiheit des Menschen«[17] besonders würdigte, wie von *Rousseau,* der im *Gesellschaftsvertrag* schrieb: »Der Freiheit entsagen heißt seiner Eigenschaft als Mensch, den Menschenrechten, selbst seinen Pflichten entsagen.«[18] Das sah *Kant* ähnlich, der ebenfalls von »angeborne[m] Recht der Freiheit«[19] sprach, das als ein »Naturrecht«[20] im Wesen des Menschen beschlossen liege und darum von diesem nicht erst erworben werden müsse.

Man erkennt, die Menschenrechte blieben im 18. Jahrhundert keineswegs unbegründet, obgleich die Idee der Menschenwürde als Rechtswert noch nicht zur Verfügung stand. Entweder sagte man, der Mensch sei von Gott frei und gleich erschaffen, oder man hielt ihn von Natur aus für frei und gleich, weshalb er auch politischen Anspruch auf Freiheit und Gleichheit habe. Doch sei dieser Punkt nicht vertieft; hier gilt es lediglich zur Kenntnis zu nehmen, daß die Menschenrechte im 18. Jahrhundert aus dem Naturrecht abgeleitet wurden, wodurch sich jede zusätzliche Begründung aus der Menschenwürde erübrigte. Nun erwachten in der Folge aber große Zweifel an der Existenz angeborener, ewiger Rechte. Immer häufiger wurde bestritten, daß sich aus der Wesensnatur des Menschen oder der Welt solche ergeben. Mehr und mehr wurde das Bestehen von etwas Übergeschichtlichem in Zweifel gezogen, das in einem Strom des Werdens, alles Feste und Sichere zerstörend, unterzugehen drohte. So vollzog sich in der zweiten Hälfte des 19. Jahrhunderts eine allgemeine Wendung zum Geschichtlichen hin, die vor dem Recht nicht Halt machte.[21] Die Menschenrechtsbegründung durch das Naturrecht war inzwischen absolut fragwürdig geworden.

Gelehrte wie Ranke, Droysen, Burckhardt und Dilthey glaubten, daß alle Lebensformen und kulturellen Einrichtungen von der Geschichte abhingen, deren wahres Wesen Wandel und Veränderung sei.[22] Sie alle setzten die Geschichte mit unbeständigen Sinn-, Wert- und Zweckzusammenhängen gleich, von Dilthey Wirkungszusammenhänge genannt, mit denen die Vorstellung eines zeitenthobenen Rechts unvereinbar sei. Dilthey sah aber im Menschen nicht nur ein Produkt geschichtlicher und gesellschaftlicher Verhältnisse, die unser aller Leben ohne Gewalt und Autorität regierten, für ihn war die Geschichte zugleich auch die einzige Instanz menschlicher Orientierung; sie allein gebe uns zu verstehen, wie wir uns zu verstehen hätten. Wörtlich kann man bei ihm lesen: »Was der Mensch ist, sagt ihm nur seine Geschichte.«[23]

Aus solchen Überlegungen entstand die *Historische Rechtsschule*, deren Mitbegründer und bekanntester Vertreter Savigny[24] hieß, der ein scharfer Gegner der traditionellen Naturrechtslehre war. Er führte das gesamte Recht auf den sogenannten Volksgeist zurück und schrieb: »Das Recht wächst [...] mit dem Volke fort, bildet sich aus mit diesem, und stirbt endlich ab, so wie das Volk seine Eigentümlichkeit verliert.«[25] Das Recht als Ausdruck und Produkt einer Nation, Erzeugnis einer geistig-kulturellen Welt erschien ihm als eingebunden in die geschichtliche Bewegung einer Gesellschaft, nicht aus übergeschichtlichen Kräften herleitbar. Näher betrachtet läßt sich Savignys Idee des Volksgeistes in dreierlei Richtung auslegen: *Metaphysisch* gesehen, ist der Volksgeist ein sich entwickelndes organisches Ganzes, aus dem das Recht mit Notwendigkeit erwächst; *lebensweltlich* interpretiert, steht der Volksgeist für die unterschiedlichen Lebensstile, Sitten und Institutionen einer Gesellschaft, denen das Recht eher zufälligerweise entspringt, wohingegen es aus *konservativer* Sicht das Erbe einer über Jahrhunderte gewachsenen Rechtskultur ist, Ergebnis sorgfältiger Arbeit von Generationen, was für seine Vernünftigkeit spricht, ohne daß darum Rechtsveränderung ausgeschlossen wäre.

Welche Deutung des Volksgeistes auch zutrifft, alle Historisten sind sich darüber einig, daß die Geschichte nicht nur Recht erzeugt, sondern das Recht sogar legitimiert; das aus der geistig-geschichtlichen Welt hervorgegangene und darin eingebettete Recht werde durch sie zugleich gerechtfertigt. Nach einhelliger Meinung der Rechtshistoristen sind somit beide, Entstehungs- und Geltungsgrund des Rechts, miteinander aufs engste verknüpft, ja, miteinander identisch.

Von hier aus war es nur noch ein kleiner Schritt bis zur Erkenntnis, daß alles Recht auf menschlicher Setzung beruht, das heißt bis zum *Rechtspositivismus.* Aber Positivismus ist ein vieldeutiges Wort, dem bereits der späte Schelling mehrere Bedeutungen zuwies. Er setzte das »Positive« einmal mit dem Wirklichen gleich; dann nannte er alle Philosophien »positiv«, welche die Welt auf eine frei gewollte Tat Gottes zurückführen; schließlich kennzeichnete er die alten Mythen und die christliche Offenbarung als »positiv«.[26] In allen drei Fällen steht der Begriff des »Positiven« für etwas »Gesetztes«, das sich nicht aus denknotwendigen Wesenszusammenhängen ergibt. Genauso verwenden die Rechtspositivisten des ausgehenden 19. und beginnenden 20. Jahrhunderts diesen Ausdruck, denen zufolge Recht weniger entdeckt und gefunden als vielmehr geschöpft und erfunden wird. Wie der Begründer des wissenschaftstheoretischen Positivismus Comte, dessen Ideen die Anhänger des sogenannten Wiener Kreises – Neurath, Carnap, Schlick – zu Beginn unseres Jahrhunderts weiterentwickelten, jede Art von Metaphysik ablehnte, so verwarfen auch die Rechtspositivisten alle spekulativen Gedankengebäude. Wichtigste Vertreter dieser Geistesrichtung waren Bergbohm, Kelsen und der frühe Radbruch. Gemeinsam bekämpften sie das Naturrecht, das ohne Fundament, gleichsam auf Sand gebaut sei, wie bereits die unterschiedlichen, teils gegensätzlichen Auffassungen darüber bewiesen. Davon abgesehen könne aus dem, was ist, ohnehin niemals erschlossen werden, was sein solle. Dazu noch bestehe das Naturrecht oftmals aus nichts als verkappten politischen Wünschen, die sich hinter großen Worten versteckten, um sich der öffentlichen Diskussion zu entziehen. Vor dem Hintergrund solcher Verdächtigungen mußte die rechtspositivistische Grundthese besonders plausibel erscheinen, die sich so zusammenfassen läßt: Recht ist allein das, was wir Menschen für Recht erklären und als solches durchsetzen können – nicht mehr und nicht weniger; die Idee der göttlichen Stiftung und metaphysischen Ursprünglichkeit des Rechts ist dagegen eine verlorene Illusion.

Mit *Kelsen* kann man somit sagen: Während der Naturrechtler glaubt, daß die »das gegenseitige Verhalten der Menschen regelnden Normen nicht [...] künstlich, von einer bestimmten menschlichen Autorität gesetzt sind, sondern [...] aus Gott, der Natur oder Vernunft stammen«[27], ist der Positivist davon überzeugt, daß Recht »durch menschlichen Willen gesetzt wird; [...] seine Normen aus der Willkür einer menschlichen Autorität stammen.«[28] Anders als der Naturrechtler weiß der Positivist nicht mehr mit Bestimmtheit, was die Menschen tun und lassen sollen; im Gegenteil: Er öffnet dem Recht das Tor zu einem Relativismus, der selbst die Maßstäbe erfaßt, mit denen die unterschiedlichen Rechtsauffassungen sonst beurteilt werden.

Sicherlich sind in der Geschichte des abendländischen Denkens schon mehrere Rechtsvorstellungen entwickelt worden, die dem allgemeinen Bedürfnis nach Rechtssicherheit und Rechtsfrieden nicht genügten. Aber erst das geschichtliche Bewußtsein und der Rechtspositivismus erschütterten den Glauben an die Möglichkeit von gerechtem Recht von Grund auf; die Erkenntnis der historischen Bedingtheit aller Kulturformen sowie deren Rückführbarkeit auf das menschliche Leben brachten das Recht nach und nach in den Verdacht der Beliebigkeit. Wie berechtigt dieser Verdacht ist, wird deutlich, wenn man bedenkt, daß aus positivistischer Sicht das Recht nur noch unter der einen Anforderung steht, durchsetzbar, und das heißt erzwingbar zu sein.

In diesem Sinne waren auch Hitler und Stalin Rechtspositivisten, die sich zwar an die von ihnen selbst erlassenen Erlasse und Befehle hielten, aber einen übergeordneten Prüfungsmaßstab wie die Menschenrechte nicht anerkannten. *Hitlers* gegen die allgemeinen Menschenrechte gerichteter Ausspruch, der Deutsche »träumt vom Recht in den Sternen und verliert den Boden auf der Erde«[29], liest sich wie eine Erwiderung auf *Schiller*, der in *Wilhelm Tell* schreibt: »Wenn der Gedrückte nirgends Recht kann finden, wenn unerträglich wird die Last – greift er hinauf getrosten Mutes in den Himmel, und holt herunter seine ewigen Rechte, die droben hangen unveräußerlich und unzerbrechlich wie die Sterne selbst«[30]. Es waren die brutalen Massenmorde der nationalsozialistischen Gewaltherrschaft, welche den Rechtspositivismus bloßstellten und nach dem Zweiten Weltkrieg zu einer Erneuerung des Naturrechts führten. Hierzu kam es nicht zuletzt durch das besondere Einwirken des wegen seiner wissenschaftlichen Verdienste weithin bekannten Rechtsgelehrten *Gustav Radbruch*, der noch 1932, ein Jahr vor Hitlers Machtergreifung, geschrieben hatte: »Wer Recht durchzusetzen vermag, beweist damit, daß er Recht zu setzen berufen ist.«[31] Nach der Hitler-Diktatur rückte er aber von dieser Position ab, und 1947, als den »Juristen die schwere Aufgabe gestellt [war], die Stätte der Zerstörung aufzuräumen und auf ihr den Neubau des Rechts zu errichten«[32], rief er zur Wiederbelebung des alten Naturrechts auf: »Die Rechtswissenschaft muß sich wieder auf die jahrtausendealte gemeinsame Weisheit der Antike, des christlichen Mittelalters und des Zeitalters der Aufklärung besinnen, daß es ein höheres Recht gebe als das Gesetz, ein Naturrecht, ein Gottesrecht, ein Vernunftrecht, kurz, ein übergesetzliches Recht, an dem gemessen das Unrecht Unrecht bleibt, auch wenn es in die Form des Gesetzes gegossen ist, – vor dem auch das auf Grund eines solchen ungerechten Gesetzes gesprochene Urteil nicht Rechtsprechung ist, vielmehr Unrecht.«[33]

Allerdings beschritten die Urheber des Grundgesetzes diesen Weg nicht; zu verschiedenartig waren die naturrechtlichen Vorstellungen, als daß man sich hätte einigen können. So hielten sie es für angebracht, die weitverzweigten naturrechtlichen Diskussionen auf sich beruhen zu lassen. Selbst in den Menschenrechtserklärungen verzichtete man damals auf naturrechtliche Begründungen. Trotzdem sollten die nach den schrecklichen Erfahrungen des Dritten Reiches wieder stärker ins öffentliche Bewußtsein getretenen Menschenrechte nicht ohne höhere Begründung bleiben. Das war nun die Gelegenheit, gleichsam die Stunde für die Idee der Menschenwürde, die in der Folge gewissermaßen an die Stelle des Naturrechts trat. Doch hat auch die Würdeidee die vom Naturrecht aufgeworfenen Probleme keineswegs beseitigt, sie hat diese nur verlagert, verschoben, hinter dem Glanz des Würdebegriffs verborgen, darin eingehüllt. Weit davon entfernt, die naturrechtliche Begründung der Menschenrechte zu ersetzen, scheint die Würdeidee die nach dem Ausfall des Naturrechts entstandene Begründungsnot mehr zu verschleiern als zu beheben. Statt eine Begründung für die Menschenrechte zu liefern, steht sie somit im Verdacht, ein als Begründung getarnter Begründungsersatz zu sein. Dieser Verdacht wird durch eine eingehende Beschäftigung mit dieser glanzvollen Wortschöpfung noch verstärkt Deshalb muß man ernsthaft fragen: Was haben sich unsere Verfassungsväter und -mütter gedacht, als sie diesen vagen Rechtsbegriff ins Grundgesetz aufnahmen?

Verfassungskonvent und Parlamentarischer Rat

In der engeren Entstehungsgeschichte des deutschen *Grundgesetzes* war zum ersten Mal die Rede von Menschenwürde auf der Insel Herrenchiemsee. Nachdem am 1. Juli 1948 die drei westlichen Besatzungsmächte den elf Ministerpräsidenten Westdeutschlands die sogenannten Frankfurter Dokumente übergeben hatten, die sie autorisierten, eine verfassunggebende Versammlung einzuberufen, bestellte am 26. Juli 1948 die Ministerpräsidentenkonferenz einen 23köpfigen Sachverständigenausschuß, darunter nicht eine Frau, der einen ersten Entwurf des künftigen *Grundgesetzes* ausarbeiten sollte. Auf Einladung des bayerischen Ministerpräsidenten Hans Ehard tagte dieser Ausschuß unter Vorsitz Anton Pfeiffers noch vor dem ersten Zusammentritt des sogenannten Parlamentarischen Rates, unserer verfassunggebenden Versammlung, vom 10. bis 23. bzw. 24. August im Alten Schloß auf der Insel Herrenchiemsee, weshalb man ihn auch Herrenchiemseer Verfassungskonvent nennt. Dieser erhielt den Auftrag, die Grundlinien einer neuen deutschen Verfassung zu erarbeiten – einen Entwurf, der als Vorlage für das *Grundgesetz* der Bundesrepublik Deutschland dienen sollte. Wie nicht anders zu erwarten, fielen in der Abgeschiedenheit des Alten Schlosses, dem Klostertrakt des säkularisierten Augustiner-Chorherrenstifts auf der Herreninsel im Chiemsee, grundlegende Entscheidungen für die zukünftige Gestaltung Deutschlands.

Hierzu gehört das Bekenntnis zur Menschenwürde, von der zum ersten Mal am 18. August 1948 die Rede war. In der Debatte, welche Grundrechte für das *Grundgesetz* in Betracht zu ziehen seien, brachte damals der Staatsrechtler Hans Nawiasky erstmals die »Würde der menschlichen Persönlichkeit« ins Spiel, nachdem er diese Formulierung bereits bei den Beratungen über die *Bayerische Verfassung* durchgesetzt hatte, die schon am 8. Dezember 1946 in Kraft trat. Darin fordert bereits die Präambel die »Achtung vor der Würde des Menschen« – und Artikel 100 lautet: »Die Würde der menschlichen Persönlichkeit ist in Gesetzgebung, Verwaltung und Rechtspflege zu achten.«

Sosehr Nawiaskys Vorschlag damals allgemeine Zustimmung fand, vorerst blieb unklar, an welcher Stelle der Grundrechte die Menschenwürde einmal stehen sollte. Zunächst sah man als Anfang für den Grundrechtskatalog eine sogenannte Kreationsklausel vor: »Der Mensch ist von Gott erschaffen, aber der Staat ist von Menschen gemacht.« Doch ließ man diese Formel bald wieder fallen. Carlo Schmid forderte eine Alternative, die jeden Bezug auf Gott vermeide. Er selbst meldete sich mit dem Vorschlag zu Wort: »Der Staat ist das Werk des Menschen. Darum ist der Mensch nicht um des Staates willen da, sondern der Staat um des Menschen willen.« Anschließend verknüpfte Otto Suhr die von Hans Nawiasky in die Diskussion gebrachte Menschenwürde mit Carlo Schmids Staatsformel. Die bisherige Debatte zusammenfassend, gab er beiden Empfehlungen folgende Form: »Der Mensch ist nicht um des Staates willen da, sondern der Staat um des Menschen willen. Die Träger der öffentlichen Gewalt sind daher verpflichtet, die Würde der menschlichen Persönlichkeit zu achten und zu schützen.«

Bei der letzten redaktionellen Überarbeitung der Grundrechte brachte zuletzt Josef Beyerle die Menschenwürde noch mit dem Begriff der Unantastbarkeit in Verbindung: »Die Würde der menschlichen Persönlichkeit ist unantastbar« – eine Formulierung, die so bereits in Artikel 3 der *Hessischen Verfasssung* vom 1. Dezember 1946 steht: »Leben und Gesundheit, Ehre und Würde des Menschen sind unantastbar.«

Das Ergebnis der Beratungen des Verfassungskonvents im Alten Schloß von Herrenchiemsee bestand aus einem vierteiligen Bericht, dessen dritter Abschnitt einen ersten Entwurf des *Grundgesetzes* enthielt, der die nachfolgenden Debatten des Parlamentarischen Rates beeinflussen sollte. Die letzte Fassung des Herrenchiemseer Artikels 1 lautete: »(1) Der Staat ist um des Menschen willen da, nicht der Mensch um des Staates willen. (2) Die Würde der menschlichen Persönlichkeit ist unantastbar. Die öffentliche Gewalt ist in allen ihren Erscheinungsformen verpflichtet, die Menschenwürde zu achten und zu schützen.«[34] Durch diese verfassungsrechtliche Bevorzugung der Bürger vor der Macht des Staates sollte künftig jede totalitäre und autoritäre Staatsherrschaft verhindert und ausgeschlossen werden. Bereits *Aristoteles* vertrat die Auffassung, daß der Staat »um des [menschlichen] Überlebens willen entstanden ist und um des vollkommenen Lebens willen besteht«[35], und wie viele andere nach ihm war auch *Hobbes* der Meinung: »Der Staat ist nicht seinetwegen, sondern der Bürger wegen eingerichtet worden«[36]. Doch wurde dieser Grundsatz des Herrenchiemseer Konvents nicht in die Endfassung des Grundgesetzes aufgenommen, darin aber berücksichtigt.

Bis der uns allen bekannte Artikel 1 des *Grundgesetzes* feststand, wurden in der Folge noch viele Vorschläge im Parlamentarischen Rat als der eigentlichen verfassunggebenden Versammlung der Bundesrepublik diskutiert. Nach den Wahlen ihrer Mitglieder in den elf Landtagen trat diese zum ersten Mal am 1. September 1948 unter der Leitung ihres Präsidenten und künftigen Bundeskanzlers Konrad Adenauer im Museum König zusammen. Anschließend setzten die 65 Mitglieder, darunter vier Frauen – Friederike Nadig, Helene Wessel, Helene Weber, Elisabeth Selbert –, ihre Arbeit in der Pädagogischen Akademie Bonn, dem späteren Sitz von Bundesrat und Bundestag, fort. Im einzelnen setzte sich der Rat aus jeweils 27 Vertretern von CDU/CSU und SPD, fünf Stimmen der FDP und je zwei von Zentrum, DP und KPD zusammen. In weniger als zehn Monaten erarbeiteten sie gemeinsam das heutige *Grundgesetz*, das am 8. Mai 1949 mit einer Mehrheit von 53 gegen 12 Stimmen angenommen wurde. Schon vier Tage später, am 12. Mai 1949, billigten es die Westalliierten. Anschließend wurde darüber in den Landesparlamenten abgestimmt; mit Ausnahme Bayerns gaben alle Landtage ihre Zustimmung. Hiermit war die von den Besatzungsmächten vorgeschriebene Zweidrittelmehrheit erreicht, so daß das Grundgesetz am 23. Mai 1949 im Bundesgesetzblatt verkündet und gemäß Art. 145 Abs. 2 mit Ablauf des Tages der Verkündung in Kraft treten konnte. Daß man die Grundsätze der beschlossenen Rechtsordnung *Grundgesetz* statt *Verfassung* nannte, sollte den provisorischen Charakter anzeigen.

Bereits in der 4. Sitzung des Grundsatzausschusses am 23. September 1948 wurde ein von einem Redaktionskomitee ausgearbeiteter Entwurf von Artikel 1 diskutiert, der im Wortlaut stark von der Herrenchiemseer Fassung abwich: »Die Würde des Menschen ruht auf ewigen, einem Jeden von Natur aus eigenen Rechten. Das deutsche Volk erkennt sie erneut als Grundlage der menschlichen Gemeinschaft an. Deshalb werden Grundrechte gewährleistet [...].« Doch wurde zum Bedauern einiger Ratsmitglieder die naturrechtliche Begründung der Würdeidee von der Mehrheit der Abgeordneten abgelehnt. Wie sollte das Naturrecht auch eine Idee begründen können, die im Begriff war, an dessen Stelle zu treten? Davon abgesehen gab es zu keiner Zeit eine einheitliche Bestimmung des Naturrechts; denn setzten es die einen mehr mit diesem gleich, so andere wieder mehr mit jenem. Darüber hinaus war nach wie vor der Grundsatz unwiderlegt, daß aus dem, was ist, niemals folgt, was sein soll. Diese und ähnliche Probleme ließen den Parlamentarischen Rat auf jede naturrechtliche Begründung der Würdeidee verzichten – ein Verzicht, der nachweislich manchem Abgeordneten schwerfiel. Aber es gibt nun einmal keine Regel, die besagt, daß eine Idee nur dann richtig ist, wenn sie den Menschen Sicherheit und Orientierung verspricht, wie es umgekehrt keine Logik gibt, nach der ein Urteil bloß deswegen falsch ist, weil es Juristen verlegen und Philosophen ratlos macht.

Dennoch bleibt diese zurückhaltende Entscheidung verwunderlich, bedenkt man, welch stürmischen Aufschwung das totgesagte Naturrecht noch in den ersten Nachkriegsjahren in Deutschland erfuhr. Überdeutlich hatte der Nationalsozialismus gezeigt, daß es durchaus ungerechtes Recht gibt, die Werturteile von Gut und Böse mitnichten relative Formeln, keine bloßen Geschmacksfragen sind.[37] Besonders im katholischen Lager blühte nach dem Zweiten Weltkrieg die scholastisch-mittelalterliche Naturrechtslehre wieder auf, die zwar insgesamt wenig erfolgreich, aber nicht ohne jeden Einfluß auf das damalige Rechtsleben war.[38] So setzte sich der erste Präsident des Bundesgerichtshofs Hermann Weinkauff nachdrücklich für eine Anwendung des Naturrechts in der Rechtsprechung ein, wozu es dann auch tatsächlich kam.[39] Man glaubte wieder stärker an das von Natur aus Rechte und Gerechte, das mit den Mitteln der natürlichen Vernunft erkennbar sei, vermied aber das Wort Naturrecht in aller Regel. Das hing damit zusammen, daß die Schwierigkeiten, welche die Historisten und Rechtspositivisten herausarbeitet hatten, nach wie vor bestanden und allen gegenteiligen Behauptungen zum Trotz nicht überwunden waren. Aus diesem Grund distanzierte sich das Bundesverfassungsgericht schon bald wieder von naturrechtlichen Vorstellungen, wie ein Urteil aus dem Jahre 1959 beweist. Darin heißt es, daß sich jede verfassungsrechtliche Prüfung von Gesetzen an naturrechtlichen Grundsätzen verbiete wegen der »Vielfalt der Naturrechtslehren, die zutage tritt, sobald der Bereich fundamentaler Rechtsgrundsätze verlassen wird.«[40] Mit dieser Absage stellte sich das Bundverfassungsgericht hinter die Entscheidung des Parlamentarischen Rates, auf jede naturrechtliche Begründung der Würdeidee zu verzichten.

Dort waren es vor allem Carlo Schmid und Theodor Heuss, die damals die Formel »von Natur aus« verwarfen. Schmids Gegenvorschlag lautete: »Die Würde menschlichen Lebens wird vom Staat geschützt. Sie ist begründet in Rechten, die dem Menschen jedermann gegenüber Schutz gewähren. Deshalb werden Grundrechte gewährleistet [...].« Dagegen empfahl Heuss die Formulierung: »Die Würde des menschlichen Wesens steht im Schutz der staatlichen Ordnung.« Hieran anknüpfend beschloß am 7. Oktober 1948 der Grundsatzausschuß folgende Fassung: »Die Würde des Menschen steht im Schutz der staatlichen Ordnung. Sie ist begründet in ewigen Rechten, die das deutsche Volk als Grundlage aller menschlichen Gemeinschaft anerkennt. Deshalb werden Grundrechte gewährleistet [...].«

Allerdings genügten diese Festsetzungen dem Abgeordneten Adolf Süsterhenn nicht, der in der 6. Plenarsitzung des Parlamentarischen Rates am 20. Oktober 1948 eine religiöse Verankerung der Menschenwürde forderte; sein Vorschlag lautete: »Die Würde des Menschen ist begründet in ewigen, von Gott gegebenen Rechten.« Wie im Herrenchiemseer Verfassungskonvent Carlo Schmid, so wandte sich im Parlamentarischen Rat vor allem Theodor Heuss gegen jede Bezugnahme auf Gott in Artikel 1 – und er vertrat seine Auffassung mit Erfolg. Damit übereinstimmend erarbeitete der Allgemeine Redaktionsausschuß am 16. November 1948 folgende Version: »Die Würde des Menschen zu achten und zu schützen ist heilige Verpflichtung aller staatlichen Gewalt.«

Trotzdem debattierte der Grundsatzausschuß am 18. November 1948 weiter über die Fassung vom 7. Oktober. Hermann von Mangoldt schlug in diesem Zusammenhang eine Ergänzung des bis dahin favorisierten Artikels 1 vor. Die Formulierung »Die Würde des Menschen steht im Schutze der staatlichen Ordnung« sollte um die Worte erweitert werden: »Sie zu achten ist oberste Pflicht für alle staatliche Gewalt wie für jeden einzelnen.« Allerdings hielten die meisten Abgeordneten diesen Zusatz für überflüssig, da das gleiche schon im ersten Satz stehe. Doch änderte der Grundsatzausschuß den zweiten Absatz von Artikel 1, dessen Neufassung in der 17. Sitzung des Hauptausschußes am 3. Dezember 1948 auf der Tagesordnung stand: »(1) Die Würde des Menschen steht im Schutze der staatlichen Ordnung. (2) Mit der Menschenwürde und als eine der Grundlagen für ihre dauernde Achtung erkennt das deutsche Volk jene gleichen und unveräußerlichen Freiheits- und Menschenrechte an, die das Fundament für Freiheit, Gerechtigkeit und Frieden in der Welt bilden. (3) Dem Schutze dieser unveräußerlichen Güter dienen die Grundrechte. [...].«

Davon losgelöst, schlug am 13. Dezember der Allgemeine Redaktionsausschuß, stärker als bisher den Herrenchiemseer Entwurf berücksichtigend, folgenden Wortlaut für Artikel 1 vor: »Die Würde des Menschen ist unantastbar. Sie zu achten und zu schützen ist Verpflichtung aller staatlichen Gewalt.« Damit war der spätere Art. 1 Abs. 1 des *Grundgesetzes* gefunden; jedoch dauerte es noch Wochen, bis dieser als solcher gesehen und anerkannt wurde. Der Grundsatzausschuß jedenfalls hielt in seiner 32. Sitzung vom 11. Januar 1949 weiter an der alten Fassung fest und änderte lediglich deren zweiten Absatz: »(1) Die Würde des Menschen steht im Schutze der staatlichen Ordnung. (2) Bereit, für die dauernde Achtung und Sicherung der Menschenwürde einzustehen, erkennt das deutsche Volk jene gleichen unverletzlichen und unveräußerlichen Freiheits- und Menschenrechte an, auf denen Freiheit, Gerechtigkeit und Frieden ruhen [...].« Hierüber debattierte anschließend der Hauptausschuß in seiner 42. Sitzung am 18. Januar 1949, bei der Hans-Christoph Seebohm und Adolf Süsterhenn von neuem den Antrag stellten, die Worte »von Gott gegeben« in Artikel 1 einzufügen. Einige vertraten damals die Auffassung, daß der Mensch »nur dann wirklich frei [sein kann], wenn er [...] dem Gesetz Untertan ist, das er von Gott gegeben in sich trägt«[40], während andere der Meinung waren, daß Menschenwürde und Menschenrechte »nicht von Gott gegeben sind«[41]. Zwar bestritt niemand, daß die moralischen und geistigen Fundamente der Würdeidee im Christentum liegen, einen Hinweis auf die Gottgegebenheit der Menschenwürde wollten aber die meisten nicht im Grundgesetz stehen haben. Bemerkenswerterweise ist dieser Antrag nur mit einer knappen Mehrheit von 11 gegen 10 Stimmen abgelehnt worden, was nicht sonderlich überrascht, da sich doch fast alle damaligen Bundesbürger als Christen verstanden.

Ungeachtet dieser Diskussionen hielten die Mitglieder des Allgemeinen Redaktionsausschusses weiter an ihrer Formulierung für Artikel 1 fest, die sie am 25. Januar 1949 in die Worte faßten: »(1) Die Würde des Menschen ist unantastbar. Sie zu achten und zu schützen ist Verpflichtung aller staatlichen Gewalt. (2) Das deutsche Volk bekennt sich zu unverletzlichen und unveräußerlichen Menschenrechten, der Grundlage jeder menschlichen Gemeinschaft, des Friedens und der Gerechtigkeit in der Welt.« Nachdem man dann am 5. Februar noch das Wörtchen »darum« zwischen »bekennt sich« und »zu unverletzlichen und unveräußerlichen Menschenrechten« eingeschoben hatte, übernahm am 8. Februar der Hauptausschuß in seiner 47. Sitzung endlich den Vorschlag des Allgemeinen Redaktionsausschusses für den ersten Artikel des *Grundgesetzes*.

Auf seiner 57. Sitzung am 5. Mai 1949, bei der zum letzten Mal ein Antrag auf Ergänzung der Worte »von Gott gegeben« in Artikel 1 gestellt und sogleich abgelehnt wurde, fügte der Hauptausschuß nur noch vor dem Ausdruck *Grundlage* das

Wörtchen *als* ein. Damit war die Arbeit am Würdeartikel abgeschlossen, der nun lautete: »(1) Die Würde des Menschen ist unantastbar. Sie zu achten und zu schützen ist Verpflichtung aller staatlichen Gewalt. (2) Das Deutsche Volk bekennt sich darum zu unverletzlichen und unveräußerlichen Menschenrechten als Grundlage jeder menschlichen Gemeinschaft, des Friedens und der Gerechtigkeit in der Welt [...].«

Zu den Besonderheiten der achtmonatigen Beratungen über das *Grundgesetz* gehört ein interessanter Perspektivenwechsel, bei dem sich das Verhältnis der Menschenwürde zu den Menschenrechten ins genaue Gegenteil verkehrte. Aus den vorherigen Darlegungen wird nämlich deutlich: Ging man in den Vorschlägen für Artikel 1 von September bis November 1948 noch davon aus, daß die Menschenwürde auf den Menschenrechten fuße, ließ man die Begriffe Menschenwürde und Menschenrechte in den Entwürfen von Dezember 1948 und Januar 1949 völlig unverbunden nebeneinander stehen, um schließlich ab Februar 1949 die Menschenrechte als notwendige Folge der Menschenwürde darzustellen. So kehrte sich das Verhältnis beider Begriffe zueinander im Laufe der Diskussionen nach und nach um.

Doch was Menschenwürde ist und worauf sich diese großartige Idee stützt, das blieb eigenartigerweise in allen Verfassungsgesprächen meist unbeantwortet. Die von Theodor Heuss bereits am 23. September 1948 gegebene Empfehlung, die Idee der Menschenwürde uninterpretiert zu lassen, setzte sich schließlich durch. Offenbar vertrauten unsere Verfassungsgründer gerade nach der Zeit des Nationalsozialismus besonders auf die Plausibilität der Vorstellung, daß es unabhängig von der Stärke und Schwäche des Einzelnen einen Respekt vor dem Menschen als solchem geben müsse: vor seinem ideellen Kern, der weder von der Staatsgewalt noch von anderen zerstört werden dürfe und darum rechtlich geschützt werden sollte.

Trotz aller Unbestimmtheit vertraute der Parlamentarische

Rat also fast blind auf die Plausibilität des Würdebegriffs und überließ dessen Präzisierung der demokratischen Auseinandersetzung der Folgejahre. Die Bürger sollten sich selbst ein Bild über die Wesenswürde des Menschen machen und sich für eine der möglichen Geltungsquellen entscheiden, sei es für Gott, Natur, Vernunft oder Freiheit, solange nur jeder von ihnen die Würde des anderen achte. Damit blieb die drängende Frage, was achtunggebietende Würde im Recht sei, vorerst unbeantwortet.

In einer pluralistischen Rechtsgemeinschaft wie der unsrigen gibt es mehrere Würdevorstellungen, und kaum eine davon ist frei von Widersprüchen. Manchmal scheint es, als ließe sich fast alles aus der Würdeidee ableiten, dann wieder nichts, woraufhin sie völlig überflüssig würde. Doch mag der Ausdruck Würde noch so vieldeutig sein und die unterschiedlichsten Assoziationen wecken, beliebig ist er nicht. Es muß zwar zugegeben werden, daß sich seine Unschärfe niemals ganz beseitigen läßt, aber der Spielraum möglicher Bedeutungen ist darum noch keineswegs unbegrenzt. Statt seine Auslegungsbreite zu beklagen, sollte man darin eher einen Vorteil sehen, denn nur so bleibt die Würdeidee anpassungsfähig an die wechselnden Herausforderungen der Zeit und aller damit verbundenen Rechtsprobleme. Sie muß mit dem Wandel der öffentlichen Meinung und der allgemeinen Wertvorstellungen Schritt halten können, wenn sie nicht unzeitgemäß werden will; doch darf die Würdeidee die jeweiligen Tagesmeinungen nicht ungeprüft als Richtmaß übernehmen. Wie begrenzt unser Bedarf an Wirklichkeit auch ist, wir sollten sie als eine Instanz akzeptieren lernen, die einerseits Tatsachen vorgibt, denen wir Gehorsam schulden, andererseits Probleme aufgibt, die wir lösen müssen. So ist in Philosophie und Recht außer Intelligenz und Engagement der Sinn für Realität gefragt. Es ist aber fraglich, ob die Wirklichkeit uns den Weg zu einem zuverlässigen Würdeverständnis weist. Jedenfalls steckt hinter den meisten Würdeinterpretationen von heute mehr Ratlosigkeit als Sicherheit. Man kann sogar sagen, in der Gegenwart gleicht jede auf der Grundlage ausgewogener Argumente herbeigeführte Entscheidung für ein bestimmtes Würdeverständnis mehr einem Wagnis als einer wissenschaftlichen Erkenntnis. Der rechtsethische Normalfall ist in einer pluralistischen Gesellschaft wie der unsrigen der Konfliktfall und die Meinungsverschiedenheit; darum geht es nicht ohne eine Instanz, die für alle Bürger verbindlich entscheidet.

Aus diesem Grund konnte die Auslegung unseres obersten Verfassungswertes auf Dauer nicht den Bürgern selbst überlassen bleiben. Schon bald mußte der anfänglich uninterpretierte Art. 1 Abs. 1 von höchster Stelle interpretiert werden. Es hatte sich gezeigt, daß bereits jede gerichtliche Untersuchung einer Würdeverletzung, aber auch jede politische Anwendung des Würdebegriffs eine genauere Definition voraussetzt. Deshalb sah sich wenige Jahre nach Gründung der Bundesrepublik Deutschland das Bundesverfassungsgericht gezwungen, den höchsten Verfassungswert doch rechtsverbindlich zu definieren.

Bundesverfassungsgericht

Zum Schutz und als Garant des Grundgesetzes wurde 1951 das Bundesverfassungsgericht gegründet, das den gleichen Status besitzt wie der Bundestag, Bundesrat, Bundespräsident und die Bundesregierung. Es besteht aus zwei Senaten mit je acht Richtern, von denen drei zuvor Bundesrichter gewesen sein müssen, die übrigen fünf lediglich Assessoren. Gemäß Artikel 94 des Grundgesetzes werden die Mitglieder des Bundesverfassungsgerichts mit Zweidrittelmehrheit je zur Hälfte von Bundestag und Bundesrat gewählt. Die Amtszeit der Richter dauert zwölf Jahre; eine Wiederwahl ist nicht möglich. Wegen der erforderlichen Zweidrittelmehrheit müssen Absprachen unter den großen Parteien getroffen werden; hierdurch erhalten die Richter eine breitere Legitimation für ihre Arbeit. Während der Bundesrat mit sämtlichen 68 Stimmen seiner sechzehn Länder wählt, bestimmt der Bundestag die Richter durch einen zwölfköpfigen Wahlausschuß und somit nicht durch das Plenum.

Aus rechtsphilosophischer Sicht vertritt das Bundesverfassungsgericht das jedem Bürger zustehende Recht auf Widerstand gegen den Staat, sobald dieser gegen das Grundgesetz verstößt, und dient somit der Erhaltung des inneren Friedens, da es Schutz vor verfassungswidrigen Verordnungen und Gesetzen bietet. Aus diesem Grund nennt man die Richter des Obersten Gerichtshofs auch »Hüter der Verfassung« – eine Formulierung von *Carl Schmitt*, der sich in der Weimarer Republik jedoch nachdrücklich gegen die Einrichtung eines Verfassungsgerichtshofs aussprach. Schmitt erblickte damals den wahren »Hüter und Wahrer der verfassungsmäßigen Einheit«[41] im Reichspräsidenten. Dagegen hat sich der Parlamentarische Rat für die Schaffung eines höchsten Staatsgerichtshofs entschieden, dessen Aufgaben in Artikel 93 des Grundgesetzes festgelegt sind. Allgemein formuliert wacht das Bundesverfassungsgericht über die Einhaltung des Grundgesetzes durch alle Bürger und Einrichtungen des Landes. Im besonderen kann es auf Antrag des Bundesrates, Bundestages und der Bundesregierung solche Parteien verbieten, die zum Umsturz der freiheitlich-demokratischen Rechtsordnung aufrufen. Das geschah im Jahre 1952 und 1956, als die rechtsextreme Sozialistische Reichspartei und linksextreme Kommunistische Partei für verfassungswidrig erklärt wurden. Darüber hinaus ist das höchste Gericht für alle Verfassungsstreitigkeiten zwischen den Parteien, der Bundesregierung und Opposition, aber auch zwischen dem Bund und den Ländern zuständig. Außerdem kann es sogenannte »Normenkontrollverfahren« einleiten, falls der begründete Verdacht besteht, daß ein Gesetz gegen die Verfassung verstößt. Weiter muß es sogenannte »Organstreitigkeiten« entscheiden, wenn die Kompetenzen der unterschiedlichen

Staatseinrichtungen, der sogenannten Verfassungsorgane, unklar oder umstritten sind.

Mögliche Antragsteller beim Bundesverfassungsgericht sind außer Bundespräsident, Bundesrat, Bundestag und Bundesregierung die Landesregierungen und alle Bürger, sofern sie sich in ihren Grundrechten verletzt fühlen. Am häufigsten hat sich das Oberste Gericht mit »Verfassungsbeschwerden« aus den Reihen der Bürger auseinanderzusetzen, Klagen gegen Verletzungen der Menschenwürde gehören dazu. Heute, da der Ausdruck »Menschenwürde« öffentliches Ansehen genießt, ja, sich großer Popularität erfreut, besteht die Gefahr, daß fast jede Unannehmlichkeit als Würdeverstoß empfunden wird, die Erfüllbarkeit aller menschlichen Bedürfnisse als Würdeanspruch gilt. So mißverstehen viele die von der Verfassung gegebene Würdegarantie als Pflicht des Staates, das Leben seiner Bürger so angenehm wie möglich zu gestalten und jeden ihrer Wünsche zu verwirklichen. Das Verlangen danach ist verständlich, ja, menschlich, die Hoffnung darauf aber unrealistisch, geradezu maßlos. Darum warnen zahlreiche Rechtswissenschaftler vor einer Überstrapazierung der Würdeidee, vor zu hochgespannten Erwartungen und überspannten Empfindlichkeiten.

Dürig[42] und *Vitzthum*[43] haben mit Recht darauf hingewiesen, daß eine »inflationäre Verwendung« des Menschenwürdearguments zwangsläufig zur Entwertung von Artikel 1 als »kleine Münze« führe; es bestehe dann die Gefahr, daß die Würdegarantie zur »Wanderdüne ohne Halt«[44] werde, wie *Starck* meint. Deshalb sei ein zurückhaltender Gebrauch des Würdebegriffs dringend geboten. Doch wie soll das Bundesverfassungsgericht diesen Rat befolgen können, wenn die Bürger immer wieder mit überzogenen, teils unsinnigen Beschwerden an es herantreten? Hierfür einige Beispiele: Einmal mußte sich das Bundesverfassungsgericht mit der Frage befassen, ob es die Menschenwürde verletze, wenn die Finanzverwaltung eine Betriebsprüfung durch die Steuerfahndung durchführen lasse[45], ein anderes Mal, ob das Verbot der Unfallflucht gegen die Unantastbarkeit der Menschenwürde verstoße.[46] In den siebziger Jahren hatte es sich mit der Frage auseinanderzusetzen, ob es gegen das Grundrecht auf Achtung und Schutz der Menschenwürde verstoße, wenn man nach dem Tode seinen Leichnam nicht auf dem eigenen Grundstück beisetzen lassen darf.[47] Jedoch bedeutet das fast nichts, verglichen mit einer Klage, die das Bundesverwaltungsgericht Ende der sechziger Jahre zu entscheiden hatte. Damals prozessierte ein Bürger gegen die Deutsche Bundespost, weil in den an ihn gerichteten Telefonrechnungen der in seinem Namen enthaltene Umlaut »ö« durch die Vokale »oe« wiedergegeben wurde. Nach Meinung des Klägers verletze die Post dadurch die Verpflichtung der staatlichen Gewalt, die Würde des Menschen zu achten und zu schützen![48]

Die erwähnten Verfassungsbeschwerden, die begreiflicherweise alle abgewiesen wurden, beweisen aufs deutlichste, wie notwendig richterliche Zurückhaltung bei der Anwendung des Würdeartikels ist, wenn dieser nicht zur »kleinen Münze« werden soll. Die Amerikaner sprechen in diesem Zusammenhang von richterlicher Selbstzügelung – »judicial self-restraint«[49] –, was einmal größtmögliche Unparteilichkeit bei der Beurteilung staatlicher Anordnungen und Gesetze besagt, dann aber auch äußerste Sparsamkeit bei deren Verurteilung als verfassungswidrig.

Wie schwer ersteres fällt, beweist schon ein flüchtiger Blick auf die Rechtsprechung des Bundesverfassungsgerichts seit seinem Bestehen. Sowenig die Entscheidungen des höchsten Gerichts weltanschaulich gefärbt und parteipolitisch geprägt sein sollten, die bisherigen Urteile waren nicht immer von dieser Art: Während das Bundesverfassungsgericht in den ersten dreißig Jahren seines Bestehens nachweislich eine eher konservative Linie verfolgte, fährt es, wie *Wesel* zeigt, in den achtziger Jahren »einen erstaunlichen Zick-Zack-Kurs, [...], und entscheidet mal im Sinne der Regierung, mal nicht«[50], um dann,

»öfter vom Zorn der Konservativen begleitet«[51], in den neunziger Jahren eine liberalere Richtung einzuschlagen. Nun seien diese unterschiedlichen Tendenzen nicht weiter ausgeführt; deren Hervorhebung soll lediglich den Blick für das grundsätzliche Problem unparteiischer Rechtsauslegung schärfen. Es gibt keine Rechtsprechung, die nur methodische Ableitung wäre, denn das Element der Entscheidung läßt sich daraus niemals ganz verbannen, weshalb es auch künftig in Verfassungsfragen immer wieder zu Meinungsverschiedenheiten kommen wird. Dabei ruft ein Urteil des höchsten Gerichts um so größere Zustimmung in der Bevölkerung hervor, je mehr sich die darin angeführten Argumente mit den Einstellungen und Überzeugungen der Bürger decken.

Bei der Auslegung der in Artikel 1 aufgenommenen Würdeidee versuchte man lange Zeit das Problem der Unparteilichkeit durch Aufwertung ihrer Vieldeutigkeit zu lösen. Die Bundesverfassungsrichter stellten die Unbestimmtheit des Würdebegriffs, dessen Bedeutungsvielfalt und Auslegungsbreite, immer wieder als großen Vorteil dar und betonten, daß eine eindeutige Fixierung der Würdeidee eher von Nachteil wäre. Am besten noch könne deren Bedeutung mit Hilfe der sogenannten negativen Interpretationsmethode ermittelt werden, die vom konkreten Verletzungsvorgang ausgehe. Wörtlich heißt es: Was Menschenwürde ist, läßt sich »nicht generell sagen, sondern immer nur in Ansehung des konkreten Falles. Allgemeine Formeln [...] können lediglich die Richtung andeuten, in der Fälle der Verletzung der Menschenwürde gefunden werden können.«[52] Doch man benötige solche allgemeinen Formeln in der Rechtspraxis fast gar nicht, da es dort hauptsächlich um die Beurteilung konkreter Einzelvorgänge gehe. Sicherlich weise schon der Begriff Unantastbarkeit in eine bestimmte Richtung, eine klare Linie ziehe er jedoch nicht aus. Ähnlich zeige der Würdebegriff zwar einen Weg, den Recht und Gesetz zu gehen hätten, er gebe aber keine konkreten Antworten, die von Fall zu Fall neu gesucht werden müßten.

Diese Argumentation hat einiges für sich, da sie in überschaubaren Zusammenhängen bleibt, den Einzelfall besonders gewichtet, greifbare Antworten auf konkrete Würdeverletzungen sucht – sich aber nicht in abstrakten Deduktionen verliert. Überdies scheint die Interpretation der Menschenwürde vom Verletzungstatbestand her besser auf die wechselnden Bedrohungen der Würdeidee reagieren zu können als jede abgehobene Begriffsspekulation.

Aber so einleuchtend diese Überlegungen klingen, näher betrachtet spiegeln sie die rechtsethische Unsicherheit in der mehrfach erwähnten Bestimmungs- und Begründungsfrage wider, auf die eine pluralistische Gesellschaft wie die unsrige offenbar keine überzeugende Antwort zu geben vermag. Dennoch durfte das Recht nicht bei der Entscheidung bloßer Einzelfälle stehenbleiben, es mußte allgemeine Grundsätze finden, wenn es Orientierungssicherheit schaffen und Willkür ausschließen wollte. Eigentlich setzt jede Verurteilung eines Vorganges als würdeverletzend bereits einen klaren Würdebegriff, ein bestimmtes Menschenbild und eine allgemeine Wertordnung als Maßstab voraus. Darum sah sich das Bundesverfassungsgericht schließlich doch veranlaßt, die Würde des Menschen näher zu bestimmen.

Noch vor Inkrafttreten des Grundgesetzes unternahm der *Bayerische Verfassungsgerichtshof* am 22. März 1948 einen ersten Versuch, die in Artikel 100 der Bayerischen Landesverfassung aufgenommene Idee der Menschenwürde rechtsverbindlich zu definieren: »Der Mensch als Person ist Träger höchster geistig-sittlicher Werte und verkörpert einen sittlichen Eigenwert, der unverlierbar und jedem Anspruch der Gemeinschaft, insbesondere allen rechtlichen und politischen Zugriffen des Staates und der Gesellschaft gegenüber eigenständig und unantastbar ist. Würde ist dieser innere und zugleich soziale Wert- und Achtungsanspruch, der dem Menschen um dessentwillen zukommt.«[53] Dieses Menschenbild, das von Max Schelers[54] und Nicolai Hartmanns[55] Wertethik beeinflußt ist, haben die

Bundesverfassungsrichter größtenteils übernommen, jedoch knüpfen ihre Ausführungen überwiegend an die Darlegungen *Dürigs* und *Nipperdeys* an.

Ersterer vertrat die Auffassung, daß »die Würde des Menschen [...] als etwas immer Seiendes, als etwas unverlierbar und unverzichtbar immer Vorhandenes«[56] einen »Eigenwert«[57] mit »absolute[m], gegen alle möglichen Angreifer gerichtetem Achtungsanspruch«[58] darstelle und daß diese »Seinsgegebenheit, die unabhängig von Raum und Zeit ist und rechtlich verwirklicht werden soll«[59], sich insbesondere an der menschlichen Personalität zeige: »Der Mensch ist Person (Individuum) kraft seines Geistes, der ihn abhebt von der unpersönlichen Natur und ihn aus eigener Entscheidung dazu befähigt, sich selbst bewußt zu werden, sich selbst zu bestimmen und zu gestalten.«[60] Als solcher stehe der Einzelne unter moralischen Gesetzen, sei er »Träger höchster geistig-sittlicher Werte«[61] und damit zugleich »verantwortliche Persönlichkeit«[62], nicht aber »bindungslose[s] Individuum«[63]. Im Gegenteil gefährde er das eigene Menschsein, wenn er sich »aus der Bindung an die Gemeinschaft befrei[e] und in rücksichtslose egoistische Gewinnsucht verfall[e].«[64] Dieser Meinung war auch Nipperdey, für den die Würde die »Wesenheit des Menschen«[65] darstellt, die »in der Freiheit der Entscheidung und einem Geöffnetsein [...] für das Reich der sittlichen und geistigen Werte, für die Wertfülle des Lebens«[66] bestehe.

Von diesen Interpretationen beeinflußt, erklärte das Bundesverfassungsgericht schon in den fünfziger Jahren die Achtung der Menschenwürde, welche den »obersten Wert«[67] unserer Rechtsordnung bilde, zur vornehmsten Pflicht des Staates. Darum gehöre Artikel 1 zu den »tragenden Konstitutionsprinzipien«[68] unserer Verfassung, die allen übrigen Rechtsbestimmungen zugrunde lägen. Es stand für die Bundesverfassungsrichter von Anfang an fest, daß dem Menschen schon vor aller Rechtsetzung eine eigene Würde zukommt, diese somit vorstaatliche Geltungskraft besitzt. In diesem Zusammenhang weist das höchste Gericht, überzeugt davon, daß der Mensch eine »geistig-sittliche Person«[69] darstellt, immer wieder auf deren »Eigenwert«[70] hin, der sich in ihrer »Freiheit«[71] und »Fähigkeit zu eigenverantwortlicher Lebensgestaltung«[72] äußere. Deshalb müsse jedem Menschen ein Recht auf »möglichst weitgehende Entfaltung seiner Persönlichkeit«[73], »geistige, politische und wirtschaftliche Freiheit«[74], kurz, ein Recht auf »Geistes-«[75] und »Handlungsfreiheit«[76] zugebilligt werden. Freiheit sei konstitutiv für die »unverlierbare Würde des Menschen«[77]; sie allein hebe die »menschliche Persönlichkeit auf die höchste Stufe der Wertordnung«[78]. Aus diesem Grund gebühre jedem Einzelnen auch ein »unantastbare[r] Bereich privater Lebensgestaltung, der der Einwirkung der öffentlichen Gewalt entzogen«[79] sei. Jedem Bürger soll »ein Innenraum verbleiben, in dem er sich selbst besitzt und in den er sich zurückziehen kann, zu dem die Umwelt keinen Zutritt hat, in dem man in Ruhe gelassen wird und ein Recht auf Einsamkeit genießt.«[80]

Allerdings wollte das höchste Gericht damit nicht einem bindungslosen Individualismus oder einer schrankenlosen Freiheit das Wort reden: »Das Menschenbild des Grundgesetzes ist nicht das eines isolierten souveränen Individuums; das Grundgesetz hat vielmehr die Spannung Individuum-Gemeinschaft im Sinne der Gemeinschaftsbezogenheit und Gemeinschaftsgebundenheit der Person entschieden, ohne dabei deren Eigenwert anzutasten.«[81] Anders formuliert: »Das Grundgesetz ist eine wertgebundene Ordnung, die den Schutz von Freiheit und Menschenwürde als den obersten Zweck allen Rechts erkennt; sein Menschenbild ist nicht das des selbstherrlichen Individuums, sondern das der in der Gemeinschaft stehenden und ihr vielfältig verpflichteten Persönlichkeit.«[82] Noch einmal anders: »Der Staatsgewalt ist in allen ihren Erscheinungsformen die Verpflichtung auferlegt, die Würde des Menschen zu achten und sie zu schützen. Dem liegt die Vorstellung vom Menschen als einem geistig-sittlichen Wesen zugrunde, das darauf angelegt ist, in Freiheit sich selbst zu bestimmen und zu entfalten. Diese Freiheit versteht das Grundgesetz nicht als diejenige eines isolierten und selbstherrlichen, sondern als die eines gemeinschaftsbezogenen und gemeinschaftsgebundenen Individuums. Sie kann im Hinblick auf diese Gemeinschaftsgebundenheit nicht prinzipiell unbegrenzt sein. Der Einzelne muß sich diejenigen Schranken seiner Handlungsfreiheit gefallen lassen, die der Gesetzgeber zur Pflege und Förderung des sozialen Zusammenlebens in den Grenzen des bei dem gegebenen Sachverhalt allgemein Zumutbaren zieht; doch muß die Eigenständigkeit der Person gewahrt bleiben.«[83]

Aus all dem folgt, daß weder der Staat noch irgendeine sonstige Instanz dem Menschen seine Würde gewähren kann; dem Staat kommt lediglich die Aufgabe zu, deren Achtung und Schutz zu gewährleisten. Heute wird viel von unantastbarer Menschenwürde und unveräußerlichen Menschenrechten gesprochen, ohne daß die Worte »unantastbar« und »unveräußerlich« näher bestimmt würden; geradezu blind verläßt man sich auf deren Allgemeinverständlichkeit, obwohl sie diese mitnichten besitzen. Doch haben sie im Unterschied zur Würde eine klar umrissene Bedeutung.

Der seit der französischen *Erklärung der Menschen- und Bürgerrechte* von 1789 gebräuchliche Ausdruck *unveräußerlich* bedeutet soviel wie unverkäuflich, unverschenk- und unverpfändbar. Dagegen heißt etwas veräußern, es durch Schenkung oder Verkauf an andere abtreten, was nach vorherrschender Meinung mit Menschenrechten unmöglich ist, da sie einem von Geburt an zukommen. Sie lassen sich weder kaufen noch verkaufen.

Ähnliches gilt für den zweideutigen Begriff der Unantastbarkeit. Die Würde des Menschen ist *unantastbar*, besagt genaugenommen zweierlei: einmal, daß sie als *natürliche Anlage* nicht angetastet, das heißt: *nicht zerstört werden kann*; dann, daß sie als *ethisches Anliegen* nicht angetastet, will sagen: *nicht verletzt werden darf*. Schon daraus wird deutlich, daß die Verfasser des Grundgesetzes – wie zuvor zahlreiche Philosophen der abendländischen Geistesgeschichte – in der Würde einerseits ein *Wesensmerkmal* erblickten, das dem Menschen nichts und niemand rauben oder absprechen kann; andererseits sahen sie darin eine verwundbare Eigenschaft, die der besonderen Achtung und des staatlichen Schutzes bedarf, kurz: einen *Gestaltungsauftrag*. Näher betrachtet steckt also im Ausdruck Unantastbarkeit die traditionelle Doppelbestimmung der Würde als *Wesensmerkmal* und *Gestaltungsauftrag*.

So gesehen markiert die unaufhebbare Menschenwürde gleichermaßen Grenze und Aufgabe der staatlichen Gewalt: Grenze, da sie dem Staat jede Mißachtung der Vorrangigkeit des Einzelnen vor der Allgemeinheit verbietet; Aufgabe, sofern sie dem Staat die Abwehr gewaltsamer Eingriffe in das Leben seiner Bürger und die Schaffung würdevoller Verhältnisse gebietet. Wenn auch die Würde des Menschen unzerstörbar ist, so kann sie offenbar doch verletzt werden, und aus diesem Grund heraus bleibt sie auf staatlichen Schutz angewiesen. Vielleicht darf man sagen: Nur weil die Würde verletzlich ist, wurde sie als unverletzlich normiert – einmal durch Art. 1 Abs. 1 des Grundgesetzes, der ihr den Rang eines verfassungsgeschützten Rechtswerts verleiht, dann durch Art. 79 Abs. 3, der sie jeder mehrheitsdemokratischen Beschlußfassung entzieht. Darin heißt es, daß die Würdeidee als tragendes Verfassungsprinzip von keiner Verfassungsänderung berührt werden darf, jede Artikel 1 betreffende Änderung des Grundgesetzes »unzulässig« ist. Nun ergibt sich aus dieser sogenannten Ewigkeitsgarantie für Artikel 1, die, nebenbei bemerkt, auch für Artikel 20 gilt, eine schwierige, wenn nicht gar widersprüchliche Situation. Denn ist es nicht überflüssig, ja, unsinnig, ein grundsätzlich unzerstörbares Wesensmerkmal noch zusätzlich durch die Rechtsordnung zu schützen? Ein wirklich unantastbares Rechtsgut bedarf eines solchen Schutzes nicht, es sei denn, es wäre doch antastbar. In diesem Falle müßte aber gesagt werden, die Würde des Menschen ist zwar unantastbar, jedoch in der ständigen Gefahr, angetastet zu werden. Dieses Paradox löst sich auf, wenn man die erwähnte Zweideutigkeit des Ausdrucks Unantastbarkeit weiter im Blick behält, welche besagt, daß die menschliche Würde zwar unzerstörbar ist, nicht aber unverwundbar. Beides zusammengenommen ergibt keineswegs einen Widerspruch, denn warum soll es unmöglich sein, einem unvernichtbaren Wesensmerkmal – ens indelebile – einen Schaden zuzufügen?

Zu diesem Bild paßt, daß in der Entwertung des Einzelnen zum Objekt, sei es durch Mitbürger, Staat oder Verwaltung, vom Bundesverfassungsgericht Würdeverletzungen ersten Ranges gesehen werden. Unmißverständlich weist das höchste Gericht darauf hin: »Es widerspricht der menschlichen Würde, den Menschen zum bloßen Objekt im Staat zu machen.«[84] An anderer Stelle heißt es ausführlicher: »Mit dem Begriff der Menschenwürde [...] ist der soziale Wert- und Achtungsanspruch verbunden, der es verbietet, den Menschen zum bloßen Objekt des Staates zu machen oder ihn einer Behandlung auszusetzen, die seine Subjektqualität prinzipiell in Frage stellt.«[85] Danach darf der Mensch weder zum wehrlosen Mittel staatlicher Zwecke noch zum machtlosen Gegenstand politischer Willkür herabgesetzt werden.

Diese Formulierungen des Bundesverfassungsgerichts gehen auf *Dürig* zurück, bei dem zu lesen ist: »Die Menschenwürde als solche ist getroffen, wenn der konkrete Mensch zum Objekt, zu einem bloßen Mittel, zur vertretbaren Größe herabgewürdigt wird.«[86] Ähnliches steht bei *Nipperdey*, der gleichfalls betont: »Die Menschenwürde erfordert es, den Einzelnen nicht als Objekt öffentlicher Machtausübung, sei es auch fürsorglicher Art, zu behandeln.«[87] Niemand darf als bloße Sache behandelt, unter die vollständige Verfügungsgewalt des Staates oder eines anderen Menschen gestellt, als anonyme Nummer oder ohnmächtiges Rädchen im Getriebe entwertet werden. Darauf zielt die genannte *Objektformel*, die aufgrund ihrer Allgemeinheit jedoch wieder nur eine Richtung andeutet, in welcher Würdeverletzungen aufgespürt werden können.

Nun ist zwar die sogenannte Objektformel erst durch Dürig in die Urteile des Bundesverfassungsgerichts eingeflossen, doch stammt sie nicht von ihm. Ihr wahrer Urheber heißt Kant, der, wie bereits ausgeführt, den Menschen als sittlich gebundenes, freies Wesen beschreibt, das niemals nur als Objekt oder Mittel gebraucht werden darf. Somit ist Kants Moralphilosophie die eigentliche geistesgeschichtliche Quelle des Bundesverfassungsgerichts, wie überhaupt auf ihn die Bestimmung des Menschen als geistig-sittliches Wesen zurückgeht, die Begründung der Menschenwürde aus der sittlichen Autonomie des Einzelnen, aus dessen Fähigkeit zu verantwortlicher Selbstbestimmung. Doch schränkte das Bundesverfassungsgericht 1970 die Objektformel überraschenderweise ein. Damals vertraten die Richter die Auffassung, daß eine Verletzung der Menschenwürde nicht schon durch die Entwertung des Einzelnen zum Mittel oder Objekt hervorgerufen werde, sondern erst durch eine zusätzliche, damit verbundene negative Grundhaltung. Man sagte, die Herabsetzung des Menschen zum Objekt wird erst dann eine Würdeverletzung, wenn dem darüber hinaus eine menschenverachtende Einstellung zugrunde liege. Wörtlich heißt es: »Der Mensch ist nicht selten bloßes Objekt nicht nur der Verhältnisse und der gesellschaftlichen Entwicklung. sondern auch des Rechts, insofern er ohne Rücksicht auf seine Interessen sich fügen muß. Eine Verletzung der Menschenwürde kann darin allein nicht gefunden werden. Hinzukommen muß, [...] daß in der Behandlung im konkreten Fall eine willkürliche Mißachtung der Würde des Menschen liegt. Die Behandlung des Menschen durch die öffentliche Hand [...] muß also, wenn sie die Menschenwürde berühren soll, Ausdruck der Verachtung des Wertes, der dem Menschen kraft seines Personseins zukommt, also in diesem eine verächtliche Behandlung sein.«[88] Diese Relativierung der Objektformel stieß in der Fachwelt gleichermaßen auf Unverständnis und Ablehnung wie auf Verständnis und Zustimmung.

Hintergrund der Einschränkung war die Frage nach der

Zulässigkeit geheimer Überwachungsmaßnahmen zum Schutze der Staatssicherheit. Diese standen im Verdacht, die betroffenen Bürger zu reinen Objekten nachrichtendienstlicher Tätigkeiten zu machen, was, wenn es so wäre, gegen die menschliche Würde verstieße. Allgemein rechtfertigten die Befürworter alle bis dahin erfolgten Abhörungen und Beschattungen mit dem Argument, daß die Menschenwürde zwar Vorrang habe gegenüber dem Staat, aber nachrangig sei gegenüber dem Schutz seiner Sicherheit, der ein verfassungsrechtliches Gebot höchsten Ranges darstelle, dem die Würdegarantie unter bestimmten Umständen nachgeordnet sei. Sicherlich falle das vielen schwer zu akzeptieren, aber der Staat habe nun einmal Schutzpflichten nicht bloß dem Einzelnen gegenüber, sondern gegen alle Bürger und damit zusammenhängend auch gegen die freiheitlich-demokratische Grundordnung, ohne die es keine menschenwürdigen Verhältnisse geben könne. Wer das verstanden habe, der sehe schließlich die Notwendigkeit sogenannter »Lauschangriffe« ein, die bereits dadurch vertretbar würden, daß sie gerichtlicher Kontrolle unterstünden und die Betroffenen nachträglich von ihrer Überwachung erführen, solange freilich der Zweck der Überwachung dadurch nicht gefährdet sei.

Doch ob man dem zustimmt oder nicht, das grundsätzliche Problem – daß solche Maßnahmen die überprüften Bürger zu Objekten staatlicher Gewalt machen – ist damit nicht gelöst. Dabei stellen geheime Überwachungen nicht nur nach der Objektformel einen schweren Verstoß gegen die Menschenwürde dar, sie stellen die Würde als höchsten Wert und oberstes Verfassungsprinzip überhaupt in Frage. Aus genau diesem Grunde schränkte man 1970 die Objektformel ein, nun plötzlich überzeugt, daß die Herabsetzung eines Bürgers zum Objekt nicht automatisch seine Würde verletze. Allerdings blieb dieser Meinungsumschwung der höchsten Richter nicht unwidersprochen. Zahlreiche Juristen erhoben hiergegen ihre Stimme, darauf beharrend, daß die Behandlung des Menschen als Objekt selbst dann eine Würdeverletzung darstelle, wenn sich dahinter keine Geringschätzung der Person verberge.[89] Diese Auffassung deckte sich mit dem abweichenden Sondervotum eines Verfassungsrichters, der meinte, daß der Mensch »nicht unpersönlich, nicht wie ein Gegenstand behandelt werden [dürfe], auch wenn es nicht aus Mißachtung des Personenwertes, sondern in guter Absicht«[90] geschehe. Dem massiven Druck der Fachwelt nachgebend ließ das Bundesverfassungsgericht in der Folge die genannte Einschränkung wieder fallen und erneuerte die Objektformel in ihrer ursprünglichen Form.

Jedoch war damit das Rechtsverhältnis zwischen der durch Artikel 1 geschützten Privatsphäre und dem Schutz der inneren Sicherheit nach wie vor ungeklärt. Hierzu sei vermerkt, daß weder damals noch heute eine glatte Lösung dieses Problems in Sicht ist und mehr als ein Kompromiß nicht zu erwarten steht. Diesen glaubte man im März 2004 gefunden zu haben, als die lange Debatte über die Unverletzlichkeit der Wohnung vorläufig zu Ende ging. Damals wurden die Anforderungen an die Rechtmäßigkeit einer Wohnraumüberwachung erhöht. So muß eine Überwachung ausgeschlossen sein, wenn sich ein Beschuldigter allein mit engsten Vertrauten und Angehörigen in der Wohnung aufhält und keine Anhaltspunkte für deren Tatbeteiligung bestehen; der Kernbereich privater Lebensgestaltung soll unangetastet bleiben. Ferner müssen die richterlichen Anordnungen auch Art, Dauer und Umfang der Überwachungsmaßnahmen konkret festlegen. Wie es aussieht, hält das Verfassungsgericht das Abhören von Wohnungen grundsätzlich für zulässig, wenn auch nur in engen Grenzen. Der angedeutete Kompromiß ergibt sich aus der einfachen Erkenntnis, daß Sicherung des freiheitlich-demokratischen Staates auch Schutz der individuellen Würde der Bürger bedeutet, so daß alle dazu durchgeführten Überwachungsmaßnahmen, obwohl sie gegen die Objektformel und damit die Menschenwürde verstoßen, letztlich doch in deren Dienste stehen. Wenn das stimmt, dann sollten die Bürger schon aus wohlverstandenem Eigeninteresse Verständnis für grundrechtliche Beschränkungen aufbringen, wie das Grundgesetz sie in Artikel 10 ausdrücklich fordert, wobei selbstverständlich die individuelle Würde immer wieder von neuem gegen die freiheitlich-demokratische Grundordnung abgewogen werden muß.

Aber nicht nur unter diesem Aspekt scheint eine Einschränkung der Objektformel unumgänglich zu sein, in einer anderen ist sie ebenso unvermeidlich: Wir können nicht umhin, uns anderer Personen als Werkzeuge für eigene Ziele zu bedienen. In der modernen Massengesellschaft sind die Menschen oftmals füreinander Objekt und Mittel zum Zweck: der Busfahrer für den Fahrgast, der narkotisierte Patient für den ihn operierenden Arzt, der Bürger für die Verwaltung. Aber eine Würdeverletzung stellen diese zeitweiligen Aufhebungen menschlicher Personalität nicht dar, solange das Gegenüber immer noch als Subjekt mit unbedingtem Selbstwert gesehen wird. Behandelte man dieses dagegen ausschließlich als Objekt, so beschädigte man ohne Frage seine Würde.

In diesem Zusammenhang drängt sich auch die Frage nach der Vereinbarkeit von Menschenwürde mit Prostitution auf. Selbstverständlich sind Menschenhandel, Vergewaltigung, Zuhälterei, Nötigung und die Zuführung von Jugendlichen zu sexuellen Dienstleistungen mit der Menschenwürde unvereinbar. Aber trifft dies nicht auf Prostitution als Verkauf des eigenen Körpers an Dritte überhaupt zu, weil die oder der Betroffene hierbei auch zu einem bloßen Objekt entwertet wird? Allerdings könnte das genausogut von den Tätigkeiten eines Tänzers und bestimmten Formen der Lohnarbeit gesagt werden. Denn hier werden menschliche Körper gleichfalls an Dritte veräußert, die daraus einen Nutzen für sich ziehen. Zweifellos ist solch fremder Körpergebrauch für eine vereinbarte Zeit weniger intim als Prostitution, wird der Körper hierbei doch bloß betrachtet und in Dienst genommen, nicht aber berührt, geschweige denn sexuell darin eingedrungen. Dies ist ein wesentlicher Unterschied, bedenkt man, wie empfindlich wir sonst auf ungewollten Körperkontakt reagieren. Es gehört hierzulande wie anderswo auch zu den guten Sitten, unbeabsichtigt berührte Personen dafür um Entschuldigung zu bitten. Dennoch stellt sich die Frage, ob dieser Unterschied tatsächlich für Prostitution moralisch relevant ist. Wenn sich ein erwachsener und zurechnungsfähiger Mensch dafür entscheidet, seinen Körper den Bedürfnissen anderer zu unterwerfen und zu deren Spielzeug zu machen, dann verfügt er über seinen Leib als Privatbesitz. Hiergegen wird gelegentlich eingewandt, daß der Einzelne nicht Eigentümer, sondern lediglich Treuhänder seines Körpers sei, der wie eine unverfügbare Gabe ihm zur Bewahrung und Pflege anvertraut wurde. Solche meist theologisch begründeten Vorstellungen halten viele mittlerweile nicht mehr für überzeugend. Davon abgesehen lassen sie sich auch nicht verallgemeinern, und schließlich stehen sie nicht notwendigerweise im Widerspruch zu der persönlichen Entscheidung, den eigenen Körper für sexuelle Dienste zu instrumentalisieren.

Damit ist jedoch das Argument der Erniedrigung des Körpers zum Objekt durch Prostitution noch nicht aufgehoben, was auch nur teilweise möglich und nötig ist. Solange sexuelle Dienste von erwachsenen Menschen freiwillig geleistet werden und dabei ihre Persönlichkeit geachtet bleibt, dürfen sie nicht als Würdeverstoß angesehen werden. Das Würdegebot gebietet lediglich, den Einzelnen niemals *nur* als Objekt zu behandeln.

Dem entspricht das am 1. Januar 2002 in Kraft getretene *Prostitutionsgesetz,* das die Prostitutionstätigkeit ausdrücklich nicht mehr als sittenwidrige Dienstleistung abwertet. Das Gesetz regelt die zivilrechtlichen, arbeits- und sozialrechtlichen Beziehungen zwischen Prostituierten und ihren Kunden bzw. Arbeitgebern. Hiernach sind beispielsweise Bordellbetreiber dazu verpflichtet, ihre Arbeitnehmerinnen bei der Sozialversicherung anzumelden. Jede beschäftigte Prostituierte ist damit automatisch kranken-, renten-, pflege- und unfallversichert.

Darüber hinaus hat sie als Angestellte einen Gehaltsanspruch gegenüber dem Betreiber eines Bordells oder Clubs; außerdem darf sie jederzeit fristlos kündigen. Schließlich kann sie oder er gegen säumige Kunden klagen wie ein Wirt gegen Zechpreller. Diese und ähnliche Bestimmungen versuchen dem Achtungsanspruch der Prostituierten institutionell gerecht zu werden.

Obgleich Immanuel Kant Prostitution als würdeverletzende Selbstbeleidigung des Menschen verurteilte, schrieb er, daß niemand *bloß* als Objekt oder Mittel für andere mißbraucht werden darf, nicht aber, daß ein Mensch überhaupt nicht als Objekt oder Mittel gebraucht werden darf. Er hielt eine Verdinglichung und Vereinnahmung anderer Menschen für eigene Zwecke mit ihrer Würde vereinbar, wenn die Betroffenen zugleich als freie, sittliche Personen anerkannt blieben. Jedoch verliefen die von ihm gezogenen Grenzen des Zulässigen anders als heute.

Kants vernunftphilosophische Würdeauffassung steht im Mittelpunkt unseres grundrechtlichen Wertesystems, für das darüber hinaus Achtung der Menschenrechte, Gewaltenteilung, Volkssouveränität, Chancengleichheit der Parteien und ähnliche Grundsätze kennzeichnend sind. Diese bilden zusammen die sogenannte »Wertordnung des Grundgesetzes« mit der Menschenwürde als »oberste[m] Wert.«[91]

Aber warum soll man ausgerechnet eine vernunftphilosophische Auslegung der Würdeidee befürworten? Wie läßt sich eine solche Bevorzugung vor allen religiös-metaphysischen und naturrechtlichen Begründungen rechtfertigen, die der Parlamentarische Rat zurückgewiesen hatte? Freilich ist eine Würdeinterpretation, die auf der Philosophie Kants fußt, an sich nicht verwerflich, die Frage allein ist, ob die »Hüter der Verfassung« durch solch eine Interpretation nicht mit einemmal zu »Herrn der Verfassung« geworden sind, wie *Carl Schmitt* meinte.[92] Im ganzen lassen sich drei Formen der Grundgesetzauslegung unterscheiden: Ableitung, Deutung und Fortbildung. Mehrfach wurde bereits darauf hingewiesen, daß die Interpretation der Würde keine methodische Ableitung von etwas im voraus schon Feststehendem ist. Das heißt, aus dem mehr als zweitausend Jahre alten Würdebegriff läßt sich nicht seine wahre Bedeutung deduzieren. Statt dessen kann man nur mehr oder weniger überzeugende Interpretationsvorschläge ausarbeiten, bei denen das Moment der persönlichen Entscheidung immer eine gewisse Rolle spielen wird. Eine Rechtsauslegung auf rein logischem Wege ist jedenfalls unmöglich; deshalb vollzieht sich die Verfassungsrechtsprechung von Anbeginn im Erwägen und Abwägen unterschiedlicher Argumente, die es manchmal als gerechtfertigt erscheinen lassen, der einen oder anderen Bedeutungsvariante des Würdebegriffs den Vorzug zu geben.

Nun stellt sich mit Blick auf diese allgemeine Erkenntnis die delikate Frage, ob die vernunftphilosophische Auslegung der Würdeidee über solche Argumente verfügt. Weiter ist zu fragen, ob besagte Würdeinterpretation eher eine rechtsdeutende oder rechtsschöpferische Leistung darstellt: Holen die Bundesverfassungsrichter aus dem Würdebegriff einen ihm innewohnenden Sinn heraus oder legen sie einen solchen erst hinein, um so die bekannten Unklarheiten bezüglich der Würdeidee zu beseitigen? Angenommen, letzteres wäre der Fall, dann überschritte das Bundesverfassungsgericht die Grenzen der bloßen Deutung, da es eine Rechtsergänzung durchführte bzw. eine Rechtslücke ausfüllte. Die höchsten Richter bildeten das Recht fort, ja, sie erzeugten dieses erst und setzten dadurch ihre vielgerühmte Unabhängigkeit aufs Spiel. Um es mit *Carl Schmitt* zu sagen: »Sieht man die Aufgabe eines Verfassungsgerichtshofes darin, daß er Zweifel über den Inhalt einer Verfassungsbestimmung außer Zweifel stellt, so ist das, was er tut [,...] nicht mehr Justiz, sondern eine unklare Verbindung von Gesetzgebung und juristischer Begutachtung.«[93] Dann aber dürften die »Hüter der Verfassung« so nicht mehr genannt werden, es wäre besser, sie »Herren der Verfassung« zu nennen.

Bis heute ist das dargelegte Problem, ob und wieweit das Bundesverfassungsgericht rechtsschöpferisch tätig werden darf, unentschieden, umstritten, und auch hier kann es nicht auf zufriedenstellende Weise gelöst werden. Ohnehin geht es an dieser Stelle um ein viel grundsätzlicheres Problem als um die bloße Feststellung, daß die Richter, indem sie »Würde« definieren, weniger Recht erklären als vielmehr erschaffen. Es geht um die grundsätzliche Erkenntnis, daß das höchste Gericht die Würde des Menschen erst dann bestimmen und begründen kann, wenn es auch rechtsschöpferisch oder rechtsergänzend tätig werden darf; andernfalls kann es überhaupt keine klare Vorstellung von Würde entwickeln. Wenn das zutrifft, und daran zu zweifeln besteht keinerlei Anlaß, dann können die Bundesverfassungsrichter gar nicht anders, als bei der Beschreibung der Menschenwürde von einem bestimmten Menschenbild ausgehen, welches auch immer es sein mag. Hierauf zu verzichten hieße, alle Begründungsfragen bezüglich der Menschenwürde auszuklammern und diese bis zu dem Punkt zu entleeren, an dem sie so gut wie nichts mehr beinhaltete.

Soll sich aber die unantastbare Wesenswürde des Menschen nicht völlig verflüchtigen, so scheint deren Interpretation mit Hilfe religiös-metaphysischer oder vernunftphilosophischer Ideen unumgänglich zu sein. Darum treten heute die meisten Denker entweder für eine vernunftphilosophische Würdeinterpretation ein oder für die Fortsetzung der christlich-metaphysischen Tradition, da sich nur so die alte Würdeidee retten lasse, während wieder andere grundsätzliche Zweifel an der Wahrheit und Verbindlichkeit unseres kostbarsten Verfassungswertes hegen.

Europäische Union

Was ist Europa? – Sehen die einen darin einen Erdteil mit großem kulturellen Erbe, kennzeichnen es die anderen als kleine Weltregion mit überzogenen Geltungsansprüchen: »Europa, dieser Nasenpopel aus einer Konfirmandennase« – spottet Gottfried Benn.[94] Jedoch stimmen alle Seiten darin überein, dass es ein von gemeinsamen Werten geprägtes Europa gibt. Ohne solche Annahme wäre bereits die Idee der Europäischen Union bloße Illusion. Und wie viel Europa brauchen die europäischen Nationalstaaten tatsächlich, um auf dem Weltmarkt bestehen zu können? Und wie viel Europa vertragen die europäischen Nationalstaaten überhaupt, wenn sie hierbei ihre jeweilige kulturelle Identität bewahren wollen?

Diese beiden ungeklärten Fragen stehen im Schattenriß sichtbar hinter der aktuellen Diskussion über die *Europäische Verfassung*, die der im Dezember 2001 eingesetzte EU-Konvent mit dem ehemaligen französischen Staatspräsidenten Valéry Giscard d'Estaing an der Spitze am 18. Juli 2003 der Öffentlichkeit vorlegte; die Arbeit daran begann im März 2002. Die Befürworter dieses Dokuments sehen darin eine große Chance, den erreichten Stand der europäischen Einheit dauerhaft demokratisch und institutionell zu sichern. Denn außer wirtschaftlicher Integration benötige Europa gleichfalls eine politische Legitimation auf der Grundlage kultureller Gemeinsamkeiten. Darüber hinaus könne eine gemeinsame Verfassung ein wirksames Instrument werden, um den in Europa immer weiter um sich greifenden Neoliberalismus auf ökonomischem Gebiet politisch besser zu regulieren und sozialrechtlich zu domestizieren.

Im Oktober 2004 unterzeichneten die Staats- und Regierungschefs des vereinten Europa im römischen Rathaus die erste gemeinsame Verfassung, die allerdings erst in Kraft treten kann, wenn sie zuvor von den Parlamenten oder Bürgern der Mitgliedstaaten ratifiziert wurde. Die Franzosen und Niederländer haben 2005 mehrheitlich gegen die Verfassung votiert. Die Europaskeptiker befürchten, daß ein solches Regelwerk die Souveränität der Mitgliedstaaten zu weit einschränken könnte, und bewerten es deshalb als möglichen Angriff auf ihre nationale Identität bezüglich Herkunft, Sprache und Tradition.

Schon heute regiere die EU-Konvention viel zu oft in lokale Belange hinein.

Das Zauberwort, mit dem die Europabegeisterten diese Bedenken zu entkräften suchen, heißt Subsidiarität. Danach sollen Fragen, die auf lokaler, regionaler oder nationaler Ebene gelöst werden können, nicht von höherer Plattform entschieden werden. Mit Hilfe des Subsidiaritätsprinzips glaubt man eine für alle Seiten akzeptable Kompetenzaufteilung unter Europa und den Nationalstaaten durchführen zu können, deren Ergebnis eine funktionierende Föderation werden soll. Allerdings ist jetzt bereits klar, daß diese Föderation weniger einem Bundesstaat mit schwachen Gliedstaaten als einem Staatenbund mit starken Gliedstaaten gleichen wird. Die Vision einer Europäischen Nation hat heute fast niemand mehr. Die »Vereinigten Staaten von Europa« wird es nicht geben. Zum gegenwärtigen Zeitpunkt scheint allein festzustehen, daß etwas unvergleichlich Neues entstehen wird, das auf der einen Seite mehr darstellen kann als eine internationale Organisation wie die NATO oder der Europarat, auf der anderen Seite aber weniger sein wird, als die Idee einer Europäischen Nation vermuten läßt.

Doch so angespannt die Diskussion über die Kompetenzen der Europäischen Union und die Souveränität ihrer Mitgliedstaaten ist, bezüglich der wichtigsten Verfassungsgrundsätze besteht ein hohes Maß an Übereinstimmung, so daß es wahrscheinlich eine gemeinsame *Europäische Verfassung* auch und gerade nach der Unterzeichnung durch die Regierungschefs und der Einführung des Euro bislang in 12 Mitgliedstaaten geben wird. Obwohl 7 EU-Mitgliedstaaten sich noch Monarchien nennen, sind alle Unionsländer als repräsentative Demokratien mit Gewaltenteilung, einem parlamentarischen Regierungssystem und einer sozial korrigierten Marktwirtschaft organisiert. Auch erscheint es vor dem Hintergrund gemeinsamer Wertüberzeugungen als unerheblich, daß etwa das dänische, luxemburgische, finnische, schwedische, griechische und portugiesische Parlament lediglich aus einer Kammer besteht, die meisten anderen Staaten hingegen zwei Kammern besitzen. Die europäischen Länder, die darin übereingekommen sind, untereinander alle Schranken im Menschen- und Warenverkehr abzubauen, miteinander ihre Außen- und Verteidigungspolitik abzustimmen und eine Währungsunion einzugehen, könnten aufgrund ihrer starken kulturellen Homogenität tatsächlich mehr und mehr zusammenwachsen.

Sicherlich überzieht Europa eine Vielfalt geschichtlicher Traditionen mit regional unterschiedlicher Ausprägung. Darüber hinaus erzeugt der starke Druck in Richtung auf mehr Integration hier wie sonst auch massiven Gegendruck: die kulturelle Selbstbehauptung einheimischer Sitten und Bräuche. Gleichwohl gibt es in Europa eine Reihe gemeinsamer Werte und Traditionen, erwachsen aus der griechischen Philosophie, dem römischen Recht, dem lateinischen Christentum und der neuzeitlichen Aufklärung. Doch stellen solche Kernwerte der europäischen Kultur heute weniger substantielle Orientierungs- und Sinnwahrheiten dar als vielmehr unverzichtbare Regeln für das friedliche Zusammenleben der Menschen miteinander. Hierzu gehören etwa die Trennung von Staat und Kirche, Spielräume pluraler Wertvorstellungen und Lebensstile, Demokratie, Rechtstaatlichkeit wie überhaupt die Achtung des Einzelnen als Rechtssubjekt mit Anspruch auf individuelle Selbstbestimmung. Dafür stehen die Grundrechtskataloge der unterschiedlichen Verfassungsurkunden, selbst wenn etwa Großbritannien, Österreich und Frankreich solche nicht haben.

Eine herausragende Bedeutung messen die Europäer der Idee der Menschenwürde zu, die zwar gleichfalls nicht in allen Verfassungen der EU vorkommt, deren Achtung aber von allen Mitgliedstaaten immer wieder gefordert wird. Auffälligerweise fehlt die Idee der Menschenwürde sogar in der *Europäischen Konvention zum Schutz der Menschenrechte und Grundfreiheiten* vom 4. November 1950 und der *Europäischen Sozialcharta* von 1961. Dafür nimmt sie jedoch einen hohen Rang in der *Konvention zum Schutz der Menschenrechte und Menschenwürde im*

Hinblick auf die Anwendung von Biologie und Medizin ein, die der Europarat 1996 beschloß und die im Dezember 1999 in Kraft trat.

Insgesamt 17 der 25 Mitgliedstaaten der Europäischen Union haben die Idee der Menschenwürde in ihrer Verfassung stehen. Interessanterweise heben gerade die Rechtsurkunden ehemaliger totalitärer Regime und Diktaturen die Achtung der Menschenwürde als höchste Staatsaufgabe hervor. So heißt es in Artikel 1 des *deutschen Grundgesetzes*: »Die Würde des Menschen ist unantastbar. Sie zu achten und zu schützen ist Verpflichtung aller staatlichen Gewalt«; Artikel 2 der *griechischen Verfassung*: »Grundverpflichtung des Staates ist es, die Würde des Menschen zu achten und zu schützen«; Artikel 1 der *portugiesischen Verfassung*: »Portugal ist eine souveräne Republik, die sich auf die Achtung der Menschenwürde und des Volkswillens gründet und deren Ziel die Errichtung einer freien gerechten und solidarischen Gesellschaft ist«; Artikel 10 der *spanischen Verfassung*: »Die Würde des Menschen, die unverletzlichen Rechte, die ihr innewohnen, die freie Entfaltung der Persönlichkeit, die Achtung des Gesetzes und der Rechte anderer sind die Grundlagen der politischen Ordnung und des sozialen Friedens«; Artikel 41 der *italienischen Verfassung*: »Die privatwirtschaftliche Initiative [...] darf nicht im Gegensatz zum Gemeinwohl oder in einer Weise ausgeübt werden, die der Sicherheit, der Freiheit und der Würde des Menschen schadet.«

Ähnliches kann man in Artikel 1 des *finnischen Grundgesetzes* lesen: »Die Verfassung gewährleistet die Unverletzlichkeit der Menschenwürde und die Freiheit und die Rechte des einzelnen Menschen, und sie fördert die Gerechtigkeit in der Gesellschaft«; Artikel 2 der *schwedischen Verfassung*: »Die öffentliche Gewalt ist mit Achtung vor dem gleichen Wert aller Menschen und vor der Freiheit und Würde des einzelnen Menschen auszuüben«; in der Präambel der *irischen Verfassung*, nach der »die Würde und Freiheit des Individuums« zu gewährleisten ist, und in Artikel 23 der *belgischen Verfassung*: »Jeder hat das Recht, ein menschenwürdiges Leben zu führen.«

Mit Ausnahme von Malta und Zypern nennen auch die übrigen acht Mitgliedstaaten, die am 1. Mai 2004 neu in die Europäische Union aufgenommen wurden, die Menschenwürde in ihren Verfassungen. Dementsprechend lautet Artikel 30 der *polnischen Verfassung*: »Die Würde des Menschen ist ihm angeboren und unveräußerlich. Sie bildet die Quelle der Freiheiten und Rechte des Menschen und des Staatsbürgers. Sie ist unverletzlich, ihre Beachtung und ihr Schutz ist Verpflichtung der öffentlichen Gewalt«; Artikel 54 der *ungarischen Verfassung*: »In der Republik Ungarn hat jeder Mensch das angeborene Recht auf Leben und Menschenwürde, niemand darf dieser Rechte willkürlich beraubt werden«; Artikel 21 der *slowenischen Verfassung*: »Die Achtung der Persönlichkeit und Menschenwürde in Strafverfahren und in allen anderen rechtlichen Verfahren, sowie während des Freiheitsentzugs und Strafvollzugs wird gewährleistet«; Artikel 10 der *estländischen Verfassung*: »Die Rechte, Freiheiten und Pflichten, die in diesem Abschnitt stehen, sollen andere Rechte, Freiheiten und Pflichten nicht ausschließen, die aus dem Geiste der Verfassung folgen oder damit übereinstimmen und den Prinzipien der Menschenwürde und einem Staat entsprechen, der auf sozialer Gerechtigkeit, Demokratie und Rechtsstaatlichkeit gründet«; Artikel 95 der *lettländischen Verfassung*: »Der Staat schützt die Ehre und Würde des Menschen. Folter oder andere grausame oder erniedrigende Behandlung von Menschen ist verboten«; Artikel 21 der *litauischen Verfassung*: »Die Person ist unantastbar. Die Menschenwürde wird geschützt durch das Gesetz. Es ist verboten, eine Person zu foltern, verletzen, erniedrigen oder zu mißhandeln«; Artikel 19 der *slowakischen Verfassung*: »Jeder hat das Recht auf Achtung der Menschenwürde, der persönlichen Ehre, seines guten Rufes und auf Schutz des Namens« – und in der Präambel der *tschechischen Verfassung* ist sogar vom »Geist der unantastbaren Werte der Menschenwürde und Freiheit« die Rede.

Im Gegensatz dazu sucht man ein verfassungsmäßiges Bekenntnis zur Menschenwürde vergebens in Malta, Zypern, Frankreich, Österreich, Dänemark, Luxemburg und den Niederlanden. Dasselbe trifft auf Großbritannien zu, das insofern einen Sonderfall darstellt, als es überhaupt keine Verfassungsurkunde besitzt. Hingegen gilt in Rumänien und Bulgarien, denen die EU bereits einen Beitritt in Aussicht gestellt hat, die Gewährleistung der Menschenwürde als verfassungsgeschütztes Staatsziel.

Alle bisherigen Mitgliedstaaten bekennen sich zur Menschenwürde in der erst kürzlich verabschiedeten *Charta der Grundrechte der Europäischen Union*. Diese auf dem Europäischen Gipfel in Nizza vom 7.-9. Dezember 2000 von den Staats- und Regierungschefs feierlich proklamierte Charta ist in sieben größere Kapitel mit insgesamt 54 Artikeln unterteilt. Bereits in der Präambel ist von »Würde des Menschen« die Rede. Darüber hinaus steht das erste, fünf Artikel umfassende Kapitel unter der Überschrift »Würde des Menschen«, und Artikel 1 lautet: »Die Würde des Menschen ist unantastbar. Sie ist zu achten und zu schützen.« Nicht zufällig stimmt dieser oberste Rechtsgrundsatz mit Artikel 1 des deutschen Grundgesetzes überein, wurde doch die Grundrechtscharta von einem Konvent aus 62 Mitgliedern der europäischen Regierungen und Parlamente unter Vorsitz des früheren Bundespräsidenten Roman Herzog erarbeitet. Eigenen Angaben zufolge legte er größten Wert auf die Aufnahme des Würdegrundsatzes in die Charta, die sich überhaupt zum größten Teil wie das deutsche Grundgesetz liest. Jedoch ist die *Grundrechtecharta* als Fundament der angestrebten *Europäischen Verfassung* noch nicht rechtsverbindlich, aber bereits so konzipiert, daß sie jederzeit Rechtsverbindlichkeit erlangen kann.

Obgleich es Roman Herzog gelang, die Einfügung des Würdegrundsatzes in die Charta durchzusetzen, mußte er sich zuvor mit einer Reihe hartnäckiger Einwände auseinandersetzen. Die Gremiumsmitglieder insbesondere Großbritanniens verwarfen den Würdegrundsatz, weil sie – nicht ganz zu Unrecht – meinten, daß niemand genau wisse, was darunter eigentlich zu verstehen sei. Menschenwürde sei zwar ein glanzvolles Sprachgebilde – aber mit vagem Auslegungsspielraum.

Allerdings hielt diese unumstrittene Tatsache die 105 Mitglieder des Europäischen Verfassungskonvents nicht davon ab, die *Grundrechtecharta* als Teil II in die *Europäische Verfassung* zu integrieren und damit der Würde auf gesamteuropäischer Ebene konstitutionellen Rang zu verleihen. Schon Artikel 2 von Teil I der *Europäischen Verfassung* lautet: »Die Werte, auf die sich die Union gründet, sind die Achtung der Menschenwürde, Freiheit, Demokratie, Gleichheit, Rechtsstaatlichkeit und die Wahrung der Menschenrechte.« Nur fehlt hier wie sonst auch jeder Hinweis auf Sinn- und Geltungsquellen dieses hohen Rechtswerts.

Gottesbezug und Religionserbe

Die Europäische Union ist in erster Linie eine Friedens- und Wirtschaftsgemeinschaft, die vorrangig pragmatische Ziele verfolgt: Sicherung der Friedensordnung und Einrichtung eines Wirtschaftsraums von kontinentaler Weite. Darüber hinaus antwortet die Europäische Union mit ihrem Binnenmarkt ohne größere Hindernisse für freien Austausch von Gütern, Kapital, Personen und Dienstleistungen auf die Zwänge weltwirtschaftlicher Abhängigkeiten.

Dennoch betrachten viele Unionsbürger Europa ebenso als religiöse Herkunfts- und Wertgemeinschaft, die höheren Zwecken dienen solle, selbst wenn sich diese nicht als die wahren Beweggründe für die Schaffung der Union plausibel machen ließen. Da die religiöse Kultur aber zweifellos zu den Voraussetzungen der europäischen Einigung gehört, kann es nicht weiter verwundern, daß die Vertreter vor allem katholisch geprägter Unionsländer wie etwa Italien, Portugal, Spanien, Polen und

Irland, zahlreiche Parlamentarier und konservative Parteien sowie die Kirchen sich nachdrücklich für die Aufnahme eines Gottesbezugs in der Präambel der Europäischen Verfassung aussprechen. Allerdings gibt es große Meinungsverschiedenheiten über den Stellenwert der Religionen im für alle verbindlichen Wertesystem der Gemeinschaft. Während die Regierungen etwa von Belgien, Luxemburg und Deutschland in dieser Frage eher unentschieden bleiben, davon überzeugt, daß man an Gott glauben könne, auch ohne daß sein Name in der Verfassung stehe, lehnt Frankreich jeden Gottesbezug mit Hinweis auf die eigene laizistische Tradition ab. Mittlerweile hat sich die Mehrheit des Konvents dazu entschieden, den Namen Gottes aus dem künftigen Verfassungsvertrag zu tilgen. Ein Bezug darauf fehlt darin.

Nachdem abzusehen war, daß ein Gottesbezug von der Konventsmehrheit nicht getragen würde, forderten schon bald einige Konventsmitglieder eine Verankerung der christlichen Tradition in der Verfassungspräambel. Näher betrachtet bedeutet solch ausdrückliche Anerkennung des christlichen Erbes jedoch noch »mehr« als ein reiner Gottesbezug, da hierdurch beispielsweise der Islam ausgeschlossen und damit der Beitritt der Türkei erschwert wird, während ein allgemeiner Gottesbezug von Juden, Christen und Muslimen gleichermaßen in Anspruch genommen werden könnte. Allerdings ist ein Hinweis auf die christlichen Wurzeln Europas zugleich auch »weniger« als ein Gottesbezug, weil dadurch lediglich eine historische Tatsache gewürdigt, aber keine Wertentscheidung getroffen wird. Dieser Vorschlag fand jedoch keine Mehrheit im Konvent.

In der verabschiedeten Fassung wird allein auf das »religiöse Erbe« Europas verwiesen, ohne dabei die jüdische, christliche und muslimische Tradition ausdrücklich zu nennen. So heißt es in der Präambel der *Europäischen Verfassung*: »Schöpfend aus den kulturellen, religiösen und humanistischen Überlieferungen Europas, deren Werte in seinem Erbe weiter lebendig sind [...]«, und darüber hinaus in Artikel 51, daß die Union den Status achte, den Kirchen, religiöse Vereinigungen und weltanschauliche Gemeinschaften in den jeweiligen Mitgliedstaaten hätten.

Diese Formulierungen knüpfen an die *Europäische Grundrechtecharta* an, die – auch Teil II der *Europäischen Verfassung* – sich gleich viermal auf Religion und Kirche bezieht: Die Präambel enthält einen Hinweis auf das religiöse Erbe; Artikel 10 garantiert Religionsfreiheit; Artikel 21 verbietet Diskriminierungen aufgrund der Religion oder Weltanschauung, und Artikel 22 trägt der religiösen Vielfalt Rechnung. Nun ist allerdings der Hinweis auf das religiöse Erbe in der Präambel nicht so präzise, wie die deutsche Übersetzung suggeriert. Für Verwirrung, ja, Aufsehen sorgt die Gleichsetzung der französischen oder englischen Formulierung »patrimoine spirituel« oder »spiritual heritage« mit »geistig-religiösem Erbe«.

Aber wie wenig Gott und Religion in der *Europäischen Verfassung* auch verankert werden, zweifellos ist das Christentum ein wesentliches Merkmal der westlichen Welt. Mit Papst Johannes Paul II. gesprochen, muß man sich bloß die christlich geprägten Elemente unserer Kultur einmal hinwegdenken, um zu erkennen, wie christlich die europäische Kulturlandschaft nach wie vor ist. Das beweisen schon die Verfassungen zahlreicher Unionsstaaten. Bei der Aufnahme speziell katholischer Werte in die Verfassung gehen die Iren am weitesten, die sich in ihrer Präambel sogar auf die Heilige Dreifaltigkeit beziehen. Aber auch sonst sind Staat und Kirche – trotz aller bestehenden Trennung – eng miteinander verflochten etwa im katholischen Belgien und Luxemburg oder im evangelisch-lutherischen Dänemark, Finnland und Schweden. Gleichfalls nimmt in Großbritannien die anglikanische Kirche und in Griechenland die orthodoxe einen gegenüber anderen Religionen herausgehobenen Rang ein. Obwohl es in Portugal, Spanien, Italien, Österreich und Deutschland keine Staatsreligion gibt, genießen auch dort die christlichen Kirchen eine Reihe staatlicher Privilegien. Eine konsequente Trennung zwischen Staat und Kirche gibt es in Europa nicht einmal in den Niederlanden, dafür jedoch in Frankreich.

Auffälligerweise erstreckt sich die Osterweiterung der Europäischen Union vor allem auf die katholischen und protestantischen Länder des ehemaligen Warschauer Paktes. Vor diesem Hintergrund kann leicht der Eindruck entstehen, Europa höre genau dort auf, wo die Orthodoxie und der Islam beginnen. Sollte sich deshalb die EU mit dem Beitrittsgesuch der Türkei so schwer tun? Oder ist es allein die wirtschaftliche und menschenrechtliche Situation im ehemaligen Osmanischen Reich, die bisher eine türkische Mitgliedschaft in der EU verzögerte? Sicherlich stellt das orthodoxe Griechenland einen Außenseiter dar, gleichzeitig sieht man darin jedoch das Ursprungsland unserer klassischen Kultur, die eine wichtige Quelle und ein Teil der westlichen Zivilisation sei.

Wie eng das Verhältnis zwischen säkularem Staat und christlicher Religion in der Europäischen Union sein mag, alle Mitgliedstaaten erkennen zugleich die Religions-, Glaubens- und Weltanschauungsfreiheit verfassungsmäßig an. Im Einklang damit bekommt man in Artikel 10 der *Europäischen Grundrechtecharta* zu lesen: »Jede Person hat das Recht auf Gedanken-, Gewissens- und Religionsfreiheit.«

Alles in allem kann man sagen: Fast alle Länder der EU haben sich als christliche Toleranzstaaten konstituiert, die einerseits andere Glaubensrichtungen zulassen, andererseits sich der Tradition und den Werten des christlichen Abendlandes verpflichtet fühlen. Zweifellos wäre die europäische Kultur ohne das Christentum nicht nur unvorstellbar, die von der christlichen Religion verkündigten Werte der Freiheit, Gleichheit und Solidarität tragen substantiell sogar zum Erhalt der sogenannten freiheitlich-demokratischen Sozialordnungen Europas bei. Die Ermahnungen der Kirchen zu Toleranz, Ehrfurcht vor Leben und Würde, Erziehung zur Nächstenliebe wirken sich auf die Wahrnehmung staatsbürgerlicher Rechte und Pflichten durchaus positiv aus. Davon abgesehen existieren die EU-Bürger niemals bloß als Bedürfniswesen und Rechtssubjekte, sondern immer auch als Mitglieder einer bestimmten Kultur mit eigenen Sitten, Bräuchen und Daseinsdeutungen, die ihnen Sinn, Orientierung und Halt geben können.

Einen ausdrücklichen Gottesbezug aber enthalten außer der irischen und deutschen Verfassung nur noch die polnische, welche die Bürgerschaft unterteilt in »jene, die an Gott als die Quelle der Wahrheit, Gerechtigkeit, des Guten und Schönen glauben, und [in] diejenigen, die diesen Glauben nicht teilen, sondern diese universellen Werte als aus anderen Quellen stammend respektieren.« Mit dieser Zweiteilung übereinstimmend heißt es anderer Stelle: »In der Erkenntnis unserer Verantwortung vor Gott oder unseres eigenen Gewissens [...]«.

Selbst das *Grundgesetz* beginnt mit einer Präambel, die von »Verantwortung vor Gott« spricht, womit damals natürlich der christliche Gott gemeint war. Des weiteren bekennen sich die Landesverfassungen von Bayern, Rheinland-Pfalz, Nordrhein-Westfalen, Baden-Württemberg, Sachsen-Anhalt und Thüringen offen zur christlichen Tradition. Einige erklären sogar »Ehrfurcht vor Gott« und »Gottesfurcht« zu allgemeinen Erziehungszielen – so etwa Artikel 131 der Bayerischen Verfassung, Artikel 33 der Verfassung von Rheinland-Pfalz, Artikel 39 der Verfassung des Saarlandes, Artikel 7 der Verfassung von Nordrhein-Westfalen oder Artikel 12 der Verfassung von Baden-Württemberg. Solche religiösen Formeln fänden heute im Recht keine allgemeine Zustimmung mehr: »Sie atmen den Geist einer versunkenen Epoche und machen den Wertewandel, der sich seither vollzogen hat, anschaulich«[95], wie *Martin Kriele* treffend vermerkt. Um so erstaunlicher ist es, daß auch einige neue Bundesländer die Gottesformel in ihre Verfassungen aufgenommen haben, obwohl die meisten Menschen dort inzwischen dem Christentum fernstehen. Zweifellos hängt das damit zusammen, daß diese Verfassungen in Anlehnung an Texte der alten Bundesländer formuliert wurden – und dazu noch von solchen Personen, die sich den Grundwerten des christlichen Abendlandes besonders verbunden fühlen, was selbstverständlich zulässig ist.

Heute wie damals scheiden sich die Geister bei der Frage nach der Berechtigung der Berufung auf Gott zu Beginn des Grundgesetzes. Jedoch beruhigen sie sich wieder bei dem Gedanken, daß die verfassungsrechtlich garantierte Offenheit und Toleranz des Staates gegen unterschiedliche Weltanschauungen von der Gottesklausel nicht berührt werden, mit der dann aber nur eine überflüssige Beiläufigkeit gemeint sein kann. Sie besitzt indes auch eine starke Bedeutung. Die Gottesformel legt das Grundgesetz nicht auf die christliche Lehre fest, sondern möchte lediglich verdeutlichen, daß Menschenwürde und Menschenrechte den Bürgern nicht vom Staat verliehen werden, ihnen unabhängig von aller staatlichen Gewalt zukommen. Sie stellt eine Absage an die Verabsolutierung der politischen Ordnung dar.

Wenn man aber lediglich das damit ausdrücken wollte, warum tat man es nicht? Der Verdacht ist schwer zu entkräften, daß diese Interpretation der Gottesformel mehr eine den Anforderungen unserer Zeit angepaßte Zurechtlegung als eine sachangemessene Auslegung ist. Doch selbst wenn sie letzteres wäre, so erscheint der rechtliche Gebrauch des Ausdrucks Gott in einer zunehmend säkularen Welt immer problematischer. Angesichts dieser Schwierigkeiten ist der Verzicht des Parlamentarischen Rates von 1949 auf die Worte »von Gott gegeben« in Artikel 1 als weitsichtig und klug zu bewerten. Allerdings sahen das in den fünfziger Jahren einige noch ganz anders; *Dürig* beispielsweise bedauerte zutiefst, daß in Artikel 1 des Grundgesetzes »ein Hinweis auf Gott als den Urgrund alles Geschaffenen nicht durchgesetzt werden konnte.«[96]

Genauso verhielt es sich einst mit dem Entwurf der *Allgemeinen Erklärung der Menschenrechte*, aus dem ebenfalls der zunächst vorgesehene Gottesbezug wieder gestrichen wurde, und so ist auch die Nennung Gottes oder des Christlichen in der *Europäischen Verfassung* von Anfang an höchst unwahrscheinlich gewesen.

Das alles ändert jedoch nichts daran, daß sich bis heute Millionen Europäer als Christen verstehen, für die ihre Religion nicht bloß Erbe, sondern lebendige Gegenwart ist, und für die deshalb die politisch-rechtliche Idee der Menschenwürde ohne religiös-metaphysische Grundannahmen undenkbar bleibt. Schon bei dem Atheisten *Ludwig Feuerbach* kann man lesen, »der Glaube an Gott [ist] nichts als der Glaube an die menschliche Würde«[97], die eine religiöse Eigenschaft darstelle. Dementsprechend schreibt ein Jahrhundert später der französische Atheist *Michel Foucault*: »Es kann durchaus sein, daß Ihr Gott unter dem Gewicht all dessen, was Ihr gesagt, getötet habt. Denkt aber nicht, daß Ihr aus all dem, was Ihr sagt, einen Menschen macht, der länger lebt als er.«[98] Mit diesem Satz macht Foucault darauf aufmerksam, daß die Vorstellung des Menschen als eines autonomen Subjekts mit kosmisch herausragendem Wert nicht mehr zu halten ist, wenn der Glaube an Gott schwindet. In dieser Beziehung stimmt seine Position gänzlich mit der Lehre der Kirche und vieler ihr nahestehender Juristen und Philosophen überein. Denn auch diese vertreten häufig die Meinung, daß sich die Würde des Menschen als Wesensmerkmal verstanden nicht allein auf dessen Vernunftnatur gründet, wie Kant behauptete, sondern daß sie vielmehr einer religiös-metaphysischen Begründung bedarf, soll sie festen Boden unter die Füße bekommen.

Tatsächlich sind heute zahlreiche Menschen davon überzeugt, daß die politisch-rechtliche Idee der Menschenwürde, die für sich betrachtet absolute Gültigkeit habe, nicht allein christlichen Ursprungs sei, sondern auch von religiös-metaphysischen Hintergrundannahmen zehre, ohne die sie zugrunde gehen müsse. Verständlicherweise vertreten die großen Kirchen einen solchen Standpunkt. Dazu heißt es im *Evangelischen Erwachsenenkatechismus:* »Recht kann zwischen Menschen nur gesetzt und unter ihnen bewahrt werden, wenn wir uns bewußt bleiben, daß wir Leben und Würde nicht aus eigener Macht besitzen«[99], sondern von Gott empfangen haben. Dieser habe uns Menschen eine unverlierbare Würde verliehen, indem er uns als sein Ebenbild erschuf, durch Christus erlöste und uns die Freiheit schenkte, das Leben in eigener Verantwortung zu führen.

Das gleiche steht im *Katechismus der Katholischen Kirche*: »Die Würde des Menschen wurzelt in seiner Erschaffung nach Gottes Bild und Ähnlichkeit.«[100] Niemand sei hiervon ausgenommen, was üblicherweise so begründet wird: »Weil alle Menschen nach dem Bilde des einzigen Gottes geschaffen und mit der gleichen vernunftbegabten Seele ausgestattet sind, haben sie die gleiche Natur und den gleichen Ursprung. Da sie durch das Opfer Christi erlöst wurden, sind alle berufen, an der gleichen göttlichen Seligkeit teilzuhaben. Alle Menschen erfreuen sich somit der gleichen Würde«[101], die sich ebenso an ihrer Fähigkeit zu freiem, sittlichem Handeln zeige. Mit ähnlichen Worten wird die sogenannte »Königswürde des Menschen«[102] in fast allen neueren *Enzykliken*[103] und den Dokumenten des *Zweiten Vatikanischen Konzils*[104] beschrieben. In *Redemptor Hominis* und *Evangelium Vitae* schreibt Papst Johannes Paul II.: »Welchen Wert muß der Mensch in den Augen des Schöpfers haben, wenn er einen solchen und so großen Erlöser verdient«[105], um anschließend die Frohe Botschaft als »Evangelium von der Würde der Person« auszulegen.

Hochangesehene Gelehrte der Gegenwart haben sich dieser Position der beiden großen Kirchen angeschlossen, überzeugt davon, daß die Menschenwürde ein wahres Geschenk des Himmels sei, das in Gott gründe, der höher stehe als alle Vernunft. So schreibt etwa der katholische Existentialist *Gabriel Marcel*: Um den Menschen mit »seine[r] wesenhafte[n] Würde«[106] angemessen begreifen zu können, ist es notwendig, diese als »heilige Qualität zu erklären«[107]. Darüber hinaus vermerkt der katholische Schriftsteller *Reinhold Schneider*, daß Gott den Menschen »in seiner Würde wunderbar erschaffen«[108] habe.

Hierzu passend notiert der evangelische Theologe *Karl Barth*: »Würde nennen wir den fallenden Abglanz der Ehre Gottes auf den Menschen.«[109] Politischer in der Formulierung, aber gleichen Sinns auch *Starck*: »Das Recht [...] muß das Unergründliche des Menschen in Betracht ziehen, also das Fenster zur Metaphysik offenhalten. [Denn] ohne Metaphysik wäre der Mensch restlos der überlegenen staatlichen Macht ausgeliefert«[110]. Damit es nicht dazu kommt, darf nicht auf jede metaphysische Begründung der Menschenwürde verzichtet werden, was außer *Starck* auch *Kriele* findet, bei dem man lesen kann: »Die Idee der Menschenwürde steht und fällt mit der Annahme, daß [...] vor dem Urknall noch der Logos war, aus dem alles geworden und ohne den nichts geworden ist, und daß dieser in irgendeiner Weise in das menschliche Leben hineinwirkt – eine solche oder ähnliche Annahme ist heute wie früher Mindestbedingung für die Achtung vor dem Menschen. Menschenwürde im Verständnis der politischen Aufklärung ist ein metaphysischer Begriff«[111], dessen geistige Wurzeln im christlichen Abendland liegen. Daher hieße das Recht davon abschneiden, der menschlichen Wesenswürde die Grundlage zu entziehen.

Diese Meinung teilen außer Ratschow[112] und Beck[113] auch Isensee, Spaemann und Böckenförde, denen zufolge die Idee der Menschenwürde eine Anerkennung der christlichen Tradition voraussetzt: »Die dignitas humana hat keine andere Begründung als den christlichen Glauben«[114], schreibt *Isensee*, und *Böckenförde* unterstreicht, daß ohne religiös-theologisches Fundament die Menschenwürde keinen tragfähigen Grund mehr habe, da sie von Voraussetzungen lebe, die sie sich selbst nicht geben könne.[115] Die gleiche Meinung vertritt, wie gesagt, Kriele, für den die Menschenwürde »ohne ihre metaphysischen und religiösen Wurzeln nicht zu begreifen«[116] ist. Ähnlich *Spaemann*: »Der Begriff Würde meint etwas Sakrales: er ist im Grunde ein religiös metaphysischer.«[117] Allerdings versieht er diese These mit einer wichtigen Einschränkung, wenn er betont, »daß die Achtung der Menschenwürde nicht vom christlichen Glauben abhängt. Auch Atheisten können die Menschenwürde achten, sind aber letztlich außerstande, dies schlüssig zu begründen.«[118]

Spaemann zustimmend, beurteilen alle genannten Autoren rein vernunftphilosophische Begründungsansätze als verfehlt und gescheitert. Das Bild vom Menschen als eines mit Vernunft und freiem Willen begabten, zu Verantwortung fähigen Wesens sei ohne Einbettung in religiös-metaphysische Deutungsmuster haltlos, gleichsam ohne festen Boden. Deshalb können, so *Ratschow,* »Würde und Unantastbarkeit des Menschen [...] nicht allein aus seiner Vernunftnatur«[119] abgeleitet werden, zumal letztere ohnehin nichts als die säkularisierte Form der christlichen Personalitätsidee sei. Infolgedessen versuchen alle religiösen Denker der Gegenwart den Würdebegriff in eine krisensichere theologische Begriffsform zu bringen, in der festen Überzeugung, daß die Erhabenheit der menschlichen Person weniger von ihrer Vernunft als von ihrer Geschöpflichkeit abhänge.

Ohne Würde

Herkömmlicherweise wird zwischen überpositivem und positivem Recht unterschieden, wobei ersteres für alle Rechte steht, die sich aus der Wesensnatur des Menschen ergeben, diesem also aufgrund seines Menschseins zukommen. Rechte dieser Art besitzen universale Gültigkeit; sie gelten als dem Menschen angeboren und haben deshalb vorstaatlichen Charakter – keine Rechtsordnung kann sie erschaffen; sie sind vorgegeben, denn sie verdanken ihre Existenz nicht den Menschen. Deshalb können die Bürger sie auch niemals vom Staat verliehen bekommen, dessen Verfügung sie gänzlich entzogen sind. Keinesfalls dürfen sie als vom Staat gewährte Privilegien verstanden werden, die dieser seinen Bürgern nach Belieben gewähren oder wegnehmen darf. Das widerspräche ihrer »Überpositivität«, der zufolge sie ja über jede menschliche Setzung und Vereinbarung erhaben sind.

Im Gegensatz dazu bezeichnet das positive Recht das von Menschen geschaffene Recht, wobei als rechtsetzende Instanz ein König, eine Gruppe von Machthabern oder das ganze Volk in Frage kommt. Wie bereits ausgeführt, nennt man einen solchen Standpunkt, nach dem die Rechtsordnung einzig und allein auf menschlicher Autorität gründet, Rechtspositivismus. Doch bedeutet dieser Ausdruck nicht nur soviel wie originäre Rechtserschaffung, sondern auch Aufnahme rechtlicher Grundsätze in geltende Gesetze oder eine geschriebene Verfassung. So gesehen meint Rechtspositivierung zweierlei; einerseits Recht setzen, andererseits gesetztes Recht einbinden in eine erst zu etablierende oder bereits institutionalisierte Rechtsordnung, um es dadurch zu sichern, durchsetzbar und einklagbar zu machen. Allerdings läßt sich nicht allein von

Menschen geschaffenes Recht in eine verfassungspolitische Ordnung eingliedern und dadurch in erzwingbares Recht verwandeln, sondern auch überpositives Recht. Dieses ist nur unvereinbar mit dem reinen Rechtspositivismus als dem genauen Gegenteil des Naturrechts. Näher betrachtet ist es sogar so, daß das überpositive, vorstaatliche Recht, wenn es geschützt und einforderbar werden soll, der rechtlichen Positivierung durch Aufnahme in eine Verfassung bedarf.

Dann heißt, das überpositive Recht in positivem zu verankern, es aus dem metaphysisch-moralischen Rahmen herauszunehmen und in den Schutzbereich einer Staatsordnung hineinzustellen. Durch solche Einbindung vorstaatlicher, metaphysisch-moralischer Rechte in ein staatliches Rechtssystem werden den Bürgern aber keine überpositiven Rechte *gewährt* – was unmöglich ist, da angeborene Rechtsansprüche sich grundsätzlich nicht verleihen lassen – sondern diese lediglich *gewährleistet*, das heißt bloß deren Schutz und Achtung garantiert.

Nun besitzen, wenn überhaupt, nur wenige Rechte überpositive Gültigkeit; die meisten beruhen auf menschlicher Vereinbarung und haben so ausschließlich positiven Charakter. Von Rechten dieser Art wird im allgemeinen erwartet, daß sie sich an den überpositiven messen lassen, mit diesen vereinbar sind, ihnen nicht widersprechen; andernfalls sollen sie nicht als echtes Recht anerkannt werden. Damit fungiert das positivierte überpositive Recht zugleich als übergeordneter Maßstab für die Beurteilung der Rechtmäßigkeit des bloß positiven Rechts, gleichsam als ein Fundament, auf dem letzteres errichtet sein soll. Nur soweit und solange das rein positive Recht mit dem überpositiven übereinstimmt, gilt es als gerecht und gerechtfertigt. So hat das positivierte überpositive Recht, das zunächst für sich steht und um seiner selbst willen geachtet werden soll, gleichzeitig die Aufgabe, rein positives Recht zu normieren, zu limitieren und zu legitimieren.

Mit ihrem Bekenntnis zur unantastbaren Menschenwürde

haben *Vereinte Nationen, Europäische Union, Parlamentarischer Rat* und *Bundesverfassungsgericht* überpositives Recht für gültig erklärt. Wörtlich heißt es in einem höchstrichterlichen Urteil: »Das Bundesverfassungsgericht erkennt die Existenz überpositiven, auch den Verfassungsgesetzgeber bindenden Rechts an und ist zuständig, das gesetzte Recht daran zu messen.«[1] Schon die Würdeidee sei ein solches vorstaatliches, überpositives Rechtsgut, welches seit Bestehen des Bundesverfassungsgerichts immer wieder mit Hilfe der kantischen Vernunftphilosophie ausgelegt wird, ohne daß man diese ausdrücklich nennt. Andere gründen sie, wie dargelegt, auf religiöse Vorstellungen. Wieder andere halten diese Ansätze dagegen für zu schwach, um den höchsten Rechtswert darauf bauen zu können, wohingegen vierte dessen Vorstaatlichkeit und Überpositivität überhaupt in Zweifel ziehen.

Zivilreligion in Bedrängnis

Obgleich religiös-christliche Traditionen und Bräuche in der modernen Gesellschaft teilweise noch lebendig sind und nach wie vor große öffentliche Unterstützung genießen, ist die Abwendung vieler Menschen vom christlichen Glauben und ein sich immer weiter verbreitender Pluralismus in weltanschaulichen Fragen ebenfalls eine unbestreitbare Tatsache unserer Zeit. Trotz zahlreicher Aufrufe zur Kehrtwendung sind in Europa die traditionelle Metaphysik und der christliche Glaube vielen Menschen mittlerweile fremd geworden, so groß ist der Glaubensschwund. In einer pluralistischen Welt wie der unsrigen, in der sich die multikulturellen Gegensätze zunehmend verschärfen, ist deshalb auch das christlich-metaphysische Würdeverständnis nicht mehr ohne weiteres für jedermann nachvollziehbar. Durch die auf allen gesellschaftlichen Ebenen ablaufenden Säkularisierungsprozesse verstehen viele Menschen den christlichen Glauben nicht mehr – und die Menge derer, auf die das zutrifft, wächst stetig weiter. Schon darum ist die Idee der Gottebenbildlichkeit als Schlüsselbegriff der Würdebegründung unbrauchbar, der ohnehin nur für den gläubigen Teil unserer Mitbürger verbindlich ist. Als offizielle Würdebegründung wäre sie zweifellos ein Stück problematische Zivilreligion, worunter religiöse Elemente im Recht verstanden werden, die nicht Religionsrecht oder Staatskirchenrecht sind. Heute steht fest: Ließe sich die Idee der Wesenswürde nur theologisch begründen, so ließe sie sich überhaupt nicht allgemeingültig begründen!

Allgemein versteht man unter Säkularisierung einen Prozeß, durch den Teile der Gesellschaft aus der Herrschaft religiöser Institutionen entlassen werden. Dazu gehören die moderne Trennung von Staat und Kirche, die Entflechtung von Politik und Religion, die Emanzipation des Rechts- und Bildungswesens sowie der Erziehung, Kunst, Philosophie und Wissenschaft von der Autorität der christlichen Kirchen. Religion sei reine Privatangelegenheit, wird gesagt, nicht aber Sache des Staates, der zu seiner Legitimation heute keinen religiösen Hintergrund mehr benötige.

Darüber hinaus bedeutet Säkularisierung aber auch Abschwächung des kirchlichen Einflusses auf unsere verschiedenen kulturellen Bereiche. Mit dem Schwinden der Religion aus der Gesellschaft und ihrer Entwertung zu einem gesellschaftlichen Teilsystem unter anderen ist ein Verlust des religiösen Deutungsmonopols letzter Wahrheiten verbunden. Hierzu paßt, daß in Wirtschaft und Technologie, Politik und Verwaltung, Wissenschaft und Recht, Kultur und Kunst religiös-metaphysische Vorstellungen kaum noch eine Rolle spielen. Eine solche Abnahme der prägenden Kraft religiöser Inhalte in den verschiedenen Bereichen der Gesellschaft ist eine unbestreitbare Tatsache. Doch sind die Strukturen der modernen Welt nicht nur für sich betrachtet säkular, von ihnen geht auch eine nicht zu unterschätzende säkularisierende Wirkung aus. Moderne Massendemokratie, Verstädterung, wachsende Mobilität,

Gruppenpluralismus, die industrielle Arbeitswelt und Dienstleistungsgesellschaft sowie die modernen Formen des Freizeitverhaltens, der Unterhaltung, Geselligkeit, Bildung, Kunst und Kommunikation stehen nicht nur außerhalb jeder religiösen Wirklichkeitsdeutung, sie produzieren auch ständig Reflexionsstrukturen, in denen immer weniger Platz für metaphysische Deutungen übrigbleibt. So gibt es außer einer Säkularisierung von Kultur und Gesellschaft auch eine des Bewußtseins. Sie bezeichnet die zunehmende Irrelevanz religiöser Momente für das tägliche Leben der heutigen Menschen und damit einhergehend deren wachsende Distanz zu Religion und Kirche. In einer liberalen Gesellschaft wie der unsrigen, in der eine Vielzahl konkurrierender Überzeugungen und Wertesysteme nebeneinander bestehen, erklären sich immer mehr Bürger ihr Dasein auch ohne religiöse Deutungsmuster.

Vor diesem Hintergrund erscheint es nur allzu verständlich, daß sich die bisherige Rechtsprechung des Bundesverfassungsgerichts jede religiös-metaphysische Begründung der Menschenwürde versagte.

Doch schwerer als diese gesellschaftliche Entwicklungstendenz wiegt die grundsätzliche Erkenntnis, daß jede religiös-metaphysische Interpretation der Menschenwürde durch das Bundesverfassungsgericht im Widerspruch zur grundrechtsdogmatisch verankerten Neutralität unseres Staates stünde. So ist es diesem untersagt, seine Bürger auf eine bestimmte Weltanschauung festzulegen, was aber genau dann der Fall wäre, wenn man das christliche Menschenbild der Idee der Menschenwürde auf allgemeinverbindliche Weise unterlegte.

Dem widerspricht bereits der einfache Sachverhalt, daß sich ein weltanschauungsneutrales, liberales Gemeinwesen doch gerade durch Freiheit und Vielheit, das heißt durch ein Stimmengewirr zahlreicher Interessengruppen mit unterschiedlichen Menschenbildern, Weltanschauungen und Wertvorstellungen auszeichnet. Trotz sich verschärfender Gegensätze existieren diese bei uns verhältnismäßig friedlich nebeneinander. Heute gelten Meinungsvielfalt und Unterschiedlichkeit als charakteristische Merkmale einer intakten Gesellschaft, in der es ein weites Spektrum einander widersprechender Ansichten darüber gibt, woraus die Welt im letzten besteht und wie ein rechtschaffenes oder gelungenes Leben aussehen sollte. Zweifellos verdient solch eine offene Gesellschaft, in der die Bürger einander ihre Meinung lassen und sich gegenseitig achten, unser aller Unterstützung, doch ist nicht zu übersehen, daß der Pluralismus auch ein schweres Hindernis darstellen kann bei der Lösung konkreter ethischer Fragen. Davon abgesehen muß dem Pluralismus schon allein deshalb eine Grenze der Toleranz gesetzt werden, weil nur innerhalb eines bestimmten Rahmens Freiheit und Vielheit möglich sind, worauf noch näher einzugehen sein wird.

Alles in allem ist aber der Pluralismus, sei er religiöser, weltanschaulicher oder politischer Art, das Markenzeichen einer freien Welt, in der Menschen mit ganz unterschiedlichen Überzeugungen, Weltanschauungen und Wertvorstellungen zu friedlicher Koexistenz aufgefordert sind. Darum sollte man eine Öffentlichkeit mit einander widerstreitenden Interessen, verschiedenen Lebensformen und gegensätzlichen Menschenbildern auch weniger beklagen als vielmehr gutheißen, da es eine unerträgliche Form der Tyrannei wäre, wenn Staat und Gesellschaft heute dem Einzelnen noch bestimmte Lebensformen, Glaubenssätze oder Überzeugungen aufzwingen würden. Genau das hat in der Vergangenheit häufig zu Religions- und Bürgerkriegen und später zu Diktaturen geführt. Deshalb haben die Autoren unserer Verfassung durch Art. 3 Abs. 3 und Art. 4 Abs. 1 des Grundgesetzes, in welchen den Bürgern Weltanschauungsfreiheit garantiert wird, dem Pluralismus eine rechtliche Grundlage geschaffen.[2] Wörtlich heißt es in den genannten Artikeln: »Die Freiheit des Glaubens, des Gewissens und die Freiheit des religiösen und weltanschaulichen Bekenntnisses sind unverletzlich. [...] Niemand darf wegen [...] seines Glaubens, seiner religiösen und politischen Anschauungen benachteiligt oder bevorzugt werden. »Man hatte erkannt, daß das friedliche Zusammenleben freier Menschen erst in einer Gesellschaft möglich ist, die ihren Bürgern gestattet, in weltanschaulichen Fragen unterschiedlicher Meinung zu sein. Darum betont auch Artikel 18 der *Allgemeinen Erklärung der Menschenrechte*: »Jeder Mensch hat Anspruch auf Gedanken-, Gewissens- und Religionsfreiheit«. Das Gleiche steht in der *Grundrechtecharta* und der *Europäischen Verfassung*.

Hinter dieser liberalen Haltung der zivilisierten Staaten steckt einmal die pragmatische Erkenntnis, daß wir Menschen uns in Fragen nach dem Wert des Lebens und dem Sinn der Welt wohl niemals ganz einigen werden, dann die philosophische Überzeugung, daß sich auf Weltanschauungsfragen keine allgemeinverbindlichen Antworten geben lassen, und schließlich die juristische Einsicht, daß pluralistische Gesellschaften ihren Bürgern selbst die Beantwortung weltanschaulicher Fragen überlassen müssen, wenn sie als solche gelten wollen.

Mit Recht mißtrauen daher immer mehr Zeitgenossen den staatlichen Bevorzugungen christlicher Einrichtungen. Sie lehnen es grundsätzlich ab, Recht und Staat in den Dienst der Bewahrung bestimmter Gruppenidentitäten zu stellen, und befürchten, daß durch den besonderen Schutz geschichtlich entstandener Religionskulturen dem liberal-demokratischen Wert der Gleichberechtigung unterschiedlicher Lebensformen nicht hinreichend Genüge getan werde. Dabei pochen sie auf den Vorrang individueller Freiheitsrechte vor kollektiven Sinngütern. Staat und Recht müßten bezüglich substantieller Sinnfragen oder religiöser Ideen neutral bleiben und bloß dafür eintreten, daß allen Menschen mit gleichem Respekt begegnet werde. So sollten sie – von der Sicherstellung persönlicher Freiheit, körperlicher Unversehrtheit und des Wohlergehens aller Bürger abgesehen – die ungehinderte Fortführung gewachsener Religionskulturen lediglich ermöglichen.

Die institutionelle Durchsetzung der Weltanschauungsfreiheit muß als große Errungenschaft bewertet werden. Noch im 19. Jahrhundert tobte in Deutschland ein erbitterter »Kampf der Weltanschauungen«[3], wie Haeckel den Konflikt zwischen Religion und Naturwissenschaften nannte. Heute betrachtet man gerne jene Auseinandersetzungen, in denen wissenschaftliche Welterklärung und religiöse Weltdeutung einander scharf gegenüberstanden, als erledigt. Der Konflikt scheint weitgehend entschärft, weil man wissenschaftliche Tatsachen von weltanschaulichen Aussagen zu unterscheiden gelernt hat. Es herrscht ein breiter Konsens darüber, daß Wissenschaft kein Glaubensersatz, Glaube kein Wissenschaftsersatz sein kann. Deshalb ist es mittlerweile nicht mehr vorstellbar, daß es im Bundestag zu Debatten über die Vereinbarkeit von Darwins Abstammungslehre mit der christlichen Schöpfungsidee kommen könnte wie 1883 im Preußischen Landtag, was Lübbe treffend erkannte.[4] Andererseits läßt sich kaum leugnen, daß auch hinter manch politischer Diskussion unserer Tage ein mit den damaligen Wortgefechten vergleichbarer Kampf der Weltanschauungen steht. Man denke nur an den Streit um Stammzellforschung und §218 StGB, worauf hier nicht näher eingegangen werden kann.

Nun hat aber die Philosophie des ausgehenden 19. und beginnenden 20. Jahrhunderts gezeigt, daß Weltanschauungsfragen, die sich auf die gesamte Wirklichkeit und das Leben im letzten beziehen, nicht allgemeingültig beantwortbar sind. Herkömmlicherweise waren für deren Beantwortung Religion und Metaphysik zuständig, die mit der Weltanschauungsphilosophie, welche erst in der zweiten Hälfte des 19. Jahrhunderts entstanden ist, eines verbindet: Auch ihnen geht es um das Ganze des Seins, die Frage nach der Bedeutung des Menschen eingeschlossen. Im Unterschied zur Weltanschauungsphilosophie war aber die traditionelle Metaphysik davon überzeugt, das Ganze der Wirklichkeit auf der Grundlage zwingender Beweise mit absoluter Gewißheit erkennen zu können. Nur hat sie ihr Versprechen nicht gehalten; genaugenommen ist sie gerade an ihrem Anspruch sicherer Beweisführungen auf klägliche Weise gescheitert. Nach und nach mußte man einsehen, daß es auf dem Gebiet der letzten Fragen keine festen Wahrheiten und endgültigen Gewißheiten gibt.

Für diese Ernüchterung steht die Weltanschauungsphilosophie, welche davon ausgeht, daß die letzten Menschheitsfragen auch ohne zwingende Beweise beantwortet werden können, und zu deren Eigenart gehört, die Forderung nach strenger Allgemeingültigkeit und sicherer Begründung aufgegeben zu haben. Doch enthält sich die Weltanschauungsphilosophie jeder Vergewisserung durch letzte Gründe nicht etwa aus philosophischer Faulheit oder bloßer Nachlässigkeit; der weltanschauliche Begründungsverzicht muß vielmehr als Antwort auf die metaphysische Begründungsnot gesehen werden; das heißt als Antwort auf die Erkenntnis, daß wir nicht im Besitz privilegierter Erkenntnisquellen sind, um das Ganze des Seins sicher erfassen zu können. Diese Annahme als richtig unterstellt, läßt sich keiner der einander bekämpfenden und ausschließenden Weltanschauungen, etwa Theismus, Pantheismus oder Materialismus, einen absoluten Vorzug einräumen, keine von ihnen als die einzig wahre auszeichnen, da sie alle sicherer Begründungen und endgültiger Beweise entbehren, wie Dilthey, Weber und Jaspers glauben nachgewiesen zu haben.[5] Sie vertreten die Auffassung, daß Weltanschauungen mehr oder weniger gleichrangige Orientierungsmöglichkeiten bieten, von denen sich wegen der erwähnten Begründungsnot keine als die reine, volle, ganze Wahrheit privilegieren läßt. Das schließt zwar nicht aus, daß der Einzelne für sich gute Gründe finden und haben kann, von der Glaubwürdigkeit der einen oder anderen Weltanschauung überzeugt zu sein; diese sind aber niemals von solcher Art, daß sie ihn berechtigen könnten, anderen die eigene Meinung aufzuzwingen. Das wäre selbst dann eines zivilisierten Menschen unwürdig, wenn sich die eine oder andere Weltanschauung als absolute Wahrheit beweisen ließe, da es doch so etwas wie ein Recht auf Irrtum gibt. Im Grunde genommen stellt sich aber das beschriebene Problem nicht, weil es jeder Antwort bezüglich des Lebens- und Welträtsels an der dafür notwendigen Sicherheit fehlt; Weltanschauungen können zwar Überzeugungskraft, niemals aber Beweiskraft besitzen, weshalb die Entscheidung dafür oder dagegen, die jeder vor sich selbst zu verantworten hat, auch dem Einzelnen selbst überlassen bleiben sollte; sie ist Privatangelegenheit.

Die rechtliche Umsetzung dieser philosophischen Einsichten erfolgte bei uns in Art. 3 Abs. 3 und Art. 4 Abs. 1 des Grundgesetzes, in denen der Staat, sich in Glaubens- und Gewissensfragen unmißverständlich zu Neutralität bekennend, seinen Bürgern fast unbegrenzte Weltanschauungsfreiheit zugesteht.

Nun haben die zur Auslegung der Menschenwürde herangezogenen christlichen Ideen selbstverständlich auch weltanschaulichen Charakter; jedenfalls enthalten sie nicht verallgemeinerungsfähige weltanschauliche Elemente. Dazu gehören einmal die Auffassung, daß menschliches Leben ein mit einer Geistseele ausgestattetes Gottesgeschenk ist, dann die Vorstellung des Menschen als Ebenbild Gottes, Krone und Mitte der Schöpfung, und nicht zuletzt der Schöpfungsgedanke selbst, dem zufolge Gott die Welt erschuf, weshalb sie nach theologischer Auffassung auch sein Eigentum ist. Die religiöse Überzeugung, daß die Anfänge menschlichen Lebens niemals nur biologisch erklärbar seien, oder die gängige Meinung, daß menschliches Geistesleben nicht von biologischen Gesetzmäßigkeiten abhänge, sind mittlerweile keine weltanschaulichen Annahmen mehr, sie sind nach dem heutigen Stand der wissenschaftlichen Erkenntnis einfach falsch.

Dennoch bleibt es in einer freien Gesellschaft jederzeit möglich, auch an das Unwahrscheinliche zu glauben – Blitze und Donner, die elektrische Entladungen sind, für das Grollen auf den Menschen neidischer Götter zu halten. Um es deutlicher zu artikulieren: Jeder darf in weltanschaulichen und konfessionellen Fragen für wahr halten, was er möchte. Darum sei niemandem verwehrt anzunehmen, daß die Würde des Menschen ein angeborenes Wesensmerkmal darstellt, auf religiösen oder metaphysischen Vorstellungen beruht. Nur darf keiner seine Mitmenschen zwingen, das genauso zu sehen, niemand soll auf seinen Nachbarn in weltanschaulichen Fragen Zwang ausüben. Noch weniger darf der zu weltanschaulicher Neutralität verpflichtete Staat seinen Bürgern weltanschaulich gebundene Werte und Ideen diktieren. Es ist ihm schlicht verboten, diesen ein religiöses Weltbild aufzuzwingen, sie weltanschaulich zu bevormunden. Das Gegenteil wäre schlechte Zivilreligion. So selbstverständlich das für uns Heutige klingt, so wenig versteht es sich von selbst, wenn man bedenkt, wie sehr die Menschen in der Vergangenheit einander allein deshalb verfolgten, weil sie unterschiedlicher Meinung oder verschiedenen Glaubens waren, und wie viele noch in unserer Zeit dazu neigen, Andersdenkende mit Gewalt von ihren Anschauungen zu überzeugen. Aus diesem Grund muß der allgemeinen Menschenrechtsforderung nach Religions- und Weltanschauungsfreiheit, deren Erfüllung bei uns verfassungsmäßig garantiert wird, weltweit immer wieder Nachdruck verliehen werden. Keine Regierung darf ihren Bürgern vorschreiben, wie sie über geistige Werte und religiöse Fragen zu denken haben. Es fällt nicht in ihre Zuständigkeit, den Mitgliedern der Gesellschaft weltanschauungsgebundene Orientierungsmuster vorzugeben, sie auf nicht verallgemeinerungsfähige Werte festzulegen und ihnen damit das Recht abzusprechen, selbst zu entscheiden, woran sie glauben möchten.

Natürlich sollen damit weder private noch öffentliche Streitgespräche ausgeschlossen werden; die kontroverse Diskussion gehört zu einem pluralistischen Gemeinwesen grundsätzlich dazu. Nur sollte der weltanschaulich neutrale Staat seinen Bürgern genausowenig wie die Weltgemeinschaft ihren Mitgliedstaaten eine Lebens- und Weltdeutung als die einzig wahre aufzwingen wollen, und die Angehörigen eines jeden Gemeinwesens sollten sich selbst möglichst tolerant zueinander verhalten. Niemand darf gezwungen werden, den Standpunkt seines Nachbarn zu übernehmen, dessen Meinung zu teilen. Sobald es um Weltanschauungsfragen geht, muß man außer der eigenen Ansicht auch andere gelten lassen können.

Da nun also auch die religiös-christliche Idee der Würde als Wesensmerkmal weltanschaulich eingefärbt ist, darf sie nicht an der Spitze der allgemeinverbindlichen Normpyramide unseres liberalen Staates mit offener Gesellschaft stehen. Jedenfalls darf die Europäische Union oder der Staat das christliche Menschenbild nicht auf allgemeinverbindliche Weise der Idee der Menschenwürde unterlegen und zur Definition des Menschen als eines Rechtssubjekts heranziehen. Jede Art von Zivilreligion wäre hier fehl am Platz. Ein offenes Europa mit sozial-liberalen Organisationen muß ohne substantielle Sinn- und Orientierungswahrheiten auskommen. Allerdings heißt das nicht, daß es dann dem Einzelnen und gesellschaftlichen Teilen der Kultur verwehrt sei, aus christlichen Traditionen und Konventionen heraus zu leben. Ausgehend von der modernen Trennung zwischen Privatem und Öffentlichem, ist die Frage nach der religiösen Würde als Wesensmerkmal lediglich in die Privatsphäre zu verlegen.

Vernunft in der Kritik

Angesichts einer immer weiter um sich greifenden Säkularisierung besitzt die stärker im Weltlichen verbleibende vernunftphilosophische Interpretation der Menschenwürde eine größere Plausibilität als alle religiös-metaphysischen Deutungsansätze und findet darum auch beim Bundesverfassungsgericht mehr Zustimmung, wie oben dargelegt wurde.

In der heutigen Philosophie gibt es verschiedene Versuche, den Menschen von der Vernunft her auszulegen; stellvertretend für viele andere seien zwei Ansätze genannt. Auf der Linie Kants erblicken *Honnefelder* und *Baumgartner* die Würde des Menschen in dessen Fähigkeit zu freiem, moralischem Handeln sowie in der Macht, sich von den Neigungen der eigenen Triebnatur zu lösen. Sie sind der Auffassung, daß »Würde jedem Menschen zukommt, insofern er ein individuelles sittliches Subjekt, d. h. ein in Freiheit durch Vernunft sich zum Handeln bestimmendes Wesen ist«[6], und betonen in diesem Zusammenhang, daß die Achtung vor der Würde des Menschen das »Fundament aller moralischen Verbindlichkeit«[7] bildet. Ähnlich vermerkt *Wagner*, dessen Überlegungen stärker neukantianisch ausgerichtet sind, »daß der Mensch und er allein eine unantastbare Würde besitzt.«[8] Denn nur der Mensch sei leistendes Subjekt, Träger von Wahrheit, trotz aller Endlichkeit und Bedingtheit fähig zu objektiver Welterkenntnis, zweckmäßiger Verhaltenslenkung sowie technischer Wissensanwendung, worauf seine einzigartige Würde beruhe: »Darin, daß der Mensch (jedenfalls auch) Subjekt ist und daß er allein Subjekt in der Welt und Natur ist, – darin wurzelt die einmalige, absolute, unantastbare Würde des Menschen, und darum ist der Beweis für die Würde des Menschen mittels des Beweises seines Subjektcharakters zu führen.«[9] Kein anderes Lebewesen außer dem Menschen besitze objektiv gültiges Wissen, was ihn auf eine höhere Stufe als alle übrigen Geschöpfe stelle und seine einmalige Würde beweise. Wenn auch »die menschliche Spezies wie jede andere lebende Art ein Produkt der Natur«[10] sei, so dürfe der Mensch doch niemals bloß als »ein Stück Natur und Welt«[11] angesehen werden. Denn als Erkenntnissubjekt gehört er, so Wagner, »nicht zu dem, was sein Objekt ist; und weil prinzipiell alles sein Objekt werden kann, gehört das Subjekt als Subjekt prinzipiell nicht zum All möglicher Objekte, gehört er nicht zur Welt.«[12] Man erkennt, wie zwei Jahrhunderte zuvor für Kant, so ist auch für Wagner der Mensch ein teils der Natur zugehöriges Lebewesen, teils der Natur entrücktes Vernunftwesen.

Nun wird heute jedoch nicht nur die Gottebenbildlichkeit des Menschen und seine damit verbundene Sonderstellung in der Natur angezweifelt, sondern auch jede Deutung des Menschen als eines aus der Natur herausragenden, sittlich gebundenen, freien Vernunftwesens, das, außerhalb der sinnlich-empirischen Erscheinungswelt angesiedelt, womöglich völlig losgelöst von der Natur existiert. Hinweise auf irgendwelche Änderung der allgemeinen Richtung des Zeitgeistes sind nicht zu erkennen.

Dessenungeachtet sind es aber vor allem grundsätzliche Erwägungen, welche die vernunftphilosophische Auffassung in Frage stellen. Die gleichen Einwände, die gegen eine christliche Interpretation der Menschenwürde sprechen, können auch gegen jene Position vorgebracht werden. Denn das vernunftphilosophische Würdeverständnis ist fast ebenso geschichtlich und weltanschaulich eingefärbt und daher als oberste Leitidee eines Regelwerks mit kulturinvariantem Gültigkeitsanspruch gleichfalls ungeeignet. Selbst wenn eine Reihe ethischer Grundsätze der Vernunftphilosophie Immanuel Kants, für sich betrachtet, verallgemeinerbar wäre, so ist doch der metaphysische Hintergrund, vor dem sie entwickelt wurde, mehr als fragwürdig. Seine Idee der Menschenwürde ist in einen spekulativen Deutungsrahmen eingebettet, der sich aus der sogenannten Zwei-Reiche-Lehre zusammensetzt, wonach der Mensch ein zweigeteiltes Geschöpf darstellt: ein heteronomes Sinnen- und autonomes Vernunftwesen. Als letzteres rage er aus der Natur heraus, von der er sich grundsätzlich unabhängig zu machen vermöge. Kant zufolge besitzt der Mensch nur als solch der Natur enthobenes Vernunftwesen besondere Würde. Allerdings ist diese angedeutete Zweiteilung des Menschen angesichts der Ergebnisse der modernen Kosmologie, Evolutionstheorie, Molekulargenetik und Neurophysiologie nicht nur äußerst zweifelhaft, es ist auch nicht einzusehen, warum Vernunftbesitz und Freiheit als solche bereits einen absoluten Wert darstellen. Hierfür fehlt jede stichhaltige Begründung; solche wird von Kant lediglich vorgetäuscht oder künstlich erzeugt. Sein vernunftphilosophisches Würdekonzept bleibt ein nicht allgemeingültiges metaphysisches Relikt, das noch von religiöschristlichen Vorstellungen zehrt, ohne diese beim Namen zu nennen und ausdrücklich zu verteidigen. Es ist ein »Säkularisat« des christlich-metaphysischen Menschenbilds und als solches verkappt weltanschaulich imprägniert.

Daran ändert auch die Vermutung nichts, daß bei Kant die Würde als intrinsische Eigenschaft oder Wesensmerkmal begründungslogisch auf theoretischen Schlußfolgerungen beruht, denen praktische Anerkennungs- und Wahrnehmungsurteile zugrunde liegen. Es mag stimmen, daß bei Kant der Weg von der »Wahrnehmung menschlicher Zurechnungsfähigkeit« über die »Vernunft« zum »Homo noumenon« verläuft, nur folgt das eine nicht aus dem anderen; das sind viel zu starke Hypothesen, die ungedeckten Wechseln gleichen. Seine Schlußfolgerungen sind überaus fragwürdig, weil »zu viel« aus ihnen abgeleitet wird. Hinzu kommt, daß wahrgenommene Zurechnungsfähigkeit nicht bewiesene Zurechnungsfähigkeit ist, was erst dann der Fall wäre, wenn es tatsächlich »Vernunft« und »Homo noumenon« gäbe, womit aber vorausgesetzt würde, was allererst bewiesen werden sollte.

Somit widerspricht selbst die vernunftphilosophische Würdeinterpretation der verfassungsmäßig garantierten Neutralität unseres Staates; jene ist mit einem liberalen Gemeinwesen oder pluralistischen Europa unvereinbar, sobald sie für alle gelten und verbindlich werden soll. Das schließt zwar nicht aus, daß die Menschen für sich gute Gründe haben können, von der Wahrheit einer bestimmten Weltanschauung überzeugt zu sein. Doch lediglich weltanschaulich neutrale Wertvorstellungen können jedermann zugemutet und von allen anerkannt werden. Die Idee der angeborenen Menschenwürde, die ohne weltanschauliche Hintergrundannahmen leer bleiben muß, gehört nicht dazu. Deshalb sollten sich Staat, Europäische Union und Vereinte Nationen in der Frage nach der vernunftphilosophisch begründeten Wesenswürde zurückhalten, wenn nicht sogar gänzlich der Stimme enthalten, so *als ob* es sie gar nicht gäbe. Verallgemeinert gesprochen wäre die Auseinandersetzung mit der Wesenswürde aus dem öffentlichen Recht auszulagern und in den privaten Bereich zu verlegen. Freilich schließt solch staatliche Abstinenz bezüglich der höchsten Wertfrage weder öffentliche noch private Streitgespräche aus, die zu einem offenen Gemeinwesen grundsätzlich dazugehören.

In dieser prekären Situation helfen auch die neueren vernunftphilosophischen Bemühungen nicht weiter, die – ausgehend von der Diskursethik Apels und Habermas' – die Idee der Würde als inhärente Eigenschaft und ethischen Auftrag zu begründen suchen. Hiernach soll die Würde ein Implikat der Möglichkeitsbedingungen sinnvoller Interaktion und Kommunikation sein, weil zu einem Gespräch immer schon die Anerkennung des anderen als zurechnungsfähige Person gehöre, wodurch ihm bereits Würde zuerkannt werde. Unklar bleibt indes deren Status; lediglich eines scheint festzustehen: Entweder hat der Mensch an sich Würde oder nicht, und worauf sich diese auch gründet: es gibt sie bloß als Wesensmerkmal oder Gestaltungsauftrag – tertium non datur! Nun glauben zwar die Diskursethiker eine dritte Position zwischen der Würde als Wesensmerkmal und Gestaltungsauftrag entwickelt zu haben, indem sie die traditionelle Wesenswürde als natürliche Vorgabe in eine ethische Vorgabe transformierten, in Wahrheit aber haben auch sie keinen dritten Weg beschritten.

Schlüssig zeigen sie, daß zu den notwendigen Voraussetzungen gelingender Kommunikation die Achtung des anderen als zurechnungsfähiges Subjekt gehört, dem als solches bereits Würde zukommt, womit allerdings nicht schon bewiesen wäre, daß er auch zurechnungsfähig ist – ein Problem, auf das später noch zurückzukommen sein wird. Davon abgesehen, legt die denknotwendige Anerkennung des Einzelnen als zurechnungsfähiges Subjekt im Gespräch tatsächlich den Schluß nahe, daß er an sich Würde besitzt.[13] Nun folgt aus der angenommenen Denknotwendigkeit der Würde jedoch keineswegs, daß es sie deshalb schon gibt. Hier wird wieder »zu viel« abgeleitet. Denn aus einer bloßen »Bedingung der Möglichkeit« läßt sich nicht auf ein werthaftes Wesensmerkmal schließen. So tiefschürfend die Vorstellung auch sein mag, daß die Menschenwürde zu den Sinn- und Möglichkeitsbedingungen kommunikativen Handelns gehört – grundsätzlich muß die Unterstellung, daß logische Notwendigkeit eine Seinstatsache, eine ontologische Eigenschaft oder metaphysische Realität beweisen könne, als vorwitzig und verfehlt abgetan werden.

Daher läge ein großes Mißverständnis vor, wenn man die diskursethisch begründete Würde als Wesensmerkmal auslegte. Sie ist allenfalls ein als Wesensmerkmal getarnter Gestaltungsauftrag, das heißt, selbst als ethische Vorgabe eine ethische Aufgabe. Denn die moralische Pflicht, im Gespräch die anderen und sich selbst als zurechnungsfähige Subjekte zu achten, heißt doch lediglich, ihnen und sich selbst eine gewisse Würde zuzuerkennen. Mögen wir uns diese Würde auch *notwendigerweise* zuerkennen, so ist sie doch nur eine von uns *zuerkannte*, nicht aber als an sich vorhanden *erkannte* Würde, kein Wesensmerkmal also, sondern ein verkappter Gestaltungsauftrag.

Im Grunde genommen haben die ursprünglichen Diskursethiker Apel und Habermas auch niemals die Würde als Wesensmerkmal darzustellen versucht. Man kann sogar sagen: Wie in der ersten Hälfte des 20. Jahrhunderts die Idee der Menschenwürde das immer fragwürdiger gewordene Naturrecht als tragendes Fundament von Moral und Recht ablöste, so tritt die Diskursethik in der zweiten Hälfte des 20. Jahrhunderts an die Stelle der problematischen Idee der Menschenwürde als Wesensmerkmal. Ohne Rückgriff auf nicht allgemeingültige metaphysische Annahmen versuchen die Diskursethiker den Anspruch des Einzelnen auf körperliche Unverletzlichkeit, freies Urteil und offene Kommunikation als ethisch gerechtfertigt zu begründen. Soweit Forderungen der genannten Art die Anerkennung des anderen als gleichberechtigtes, zurechnungsfähiges Subjekt einschließen, bezeichnet die Würde einen dem anderen zuerkannten Achtungsanspruch und damit eben einen verallgemeinerungsfähigen Gestaltungsauftrag. Diese Würde ergibt sich bereits aus der gegenseitigen Anerkennung aller an einem Gespräch Beteiligten und davon Betroffenen als vollwertige Subjekte mit gleichem Stimmrecht. Um es mit Habermas auszudrücken: »Menschenwürde [ist] im streng moralischen und rechtlichen Verstande an diese Symmetrie der Beziehungen gebunden.«[14]

Somit gilt auch hier, was schon bezüglich der christlichen und kantischen Position festgestellt wurde: Der Glaube an die Wesenswürde bleibt eine Privatangelegenheit. Bedeutet dies aber nun, daß es in einem liberalen Gemeinwesen dem Staat gleichgültig sein kann und soll, welches Bild seine Bürger von sich selbst haben?

Hierzu ist zu sagen: Es darf dem Staat nicht verwehrt werden, ein bestimmtes Menschenbild und das sich daraus ergebende Wertesystem zu schützen, wenn dieses weltanschauungsneutral ist. In diesem Sinne bekennt sich das Grundgesetz einerseits zu weltanschaulicher Neutralität, andererseits zu einer besonderen Wertordnung. Allerdings kommt die bange Frage auf, ob nicht jede Wertvorstellung weltanschaulich geprägt ist, ob es überhaupt weltanschauungsneutrale Werte gibt. Solche wären verallgemeinerungsfähige Leitsätze, die nicht auf einer Letztinterpretation von Mensch und Welt beruhten, so daß sie jedermann zugemutet und von allen anerkannt werden könnten, gleich, welches Bild der Einzelne sonst noch von sich hätte. Demnach darf der weltanschaulich neutrale Staat seine Bürger, wenn überhaupt, lediglich auf verallgemeinerungsfähige Wertorientierungen festlegen, das heißt auf Existenzweisen, die sich von universellen Werten bestimmen lassen. Doch ist heute bereits mehr als fraglich, ob die Menschenwürde als Wesensmerkmal solch ein Wert ist. Genau das Gegenteil scheint der Fall zu sein: Wie immer die gesuchten weltanschauungsneutralen Werte heißen, die »unantastbare Wesenswürde« gehört offenbar nicht dazu, da sie auf einem weltanschaulich gebundenen Menschenbild fußt und somit keine tragfähige Grundlage für eine pluralistische Weltgemeinschaft bieten kann. Die Vorstellung der Würde als angeborener ideeller Qualität, als eines absoluten Werts, den jeder Einzelne in sich trägt, bleibt ohne weltanschauliche Hintergrundannahmen unverständlich, ja, bedeutungslos. Deshalb stehen Parlamentarischer Rat, Bundesverfassungsgericht, Europäische Union und Vereinte Nationen auch im Verdacht, einander Ausschließendes miteinander verbinden zu wollen, ohne sich der Unmöglichkeit dieser Vereinigung in voller Schärfe bewußt zu sein; gemeint ist die Verknüpfung der überpositiven Wesenswürde mit der Idee der weltanschaulichen Neutralität.

Beide Prinzipien passen nicht zusammen, weil der Begriff Wesenswürde ohne weltanschauliche Annahmen religiöser, metaphysischer oder vernunftphilosophischer Art nichtssagend bleibt. Aus diesem Grund konnten und können die obersten Richter gar nicht anders, als von einem weltanschaulich gebundenen Menschenbild auszugehen. Wenn der Würdebegriff keine Leerformel bleiben soll, müssen sie ihn mit Inhalt füllen. Doch genau das dürfen sie wieder nicht, wollen sie das in Artikel 3 und 4 garantierte Recht auf Weltanschauungsfreiheit nicht verletzen. Diesem zufolge muß es in der Frage nach der Wesenswürde des Menschen wie in der Frage nach der Existenz Gottes jedermann erlaubt sein, daran zu glauben oder nicht, weil sie eine Sache der persönlichen Entscheidung ist, die in die Privatsphäre fällt.

Den aufgezeigten Widerspruch mildert man heute für gewöhnlich durch einen Kompromiß, bei dem ein mittlerer Weg zwischen starker weltanschaulicher Festlegung und schwacher begrifflicher Bestimmung eingeschlagen wird; völlig beseitigen läßt sich aber besagter Widerspruch hierdurch nicht. Im Gegenteil tritt er desto deutlicher hervor, je genauer man die Wesenswürde zu beschreiben sucht, dagegen bleibt er fast gänzlich verdeckt, wenn man diese im Vagen läßt. In der Logik dieses Gedankens liegt, daß ein konsequent neutraler Staat gezwungen ist, entweder alle Bedeutungs- und Begründungsfragen bezüglich der Wesenswürde des Menschen auszuklammern oder diesen Begriff soweit auszuhöhlen, bis er praktisch nichts mehr bedeutet. So gesehen führt der weltanschauliche Neutralismus des säkularen Staates geradezu zwangsläufig zu einer allmählichen Entleerung der viele Jahrhunderte alten Idee menschlicher Wesenswürde.

Zweifelhafte Selbsterhöhung des Menschen

Zum weltanschaulichen Neutralismus hinzu tritt als weiteres Problem die dem Begriff der Wesenswürde innewohnende Privilegierung des Menschen vor allen übrigen Lebewesen. Bereits *Adorno* entlarvte die Idee der »Würde als Selbsterhöhung des Tiers Mensch über die Tierheit«[15]. Ähnlich erkennen viele heutige Zeitgenossen hinter der Würdeidee eine Abspaltung des Menschen von der Natur und damit zusammenhängend eine Entwertung aller außermenschlichen Geschöpfe als würdelos. Doch bevorzugt die alte Würdeidee nicht bloß den Menschen vor allen anderen Lebewesen, sie ist zugleich auch die Rechtfertigung dafür. Anders formuliert: Der rechtsmetaphysische Ausdruck Würde bezeichnet einen höchst fragwürdigen Anthropozentrismus, nach welchem dem Menschen eine herausragende Stellung in der Welt zukommt. Üblicherweise verbirgt sich hinter dem Wort Anthropozentrismus dreierlei, das oft genug nicht auseinandergehalten wird. Es wird zwischen kosmologischer, ontologischer und teleologischer Mittelpunktstellung des Menschen unterschieden: kosmologische bedeutet, daß sich die Erde und mit ihr der Mensch im räumlichen Zentrum der Welt befinden, ontologische, daß der Mensch in der Stufenordnung der Natur einen ausgezeichneten Rang hat, und teleologische, daß für den Menschen und um seinetwillen alles geschaffen und eingerichtet ist. Mit dem Wechsel vom geschlossenen zum offenen Universum zu Beginn der Neuzeit fiel der kosmologische Anthropozentrismus weg, nicht aber der teleologische, nach dem die Natur einzig und allein zum Nutzen der Menschen da ist. Diese Vorstellung stützt sich seit jeher auf die ontologische Sonderstellung des Menschen, derzufolge die Spezies Homo sapiens sapiens aufgrund bestimmter Eigenschaften rangmäßig über allen anderen Naturwesen steht. Was sie vom Tier unterscheide, seien außer Vernunftnatur die Freiheit und Unsterblichkeit der Seele als Ausdruck der gottgeschenkten Würde jedes Einzelnen sowie Mitleidsgefühl, Schamempfinden, Höflichkeitssinn und das Wissen um Gut und Böse. Ausschließlich der Mensch sei zu alledem fähig, nicht aber die außermenschlichen Lebewesen, denen es daher an der entsprechenden Würde fehle.

Mittlerweile lehnen viele diese Position ab und verurteilen den seit zwei Jahrtausenden vorherrschenden Anthropozentrismus der abendländischen Kultur als menschliche Überheblichkeit und Anmaßung. Sie fordern, der Natur etwas von der Würde zurückzugeben, welche der Mensch, ungeachtet seiner biologischen Nähe zum Tier, jahrhundertelang ausschließlich für sich beansprucht habe. Diesem Umstand vor allem sei es zu verdanken, daß noch heute viele in der Natur nur eine verfüg- und ausbeutbare Quelle menschlicher Selbsterhaltung und des Wohlstands sähen. Mit *Jonas* gesprochen: »Der Natur der Dinge ist keine Würde für sich selbst verblieben. Alle Würde gehört dem Menschen: was keine Ehrfurcht gebietet, darüber kann geboten werden, und alle Dinge sind zum Gebrauch.«[16] Dagegen ist nach Ansicht vieler der Mensch erst dann wieder zu Bewahrung und Erhaltung der Natur fähig, wenn er auch auf die ihr innewohnende Würde achtet. Das setze aber einen anderen als nur bedürfnisorientierten Blick auf die Pflanzen- und Tierwelt voraus; gefordert sei eine Sichtweise, die statt des reinen Nutzwertes in der Natur in ihr auch einen Eigenwert sehe.

Daß man in der abendländischen Geistesgeschichte fast immer davon überzeugt war, die Natur sei einzig für den Menschen da, beweisen aufs deutlichste die beiden miteinander konkurrierenden Eigentumslehren unserer Kultur: die Okkupations- und Arbeitstheorie.[17]

Schon der Römer Cicero war Anhänger der sogenannten *Okkupationstheorie,* die anschließend Kirchenväter wie Ambrosius von Mailand und Scholastiker wie Thomas von Aquin weiterentwickelten, von denen wiederum die neuzeitlichen Rechtsphilosophien Grotius' und Kants sie übernahmen. Alle Okkupationstheoretiker gehen davon aus, daß bei Erschaffung der Welt Gott die Natur allen Menschen zur Verfügung gestellt habe, weshalb es am Anfang auch kein persönliches Eigentum gab, sondern eine kommunistische Gütergemeinschaft herrschte. Diese fühlte sich bereits als Besitzer der gesamten Natur, überzeugt davon, daß alle außermenschlichen Naturwesen ausschließlich zu ihrem Wohle und Nutzen geschaffen seien.

Solch anmaßende Vorstellung spricht für die Richtigkeit der neuerdings immer wieder aufgestellten Behauptung, daß der in der christlichen Würdeidee enthaltene Anthropozentrismus mit an der neuzeitlichen Naturzerstörung schuld sei.[18] Freilich kann man dafür das Christentum nicht direkt verantwortlich machen. Im Gegenteil, zeigt doch das christliche Leben lange Zeit keinerlei Interesse an Natur und Technik. Davon abgesehen haben die Menschen immer schon, mindestens in seßhaften bäuerlichen Gesellschaften (auf dem Gebiet des heutigen Deutschland seit etwa 7000 Jahren), die Natur beschädigt und ausgebeutet auch ohne irgendwelche anthropozentrischen Theorien. Das Bevölkerungswachstum und andere harte Nöte und Schwierigkeiten zwangen sie einfach dazu. Das scheint die alte Auffassung zu bestätigen, daß die Menschheitsgeschichte meist stärker von realen Faktoren abhängt als von philosophischen und religiösen Vorstellungen. Dennoch besteht ein ideeller Zusammenhang zwischen dem christlichen Anthropozentrismus und der neuzeitlichen Natureroberung durch den Menschen. Auch wenn deren Fehlentwicklung jenem nicht unmittelbar angelastet werden darf, so hat er doch einem Denken den Boden bereitet, das in diese Richtung ging. Denn wer die Menschen als Gottes Ebenbild an der Herrschaft des Schöpfers über die Natur teilhaben läßt, der ermöglicht nicht nur

Naturwissenschaft und Technik, sondern eben auch Naturausbeutung und Umweltzerstörung. Hinzu kommt, daß der Schöpfungsgedanke selbst schon eine Entheiligung der Natur darstellt, wodurch von ideeller Seite her rücksichtsloses Verhalten ihr gegenüber erst richtig möglich wurde. Für die Griechen war die Welt noch heilig, ein göttlicher Sinnzusammenhang ohne zeitlichen Anfang und Ende, für die Christen ist sie ein vergängliches Geschöpf, eine entzauberte Seinsordnung mit begrenzter Existenzdauer. Allerdings konnte auch das göttliche Naturverständnis die Athener nicht davon abhalten, früh ihre dürftigen Wälder als Bauholz für die Schiffahrt zu verbrauchen – ebensowenig wie die Spartaner im Peloponnesischen Krieg, die Weinstöcke und Ölbäume der Athener in Massen umzuhacken.

Zurück zur Okkupationstheorie, nach der allen Menschen gemeinsam die von Gott erschaffene Natur gehört. Diese baut jedenfalls auf Ideen anthropozentrischer Art auf. Als Krone der Schöpfung sei der Mensch Herr über Luft, Wasser und Boden, die Pflanzen- und Tierwelt. Angeblich hatten die Urmenschen jedoch diese anfängliche Gütergemeinschaft bald schon wieder aufgelöst, so daß es nun möglich wurde, persönliches Eigentum zu erwerben. Für diesen gesellschaftlichen Wandel gibt es nach Ansicht der Okkupationstheoretiker mehrere Ursachen: einmal die allmähliche Verrohung und Verwilderung der ersten Menschen, was ein Leben in friedlichem Gemeinbesitz immer schwerer machte; dann die alltägliche Erfahrung, daß jeder die größte Sorge und Sorgfalt nur auf das verwendet, was ihm persönlich gehört, und schließlich die bittere Erkenntnis, daß gemeinschaftliches Eigentum oftmals zu Faulheit und Nachlässigkeit verführt. Aus diesen und ähnlichen Gründen ging man dazu über, die bis dahin gemeinsam besessenen und genutzten Güter untereinander aufzuteilen. Dabei galt der Grundsatz: Wer sich zuerst herrenloses Land aneignet, okkupiert, dem gehört es auch! Nach diesem Prinzip der ersten Landnahme – prima occupatio – wurde die das abendländische

Denken bis in die Neuzeit prägende Okkupationstheorie benannt. Freilich gab es von Anfang an auch erbitterte Gegner von persönlichem Besitztum. Diese sahen in Privateigentum einen Verstoß gegen die Naturordnung und setzten sich deshalb für eine Wiedereinführung der Gütergemeinschaft ein. Allerdings hatten ihre Ideen keinen Erfolg, denn in Mittelalter und früher Neuzeit wurde die Möglichkeit zu persönlichem Besitz überwiegend positiv beurteilt, die Einrichtung von Privateigentum im allgemeinen anerkannt. [19]

Trotzdem war man sich einig, daß es einen naturrechtlichen Anspruch auf privates Eigentum nicht gibt, weil dieses eine Erfindung der Menschen sei, welche Privatbesitz um des jeweils eigenen Vorteils und Nutzens willen eingeführt hätten. Im Gegensatz zur ursprünglichen Gütergemeinschaft, die in überpositivem Recht gründe, sei Privateigentum als Ergebnis menschlicher Absprachen und Übereinkünfte rein positives Recht, das zwar von Gott gebilligt, aber nicht gewährt werde, da es eben ausschließlich auf menschlichen Abmachungen und Gesetzen beruhe. Jedoch sollte dieses in mindestens einer Beziehung abhängig bleiben vom ursprünglichen Güterkommunismus. Einerseits vertrat man die Auffassung, daß einem Menschen niemals sein Eigentum willkürlich weggenommen werden dürfe; andererseits verpflichtete man die wohlhabenden Bürger dazu, Armen in Notzeiten zu helfen, da Gott seine Werke allen Menschen zur Verfügung gestellt habe. Aus dem gleichen Grund habe der Staat auch das Recht, Steuern zu erheben, in das Eigentum seiner Bürger einzugreifen, um auf diese Weise materielle Güter umverteilen zu können, sie benachteiligten Bevölkerungsschichten zugute kommen zu lassen. Zwangsmaßnahmen dieser Art seien nicht nur zulässig, weil Gott die Natur ursprünglich allen Menschen zu gemeinsamem Gebrauch geschenkt habe, sie seien sogar unerläßlich, da sich die Menge der vorhandenen Güter nicht wesentlich vermehren lasse; infolgedessen bedeute Reichtum der einen Armut für die anderen. Hauptsächlich hieraus schlossen die

Okkupationstheoretiker auf die Gemeinwohlpflicht des Eigentums und räumten so den Notleidenden ein Recht auf Teilhabe am Überfluß der Wohlhabenderen ein. Dabei betrachteten sie alle Menschen – die ursprüngliche Gütergemeinschaft ebenso wie die Privateigentümer, die Wohlhabenden und Armen – als Herren der Natur, die, bar jeder höheren Würde, einzig und allein für sie da sei.

Das änderte sich auch in der Neuzeit nicht, in der sich diese Sichtweise sogar noch verstärkte. Nun glaubte man an den Überfluß der natürlichen Ressourcen, als ob diese niemals knapp werden könnten. Außerdem setzte sich immer mehr die Meinung durch, die Menge der den Menschen von Gott zur Verfügung gestellten Güter durch eigene Arbeit um ein Mehrfaches vergrößern zu können. Mit wachsender Geschwindigkeit begann die technologisch-industrielle Eroberung der Natur ihren bis heute ungebremsten Siegeszug, wie ihn Francis Bacon zu Beginn der Neuzeit vorausgesehen hatte.[20] Parallel dazu entwickelte sich eine neue Eigentumstheorie, deren Urheber John Locke heißt, von dem Hegel, Schopenhauer und Marx sie anschließend übernahmen: die sogenannte *Arbeitstheorie*.[21] Deren Ausgangspunkt bildet die allgemeine Feststellung, daß der Mensch Eigentümer seiner selbst sei und darum ein Besitzrecht auf alle Güter habe, die ihm angeboren seien – Leben, Leib und Freiheit. In dieser Einschätzung stimmten Grotius, Pufendorf und Locke überein, wobei letzterer dem Einzelnen zusätzlich ein Recht auf all das zuerkannte, was dieser aus eigener Kraft hervorbringe. Locke vertrat die Ansicht, daß zum Besitzrecht des Menschen an der eigenen Person zugleich alle Dinge gehörten, in welche diese durch ihr gestalterisches Wirken ein Stück von sich selbst hineingetragen habe. Sein Grundsatz lautete: Arbeit schafft Eigentum![22] Auf welch herrenlose Naturstücke der Einzelne auch seine schöpferischen Kräfte verwende, indem er sich durch Arbeit mit ihnen vermische, mache er sie zu einem Teil von sich selbst und damit zu seinem Besitz. Wer etwa ein Feld bestelle, das bisher niemandem gehörte, oder etwas herstelle, das es bislang noch nicht gab, der habe bereits das Land oder Ding rechtmäßig als Eigentum erworben. Sie seien gleichsam Glieder der arbeitenden Person geworden, die ihr niemand mehr abnehmen dürfe, falls diese es nicht ausdrücklich erlaube, wie außer Locke auch Schopenhauer glaubte. Zugespitzt formuliert, galt der Mensch jetzt nicht mehr als Teil der Natur, sondern die Natur als Teil des Menschen.

Im Unterschied zu den Okkupationstheoretikern, denen zufolge Privateigentum eine Schöpfung der Kultur und damit ausschließlich positives Recht ist, betrachten die Arbeitstheoretiker es als überpositives Naturrecht. Eigentum könne noch vor jeder gesellschaftlichen Konvention und staatlichen Rechtsetzung durch Arbeit erworben werden, meinten sie, hierzu bedürfe es weder der Zustimmung anderer Menschen noch irgendeines Gesellschaftsvertrages; einzig Arbeit vermöge ein Verfügungs- und Verwertungsrecht an Sachen zu begründen.

Ist aber Privateigentum ein vorstaatliches Naturrecht, so muß auch jeder Eingriff darin, selbst zum Wohl Notleidender und der Allgemeinheit, als unzulässig verworfen werden. Denn mit der Vorstellung von persönlichem Besitz als überpositivem Rechtsgut ist die Idee der Sozialbindung von Privateigentum unvereinbar. Jeder Übergriff darauf kommt dann einem Angriff auf die Person gleich, der diese Gegenstände gehören. Darum darf der Staat einem Eigentümer seine Güter auch nicht wegnehmen, um sie Bedürftigen zu geben oder sozialen Ausgleich zu schaffen. Jede Enteignung der Bürger zugunsten von mehr sozialer Gerechtigkeit steht im Widerspruch zur Arbeitstheorie, welche Armen kein Recht auf finanzielle Unterstützung, Benachteiligten keinen Anspruch auf soziale Förderung zuerkennt. Im Gegenteil sah Locke eine wichtige Aufgabe des Staates in der Sicherung des Privateigentums seiner Bürger. Er glaubte, daß die Armen an ihrem Elend selbst schuld seien, da sie sich ja soviel Arbeit und Land beschaffen könnten, wie sie nur wollten, wovon es übergenug gebe, das sogar im Überfluß vorhanden sei. Deshalb lehnte Locke auch fast jede Sozial- und Wohlfahrtspolitik ab, welche die Armen nur für ihre Träg- und Faulheit belohne. Erst wenn die Armut im Lande so groß werde, daß sie den sozialen Frieden gefährde, seien wohlfahrtsstaatliche Maßnahmen zu ergreifen und gerechtfertigt. Darüber hinaus hätten selbstverständlich durch Schicksalsschläge in Not geratene Menschen moralischen Anspruch auf Unterstützung und Hilfe, jedoch kein einklagbares Recht hierauf.

Nun sei an dieser Stelle noch nicht nach der Plausibilität dieser Eigentumslehre gefragt; worauf es ankommt, ist die Erkenntnis, daß auch sie – wie zuvor die Okkupationstheorie – die Menschen zur Aneignung der Welt ermächtigt, weil sie von deren Besitzanspruch auf die Natur überzeugt ist, welcher unter solchen Umständen keine Würde mehr verbleibt. Das verband die Demokratien des Westens seit jeher mit den sozialistischen Staaten des Ostblocks. Obwohl Marx das Recht auf Privateigentum abschaffte, hielt auch er die Arbeitstheorie für richtig. Er kritisierte lediglich, daß in der modernen Industriegesellschaft die Arbeiter besitzlos blieben, während die Besitzer nichts arbeiteten, Arbeit und Eigentum infolgedessen auseinanderfielen. Doch hätten die Werktätigen einen Anspruch auf die von ihnen produzierten Güter, die ihnen zwar nicht privat, dafür aber gemeinsam gehören sollten. Wie alle Arbeitstheoretiker der Neuzeit glaubte somit auch Marx, daß Arbeit Eigentum schaffe, und damit zusammenhängend an die uneingeschränkte Herrschaftsgewalt des Menschen über die Natur. Dieser sollte sich die ihn umgebende Welt unterwerfen und nutzbar machen, um so seine Existenz zu sichern sowie den gesellschaftlichen Wohlstand zu mehren.

Allerdings ist die Arbeitstheorie durch eine Reihe von Schwierigkeiten belastet, die auch die Frage nach der Menschenwürde betreffen. Als erstes sei die Unvergleichbarkeit von unmittelbaren Selbstzuschreibungen, wie »Gedanken« und »Handlungen«, mit äußerem Besitz hervorgehoben. Man hat nicht ein Haus« oder »Auto« wie man »Vorstellungen« und

»Hände« besitzt, die man seinen Freunden zum Gruße reicht. Ausdrücke wie »mein Körper« oder »meine Erkältung« dürfen nicht possessiv verstanden werden; zwischen ihnen und demjenigen, der sie hat, besteht keine Besitzrelation, da sie persönliche Eigenschaften, nicht aber privates Eigentum darstellen, und es ist ein Irrtum zu glauben, daß äußere Güter genauso Teil einer Person werden können, wie es deren Leib, seine Glieder und die eigenen Gedanken immer schon sind. Treffend bemerkt *Brocker*, daß es keine Kontinuität zwischen den Zuständen eines Ich und den von ihm besessenen Gegenständen gibt.[23] Darum sei die Vorstellung falsch, daß durch Bearbeitung angeeignete Gegenstände einem ebenso gehören könnten wie »Gedanken« und »Handlungen«, nur weil man seine Kraft darauf verwendet und seinen Willen darauf konzentriert.

Damit hat sich also das wichtigste arbeitstheoretische Argument für die Anerkennung individueller Besitzrechte auf äußere Gegenstände als unhaltbar herausgestellt. Denn naturhafte Gegenstände können niemals, auch nicht durch körperliche Bearbeitung, Teil von jemandem werden, selbst wenn es stimmen sollte, daß ein Teil einer Person zu sein bedeutet, einen Anspruch hierauf zu haben und auch nicht mehr ohne persönliche Zustimmung von ihr getrennt werden zu dürfen. Davon abgesehen ist nicht zu erkennen, wieso sich aus dem Ergreifen, Formen und Verändern von Naturdingen bereits ein Besitzrecht ergeben sollte. Hinzu kommt, daß die Menschen nur selten wirklich neue Dinge erschaffen, von künstlerischen, wissenschaftlichen und technologischen Werken abgesehen; meistens formen sie nur Vorhandenes um.

In der Schöpfungslehre gilt Gott als Herr und Eigentümer der Welt, weil er sie aus dem Nichts erschuf. Solchen Besitzanspruch an der Natur kann dem Menschen nicht zuerkannt werden, weil er die Stoffe, die er durch Technik und Arbeit umgestaltet, nicht selbst hervorgebracht hat. Früher wies man diesen Einwand gelegentlich mit dem Argument zurück, daß die Rohstoffe dieser Erde, mag Gott sie auch erschaffen haben, an sich wertlos, gleichsam nichts seien, da es sie in Hülle und Fülle gebe. Man glaubte, alles, was im Überfluß existierte, sei nicht wertvoll, als ob nur knappe Güter kostbar sein könnten, und behauptete anschließend, daß erst durch menschliche Arbeit die Natur eine Existenzberechtigung, einen Wert erhielte; daher sollte sie auch denen gehören, die ihnen einen Wert zu geben verstünden.[24] Heute wissen wir, daß dieses Argument schon deshalb nicht stimmt, weil die Ressourcen der Natur weitaus knapper und somit kostbarer sind, als von den Arbeitstheoretikern angenommen. Doch sei dieser Punkt nicht weiter vertieft; es gilt allein zu erkennen, daß der Natur jede Werthaftigkeit abzuerkennen bedeutet, ihr jegliche Würde abzusprechen, so daß man sich an ihr grundsätzlich »nicht [mehr] versündigen kann, man darf ihr [jetzt] alles antun, alles mit ihr anstellen, ohne sich an ihr schuldig zu machen«, wie Jonas besorgt feststellte.[25]

Aus dem Dargelegten erhellt, fast die gesamte abendländische Geistesgeschichte wird von der Vorstellung geleitet, daß die Natur einzig für den Menschen da ist, der für sich eine Würde beansprucht, die er den übrigen Lebewesen nicht zuerkennt. Das sollte am Beispiel der Okkupations- und Arbeitstheorie verdeutlicht werden. Besonders deutlich zeigt sich die Ausgrenzung der nicht-menschlichen Geschöpfe aus dem Bereich des Würdevollen an der Errichtung sprachlicher Barrieren, die mit unterschiedlichen Worten gleiche Tätigkeiten bezeichnen: Tiere fressen, saufen und säugen, Menschen hingegen essen, trinken und stillen. Aufgrund ihres selbstbewußten Geistes, ihrer Sprach- und Abstraktionsfähigkeit auf hohem Niveau glauben viele von uns, mehr wert zu sein als die übrigen Kreaturen – sogar beim Verscheiden, ja noch als Tote. Denn selbst hier bestehen strenge Sprachgrenzen: Ein Tier verendet, der Mensch hingegen stirbt; das tote Tier gilt als faulender Kadaver oder Aas, der tote Menschenkörper dagegen als verwesender Leichnam. Wie sehr dabei Tiere uns Menschen rangmäßig untergeordnet werden, wird bereits daran deutlich, daß solche Begriffe wie Fressen und Saufen auch zur Bezeichnung würdeloser menschlicher Handlungsweisen dienen. Animalisch oder tierisch sein heißt, sich unanständig, grob und roh zu verhalten.

Wenn aber die Natur an sich – Luft, Wasser, Boden, Pflanzen- und Tierwelt – jeder Würde entbehrt, warum soll man sie dann überhaupt achten und schonen? Diese Frage drängt sich um so mehr auf, je weiter die von Menschen verursachte Naturzerstörung fortschreitet. Die noch immer einfachste Antwort hierauf lautet: Um der Menschheit selbst willen, da die Natur der Ast ist, auf dem jene sitzt, an welchem sie schon aus wohlverstandenem Eigeninteresse nicht sägen sollte. Solch eine Sichtweise deckt sich mit dem anthropozentrisch orientierten Würdeverständnis der abendländischen Kultur und trifft heute, wenn auch auf nicht ungeteilte, so doch auf große Zustimmung. Namhafte Denker der Gegenwart leiten die Anweisungen zu bewahrendem Umgang mit der Natur vornehmlich von der menschlichen Vernunft her. An Kant anknüpfend, betonen etwa Höffe, Wagner und *Schäfer*, »Verantwortung für die Natur kann nur auftauchen als Teilbereich einer Verantwortung des Menschen für den Menschen«[26], der gleichermaßen zu Selbsterhaltung und Selbstvervollkommnung verpflichtet sei. Letztere Pflicht – die Selbsterhebung aus der »Tierheit« zur »Menschheit«, wie Kant sagte – verbiete jegliche Verrohung der eigenen Persönlichkeit und damit auch jedes rohe Verhalten der Natur gegenüber. Dieses Argument wurde bereits dargelegt. Es untersagt dem Menschen jede rücksichtslose Behandlung von Pflanze und Tier, weil dieser dadurch seine eigene Würde verletzt, aber nicht die außermenschlicher Lebewesen, die grundsätzlich keine hätten. Das heißt, wie *Wagner* schreibt, »nicht Rechte, die sie hätten, sind es, nicht ein Wert oder eine Würde, die sie besäßen, ist es, was uns moralisch verpflichtet, sondern allein, aber verbindlich, unsere eigene Menschenwürde.«[27] Demnach sollen wir die Natur nicht um ihrer selbst willen, sondern bloß um unserer selbst willen achten; nur uns selbst schuldeten wir eine schonende Behandlung der Tier- und Pflanzenwelt. Dazu gesellt sich als zweite Pflicht noch das menschliche Selbsterhaltungsgebot, nach dem die Bedingungen in der äußeren Natur so zu bewahren sind, daß menschliches Wohlbefinden, das heißt körperliche und seelische Gesundheit, auf unbegrenzte Zeit möglich bleiben.

Man erkennt, alle vernunftphilosophischen Verpflichtungen der Umwelt gegenüber entspringen der Achtung des Menschen vor sich selbst, aber nicht einem Respekt vor der außermenschlichen Natur, und stehen somit in der Tradition des abendländischen Anthropozentrismus.

Auf der gleichen Basis steht unsere Verfassung, die in Artikel 20a den »Schutz der natürlichen Lebensgrundlagen [...] auch in Verantwortung für die künftigen Generationen« fordert. Wie für fast alle internationalen Menschenrechtsabkommen ist für das Grundgesetz eine anthropozentrische Grundeinstellung charakteristisch, in deren Mittelpunkt der Mensch, dessen Freiheit und Würde stehen. Er ist der entscheidende Bezugspunkt und zugleich der übergeordnete Maßstab, an dem der Wert der außermenschlichen Natur gemessen wird. Ähnlich anthropozentrisch ausgerichtet waren in den siebziger Jahren die Programme der großen politischen Parteien hierzulande, die bis auf die »Grünen« die Menschenwürde als obersten Richtwert auch für den Bereich des Naturschutzes ansahen.[28]

Erstaunlicherweise änderte sich das in den achtziger Jahren, als mit Ausnahme der FDP alle Parteien begannen, einen stärker physiozentrischen Standpunkt einzunehmen, nach dem wir Menschen die Natur auch um ihrer selbst willen bewahren und schonen sollten, da sie einen achtunggebietenden Eigenwert besitze.[29]

Hiermit stimmt eine Änderung des BGB überein, in dem bis 1990 Tiere als Sachen galten, mit denen ihre Eigentümer willkürlich verfahren durften. Solch eine Auffassung wurde in der abendländischen Philosophie schon oft vertreten. Beispielsweise schrieb *Hobbes:* »Man kann nach Belieben die Tiere, welche sich zähmen und zu Diensten gebrauchen lassen, in das Joch spannen und die übrigen […] verfolgen und vernichten«[30], und *Kant* glaubte, daß Tiere, rechtlich gesehen, »Sachen«[31] seien, »mit denen man nach Belieben schalten und walten«[32] dürfe. Diese Auffassung geht auf das Römische Recht zurück. Dagegen heißt es im 1990 geänderten §90a des BGB: »Tiere sind keine Sachen. Sie werden durch besondere Gesetze geschützt […]«, und in §903 ähnlich: »[…] Der Eigentümer eines Tieres hat bei der Ausübung seiner Befugnisse die besonderen Vorschriften zum Schutz der Tiere zu beachten«, auf die hier nicht näher eingegangen wird.

In diesem Einstellungswandel des Gesetzgebers außermenschlichen Lebewesen gegenüber, der Ersetzung der rein anthropozentrischen Sichtweise durch eine stärker physiozentrische, sehen viele Zeitgenossen einen Fortschritt, ohne sich allerdings die Frage vorzulegen, worin denn der Selbstwert der Natur eigentlich bestehe – eine Frage, die keineswegs mit einer geänderten Einstellung der Natur gegenüber schon beantwortet ist. Mag es noch so wünschenswert sein, die angemaßte Wesenswürde des Menschen zu relativieren, indem man die Natur und alle darin lebenden Wesen auf sein Wertniveau hinaufhebt, Tieren und Pflanzen einen Eigenwert zuerkennt, so sind damit allein noch nicht die bekannten Probleme hinsichtlich des Würdebegriffs gelöst. Bezeichnenderweise haben mit Ausnahme der CDU/CSU alle großen Parteien vergessen, dem von ihnen anerkannten Selbstwert der Natur ein rechtsethisches oder rechtsmetaphysisches Fundament zu geben. Sie messen der Natur zwar eigene Würde zu, sagen aber nicht, worin diese besteht und worauf sie sich gründet. Nur die CDU/CSU interpretiert die Würde der Natur christlich-metaphysisch und führt sie so auf eine religiöse Weltanschauung zurück. Sicherlich ist das zulässig; nur läßt sich daraus noch kein allgemeinverbindliches Gesetz erbauen, da in einem Gemeinwesen, das sich in Weltanschauungsfragen grundsätzlich zu Neutralität bekennt, religiös-metaphysische Vorstellungen keinen Einfluß auf die Gesetzgebung haben dürfen. Offensichtlich gerät die Idee der Naturwürde in die gleiche Sackgasse wie der Begriff der Menschenwürde: Läßt man sie unbestimmt und unbegründet, so verflüchtigt sie sich; bestimmt und begründet man sie, so verstößt man gegen das Gebot der weltanschaulichen Neutralität, dem zufolge weder der Einzelne seinen Nächsten noch der Staat seinen Bürgern vorschreiben darf, was sie glauben sollen. Ein Drittes scheint es nicht zu geben – tertium non datur; und so empfinden viele denn auch ein großes Unbehagen.

Damit aber nicht genug: Heutzutage existieren nicht nur verschiedene weltanschauliche Vorstellungen von Naturwürde, es ist überhaupt zweifelhaft, ob die Natur eine eigene Würde besitzt. Angenommen, diese Vermutung bestätigte sich, so wäre der naturethische Anthropozentrismus des Grundgesetzes möglicherweise die einzig vertretbare – weil verallgemeinerungsfähige – Position. Zwar hieße es dann nicht mehr unbedingt, daß die Welt für uns und um unsertwillen erschaffen wurde, dafür aber, daß sie für uns und um unsertwillen zu erhalten sei. Ein solcher Standpunkt besitzt auch ohne die starke Annahme metaphysischer Wesenswürde große Überzeugungskraft. Nun fehlt aber letztere möglicherweise nicht nur der Natur, sondern womöglich auch uns Menschen; jedenfalls läßt sich nicht von vornherein ausschließen, daß die Idee der Menschenwürde eine große Illusion darstellt.

Heute wird dieser Verdacht durch die sich immer weiter verbreitende naturwissenschaftliche Weltauffassung fast Gewißheit. Noch nie war die grundsätzliche Bereitschaft unter den Philosophen so groß, die Überlegenheit der modernen Naturwissenschaften über alle anderen Wissensformen oder Denkstrukturen anzuerkennen und den sogenannten Naturalismus geduldig hinzunehmen, ihn, wenn nötig, sogar zu verteidigen und dadurch die Idee der Menschenwürde vollständig zu zerstören.

Der Mensch – ein schmalnasiges Säugetier

Normalerweise unterscheidet man zwischen einem eher allgemeinen und einem stärker methodischen Naturalismus. Nach ersterem soll die sinn- und wertfreie Natur, das unermeßliche Weltall mit uns Menschen als winzigen Staubkörnchen darin, bereits alles sein, was es gibt. Letzterer dagegen behauptet, die gesamte Wirklichkeit, soweit sie uns bekannt ist, mit Hilfe der modernen Naturwissenschaften hypothetisch erklären zu können. Es ist üblich, jemanden, der einen dieser beiden Standpunkte vertritt, als Naturalisten zu bezeichnen.[33] Bereits in der Antike gab es naturalistische Welt- und Menschenbilder, deren bekannteste von Leukipp, Demokrit, Epikur und Lukrez stammen. Aber nie fehlte es an kritischen Stimmen dazu, ob von den Stoikern, Kirchenvätern, Scholastikern oder neuzeitlichen Rationalisten.[34]

Auf besonders heftige Ablehnung stößt der Naturalismus bei zahlreichen Denkern der Moderne, sei es bei Idealisten, Neukantianern, Phänomenologen oder Lebensphilosophen. Einmütig verwerfen sie sowohl die Verabsolutierung der sinn- und wertfreien Natur als auch die Alleinherrschaft der Naturwissenschaften und treten so als Verbündete im Kampf gegen die naturalistische Denkweise auf.

Bereits *Kant* sprach von »den frechen und das Feld der Vernunft verengenden Behauptungen des Materialismus, Naturalismus, Fatalismus«[35], und *Fichte* versuchte zu zeigen, daß der Naturalismus eine »ohnmächtige Behauptung und Versicherung«[36] sei, wohingegen der Idealismus »die einzige wahre Philosophie«[37] darstelle. Ähnlich abfällig äußerte sich auch *Schelling* über den »Naturalist[en], welcher dogmatisch behaupte: alles sei Natur, und außer und über der Natur sei nichts.«[38]

Zu Beginn des 20. Jahrhunderts kämpften insbesondere Neukantianer, Lebensphilosophen, Hermeneuten und Phänomenologen gegen den methodischen Naturalismus, der schon damals eine große Anhängerschaft hatte und mit Namen wie Comte, Haeckel und Spencer verbunden war. Im Gegensatz zu diesen bestritten jene die Übertragbarkeit naturwissenschaftlicher Methoden auf die Geistes- oder Kulturwissenschaften wie auf die Philosophie insgesamt. So wehrte sich *Dilthey* »gegen die Herrschaft der Naturwissenschaften über die Philosophie«[39], und der Historiker Droysen bezweifelte, daß die »geschichtliche Welt auf die Mechanik der Atome zurückgeführt«[40] werden könne. Er leugnete, daß nur das Wissenschaft genannt werden dürfe, »was in der naturwissenschaftlichen Methode sich bewegt.«[41] Ähnlich *Troeltsch*, der von einer »furchtbaren Naturalisierung und Verödung des Lebens«[42] sprach und, das Eigenwesen der Geschichte herausstellend, in der »Befreiung von der Übergewalt des Naturalismus«[43] eine große Herausforderung für seine Zeit sah.

Gleichfalls kämpfte der Neukantianer *Rickert* »gegen die Proklamierung der naturwissenschaftlichen Methode als der allein berechtigten«[44] und bestritt damit ebenso, »daß diejenigen recht haben, die die Naturwissenschaft für die einzige Wissenschaft halten.«[45] Der »Glaube an die unbedingte und ausschließliche Herrschaft der Naturwissenschaft«[46] sei gänzlich unhaltbar, »der Idealismus dem Naturalismus [...] sowohl in wissenschaftlicher wie in weltanschaulicher Hinsicht überlegen«.[47]

Diese Auffassung teilte schließlich auch Husserl, der in einem Brief an Rickert schrieb, »wir kämpfen als Bundesgenossen gegen den Naturalismus als unseren gemeinsamen Feind.«[48] »Der Naturalist [...] sieht nichts anderes als Natur und zunächst physische Natur.«[49] Er schreckt nicht einmal vor einer »Naturalisierung des Bewußtseins«[50] oder »Naturalisierung der Ideen«[51] zurück; es ist bekannt, daß er auch die »Vernunft naturalisiert«[52], in der er nur eine Tätigkeit des Neocortex sieht. Nach Husserl ist es aber Widersinn, »alles Sein überhaupt auf die Natur zurückzuführen«[53], zumal der menschliche Geist »nie ein Stück der Natur«[54] sei.

So leisteten Hermeneuten, Neukantianer, Phänomenologen und Lebensphilosophen wie Bergson von ihren teilweise entgegengesetzten Ausgangspositionen aus gemeinsam Widerstand sowohl gegen den metaphysischen als auch den damals tonangebenden methodischen Naturalismus.

Dabei ging es den protestierenden Geistesrichtungen aber stets um mehr als nur um die Beseitigung erkenntnistheoretischer Ungereimtheiten und Widersprüche, mit denen der Naturalismus bis auf den heutigen Tag zu kämpfen hat.[55] Lebensphilosophen wie Bergson erstrebten beispielsweise eine philosophische Rettung der Welt als eines begrifflich uneinholbaren, wogenden Sinngeschehens. Neukantianer wie Rickert oder Phänomenologen wie Husserl versuchten dagegen die herkömmliche Vorstellung der Welt als eines wohlgegliederten Vernunftzusammenhanges zu bewahren, in welchem sittlich gebundene Autonomie möglich ist und mit dem die Idee eines alles hervorbringenden göttlichen Absoluten zumindest vereinbar wäre. Die philosophischen Bemühungen von Hermeneuten wie Droysen und Dilthey galten wiederum vornehmlich dem Aufbau der Geisteswissenschaften, deren Grundlage eben die Hermeneutik sei, mit deren Hilfe sie dem Eindringen naturwissenschaftlicher Methoden in den Bereich der geschichtlich-kulturellen Welt Einhalt zu gebieten suchten.

Heute sehen viele im Naturalismus auch eine Bedrohung für die Idee der Menschenwürde, wie sie bisher niemals existiert habe. Trotzdem nehmen hierzulande die meisten Verfassungsrechtler diese Gefahr kaum wahr. Ohne Rücksicht auf die Ergebnisse der modernen Naturwissenschaften interpretieren sie die Würdeidee so, als stünde ein für allemal fest, daß der Mensch ein der Natur entrücktes Vernunftwesen sei und nicht bloß ein schmalnasiges Säugetier mit übergewichtigem Kopf auf einer für den aufrechten Gang eher ungeeigneten Wirbelsäule. *Kriele* gehört zu den wenigen Ausnahmen, geradeheraus nennt er das Problem beim Namen: »Vor dem Hintergrund einer ausschließlich naturalistischen Betrachtungsweise verlöre der Begriff Menschenwürde seinen spezifischen Inhalt und die unbedingte Verpflichtung zur Respektierung der Menschenwürde ließe sich nicht begründen.«[56] Diese Aussage noch verschärfend, meint er sogar, »naturalistische Reduktion des Menschen«[57] bedeute »Auslöschung der Idee der Menschenwürde.«[58] Ähnliches kann man bei *Spaemann* lesen, der deswegen den »naturalistischen Reduktionismus«[59] auf das entschiedenste bekämpft. Besorgt stellt er fest, daß die neuzeitliche Wissenschaft, für welche die Welt bloß aus wert- und sinnfreien Gegenständen bestehe, auch vor dem Menschen nicht haltmache, der, als reines Naturgebilde betrachtet, nicht mehr »jemand«, sondern nur noch »etwas« sei.[60] Jede menschliche Betrachtung des Menschen, die Wahrnehmung des Einzelnen als Vernunftwesen, müsse aus naturalistischer Sicht sogar als unzulässiger Anthropomorphismus[61] abgelehnt werden, womit selbstverständlich auch die Idee der Menschenwürde unhaltbar werde. *Wagner* beschreibt diesen besorgniserregenden Sachverhalt so: Wenn der Mensch nur »ein Stück Natur und Welt«[62], »ein – obzwar etwas eigenartig entwickeltes – Lebewesen«[63] ist, und wenn Lebewesen nichts als »merkwürdig komplizierte Materiegebilde«[64] sind, dann fehlt der Vorstellung menschlicher Wesenswürde jede theoretische Grundlage. Der »Naturalismus der Naturwissenschaften«[65] vernichtet die Idee »von einer schlechthin singulären und unantastbaren Würde des Menschen.«[66]

Infolgedessen wirken auch alle neueren Bemühungen, die Würde des Menschen auf artspezifische Besonderheiten zurückzuführen und dadurch zu stützen, wie aufrechten Gang, Daumenstellung, Oberflächengröße des Cortex, Komplexität des Organismus, eher peinlich als überzeugend, mehr lächerlich als glaubwürdig, im ganzen wie schlechte Verlegenheitslösungen. Mit *Kriele* gesprochen: »Würde läßt sich von einem naturalistischen Verständnis des Menschen her nicht begründen. Sie ist ein metaphysischer Begriff«[67], der, so *Spaemann*, in einer »metaphysischen Ontotogie«[68] zu verankern wäre. Damit steht fest: Heute ist die Menschenwürde nicht mehr allein in praktischer Hinsicht bedroht, sondern auch theoretisch gefährdet.[69] Aber sosehr man sich darum bemüht, den Naturalismus in die Schranken zu weisen, um hierdurch wieder Platz für die alten Würdevorstellungen zu bekommen, niemand vermochte bisher den sich immer weiter ausbreitenden Naturalismus zu begrenzen und aufzuhalten, der gerade im vorigen Jahrhundert eine eigene Attraktivität gewonnen hat. Zwar mag es sein, daß er das hohe Ansehen nicht verdient, das er in der heutigen Geisteswelt genießt; dennoch stellt er eine Macht dar, die es ernst zu nehmen gilt, weshalb er bei der Suche nach einem überzeugenden zeitgemäßen Würdeverständnis nicht einfach außer acht gelassen werden kann.

Zweifellos hängt die heutige Vorherrschaft des Naturalismus eng mit dem Zusammenbruch der traditionellen Metaphysik zusammen, zu deren Plausibilitätsverlust die Erfolge der modernen Naturwissenschaften einen wesentlichen Teil beigetragen haben, wie schon *Kelsen* vermerkte, nach dem »durch den Fortschritt der Erfahrungswissenschaften«[70] alle höheren Ideen »inhaltlose Formeln«[71] geworden seien. Gerade heutzutage steht man der Annahme besonderer metaphysischer Erkenntnisquellen – wie »cognitio Dei naturalis«, »bona mens«, »lumen naturalis rationis«, »illuminatio«, »recta ratio« – äußerst skeptisch gegenüber. Immer wieder rügt man am Lehrsystem der überkommenen Metaphysik deren mangelnde Berücksichtigung der Grenzen menschlichen Erkennens. Man sagt, Metaphysik sei unmöglich, weil der Bereich des Erkennbaren auf das empirisch Erfahrbare beschränkt sei. Deshalb empfahl bereits *Hume*, alle Schriften »über Gotteslehre oder Schulmetaphysik [...] ins Feuer«[72] zu werfen, wenn sie keinen auf sinnliche Erfahrung gestützten Gedankengang enthielten; denn in diesem Falle seien sie nichts als »Blendwerk und Täuschung«[73].

Darüber hinaus gelten metaphysische Aussagen religions- und vernunftphilosophischer Art auch oftmals als völlig gehaltlos. Es wird gesagt, daß metaphysische Systeme nicht nur den

Bereich möglicher Erfahrung übersteigen, sondern sogar den Bereich des sinnvoll Denk- und Sagbaren. So versuchten zu Beginn des 20. Jahrhunderts die Neoempiristen des Wiener Kreises – Schlick, Neurath, Carnap – und viele Vertreter der daraus entstandenen sprachanalytischen Philosophie zu beweisen, daß Metaphysiker vergessen hätten, ihren Sätzen wirkliche Bedeutung zu geben. Dazu gibt es vielfältige Bemühungen, Metaphysik im religiösen und vernunftphilosophischen Sinne als Ausdruck von etwas ganz Anderem zu entlarven. Viele glauben, daß sie aus illusionärem Wunschdenken, falschen Bedürfnissen, sozio-ökonomischen Mißverhältnissen erwachsen sei oder ganz einfach aus geschöpflich-menschlicher Angst. Von Hume über Nietzsche und Marx bis Freud wurden Ansätze in dieser Richtung entwickelt, die unterschiedlichsten Versuche unternommen, Metaphysik aus ihr wesensfremden Mächten zu erklären und so zu widerlegen.

Nehmen wir alle diese metaphysikkritischen Bedenken ernst, zu denen sich problemlos weitere hinzufügen ließen, so können wir nicht umhin zuzugeben, daß die metaphysische Idee menschlicher Wesenswürde von geistesgeschichtlichen Voraussetzungen zehrt, die gegenwärtig nicht mehr gesichert sind; sie lebt von Mythen, Religionen und Metaphysiken, welche ihr zwar Glanz, Gewicht und Bedeutung verleihen könnten, falls sie noch möglich wären, die aber heute fast alle als überholt gelten. Um es mit Luhmann auszudrücken: »Die Sprache der Ehrfurcht ist durch den Untergang der Metaphysik diskreditiert«[74], keine vertrauenswürdige Begriffsform mehr, wodurch der sich immer stärker durchsetzende Naturalismus weiteren Auftrieb erhält.

Selbst wenn es demnach stimmen sollte, daß die Würdeidee die traditionelle Metaphysik zum Überleben braucht, ist diese darum noch lange nicht glaubwürdig. Jedoch allein das zählt! Hier wie sonst auch kommt es nicht so sehr darauf an, ob etwas wünschenswert ist, als vielmehr ob es überzeugt. Dabei geht die bislang größte Bedrohung für die Würdeidee nicht einmal vom Ende der traditionellen Metaphysik aus, sondern eigentlich von den modernen Naturwissenschaften. So stürzt die neuzeitliche *Kosmologie* die stolze Anmaßung des Menschen, Mitte und Krone der Welt zu sein, in eine tiefe Plausibilitätskrise. Heute ist bekannt, daß wir in einem unermeßlichen Weltall mit Milliarden von Sonnen und Galaxien aus Wasserstoff und Helium angesiedelt sind, an dessen Größe gemessen Erde und Mensch noch nicht einmal wie flüchtige Pünktchen erscheinen. Vor Jahrmilliarden existierte die Menschheit überhaupt nicht, und irgendwann wird sie von der Erdoberfläche wieder verschwunden sein, ohne daß deshalb das Universum aufhörte zu bestehen. Es »wird sich nichts begeben haben«[75], wenn es mit uns wieder vorbei ist, wie *Nietzsche,* Monod, Russell und Hans Blumenberg sagen, und auch *Lévi-Strauss,* der nachdrücklich darauf hinweist, daß der Mensch »früher nicht auf der Erde war und es nicht immer sein wird und daß mit seinem unvermeidlichen Verschwinden von der Oberfläche eines Planeten, der ebenfalls dem Tod geweiht ist, auch seine Mühen, seine Schmerzen, seine Freuden, seine Hoffnungen und seine Werke schwinden, als hätten sie nie existiert, da kein Bewußtsein mehr da ist, um auch nur die Erinnerung an jene ephemeren Bewegungen zu bewahren.«[76] Wem in Anbetracht dieser Erkenntnisse keine Zweifel an der Wesenswürde des Menschen kommen, hat nicht verstanden oder will nicht verstehen.

Betrachten wir das rand- und mittelose All, in dem unser Blick nur auf unermeßliche Weiten und das Ohr bloß auf beängstigende Stille trifft, und das dem Menschen wie nichts sonst seine Winzigkeit und Unerheblichkeit vor Augen führt, so wird es unmöglich, das gesamte Weltgeschehen noch auf diesen zu beziehen; nichts scheint für ihn und um seinetwillen geschaffen zu sein. Diese Ahnung verdichtet sich zur Gewißheit, sobald man mit Hilfe seiner Vorstellungskraft einen Blick aus dem All auf die Erde und die Menschheit darauf wirft. Dann muß man zugeben, daß alle Versuche, die Welt vom Menschen her zu verstehen und auszulegen, vor diesem Hintergrund geradezu als lächerlich erscheinen.

Thomas Nagel nennt den Blick von außen »Blick von nirgendwo«[77], welchem sich ein riesenhaftes Weltall darbietet, in dem wir Menschen wie unsichtbare Staubkörnchen, als unbedeutende, überflüssige Eintagswesen vorkommen. Solche Außenperspektive ist in der Neuzeit öfter empfohlen worden. Schon *Montaigne* spricht vom Weltall als »Spiegel, in den wir schauen müssen, um uns im richtigen Winkel zu sehen«[78], und auch *Voltaire* beschreibt in seiner Erzählung *Mieromégas* die Menschen als »kluge Stäubchen«[79], deren Ansprüche auf Wertbesonderheit sich vor dem Hintergrund des unendlichen Weltalls als unglaubliche Anmaßungen erwiesen.

Außerdem haben *Hans Blumenberg* in die »Vollzähligkeit der Sterne«[80] und *Günter Anders* in »Reflexionen über Weltraumflüge« den Blick aus dem Weltall, den Blick von nirgendwo, als Blick vom Mond beschrieben, und dabei gezeigt, »daß das entscheidende Ereignis der [ersten] Raumflüge nicht in der Erreichung der fernen Regionen des Weltalls [bestand], sondern darin, daß die Erde zum ersten Mal die Chance [erhielt], sich selbst [so] zu sehen [...], wie sich bisher nur der im Spiegel sich reflektierende Mensch [gesehen hatte].«[81] Dieser konnte fortan nicht mehr in die unendliche Tiefe und Weite des Alls hineinblicken, ohne von dorther auf sich zurückzublicken. Daher war das vielleicht größere Ereignis des Fluges zum Mond auch nicht die Mondlandung selbst gewesen als vielmehr der Blick vom Mond auf die Erde. Denn nun sah man, was man schon lange wußte, aber eben nur wußte, bisher jedoch niemals mit eigenen Augen gesehen hatte: einen unbeträchtlichen Himmelskörper, den wir Menschen Erde nennen, eine »durch die Schwärze des Raums rollende irrelevante Kugel«[82], die »wie eine nirgendwo verankerte und im Ozean des Raums schiffbrüchig herumschwimmende Boje«[83] aussah, welche »vom Dasein des ihn bekriechenden Menschengeschlechts nicht das Mindeste verriet.«[84] Mit anderen Worten: Aus der Außenperspektive erscheinen wir Menschen als in die Menge alles anderen irdisch Existierenden eingebunden, nicht mehr wissend, welch besondere Würde uns davon noch unterscheiden könnte.

Diese Kränkung des menschlichen Selbstwertgefühls versucht man neuerdings durch das sogenannte *Anthropische Prinzip* zu entschärfen, wobei zwischen einer schwachen und starken Version unterschieden wird. Ausgangspunkt für beide ist die allgemeine Erkenntnis, daß schon kleine Abweichungen der Anfangsbedingungen des Universums die Möglichkeit von bewußtem Leben ausgeschlossen hätten. Wäre das All ursprünglich nur ein wenig anders gewesen, hätte die Menschheit nicht entstehen können. Daraus schließen die Befürworter des *schwachen Anthropischen Prinzips*, daß von Anfang an Leben und Geist im Universum möglich gewesen sein müssen, da sie sich sonst nicht hätten entwickeln können: »Weil es in diesem Universum Beobachter gibt, muß das Universum Eigenschaften besitzen, die die Existenz dieser Beobachter zulassen.«[85]

Das ist zweifellos richtig, nur folgt daraus noch nichts. Denn daß bereits der im Urknall entstandenen Materie die Möglichkeit zu Leben und Geist innewohnte, bedeutet keineswegs, daß von allen denkbaren Anfangsbedingungen genau diejenigen ausgewählt wurden, welche die Entstehung von Natur und Mensch begünstigten. Das läßt sich daraus ebensowenig ableiten wie die These, daß die Welt für uns und um unsertwillen auf die bekannte Weise eingerichtet wurde.

Das gleiche gilt für das sogenannte *starke Anthropische Prinzip*: »Das Universum muß in seinen Gesetzen und in seinem speziellen Aufbau so beschaffen sein, daß es irgendwann unweigerlich einen Beobachter hervorbringt.«[86] Sollte das zutreffen, wäre das Weltall deshalb so beschaffen, wie es ist, um Leben und Geist hervorzubringen; dann aber dürfte im Menschen das eigentliche Ziel der kosmischen Entwicklung erblickt werden, und der teleologische Anthropozentrismus, nach dem die Welt für uns und um unseretwillen da ist, hätte doch recht. Das Auftreten der Menschheit auf einem winzigen, vergänglichen Planeten am Rande einer durchschnittlichen Spiralgalaxie des mehr als hundert Milliarden Galaxien umfassenden Weltalls nach Jahrmilliarden seines Bestehens wäre nicht ganz so unwahrscheinlich gewesen, wie es für uns heute den Anschein hat. Im Gegenteil, der Mensch dürfte sich nun wieder als eigentlichen Zielpunkt einer Entwicklung sehen, in kosmischer Beziehung als bedeutsam empfinden, auch die Vorstellung der Menschenwürde als besonderer Gattungseigenschaft wäre nicht mehr völlig abwegig. Aber mag diese Auszeichnung noch so wünschenswert sein, genauer betrachtet ergibt sie sich nicht aus der einfachen Erkenntnis, daß bei veränderter Ausgangslage die gesamte Weltentwicklung einen anderen Verlauf genommen hätte. Was wir menschliche Wesenswürde nennen, folgt nicht aus dem Anthropischen Prinzip. Somit bleibt es bei dem bedrückenden Befund: Im unendlichen All fehlt jeder Hinweis auf eine besondere Würde des Menschen.

Ein solcher läßt sich auch nicht der biologischen *Evolutionslehre* entnehmen, durch welche die Menschheit, Zufallsprodukt einer langen, ungerichteten Entwicklung, erbarmungslos in das Naturgeschehen hineingezogen wird. Von Pascal bis Kant und auch später noch stellte man den Menschen immer wieder zweigeteilt dar: als vergängliches, unerhebliches Naturwesen inmitten des riesigen Universums einerseits, als denkendes Vernunftwesen, Ebenbild Gottes, der Natur entrückte Geistseele mit eigener Würde andererseits. Die moderne Evolutionstheorie hob diese Teilung auf, indem sie den ganzen Menschen in den seit Jahrmillionen dauernden Naturprozeß eingliederte, der keineswegs so geradlinig verlief, wie oftmals angenommen wird. Die zwei geläufigen Bilder der Naturgeschichte – die Leiter des Fortschritts und der Kegel der wachsenden Vielfalt – haben sich vor dem Hintergrund der großen Veränderungen, die in den vergangenen 700 Millionen Jahren manchmal bis zu 95 Prozent der jeweils bestehenden Arten ausrotteten, als problematisch erwiesen. Denn die Entwicklung des Lebens ging keineswegs ständig aufwärts zu einem immer Höheren und Komplexeren, sondern ist gekennzeichnet von Phasen massenhaften Aussterbens mit anschließender Differenzierung der überlebenden Stämme. So soll im Kambrium, vor rund 600 bis 500 Millionen Jahren, die Verschiedenartigkeit des Lebens am größten gewesen sein, während in den darauffolgenden Jahrmillionen nach heutigem Stand der Erkenntnis ein ungeheurer Dezimierungsprozeß aller bis dahin entstandenen Lebewesen stattfand. Allein im Perm, vor rund 225 Millionen Jahren, gingen wissenschaftlichen Schätzungen zufolge mehr als 90 Prozent aller aus dem Meer stammenden Arten zugrunde, und wenn am Ende der Kreidezeit, vor rund 65 Millionen Jahren, die Dinosaurier nicht ausgestorben wären, dann hätten die bis dahin nur in Nischen überlebenden Säugetiere sich gar nicht weiterentwickeln können. Daraus tauchte vor nahezu zwei Millionen Jahren die erste Menschenform empor, der Homo habilis, aus der dann der frühe Homo erectus und schließlich der archaische Homo sapiens in Afrika vor 400 000, in Ostasien vor 200 000 bis 300 000 Jahren entstand. Der anatomisch moderne Mensch, wie die Spezies Homo sapiens sapiens heute bezeichnet wird, existiert seit mehr als 100 000 Jahren auf der Erde; der Homo sapiens sapiens selbst aber erst seit rund 40 000 Jahren. Weit davon entfernt, strahlender Höhepunkt und Endzweck einer auf ihn ausgerichteten Naturentwicklung zu sein, ist der Mensch das Ergebnis eines vermutlich richtungslosen, zumindest höchst wechselvollen Evolutionsdramas und darin nur ein flüchtiges Detail, ein winziger Zweig von einem Ast des üppigen Naturbaums – und wahrscheinlich nicht mehr.[87] So gesehen sind wir Menschen wie alle Lebewesen nichts als vergängliche Teile einer wissenschaftlich entzauberten Natur, die eines Tages wieder in anorganische Leblosigkeit versinken wird; eine besondere Würde ist daraus kaum abzuleiten.

Hinzu kommt, daß im Zeitalter der modernen Naturwissenschaften die Frage nach dem Menschen immer öfter mit dem Hinweis auf das Genom, die Gesamtmenge seiner Erbanlagen, beantwortet wird, die man auf rund 30000 Gene schätzt. Was uns zu Menschen macht, so heißt es von naturwissenschaftlicher Seite, seien nicht unabhängige Vernunft und Geistseele, sondern die wenigen DNA-Regionen, in denen sich die Menschen von den übrigen Primaten unterscheiden. Heute wissen wir, daß der genetische Unterschied zwischen Mensch und Schimpanse nur ungefähr 1,6 Prozent beträgt, unsere Gene also zu fast 99 Prozent mit denen der Großen Menschenaffen übereinstimmen. Hiervor darf man nicht die Augen verschließen, wenn man, nach der Bedeutung des Menschen gefragt, ernst genommen werden möchte, und sicherlich werden die modernen Biowissenschaften künftig noch für weitere schmerzliche Überraschungen sorgen. Schon heute erklären sie das spezifisch Menschliche, auf das man einst die Idee der Würde gründete, fast vollständig weg, und der Abstand zwischen Mensch und Tier wird bald mit jeder neuen biowissenschaftlichen Erkenntnis immer geringer.

Doch ist die schrittweise Annäherung beider aneinander, die Aufhebung der als fundamental erlebten Unterschiede, nicht das eigentlich Beängstigende. So empfindet nur, wer den Begriff Tier von vornherein abwertend gebraucht. Man könnte aber auch umgekehrt argumentieren: In der lauten Entrüstung über die Schande, welche die Lehre von der genetischen Gleichartigkeit von Mensch und Tier unserer Würde antut, wird nämlich für gewöhnlich übersehen, »daß nach dem gleichen Prinzip dem Gesamtreich des Lebens etwas von seiner Würde zurückgegeben wird, Ist der Mensch mit den Tieren verwandt, dann sind auch die Tiere mit dem Menschen verwandt«[88] – und jene somit gleichfalls Träger der Würde, die der Mensch bisher stets für sich allein beansprucht hat, wie *Jonas* betont. Allerdings bleibt immer noch fraglich, ob der Mensch überhaupt Würde besitzt. Denn das wirklich Beunruhigende an der fast vollständigen genetischen Übereinstimmung zwischen Mensch und Tier besteht – wenn nicht in der Einebnung der Gattungsunterschiede – so doch in der damit einhergehenden Abwertung des Menschen zu einem determinierten Naturgebilde – eine Vorstellung, mit der sich die Idee menschlicher Wesenswürde kaum vereinbaren läßt.

Heute gibt es ganz unterschiedliche Versuche, die Lebensäußerungen des Menschen von seinem Willen entzogenen Kräften bestimmt sein zu lassen, von anonymen Prozessen also, die sein Verhalten steuern und lenken sollen. Grundsätzlich wird unterschieden zwischen Nahursachen, sogenannten *proximaten Ursachen*, und Fernursachen, auch *ultimate Ursachen* genannt. Erstere erklären, wie etwas funktioniert, letztere dagegen, warum etwas Fall ist. Davon ausgehend, daß alle natürlichen Lebewesen an ihrer Erhaltung und einer möglichst reichen Reproduktion interessiert sind, werden von der Evolutionsbiologie die ultimaten Ursprünge fast aller kulturellen Äußerungen des Menschen als Versuche gedeutet, sich Überlebens- und Fortpflanzungsvorteile zu verschaffen. So muß selbst die Idee der Würde in den Kontext der menschlichen Daseinsbehauptung gestellt werden. Evolutionsbiologisch betrachtet steht sie im Dienst der Selbstbehauptung des hilflos in die Welt geworfenen Menschen. Im Grunde ist sie eine bloße Illusion, mit deren Hilfe der Homo sapiens sapiens sein ständig bedrohtes Selbstwertgefühl gegen die übermächtige Welt zu stärken versucht. Denn aus evolutionsbiologischer Sicht gereicht der schöne Schein der Würde dem Menschen zum Überlebensvorteil und verhindert so jene Selbstverachtung, die ihn angesichts seiner Nichtigkeit und Ohnmacht im unermeßlichen Weltall befallen könnte – eine Aufgabe, die nicht geringgeschätzt werden darf, sofern sie den Menschen psychisch stabilisiert und von existentiellen Ängsten befreit. Aber trotz aller Lebensdienlichkeit bleibt die so interpretierte Würdeidee eine unhaltbare Fiktion, die als solche reiner Phantasie entstammt und bloße Luftwurzeln treibt.

Von solchen ultimaten Erklärungen werden die sogenannten proximaten Ursachen unterschieden, die sich vorrangig auf hirnphysiologische und biochemische Vorgänge konzentrieren.

In diesem Zusammenhang wird gelegentlich behauptet, der Mensch sei nichts als ein ohnmächtiges Glied im Spiel subjektloser Kräfte, sein bewußtes Leben abhängig von Abläufen naturhafter oder geschichtlicher Art. Diese hätten ihn nicht nur von dem Thron gestürzt, auf den die abendländische Kultur ihn vor Jahrhunderten gesetzt habe, sondern darüber hinaus als philosophischen Mythos entlarvt. In philosophischen Ansätzen dieser Art kann die Idee der Menschenwürde erst gar nicht mehr aufkommen. Im Gegenteil, darin ist häufig von »Ende des Ich« oder »Tod des Subjekts« die Rede, das eine Illusion darstelle, soweit es für sich Selbständigkeit und Unabhängigkeit beanspruche. Im 18. Jahrhundert schrieb bereits *Lichtenberg*, »daß man nicht sagen sollte: ich denke, sondern, es denkt, so wie man sagt: es blitzt.«[89] Ähnlich *Schelling* wenige Jahrzehnte später: »Es denkt in mir, es wird in mir gedacht.«[90] Doch geht erst im 20. Jahrhundert die allgemeine Tendenz dahin, das bewußte Leben der Menschen in ihnen vor- und übergeordneten Prozessen und Strukturen aufzulösen, das Subjekt, wie es sich selbst sieht und von anderen gesehen wird, zu etwas Antiquiertem zu erklären, gleichsam in Ruhestand zu versetzen.

In diesem Sinne versuchte vor Jahrzehnten der bekannte Experimentalpsychologe *Skinner* unter der Überschrift »Abschaffung des autonomen Menschen«[91] dessen Denken und Handeln durch seine jeweiligen Lebensbedingungen zu erklären, das Verhalten des Einzelnen also auf äußere Umstände zurückzuführen, die Außenwelt dafür verantwortlich zu machen. Skinner ersetzte so » die autonome Kraft, der Verhalten gewöhnlich zugeschrieben wird, durch den Begriff der Umwelt«[92] und verband dabei jene mit der Idee der Würde wie zwei Jahrhunderte zuvor Kant. Da es nun diese autonome Kraft aber nicht gebe, müsse die Würde folglich eine Illusion sein; der Mensch existiere »jenseits von Freiheit und Würde«.[93]

Die Zahl der Wissenschaften, die das menschliche Ich für tot erklären, ist mittlerweile groß. Hierzu gehören auch alle strukturalistischen und poststrukturalistischen Strömungen unserer

Zeit, die den Menschen mit einem Objekt oder Spielzeug bewußtloser Zeichen, Regeln und Codes gleichsetzen, hinter denen er gänzlich verschwindet. So fordert der bekannte Ethnologe *Lévi-Strauss*, »vom Subjekt zu abstrahieren – jenem unerträglich verwöhnten Kind, das allzu lange die philosophische Szene beherrscht«[94] habe, und den Blick nur noch auf die Strukturen zu lenken, die sein Leben bestimmen. Ähnlich *Foucault*, der das Subjekt in zufallsblinde Geschichtsprozesse auflöst.

Er entwickelte die sogenannte Diskurstheorie, nach welcher die Geschichte ein subjektlos-anonymes Geschehen darstellt. Dabei verstand er unter Diskurs ein uns Menschen vorgegebenes Aussage- oder Wissenssystem, das selbst festlege, welche Objekte zu welcher Zeit in welcher Ordnung für uns in Erscheinung treten; niemals seien sie »die majestätisch abgewickelte Manifestation eines denkenden, erkennenden und sie aussprechenden Subjekts«[95]. Im Gegenteil unterstehe der Mensch ganz den unbewußten Strukturen der Diskurse, die von sich aus völlig willkürlich sein Denken und Handeln bestimmten. Später ordnete Foucault den Diskursen des Wissens Machtpraktiken und Machttechnologien zu und betrachtete jene als darin fundiert. Jetzt sollten die Diskurse als Ergebnisse anonymer Machtbeziehungen zugleich selbst im Dienst der Macht stehen, die durch Ausschließungen und Disziplinierungen repressive Ordnungen errichtet hat. In beiden Epochen seines Denkens stellte Foucault das menschliche Ich als eine Art geschichtlicher Illusion dar. Jahrzehntelang sprach er nur vom »Verschwinden des Subjekts«[96] oder der »Leere des verschwundenen Menschen«[97], an dessen Stelle anonyme Wissensstrukturen und Machtverhältnisse getreten seien. Das verbindet ihn mit vielen französischen Denkern seiner Zeit, wie Derrida, Baudrillard, Lyotard und Deleuze, die gleichfalls das menschliche Subjekt in diesem vorgeordnete Strukturen und Prozesse auflösen, die keine Rückschlüsse mehr auf eine den Menschen angeborene Würde erlauben.

Ordnete Foucault das menschliche Ich anonymen Geschichtsprozessen unter, so setzen heutige Biowissenschaftler den Menschen immer wieder mit seinen Erbanlagen gleich. Mittlerweile ist man sich einig, daß wir weit mehr genetisch festgelegt sind als wir für gewöhnlich glauben und wahrhaben wollen. »Jeder von uns hat seinen individuellen genetischen Schatten, und keiner von uns kann über seinen genetischen Schatten springen«[98], betont *Mohr.* Heute neigen viele Wissenschaftler dazu, das gesamte menschliche Denken und Handeln, Lieben und Hassen in biologische Begriffe zu übersetzen und dabei das bewußte Leben als Epiphänomen molekularer Großstrukturen zu erklären. Allerdings ist nach wie vor unklar, wie weit sich menschliches Verhalten tatsächlich auf genetische Determinanten zurückführen läßt, wie eindeutig Erbprogramme menschliches Denken und Handeln steuern.

Allgemein ist zu unterscheiden zwischen schwachem und starkem Determinismus. Der erste geht davon aus, daß menschliches Verhalten zwar biologische Wurzeln hat, der Mensch als Produkt der Evolution also kein freischwebender Geist ist, sondern in seinen Lebensäußerungen an Naturgesetze gebunden bleibt, daß er aber zugleich über einen sei es auch noch so engen Spielraum für freie Entscheidungen verfügt, aus eigener Kraft sich von natürlichen Handlungsantrieben teilweise befreien kann.[99]

Im Gegensatz dazu ist nach der starken These das gesamte menschliche Denken und Handeln erbbiologisch festgelegt, wodurch Begriffe wie Selbstbestimmung, Freiheit, Autonomie völlig bedeutungslos werden. Besonders drastisch hat *Dawkins* dies formuliert, für den das Individuum »eine eigennützige Maschine (darstellt), die so programmiert ist, daß sie das tut, was immer für ihre Gene als Gesamtheit am besten ist.«[100] Wir Menschen seien »Überlebensmaschinen, Roboter, blind programmiert zur Erhaltung der selbstsüchtigen Moleküle, die Gene genannt werden«[101]; eine Mutter sei folglich nichts als »eine Maschine zur optimalen Ausbreitung ihrer Gene«[102]. So gesehen hat die Natur den Menschen »nicht als Subjekt, sondern als Objekt«[103] konzipiert, als ohnmächtigen Spielball übermächtiger Naturkräfte. Doch sollte man Aussagen dieser Art mit Vorsicht zur Kenntnis nehmen, da das bisherige Wissen über den Menschen größtenteils aus Mutmaßungen besteht; vieles ist nach wie vor ungeklärt. Andererseits wiegen die heutigen Erkenntnisse bereits schwer genug, um die Idee menschlicher Wesenswürde radikal in Frage stellen zu können und sie als Schall und Rauch erscheinen zu lassen.

Den Verdacht der Nichtigkeit menschlicher Würde rufen auch die seit einigen Jahren in den Mittelpunkt philosophischen Interesses gerückten Ergebnisse der *Neurowissenschaften* hervor, denen zufolge unser Geistesleben stärker als bislang vermutet von corticalen Vorgängen abhängt. Heute begnügt man sich längst nicht mehr damit, die Wesenswürde in genetische Determinanten aufzulösen, man zersetzt sie zudem in neurophysiologischen Prozessen. Nach dem gegenwärtigen Stand der Forschung besteht eine so enge Verbindung des Bewußtseins mit Hirnvorgängen, daß es gerechtfertigt zu sein scheint, den Menschen als ohnmächtigen Träger einer von Naturereignissen vorbestimmten Rolle zu bezeichnen, als Marionette, nicht aber als freien Architekten seines Lebens. Sollte das stimmen, hätte die Idee der Würde nicht einmal mehr ornamentale, geschweige fundamentale Bedeutung; denn ist das Ich eine Illusion, dann ist es die Wesenswürde erst recht.

Natürlich stimmt diese Sichtweise nicht mit dem überein, was wir Tag für Tag erleben; Menschen, die sich Gedanken über ihr Dasein, mit Heidegger gesprochen, Sorgen um ihr In-der-Welt-sein machen. In ihrem wahrnehmenden, fühlenden, denkenden, wollenden Alltagsleben wissen sie nichts über Hirnmechanismen, die ihr Verhalten steuern, von dem, was in ihrem Gehirn abläuft. Das meiste hiervon bleibt dem bewußten Erleben unzugänglich, verborgen, und doch ist es der wissenschaftlichen Forschung möglich, beobachtbares Verhalten als gehirngesteuerte Prozesse zu erklären.[104]

Vermutlich ist das menschliche Gehirn das komplexeste Gebilde im Universum: Es besteht aus einer Billion Zellen, von denen allein hundert Milliarden Nervenzellen, Neuronen, sind. Die aus mehreren Teilen zusammengesetzte Großhirnrinde, der Cortex, gilt als Sitz des Bewußtseins, an dessen Entstehung auch andere Hirnteile beteiligt sind. Das sogenannte limbische System bringt Affekte und Werte hervor, weshalb es gefühlsmäßiges Verhaltensbewertungssystem genannt wird, das anatomisch und funktional ebenfalls mit angrenzenden Hirnarealen eng verbunden ist. Allgemein betrachtet entsteht »Bewußtsein [...] unter Beteiligung der verschiedensten, das gesamte Gehirn durchziehenden Systeme«[105], worauf nicht näher eingegangen sei. Festzuhalten bleibt allein: Wann immer eine Person geistig tätig ist, laufen in ihrem Körper bestimmte festgelegte neurophysiologische Prozesse ab.

In der Gegenwart üben die Forschungsergebnisse aus den Bereichen Neurobiologie und Computerwissenschaft eine starke Anziehungskraft, fast magische Wirkung auf die philosophische Fachwelt aus. Viele Denker sind von einer weitgehenden Reduzierbarkeit des Mentalen auf physiologische Vorgänge überzeugt. Im 18. Jahrhundert hatten bereits Lamettrie und Holbach die vollständige Abhängigkeit des Geistigen von Naturhaftem behauptet, im Denken eine Tätigkeit der Materie gesehen, Seele und Körper als dasselbe vorgestellt, betrachtet unter verschiedenen Gesichtspunkten. Aber die denkbar radikalste Naturalisierung des menschlichen Subjekts führten in unserem Jahrhundert Philosophen wie Paul Churchland und Richard Rorty durch. Sie vertraten nicht nur die Auffassung, daß sich unsere Empfindungen, Vorstellungen, Gedanken, Urteile als gehirngesteuertes Geschehen in neurophysiologische Ausdrücke übersetzen und dadurch erklären lassen. Lange Zeit waren sie sogar davon überzeugt, daß es keinerlei bewußte Zustände gebe, und daß die »mentalistische« Sprache ohne Verlust eliminierbar sei. Das Subjekt existiere nicht im Sinne einer eigenständigen Wirklichkeit, sondern lasse sich vollständig in neuronale Prozesse auflösen. *Rorty* nannte diese Position »eliminativen Materialismus«[106], dem zufolge die Rede von bewußten Zuständen der Annahme von Dämonen entspricht, an deren Stelle heute physikalische Kausalursachen getreten seien: »Die Bezugnahme auf mentale Zustände könnte irgendwann ebenso veraltet sein wie die Bezugnahme auf Dämonen, und dann könnte man ganz selbstverständlich sagen, wir hätten nun, obwohl Menschen früher glaubten, es gäbe mentale Zustände, entdeckt, daß es nichts dergleichen gibt.«[107] Berichte über Gedanken, Wünsche oder Empfindungen wären dann nicht mehr nur in Gehirnprozesse übersetzbar, sondern sogar durch solche ersetzbar, und die Idee der Menschenwürde hätte sich dann endgültig als veraltet, ja, als illusorisch erwiesen.

Nicht so radikal, dafür aber genauso bedrohlich sind die verschiedenen Spielarten des sogenannten Epiphänomenalismus, in welchem der Mensch gleichfalls nur als ohnmächtiges Stück Natur vorkommt. Hier gelten menschliche Gefühle und Gedanken – wenn nicht als bloße Einbildungen – so doch als unwesentliche Begleiterscheinungen physikalischer Ereignisse. Es gebe sie zwar, aber sie seien einseitig abhängig von neuronalen Prozessen.

Andere sind in der strittigen Frage zurückhaltender, indem sie entweder von einer Identität oder Parallelität mentaler und neuronaler Vorgänge ausgehen, ohne hierbei jene auf letztere völlig zu reduzieren. Sie sagen, wenn eine Person geistig tätig ist, dann laufen diese und jene Prozesse in ihrem Gehirn ab, mit denen das bewußte Leben aufs engste zusammenhängt, im Grenzfall sogar zusammenfällt.

Alles in allem gibt es offenbar ebenso erbitterte wie gemäßigte Geistphilosophen in unserer Zeit. Die einen glauben tendenziell an die vollständige Reduzierbarkeit des Psychischen aufs Physische. Hierfür spricht eine Reihe von Experimenten mit Patienten, die bei elektrischen Reizungen bestimmter Hirnareale Stimmen oder Melodien zu hören glaubten, sich an bestimmte Erlebnisse erinnerten oder plötzlich ihre Finger bewegten. Hinzu kommt die Entdeckung einer merkwürdigen Zeitverzögerung. Man hat herausgefunden, daß das menschliche Hirn, noch ehe der Einzelne den Entschluß faßt, seine Hände zu bewegen, schon mit der Vorbereitung dieser Bewegung beginnt, wodurch die alte Idee menschlicher Willensfreiheit – jedenfalls bezüglich unserer Körperbewegungen – ins Wanken gerät.

Allerdings gibt es daneben heute auch noch die gemäßigten Geistphilosophen, die nicht von einer strengen Determination menschlichen Denkens und Handelns ausgehen. Abgesehen davon, daß wir unser konkretes Verhalten wohl niemals bis in die Einzelheiten vollständig erklären können, weil es zu komplex ist, steht keineswegs fest, daß wir in jeder Beziehung durch anonyme Naturprozesse festgelegt sind. Theorien, welche diese Auffassung vertreten, lassen nach wie vor sehr zu wünschen übrig; sie enthalten zu viele Unverständlichkeiten, Widersprüche, offene Fragen. Wahrscheinlich schießt die Annahme, nach welcher der Einzelne nichts als ein ohnmächtiges Stück Natur ist, über das Ziel hinaus.[108] Doch soll damit keineswegs geleugnet werden, daß wir neurowissenschaftlich und molekularbiologisch betrachtet vermutlich abhängiger sind, als wir heute bereits ahnen. Es sei auch nicht bestritten, daß der traditionelle Leib-Seele-Dualismus keine tragfähige Grundlage mehr hat und daß der Mensch trotz Fähigkeit zu bewußtem Denken und Handeln ein Lebewesen unter anderen ist[109], dessen Abstand zum Tier, was das Hirn anbelangt, längst nicht so groß ist, wie herkömmlicherweise angenommen wird. Inzwischen weiß man, »daß das menschliche Gehirn denselben Grundaufbau wie das Gehirn aller anderen Wirbeltiere hat. Es ist vom Gehirn der übrigen Säugetiere in den meisten Details nicht unterschieden. [...] Vom Gehirn unserer nächsten biologischen Verwandten, der Menschenaffen, ist unser Gehirn mit Ausnahme seiner Größe nahezu ununterscheidbar.«[110] Das sind wichtige Erkenntnisse, die zwar nicht die absolute Determination des Menschen beweisen, aber dem traditionellen Menschenbild einen niederschmetternden Schlag versetzen. Vor ihrem Hintergrund wirkt die Idee menschlicher Wesenswürde bedeutungslos und blaß. Die Würde scheint heute zum Raub von Neuronen und Genen zu werden, die sie sich mit wachsendem Appetit einverleiben.

Fassen wir die Ergebnisse von Kosmologie, Evolutionsbiologie, Molekulargenetik und Neurophysiologie zusammen, so wird der Schluß unvermeidlich: Der Mensch ist keineswegs der vornehmste Buchstabe im Buch der Natur, denn es gibt nichts darin, was er als Zeichen für seine Besonderheit und Wichtigkeit, als Kennzeichnen seiner Würde auf sich beziehen könnte. So gesehen desillusionieren die modernen Wissenschaften jedes Vorhaben, hinter der nackten Faktizität des menschlichen Daseins noch eine höhere Wertbestimmung ausfindig zu machen. Die Indizien hiergegen sind genauso erdrückend wie bedrückend. Mit unserer Gottebenbildlichkeit scheint es nicht weit her zu sein, und mit der Erhebung des Menschen zu einem alles überragenden Vernunftwesen scheint es nicht viel besser zu stehen. Trotz aufrechtem Gang und damit verknüpfter Ausbildung der Hand – einem Zeichen von Kraft und Größe, dem Gegenteil hündischer Unterwürfigkeit – ist der Mensch wahrscheinlich nur ein vergängliches Stück um sich selbst bekümmerte Natur in einer um ihn unbekümmerten Welt – ein »ens naturae«. Damit aber wäre endgültig verspielt, was er einst besaß: Wesenswürde.

Die Forderung nach weltanschaulicher Neutralität gebietet Staat und Recht lediglich, so zu tun, *als ob* es die Wesenswürde nicht gäbe, und die Entscheidung hierüber jedem Bürger selbst zu überlassen. Aus Sicht der heutigen Naturwissenschaften und des modernen Naturalismus ist es dagegen ziemlich sicher, daß es die Wesenswürde *überhaupt* nicht gibt. Allerdings steht keineswegs fest, ob wir mit Vermutungen solcher Art auch fertig werden können. Manchmal ermöglicht erst Unwissenheit ein gutes Leben! Menschen glauben gerne das, was sie wollen, und nicht unbedingt das, was sie sehen. Ihr Glaube ist häufig stärker als ihre Sinne. Da ohne Zuversicht, Trost und Hoffnung das Leben unerträglich zu sein scheint, ziehen verständlicherweise viele im Zweifelsfall ihr Lebensbehagen häßlichen Wahrheiten vor. Das darf man niemandem vorwerfen, selbst wenn Hoffnung, Trost und Selbstwertgefühl auf problematischen Tatsachenleugnungen gründen sollten, was hier allerdings nicht entschieden sei.

An Dürigs Objektformel anknüpfend, welche nachweislich auf der Philosophie Kants gründet, weisen die Bundesverfassungsrichter immer wieder darauf hin, daß die Würde des Menschen verletze, wer ihn als Sache entwerte oder als bloßes Mittel mißbrauche. Dabei haben sie besonders die willkürliche Ausnutzung und Verplanung des Einzelnen durch Staatsgewalt und Bürokratie, aber auch durch Mitbürger vor Augen. Ausdrücklich wird betont, daß es der menschlichen Würde widerspreche, »den Menschen zum bloßen Objekt im Staat zu machen«[111], da dieser dadurch »einer Behandlung ausgesetzt wäre, die seine Subjektqualität prinzipiell in Frage stellt[e].«[112]

Hierbei übersehen die Bundesverfassungsrichter vollständig, daß von den heutigen Naturwissenschaften eine ganz ähnliche Gefahr ausgeht. Auch sie betrachten den Menschen als materielles Etwas, indem sie ihn zu einem ohnmächtigen Objekt im Spiel subjektloser, anonymer Kräfte machen, und der Naturalismus liefert das passende Weltbild dazu, auf dem der Einzelne nur noch als ein an sich gleichgültiges Naturstück erscheint. Selbstverständlich läßt ein solches Bild keinerlei Rückschlüsse mehr auf die Wesenswürde des Menschen zu; an der besagten Objektformel gemessen, erscheint es sogar als würdeverletzend, was, verallgemeinert gesprochen, beweist, daß naturwissenschaftliche Erkenntnisse rechtliche Grundsätze in Frage stellen können. Denn nicht nur daß sie dem *Grundgesetz*, der *Europäischen Verfassung* und *Allgemeinen Erklärung der Menschenrechte* manchmal widersprechen, sie scheinen für das Recht insgesamt von Bedeutung zu sein und somit auch für das Strafrecht.

Die Würde des Verbrechers

Im Unterschied zu Tadel hat Strafe Zwangscharakter und greift dadurch tiefer als jede Form der moralischen Mißbilligung in die persönliche Freiheit des Einzelnen ein. Schon deshalb ist jegliche Bestrafung für sich genommen problematisch, der Rechtfertigung bedürftiger, als es Rügen, Verweise und die übrigen Arten der Kritik sind. Heute unterscheidet man zwei große Straftheorien: die sogenannte *retrospektiv-retributive* und die *prospektiv-präventive.*[113]

Erstere bezieht sich ausschließlich auf eine in der Vergangenheit begangene Straftat und heißt darum retrospektiv. Jemand wird bestraft, weil er etwas verbrochen hat. Dabei rechtfertigt man seine Bestrafung mit der Schuld, die er auf sich geladen hat. Keine Strafe ohne Schuld – nulla poena sine culpa – lautet ein alter Grundsatz. Schuld aber setzt freie Urheberschaft voraus, »persönliche Freiheit als reale Macht«[114], wie *Nicolai Hartmann* betont. Ohne Freiheit kann ein Straftäter nicht für sein Handeln verantwortlich gemacht werden, nicht als zurechnungs- und schuldfähig gelten.[115] Ohne Freiheit kann aber auch niemand ernsthaft Versprechen geben, Verträge schließen, Verpflichtungen eingehen; niemand könnte garantieren, sich daran zu halten, dem Versprochenen nachzukommen – wie dem in der Wirklichkeit auch oft genug so ist. Menschen machen sich schuldig, wenn sie anders hätten handeln können, als sie es taten, und darum bemißt man das »ob« und »wie lange« einer Freiheitsstrafe außer an der Größe des Verbrechens auch und vor allem am Grad der Freiwilligkeit und Absichtlichkeit der Straftat. Nach der retrospektiv-retributiven Straftheorie sollen Schwere der Tat und Größe der Schuld über das Strafmaß entscheiden. Dabei fordern die Anhänger dieser Theorie gewöhnlich eine Gleichheit von Straftat und Strafe gemäß dem Talionsprinzip: »Auge um Auge, Zahn um Zahn«. Angetanes Übel sei entweder in gleicher oder anderer, dafür aber gleichwertiger Münze zurückzuzahlen – nicht unbedingt heimzuzahlen. Deswegen nennt man diese Theorie auch retributiv, was soviel bedeutet wie »zurückgeben« oder »wiederherstellen«. Die retrospektiv-retributive Straftheorie, welche die Vernunftphilosophen *Kant* und *Hegel* vertraten, ist vergeltungsorientiert.

Anders dagegen die prospektiv-präventive Straftheorie, welche die Utilitaristen *Bentham* und *Mill* befürworteten. Diese blickten hauptsächlich auf die künftigen Wirkungen der Strafe und waren so eher verhütungs- als vergeltungsorientiert, weshalb man ihre Theorie auch prospektiv-präventiv nennt. Die Frage nach Schuld, Verantwortlichkeit, Zurechnungsfähigkeit und damit Freiheit bleibt bei ihnen weitgehend ausgeklammert. Es gilt der Grundsatz: das Vergangene läßt sich nicht mehr ungeschehen machen; das einzige, was man tun kann, ist, dafür zu sorgen, daß es sich künftig nicht wiederholt. Der eigentliche Strafzweck ist sonach Verhindern durch Zuvorkommen, kurz, Prävention. Im einzelnen unterscheidet man vier Arten der Prävention: die sogenannte *negative Spezialprävention* – Strafe als Abschreckung des Täters vor künftigen Straftaten sowie als Schutz der Allgemeinheit; dann *positive Spezialprävention* – Strafvollzug als Versuch, den Straftäter zu bessern und zu heilen mit dem Ziel seiner Wiedereingliederung in die Gesellschaft, von der er auf Zeit ausgeschlossen wurde; drittens *negative Generalprävention* – Strafe eines Verbrechers als Warnung für all jene, die mit dem Gedanken spielen, eine Straftat zu begehen, und schließlich *positive Generalprävention*, der zufolge die Bestrafung eines Täters die übrigen Bürger in ihrer Rechtstreue stärken und zur Einhaltung der Gesetze ermutigen soll.

Nach alldem wird gestraft entweder, *weil* gefehlt *wurde* – punitur, quia peccatum est – oder, *damit* nicht gefehlt *wird* – punitur, ne peccetur.

Sei es Kant, Fichte, Schelling oder Hegel, sie alle waren von der menschlichen Schuldfähigkeit überzeugt und befürworteten deshalb die retrospektiv-retributive Straftheorie, nach der jemand bestraft werden soll, weil er gefehlt hat. Sie glaubten an die Freiheit des Menschen nicht nur dem Naturgeschehen, sondern auch moralischen Geboten gegenüber, denn es liege in der Macht des Einzelnen, diese zu befolgen oder nicht. Dabei sei es sogar so: Wer sich im Zustand absoluter Zurechnungsfähigkeit eines Verbrechens schuldig mache, einen Einbruch begehe oder Mord verübe, der verdiene nicht bloß Strafe, er habe zudem ein Recht darauf.

Einen Menschen zu bestrafen, weil er Schuld auf sich geladen habe, heiße nämlich, ihn als freie Person anzuerkennen, weshalb Bestrafung zur Achtung der Würde eines Verbrechers gehöre. Diesen kann man nur dann von jeder Schuld freisprechen, obwohl er sich etwas zuschulden kommen ließ, wenn sich für sein Fehlverhalten äußere Umstände oder innere Zwänge verantwortlich machen lassen. Dann muß man ihn für unzurechnungsfähig erklären, als ohnmächtig und fremdbestimmt ansehen, ihm damit aber die Würde aberkennen, die ja auch das Bundesverfassungsgericht auf die menschliche Freiheit gründet. Wie die Dinge liegen, kann man einen Verbrecher nur mit Hilfe der retrospektiv-retributiven Straftheorie als vollwertiges Subjekt würdigen.

In diesem Sinne schrieb bereits *Platon,* daß dem Menschen nichts Schlimmeres widerfahren könne, als daß er Unrecht tue und nicht dafür bestraft werde[116], worauf er als freie Person aber berechtigten Anspruch habe. Hegel sagte sogar: »Die Verletzung, die dem Verbrecher [durch Strafe] widerfährt, ist nicht nur an sich gerecht – als gerecht ist sie zugleich sein an sich seiender Wille, ein Dasein seiner Freiheit, sein Recht. [...] Daß die Strafe [...] als sein eigenes Recht [...] angesehen wird, darin wird der Verbrecher als Vernünftiges geehrt.«[117] Diese Ehre werde ihm durch den Schuldspruch zuteil, durch den er als geistig-sittliches Wesen geachtet werde. Selbst Marx war der Auffassung, daß nur die retrospektiv-retributive »Theorie der Bestrafung [...] die menschliche Würde«[118] anerkennt. Am deutlichsten allerdings formuliert das *Nicolai Hartmann:* »Ein sittlich hochentwickelter Mensch [...] erhebt [...] Anspruch auf Zurechnung; ja er sieht sich in seiner Menschenwürde verletzt, wenn ihm die Zurechnung seiner Taten versagt wird. Solches Versagen empfindet er als Unzurechnungsfähigkeits-Erklärung, als ein Absprechen seines sittlichen Werts als Person, und darum als eine Art Entmündigung und Entwürdigung. Sogar die gutgemeinte Entschuldigung – sei es aufgrund von Umständen oder seelischen Zuständen – weist der sittlich Reife mit Recht zurück. Er will verantwortlich sein, wo er sich verantwortlich fühlt. Darum wacht er über der Anerkennung seiner Zurechnungsfähigkeit. [...] Rechne ich dem anderen nicht zu, was im Bereich seiner Verantwortung liegt, so negiere ich damit [...] ihn selbst als sittliche Person. Nimmt mir jemand die Verantwortung ab, die ich trage, so vergeht er sich an meinem Grundwesen als Person.«[119] Das heißt, »wer Schuld auf sich geladen hat, kann sie nur um den Preis der eigenen autonomen Person von sich abwälzen. [...] Gibt aber die Person ihre Autonomie [...] preis, so gibt sie sich selbst preis. Das entlastete Wesen ist dann nicht mehr das volle Menschenwesen, nicht mehr die vollwertige Person.«[120] Wer also eine Straftat begangen hat und trotzdem als Mensch geachtet werden möchte, der muß geradezu auf seine Bestrafung bestehen, wenn er seine Selbstachtung und Würde behalten möchte und nicht als ohnmächtige Marionette von Natur oder Gesellschaft gelten will.

Dem deutschen *Strafrecht* liegt ein Menschenbild zugrunde, das von der grundsätzlichen Freiheit und Schuldfähigkeit des Menschen ausgeht, also die retrospektiv-retributive Straftheorie verteidigt. So heißt es in §46 des *Strafgesetzbuches:* »Die Schuld des Täters ist Grundlage für die Zumessung der Strafe«, wobei die Umstände, die für und gegen den Täter sprechen, vom Gericht gegeneinander abzuwägen seien, wie überhaupt die Beweggründe, Ziele und Gesinnung des Täters, aber auch die Schwere der Tat nicht außer acht gelassen werden dürfen. Strafzweck sei aber vor allem die Vergeltung schuldhaft begangenen Unrechts. Doch werden auch spezialpräventive

Gesichtspunkte anerkannt. So heißt es weiter in §46 des Strafgesetzbuches: »Die Wirkungen, die von der Strafe für das künftige Leben des Täters in der Gesellschaft zu erwarten sind, sind zu berücksichtigen.« Diese Formulierung zielt auf positive Spezialprävention, auf Resozialisierung, Besserung, Heilung des Straftäters. Anders im Ausdruck und dennoch gleichen Sinns §2 des *Strafvollzugsgesetzes*: »Im Vollzug der Freiheitsstrafe soll der Gefangene fähig werden, künftig in sozialer Verantwortung ein Leben ohne Straftaten zu führen. Der Vollzug der Freiheitsstrafe dient auch dem Schutz der Allgemeinheit vor weiteren Straftaten.« Während der erste Satz mit der Idee der positiven Spezialprävention übereinstimmt, ist der zweite Satz ein Beispiel für die negative Spezialprävention.

Bezüglich der Generalprävention wird dagegen immer wieder betont, daß sie weder Ziel noch Aufgabe der Bestrafung sein dürfe. Niemand soll bestraft werden, nur um andere davon abzuhalten, straffällig zu werden oder um die Bürger zur Anerkennung der Rechtsordnung zu bewegen. Der gesetzmäßige Strafvollzug und die Androhung von Zwangsmaßnahmen dürften zwar solcherlei bewirken, und man solle es auch gutheißen, wenn sie dieses wirklich täten. Rein generalpräventiver Strafvollzug sei aber mit der Würde des Menschen unvereinbar, weil der Einzelne dadurch zum bloßen Objekt staatlichen Handelns, Mittel zum Zweck, Werkzeug und Instrument degradiert werde. Entsprechend verfügte das Bundesverfassungsgericht, daß »der Täter nicht zum bloßen Objekt der Verbrechensbekämpfung unter Verletzung seines verfassungsrechtlich geschützten sozialen Wert- und Achtungsanspruchs«[121] gemacht werden dürfe, wenn auch generalpräventive Aspekte mit zu berücksichtigen seien für den Fall, daß ein Straftäter durch sein Verhalten anderen ein schlechtes Beispiel gegeben habe.

Man erkennt, beide großen Straftheorien spielen im deutschen Recht eine wesentliche Rolle, obgleich die retrospektiv-retributive Straftheorie in der Rangfolge höher bewertet wird als die prospektiv-präventive. Darin wiederum wird normalerweise die Resozialisierung stärker gewichtet als Abschreckung und Schutz der Allgemeinheit, ohne daß darum letztere vernachlässigt würden.

Nun ist es aber im Zeitalter des wissenschaftlichen Naturalismus leicht möglich zu denken, daß wir ohnmächtige Spielbälle in einem Spiel ohne Spieler sind, folglich freiheitliche Selbstbestimmung eine Täuschung, Schuld eine Illusion darstellt.[122]

Nach Sokrates tut kein Mensch wissentlich Böses; dieses sei vielmehr eine Form von Unwissenheit, entspringe also mangelnder Einsicht bzw. gehe auf die Beschränktheit des menschlichen Verstandes zurück, was man mit *Nietzsche* auch so ausdrücken kann: »Viele Handlungen werden böse genannt und sind nur dumm, weil der Grad der Intelligenz, welcher sich für sie entschied, sehr niedrig war.«[123] Das Böse hielt Nietzsche wie Sokrates nicht für eine tätige Kraft des Verstandes – »causa efficiens«, sondern für Ausdruck und Ergebnis seines Versagens – »causa deficiens«. Wer Böses tue, wisse nicht, was er tue; wüßte er es, so täte er es nicht, denn niemand handele wider besseres Wissen, sobald er solches besitze. Wer aber nicht weiß, was er tut, der macht sich auch nicht schuldig und darf darum nicht bestraft werden; einem solchen kann noch nicht einmal vergeben werden, denn Vergebung setzt bereits Verantwortlichkeit und Zurechnungsfähigkeit voraus. *Jesu* Ausspruch bei der Kreuzigung auf Golgatha: »Vater, vergib ihnen, denn sie wissen nicht, was sie tun«[124], ist mehr als fragwürdig, da es nichts zu vergeben gab, sollten sie wirklich nicht gewußt haben, was sie taten. Besser wäre es gewesen zu sagen: »Vater, vergib ihnen, denn sie wissen, was sie tun; aber gibt ihnen trotzdem eine Möglichkeit zur Besserung.«

Bereits *Aristoteles* widersprach Sokrates, indem er ausdrücklich bestritt, »daß keiner gegen das handelt, was seiner Meinung nach das Bessere ist.«[125] Aristoteles betonte, man könne durchaus vom Richtigen überzeugt sein und doch falsch handeln.[126] Tatsächlich ist es ein Irrtum zu glauben, daß nach Aufhellung des Kopfes durch ethische Erkenntnisse dann auch schon entsprechend gehandelt wird; individualistische Neigungen, Wünsche, Interessen stehen ethischen Forderungen oft machtvoll gegenüber, ja, entgegen, und lähmen das moralische Handeln selbst derjenigen, die eben noch erkannten, daß Grausamkeit und Unfreiheit grundsätzlich zu verabscheuen sind.

Dann aber dürfen auch jene nicht schuldig gesprochen werden, sollten ihre Leidenschaften wirklich so groß gewesen sein, daß sie gar nicht anders handeln konnten. Auch das erkannte Aristoteles, nach dessen Auffassung zwar auch derjenige bestraft werden sollte, der aus Unwissenheit Böses tut, wenn es in seiner Macht lag, sich angemessen zu informieren, dieser aber seiner Informations- und Sorgfaltspflicht nicht nachkam und darum fahrlässig oder nachlässig handelte. Gleichfalls sollte seiner Meinung nach bestraft werden, wer volltrunken Schlimmes anrichtet, da sich niemand betrinken müsse. Wer aber ohne Vorsatz, allein durch Leidenschaft getrieben, Ehebruch begehe, der sei deswegen noch lange kein Ehebrecher, stand doch sein Tun nicht in seiner Macht, sondern geschah aus innerem Zwang. So gesehen handeln sowohl der absolut Unwissende als auch der von Leidenschaften Hingerissene völlig schuldlos, selbst wenn sie sich einiges zuschulden kommen lassen.

Auf diese Weise ist es jedoch möglich, fast jedes menschliche Vergehen zu entschuldigen und so die retrospektiv-retributive Straftheorie zu unterlaufen. Niemand wird ernsthaft bestreiten, daß unser Leben in unterschiedliche Richtungen drängt, unter vielerlei Zwängen steht – inneren wie äußeren. Dazu gehören Charakter, Erziehung, Temperament, die Macht des Unbewußten, der Triebe und gesellschaftlichen Verhältnisse, jener Verhaltensmuster und Wertungen also, in die man fast ohne eigenes Zutun hineinwächst. Die Mehrzahl dieser Bestimmungen bleibt oft unbemerkt und unerkannt; hebt man sie aber ins Bewußtsein, so wird es leicht möglich zu denken, daß freiheitliche Selbstbestimmung eine Täuschung sei und die retrospektiv-retributive Straftheorie auf einer Illusion gründe – einem

Ausspruch *Nietzsches* gemäß: »Die völlige Unverantwortlichkeit des Menschen für sein Handeln und sein Wesen ist der bitterste Tropfen, welchen der Erkennende schlucken muß [...]; er darf nicht mehr loben, nicht tadeln, denn es ist ungereimt, die Natur und die Notwendigkeit zu loben und zu tadeln.«[127] Dann aber wäre die retrospektiv-präventive Straftheorie absolut hinfällig. Lediglich die prospektiv-präventive Straftheorie ist mit dem wissenschaftlichen Naturalismus teilweise vereinbar, da sie das Phänomen der Schuld auf sich beruhen läßt und den Blick ausschließlich auf die Wirkungen der Strafe beim Täter und der Gesellschaft lenkt. Aber wie schon bezüglich der Generalprävention heißt es auch hinsichtlich der Spezialprävention, daß sie mit der Idee der Menschenwürde unverträglich sei, da sie gleichfalls den Straftäter nicht als Person respektiere, sondern zum bloßen Mittel übergeordneter Zwecke degradiere. Ob das Strafziel Abschreckung, Besserung oder Resozialisierung heiße, in jedem Falle sei die Gefahr der Herabwürdigung des Straftäters zu einem bloßen Behandlungsobjekt, seine sozialtherapeutische Instrumentalisierung, zu groß, als daß sie unwidersprochen hingenommen werden könne. In diesem Sinne sind bereits die Worte *Kants* zu verstehen: »Richterliche Strafe [...] kann niemals bloß als Mittel, ein anderes Gute zu befördern, für den Verbrecher selbst, oder für die bürgerliche Gesellschaft, sondern muß jederzeit nur darum wider ihn verhängt werden, weil er verbrochen hat; denn der Mensch kann nie bloß als Mittel zu den Absichten eines anderen gehandhabt und unter die Gegenstände des Sachenrechts gemengt werden, wowider ihn seine angeborne Persönlichkeit schützt [...]. Er muß vorher strafbar befunden worden sein, ehe noch daran gedacht wird, aus dieser Strafe einigen Nutzen für ihn selbst oder seine Mitbürger zu ziehen.«[128] Ähnlich *Hegel*, der im Strafzweck der »Abschreckung und Besserung«[129] ebenfalls eine Abwertung des Menschen zur bloßen Sache sah – eine Sichtweise, welche zur naturalistischen Vorstellung des Menschen als bloßen Objekts gut paßt, womit die Idee der Menschenwürde jedoch völlig unvereinbar ist, wie Kant, Hegel, Marx und im 20. Jahrhundert Nicolai Hartmann oder Robert Spaemann betonen.

Rückblickend ergibt sich folgendes Bild: Droht der *weltanschauliche Neutralitätsanspruch* des säkularen Staates den Ausdruck Menschenwürde gänzlich zu entleeren, so neigt der *starke Anthropozentrismus* der abendländischen Geistesgeschichte dazu, die Würdeidee zu überspannen, während die *modernen Naturwissenschaften* und der *philosophische Naturalismus* wiederum im Begriff sind, das stolze Wort Würde gänzlich zu zerstören. Damit gibt unsere Zeit einhundert Jahre nach *Nietzsche* diesem doch noch recht, der von »Würde des Menschen«[130] als von »schönen Verführungs- und Beruhigungsworte[n]«[131] sprach, von »Begriffs-Halluzinationen, [...] Phantomen«[132]. Denn »das Menschending [sei nur] ein schmähliches und klägliches Nichts und eines Schattens Traum«[133], wie er betonte, dabei auf den antiken Dichter *Pindar* anspielend, der die Menschen mit einem »Schatten im Traum«[134] verglich. Allerdings ist nicht nur bei Nietzsche zu lesen, »daß der Mensch an sich [...] weder Würde noch Rechte noch Pflichten besitzt«[135], Jahrzehnte zuvor beklagte bereits *Schopenhauer* die »Leerheit«[136] des Ausdrucks »Würde des Menschen«[137], der durch seinen »erhabenen Klang dermaßen imponiert, daß nicht leicht einer sich untersteht, heranzutreten, um sie in der Nähe zu untersuchen, wo er dann finden würde, daß [...] sie nur eine hohle Hyperbel ist.«[138] Für ihn ist »der Begriff der Würde auf ein am Willen so sündliches, am Geiste so beschränktes, am Körper so verletzbares und hinfälliges Wesen wie der Mensch nur ironisch anwendbar.«[139]

Wenn das stimmen sollte, dann stehen wir heute vor der unerträglichen Alternative, entweder weiter einer Illusion hinterherzulaufen oder ein Fall für den Verfassungsschutz zu werden!

Ein neues Würdebild

Seit *Aischylos'* Tragödie *Der gefesselte Prometheus* gilt der Sohn des Titanen Iapetos und der Klymene, der den himmlischen Göttern das Feuer stahl, um es den Menschen auf der Erde zu bringen, als Licht- und Kulturbringer. Wenn *Hans Blumenberg* recht hat, dann soll mit dem Prometheus-Mythos aber mehr als dieses ausgesagt werden: »Prometheus erzwingt die Aufwertung des verächtlichen Eintagsgeschlechts zu einer Weltgröße, die auch Zeus nicht wieder unsichtbar machen, in den Hades verschwinden lassen konnte. Aus der objektiven Nichtswürdigkeit der Menschen mehr als ihre Existenzfähigkeit – ihre Existenzwürdigkeit gemacht zu haben, ist der von Prometheus selbst unbestrittene Verstoß gegen die Weltordnung.«[1] Darum sollte ihm seine mutige Tat, durch welche er die Menschen aus ihrer Unwissenheit und ihrem Elend befreite, auch zum Verhängnis werden. Zeus verurteilte Prometheus zu einer harten Strafe: Angefesselt im Kaukasus, wurde er auf schlimmste Weise Tag für Tag von einem Adler gequält, der sich jeden Morgen von neuem auf Prometheus' in der Nacht nachgewachsene Leber stürzte, sie zerriß und fraß, bis Herakles ihn schließlich befreite. Den Göttern das Feuer zu stehlen erwies sich somit als genauso schlimm wie vom Baum der Erkenntnis verbotene Früchte zu essen, was bekanntlich zur Vertreibung Adams und Evas aus dem Paradies führte.

Dennoch besteht das Tragische der menschlichen Auflehnung und Selbstbehauptung gegen Gott weniger in der schweren Buße für ein einzelnes Verbrechen als vielmehr in der Entdeckung, daß das gleiche menschliche Selbst- und Weltbewußtsein, das die Erdenbürger aus ihrer ursprünglichen Nichtswürdigkeit herausholte, sie im Laufe der Jahrhunderte wieder dorthin zurückbrachte. Denn Geist, Verstand, Vernunft, die Fähigkeit, Welt und Mensch erkennen zu können – einst Zeichen menschlicher Würde – haben sich nach und nach gegen sich selbst gewandt, indem sie von sich aus anfingen, ihren besonderen Rang in der Welt zu bestreiten. Der menschliche Geist hat nämlich selbst die kränkende Erkenntnis hervorgebracht, daß es mit ihm als Teil der Natur und so auch mit seiner angemaßten Würde nicht weit her sein kann. Diese bittere Erfahrung bleibt heute nur noch denjenigen erspart, die von den Ergebnissen der modernen Wissenschaften kaum Notiz nehmen. Wer sich aber ein ausgewogenes Urteil über die Bedeutung des Menschen in der Welt bilden möchte, kann nicht umhin, sich darüber zu informieren, will er ernst genommen werden; er hat die Pflicht, tiefer darin einzudringen, auch wenn sich dabei die Idee einer dem Menschen angeborenen Würde als fixe Idee herausstellen sollte.

Selbstbehauptung der Menschenwürde

Angesichts der unaufgebbaren Forderung nach *weltanschaulicher Neutralität* im öffentlichen Leben, aber auch der großen Fragwürdigkeit des *abendländischen Anthropozentrismus* im kulturellen Leben sowie der unleugbaren Vorherrschaft der *mathematischen Naturwissenschaften* in der heutigen Zeit scheinen mittlerweile nicht mehr nur Unbestimmtheit und Unbegründbarkeit der Würdeidee festzustehen, sondern auch deren Phantom-Charakter. Je weiter wir uns auf eine völlig säkularisierte Kultur mit zunehmend naturwissenschaftlichem Weltbild zubewegen, desto fragwürdiger wird die Vorstellung einer uns von Natur aus zukommenden Wesenswürde.

Trotzdem ist es natürlich zulässig, darin eine Wirklichkeit sui generis zu sehen. Der Glaube an die Wesenswürde bleibt auch gegen ein Maximum kritischer Argumente möglich, da Religions- und Weltanschauungsfreiheit – die Möglichkeit, persönlich Ideen anzuhängen, die andere für falsch halten – zu den grundlegenden Rechten der Bürger eines liberalen Gemeinwesens gehört. Mit Kant und Mill gesprochen, sollten alle Menschen so leben dürfen, wie sie möchten, solange sie es auf ihre eigenen Kosten und nicht auf die anderer tun. Das schließt zwar nicht aus, daß man seine Nachbarn von der Richtigkeit der eigenen Auffassung zu überzeugen sucht, ihnen manchmal Ratschläge gibt, Ermahnungen ausspricht, doch sollte sich niemand in die Angelegenheiten seiner Mitmenschen einmischen mit der Absicht, ihnen das eigene Welt- und Menschenbild aufzuzwingen. Aus diesem Grund darf weder der Glaube an die Idee menschlicher Wesenswürde verboten noch der wissenschaftliche Naturalismus anderen vorgeschrieben werden, mag auch noch so viel für dessen Richtigkeit sprechen.

Die modernen Naturwissenschaften haben in den letzten Jahrhunderten großartige Siege errungen, und vermutlich werden sie noch viele davontragen, so daß sich die Waage auch künftig mehr zugunsten des wissenschaftlichen Naturalismus als für irgendeine Art höherer Metaphysik verschieben wird. Aber sosehr die Wissenschaften unsere Erwartungen ans Ideelle und Höhere auch enttäuschen, mit einer völligen Verwerfung der Würdeidee werden wir uns wohl niemals ganz anfreunden oder auch nur abfinden können. Schon in Thomas Manns *Der Zauberberg* revoltiert Settembrini, ein Humanist, der die »Würde und Schönheit des Menschen«[2] auf dessen Freiheit und Geist gründet, »gegen alles, was die Idee des Menschen besudelt und entwürdigt.«[3] Settembrinis »humanistischer Adelsstolz [empfindet bereits] die Gebundenheit des Geistes an das Körperliche, an die Natur [...] als Erniedrigung, als Schimpf«[4], und er hält es für absolut ehrenhaft, wenn »der Geist gegen die Natur seine Würde behaupten will, sich weigert, vor ihr abzudanken.«[5] Die größte Bedrohung der »Menschenwürde«[6] erblickt Settembrini in Krankheit und Tod – in jenem »skandalösen Unfug der Natur«[7], gegen den er im

Namen des Geistes und der Vernunft aufs entschiedenste protestiert.

Erst recht wiegen die Anlässe für die Aufnahme der Menschenwürde ins Recht – die unfaßbaren Verbrechen an der Menschheit zur Zeit des Nationalsozialismus und Stalinismus – zu schwer, als daß man darauf wieder verzichten könnte. Nach der Abschlachtung von Millionen Unschuldiger sollten nie mehr Akte der Barbarei die Idee der Menschenwürde zum Schweigen bringen, die trotz aller neueren Greueltaten – man denke nur an die Massaker von Srebrenica als größten Massenmord in Europa nach dem Zweiten Weltkrieg – fest im allgemeinen Bewußtsein verankert ist, so daß sie nicht mehr einfach aus der Geschichte weggedacht werden kann.

Das Übermaß an Leid und Ungerechtigkeit auch in der heutigen Welt läßt einen Verzicht auf die Idee menschlicher Würde sogar als verantwortungslos erscheinen und ruft nicht nur zu deren Achtung in der alltäglichen Praxis auf, sondern auch zu deren Bewahrung in der philosophischen Theorie. Denn gerade in einer Wirklichkeit ohne höheren Sinn kommt es darauf an, an der Idee der Menschenwürde festzuhalten, weil sie eines Tages vielleicht der einzige immaterielle Wert sein könnte, der uns darin noch verbleibt. So scheint die Situation paradox: Je mehr der religiös-metaphysische und vernunftphilosophische Hintergrund verblaßt, aus dem die Idee der Menschenwürde einst ihre Kraft und Glaubwürdigkeit bezog, um so nötiger haben wir sie. Daher können wir nicht der Frage entkommen, wie trotz *weltanschaulichem Neutralismus, überspanntem Anthropozentrismus* und *säkularem Naturalismus* die Idee der Menschenwürde dennoch lebendig bleiben könnte.

Als Anspruch meldet sie sich überall dort lautstark zu Wort, wo sie verletzt wird, und die Beispiele hierfür sind seit jeher Legion. Unrechtserfahrungen wie üble Verleumdung, grausame Unterdrückung und unmenschliche Bestrafung legen sonach nicht nur die Aufnahme der Würdeidee ins Recht nahe, sie machen überhaupt erst darauf aufmerksam, wie der ehemalige Innenminister *Maihofer* betont: »Daß es so etwas wirklich gibt wie eine Würde des Menschen und was sie bedeutet, wird uns nirgendwo eindrücklicher erfahrbar als in den Grenzsituationen ihrer äußersten Infragestellung.«[8] Denn wehr- und hilflos der Willkür des übermächtigen Staates oder seiner Bürger ausgeliefert zu sein heißt, ein würdeloses Dasein führen zu müssen, menschenunwürdig behandelt zu werden. Gerade in diesem Sinne machen die an der Menschheit verübten Grausamkeiten auf die Idee der Menschenwürde aufmerksam. In pointierter Zuspitzung gesprochen: Die Tatsache, daß Menschen diskriminiert werden aufgrund ihrer religiösen, weltanschaulichen und politischen Überzeugungen, ihrer Hautfarbe, Sprache oder sexuellen Neigung, daß ihnen Nahrung, Unterkunft und Bildung als Voraussetzung für ein mündiges Leben vorenthalten werden, daß es Staaten gibt, die ihre Bürger fürchterlichen Torturen aussetzen, sie an durchaus heilbaren Krankheiten sterben lassen, ihre persönlichen Verhältnisse einschränken, ihnen vorsätzlich Leid zufügen – das alles beweist, daß es eine Menschenwürde gibt und daß sie auf die verschiedenen Formen ihrer Verletzung wie auf Leid, Unfreiheit und Ungerechtigkeit als deren Negation bezogen ist. Anders formuliert, entspringt das Ideal der Menschlichkeit insbesondere der Erfahrung der Unmenschlichkeit. Mit Botho Strauss formuliert: »Die Würde der bettelnden Zigeunerin sehe ich auf den ersten Blick. Nach der Würde meines deformierten, vergnügungslärmigen Landsmannes in der Gesamtheit seiner Anspruchsunverschämtheit muß ich lange, wenn nicht vergeblich suchen. Wie sähe mein protziger Nächster aus, wenn ihn der jähe Schmerz oder Kummer träfe? Vielleicht träte dann seine Würde zum Vorschein.«[9] So fragwürdig es ist, Bilder menschlicher Grausamkeit einer breiten Öffentlichkeit vorzuführen, möglicherweise müssen den Menschen hin und wieder ihre Entwürdigungen vor Augen geführt werden, damit sie ihre Würde erkennen und wahren. Jedenfalls behält der Ausdruck Würde solange eine Bedeutung, wie wir uns noch etwas unter menschlicher Erniedrigung und Demütigung vorstellen können.

Wohl mit die schlimmsten Würdeverletzungen stellen seit jeher Folterungen dar, gewaltsame Eingriffe in die Körper und Seelen fremder Menschen, um ihnen durch Zufügung physischer und psychischer Schmerzen den Willen zu brechen oder unfreiwillige Geständnisse zu erzwingen. Gerade hierbei kennen die von Menschen an Menschen begangenen Verbrechen keine Grenzen: Schläge mit der Faust ins Gesicht, brutales Zerschmettern der Vorderzähne, Penetration der weiblichen Geschlechtsorgane mit elektrifizierten Knüppeln, Elektroschocks an den Hoden, um nur einige Scheußlichkeiten zu nennen. Preußen war in Europa der erste Staat, der Folter im Jahre 1754 vollständig abschaffte. Doch erlebte sie im ausgehenden 19. und beginnenden 20. Jahrhundert wieder eine Renaissance. Heute wenden sich Artikel 104 des *Grundgesetzes* wie Artikel 5 der *Allgemeinen Erklärung der Menschenrechte* gegen solche Torturen mit den Worten: »Niemand darf der Folter oder grausamer, unmenschlicher oder erniedrigender Behandlung oder Strafe unterworfen werden.« Achtung des Menschen schließt Ächtung von Folter, Verurteilung von Vergewaltigung, Verstümmelung und Ausbeutung ein. Nichtsdestotrotz wird mittlerweile in den westlichen Staaten wieder die Frage ernsthaft diskutiert, ob Androhung und Anwendung körperlicher Gewalt bei Verhören nicht doch unter bestimmten Voraussetzungen zu rechtfertigen seien. Hier sei lediglich an den Fall Daschner erinnert, der als stellvertretender Polizeipräsident von Frankfurt im Oktober 2002 einen Kriminalbeamten anwies, den Entführer eines elfjährigen Bankierssohns unter Androhung körperlicher Schmerzen zu zwingen, das Versteck des verschwundenen Jungen preiszugeben.

Nach Auffassung von Niklas Luhmann und dem Verfassungsrechtler Winfried Brugger läßt sich die Idee der Menschenwürde nicht jeder Abwägung gegen Leid und Tod unschuldiger Opfer entziehen. Wenn durch Folterung eines einzelnen Terroristen beispielsweise unabsehbares Leid vieler Menschen verhindert werden könne, dann müsse die Menschenwürde des Terroristen zurückstehen. Die Achtung hiervor lasse sich nicht immer konsequent durchhalten. Jedenfalls sei es völlig irrational, die Würde als unbedingten Eigenwert ohne Rücksicht auf die Folgen menschlichen Handelns absolut zu setzen.

Doch so richtig diese Erkenntnis ist, so wenig legitimiert sie eine Ausnahme vom Verbot der Würdeverletzung, geschweige denn macht sie Folter in Extremfällen mit der Menschenwürde vereinbar. Folter mag in Ausnahmesituationen ethisch vertretbar erscheinen, eine ethische Übertretung bleibt sie trotzdem. Sie ist immer eine Form der Erniedrigung und damit eine unzulässige Mißachtung der Menschenwürde. Folter sollte nicht als Instrument hoheitlicher Gefahrenabwehr eingesetzt werden dürfen. Allerdings gibt es Lebenslagen, in denen die Ausführung des Unzulässigen durch Überschreitung sonst anerkannter ethisch-rechtlicher Grundwerte geboten sein könnte. Damit wird das Verbot, die Menschenwürde zu verletzen, keineswegs eingeschränkt oder aufgehoben. In diesem Falle würde man nur dagegen verstoßen, es aber nicht umstoßen. Wer foltert, verletzt die Menschenwürde, selbst wenn es verständliche Gründe hierfür gibt. Darum bleibt ein solcher Vorstoß immer auch ein Verstoß; er ist unter Umständen entschuldbar, doch gerechtfertigt ist er deshalb noch nicht. Seine ethische Verantwortbarkeit entlastet den Betroffenen nicht von diesem sitten- und rechtswidrigen Vergehen.

Umgekehrt wäre der Preis für die Achtung der Menschenwürde eines Geiselnehmers oder Terroristen die vorhersehbare Verletzung der Menschenwürde unschuldiger Opfer, die doch mindestens genauso zu schützen ist. Konkrete Gefahren für Leib und Leben unschuldiger Personen sollten in jedem Falle abgewehrt werden, wenn die Möglichkeit hierzu besteht. Es ist wohl für die meisten von uns eine unerträgliche Vorstellung, daß infolge eines Verzichts auf Folter eine Vielzahl von Menschen terroristischem Fanatismus zum Opfer fallen könnte. Hier steht Folterverbot gegen Lebensrettung, und das heißt: Menschenwürde gegen Menschenwürde. Trotzdem bleibt Folter auch in solcher Notlage ein sitten- und rechtswidriger Verstoß gegen den höchsten Achtungswert. Diese Wahl geht, rechtlich und moralisch betrachtet, nicht auf, denn sie scheint gleichermaßen verwerflich und vertretbar zu sein, wodurch einmal mehr deutlich wird: Sobald zwei Aspekte der Menschenwürde aufeinanderprallen, läßt sich eine normative Grenzsituation wie der beschriebene Wertungskonflikt nicht mehr ohne weiteres rechtslogisch schlichten. Bei einem solchen Widerspruch zwischen dem moralisch-rechtlich Geforderten ist eine Abwägung unvermeidlich, wodurch der absolute Begriff der Würde zwangsläufig relativiert wird. Einen Ausweg aus dieser vertrackten Situation bietet ein Kompromiß, nach dem der Angeklagte zwar zu verurteilen wäre, anschließend aber begnadigt werden könnte. Jedoch darf niemals der Eindruck entstehen, jemand habe vorbehaltlos richtig und rechtens gehandelt, als er gegen das Folterverbot verstieß.

Ungeachtet dieses schwierigen Problems scheinen Not und Elend ohnehin die menschliche Normalsituation zu sein, nicht aber Überfluß und Größe. Das wird in den wirtschaftlich entwickelten Demokratien unserer Zeit allzu leicht vergessen, während es in den Entwicklungsländern unübersehbar ist. Besonders hier läßt sich die Idee der Würde eher an Mangelerscheinungen und Notlagen erkennen als an höheren Wesensbestimmungen. Verallgemeinert gesprochen: Unsere Verwundbarkeit in vielerlei Hinsicht, unsere Empfindlichkeit für Verletzungen der unterschiedlichsten Art, aber auch unsere Sehnsucht nach gelingender Lebensführung, freiheitlicher Selbstbestimmung und ungestörter Selbstentfaltung machen in auffälliger Weise eine Hilfs- und Schutzbedürftigkeit sichtbar, in der sich ein weltanschaulich neutraler Anspruch auf würdevolle Behandlung mit geradezu bezwingender Evidenz Geltung verschafft. Man könnte das die Selbstbehauptung der Menschenwürde durch das Bewußtwerden ihrer möglichen und wirklichen Mißachtung nennen.

Hierbei beweisen gerade das Verlangen nach einem von Not und Furcht befreiten Leben wie aber auch willkürlicher Freiheitsentzug, grausame Unterdrückung und bittere Armut, die Angstschreie Tausender mit gekrümmtem Rücken und nach oben schielenden Augen, daß der Mensch auch als Naturwesen mehr ist als bloß ein Stück daraus. Alle Nöte und Sorgen dieser Welt besitzen eine unauflösbare Eigenbedeutung, gleichsam einen Mehrwert, der über die dem Denken und Handeln zugrunde liegenden Naturprozesse hinausweist.

Niemand wird wohl bestreiten, daß der Mensch der Selbstzuschreibung, Reflexion und Selbstbewußtwerdung, des Erkennens, der Stellungnahme zu sich und der Welt fähig ist. Wieviele theoretische Argumente auch gegen die Behauptung eines sich selbst bestimmenden Ich sprechen, praktisch dürfte dessen Ausschaltung unmöglich sein. Hierzu passen *Kants* Worte: »Die physiologische Menschenkenntnis geht auf die Forschung dessen, was die Natur aus dem Menschen macht, die pragmatische auf das, was er als frei handelndes Wesen aus sich selber macht, oder machen kann und soll.«[10] Die heutigen Naturalisten neigen dazu, das Pragmatische im Physiologischen untergehen zu lassen, doch die Tatsache des wirklich gelebten Lebens steht diesem Vorgehen macht- und eindrucksvoll entgegen. Trotzdem bekommt man das menschliche Subjekt theoretisch nicht so zu fassen, daß man sich von seiner Realität zweifelsfrei überzeugen könnte. Sittengesetz, Existenzangst, Schuld- und Verantwortungsgefühl, das Wissen um unsere menschliche Selbstbestimmung sowie die Erfahrung davon reichen nicht aus, um uns zu beweisen, daß es das menschliche Ich wirklich gibt, daß Selbstbestimmung keine Täuschung oder Illusion ist, wie manche glauben, denn die unser Denken und Handeln bestimmenden Kräfte müssen nicht notwendig ins Bewußtsein treten; sie können uns durchaus verborgen bleiben.

Nach wie vor werden Vorstellungen dieser Art von vielen als

demütigend empfunden, seit Freud und Carnap als Kränkungen des menschlichen Selbstwertgefühls bezeichnet. Alle Versuche, das menschliche Subjekt in ihm vor- und übergeordnete Naturprozesse aufzulösen, stehen in diesem Katalog der theoretischen Erniedrigungen des Menschen. Weiter gehören dazu Namen wie Kopernikus, der die Erde aus dem Mittelpunkt des Alls entfernte, Darwin, der auf die Abstammung des Menschen aus dem Tierreich hinwies, Marx, der die Geschichte durch materielle Faktoren erklärte, Nietzsche, der die Moral auf niedere Instinkte zurückführte, und Freud selbst, nach dem das vielgerühmte Ich von Es und Über-Ich beherrscht wird.[11]

Doch ist keineswegs sicher, ob man die Rettung des heute oftmals totgesagten Subjekts überhaupt wünschen soll. Denn im Schutz des eigenen Nichtseins, das heißt völliger Ohnmacht und Abhängigkeit, zu existieren, könnte möglicherweise angenehmer sein, als unter der unabwälzbaren Last, sein Leben selbstverantwortlich führen zu müssen und zudem noch ein gutes Leben führen zu sollen. So gesehen ist der Tod des Subjekts weniger kränkend als häufig angenommen wird. Im Gegenteil erscheint er sogar als tröstlich, bedeutet er doch ein Leben ohne Grund zur Sorge. Im Schatten absoluter Determination sein Leben zu führen, gibt nämlich Grund zur Hoffnung, sich nicht mehr mit der eigenen beschwerlichen Existenz abmühen zu müssen, sondern sich getrost der Leitung seiner Gene und Neuronen überlassen zu können, weshalb der Tod des Subjekts weniger gefürchtet als vielmehr begrüßt werden sollte.

Aber so einfach liegen die Dinge leider nicht: Wie winzig wir Menschen, von einer fernen Galaxie in den beängstigenden Weiten des unermeßlichen Weltalls betrachtet, auch aussehen mögen, wie unwahrscheinlich unser Auftreten in der Entwicklung des Ganzen von Anbeginn war, wie kurz unser Leben auf der Erde, gemessen an den ungeheuren Zeiträumen des Alls, auch währt und wie tief schließlich die unserem Willen entzogenen genetischen Programme und neurophysiologischen Abläufe in unser Dasein hineinreichen – wir sind dazu verurteilt, unsere not- und sorgenvolle Existenz selbst zu gestalten, mit ihren Aufgaben und Problemen alleine fertigzuwerden. Dabei können wir weder unsere Gene noch Neuronen befragen, sondern bleiben wie bisher auf unsere Klugheit und Urteilskraft angewiesen. Menschliches Leben mag ein ohnmächtiger Vorgang der Natur sein, es ist immer auch Sorge um sich, und, so verstanden, mühsam, anstrengend, seines Gelingens niemals sicher. Die Möglichkeit zu scheitern liegt stets auf der Lauer und muß immer wieder von neuem abgewehrt werden. Somit bleibt auch eine in die verwissenschaftlichte Natur eingegliederte Menschheit in allen Fragen des Lebens sich völlig selbst überlassen, ihrer eigenen Intelligenz anvertraut, die sie bedauerlicherweise viel zu oft ungenutzt läßt.

Wenn das stimmen sollte, und jeder Zweifel daran wird durch unser täglich gelebtes Leben widerlegt, dann ist der Mensch auch als gleichgültiges Objekt der Natur zugleich ein um sich selbst bekümmertes Subjekt, »ein geplagtes Ich«[12], wie Jonas, an Heideggers Beschreibung des menschlichen Daseins als Sorge anknüpfend, einmal sagte, für das auch im Zeitalter des wissenschaftlichen Naturalismus die Frage nach seiner Würde bedeutsam bleibt. Das erkannte der mittlere Rorty, der schrieb, daß »keine Hoffnung oder Gefahr besteht, daß die Erkenntnis seiner selbst als en-soi, jemandes Existenz als pour-soi ein Ende machen wird.«[13] Bildhaft gesprochen: Liebesgefühle mögen als Zusammenspiel von Hormonen und Neuronen erklärbar sein, Töne als Schalldruckwellen mit bestimmter Frequenz, Rhythmen und Harmonien als nach numerischen Regeln geordnete Zeitabläufe und Frequenzverhältnisse, Farben als elektromagnetische Strahlungen bestimmter Wellenlängen, trotzdem bleiben eine gelungene Partnerschaft, eine uns ansprechende Melodie und ein uns berührendes Bild, was sie für uns schon immer waren: ein Sinnerleben eigener Art. Sicherlich hat dieses physiologische Grundlagen, aber »wer will eine

Messe von Palestrina widerlegen, oder wer will die Madonna Raffaels des Irrtums zeihen?«[14]

Noch einmal anders gewendet: Was auch immer wir Menschen aus naturwissenschaftlicher Sicht sind, im privaten und öffentlichen Alltag, in Fragen der Berufs- und Partnerwahl und den weniger brisanten der Kleidung oder des Urlaubs können wir nicht die unserem Denken und Handeln zugrunde liegenden Naturprozesse befragen, sondern sind auf uns selbst gestellt und auf Verständigung mit unseresgleichen angewiesen. So nichtig das Leben vielleicht ist und sosehr die darin getroffenen Entscheidungen auch außerhalb der Reichweite unseres Willens liegen, ernst nehmen müssen wir sie doch. Selbst wenn es Freiheit an sich nicht geben sollte, Freiheit im alltäglichen, politischen und rechtlichen Sinne als Möglichkeit zu Selbstentfaltung bleibt ein schützenswertes Gut, jeweils begrenzt durch die Freiheit unserer Mitmenschen. Gleichfalls können und werden wir nicht aufhören, unsere Kinder, Jugendlichen und Erwachsenen zu erziehen und an deren Lernfähigkeit zu glauben. Auch als ohnmächtige Anhängsel anonymer Naturprozesse sind wir zu Selbstbestimmung gezwungen, leiden wir an den Widersprüchen zwischen unseren Vorhaben und deren Scheitern, unterscheiden wir wie zuvor zwischen gelingender und mißlingender Lebensführung, beschäftigen wir uns mit Themen wie Selbstachtung und gegenseitigem Verstehen, empören uns über Unterdrückung und Ungerechtigkeit, empfinden alle das Leben erniedrigenden Kräfte als grausam, gleichsam unter aller Würde und bestimmte gesellschaftliche Verhältnisse als völlig würdelos. Darum wird der noch so harte Naturalist wohl niemandem das Recht einräumen wollen, seine Mitmenschen bloß als Objekte zu behandeln, nur weil er eine wissenschaftliche Theorie vertritt, nach welcher der Mensch ein bloßes Objekt ist.[15] Denn schwerer als die Erkenntnis absoluter Determination wiegen das Freiheitsverlangen der Menschen sowie deren Sorgen und Nöte, die uns immer wieder zu mehr Einsatz für eine leidfreiere, gerechtere Gesellschaft gemahnen. Das heißt, auch im säkularen Naturalismus muß man mit *Camus* fragen: »Wie kann man leben, wenn man weder an Gott noch an die Vernunft glaubt?«[16] Genaugenommen ist es sogar so: Je tiefer der Mensch in die entzauberte Natur hineingezogen wird, desto wichtiger wird eine am Wohlergehen aller Bürger, an den Ideen der Freiheit und Gerechtigkeit orientierte Politik und Rechtsordnung, weil jetzt nur noch sie uns Würde und Wert zu geben vermag.

Aus alldem wird deutlich: Die Entwertung des menschlichen Daseins zu einem ohnmächtigen Stück Natur bedeutet keineswegs Entlastung von der Sorge um sich oder Befreiung von der Suche nach orientierenden Werten und Deutungen, da »wir, auch wenn wir alle objektiv wahren Beschreibungen unserer selbst kennen, [...] noch nicht wissen, was wir mit uns anfangen wollen.«[17] Als materielles Etwas weiß man sich nicht mehr von vorgegebenen Deutungsmustern metaphysischer Art festgelegt und getragen. Deshalb bedeutet ein bloßes Stück Natur zu sein nicht nur, trotzdem sein Leben selbst führen zu müssen, sondern auch in Fragen der Weltauslegung, des Selbstverständnisses und der Gesellschaft sich selbst überlassen zu sein.

Jahrhundertelang war man von der Existenz einer metaphysischen Wesensnatur des Menschen überzeugt, in dem die philosophische Tradition ein Geschöpf ersten Ranges sah: einen Teil der göttlichen Vernunft die Denker der Antike, ein alle übrigen Lebewesen an Vollkommenheit überragendes Ebenbild Gottes die Philosophen des Mittelalters und der Neuzeit, ein aus der Natur herausragendes Vernunftwesen oder absolutes Ich die deutschen Idealisten. Nietzsche verkehrte diese menschlichen Selbstbildnisse ins Gegenteil, indem er den Menschen nur noch als reines Macht- und Triebwesen darstellte. Allerdings stimmen seine Ausführungen mit der philosophischen Tradition insofern überein, als auch er vorgab zu wissen, wer oder was der Mensch im letzten ist, wie dieser sein Leben führen und worauf er es stellen soll. Lebensdeutung und Lebensorientierung bleiben bei ihm wie bei fast allen Denkern der abendländischen Philosophie aufs engste miteinander verbunden. Immer glaubte man, daß sich aus dem, was der Mensch ist, ableiten lasse, was er oder sie zu tun hat, daß menschliche Faktizität also Normativität enthalte, menschliches Handeln – agere – dem vorgegebenem Sein – esse – folgen solle. Demzufolge herrschte also nicht nur Sicherheit darüber, was der Mensch wesensmäßig ist, sondern auch woran er sich im Leben halten soll – nämlich an sein Wesensinneres. Selbstbestimmung hieß Freiheit zur Erfüllung des eigenen Wesensgesetzes, Entfaltung zu dem, was man im Grunde schon ist, wobei jedoch die Meinungen darüber geteilt waren. Für die einen bedeutete es ein Leben gemäß dem Geiste und der Vernunft, für die anderen soviel wie Hinwendung zu Gott und den Nächsten, für wieder andere Ausleben der individuellen Triebe oder im Gegenteil deren völlige Beherrschung, wenn nicht Ausschaltung.

In dem Maße nun, wie sich die Vorstellung vom Menschen als ohnmächtigem Teil der biologischen Natur durchsetzte, wurde auch die Idee der metaphysischen Natur des Menschen und damit jede Form von normativer Wesensbestimmung fragwürdig. Die Erkenntnis, daß wir aus »sechs Fuß einer bestimmten molekularen Reihenfolge von Kohlenstoff-, Wasserstoff-, Sauerstoff-, Stickstoff- und Phosphor-Atomen«[18] bestehen, erschütterte den Glauben an das metaphysische Wesensinnere des Menschen. Doch bedeutet diese theoretische Auflösung des Menschen in lebenspraktischer Beziehung so gut wie nichts; im Gegenteil, sie erschwert sogar noch unser ohnehin beschwerliches Dasein in der Welt. Denn als unerhebliche Teilchen der Natur müssen wir nicht nur trotzdem unser Leben selbst führen, sondern uns auch selbst deuten und alle die Werte festsetzen, an denen wir uns orientieren möchten. Mit anderen Worten, den Menschen metaphysisch zu »entkernen« heißt, seine Natur stumm werden lassen auf die Frage, als was er sich verstehen und worauf er sein Leben stellen soll. Darum kann man sagen, je mehr der Einzelne ohnmächtiger Teil der verwissenschaftlichten Natur wird, um so stärker erweisen sich Weltdeutung, Selbstverständnis und Gesellschaft als davon abhängig, wie er oder sie sich selbst erfindet und beschreibt. Seines metaphysischen Charakters beraubt, erweist sich das menschliche Dasein als »auf Nichts gestellt«[19], wie *Stirner* sagt, als Wesen »ohne Eigenschaften«[20], wie *Musil* es ausdrückt, als Selbst, dessen »Existenz der Essenz«[21] vorausgeht, wie *Sartre* betont, ein Leben, das durch »Nichtfestgelegtsein, [...] Ortlossein, [...] Schweben«[22] gekennzeichnet ist, wie außer Gehlen, Plessner und Rorty auch *Walter Schulz* findet.

Jedoch ist damit nicht bereits das Verhältnis der den Menschen bestimmenden Kräfte zu seinem unter Handlungszwang und Orientierungsdruck stehenden Alltagsleben geklärt. Offenkundig stehen hier zwei unversöhnliche Standpunkte einander gegenüber. Denn trotz allem bleibt es dabei: Je stärker anonyme Naturprozesse unser Leben determinieren, desto mehr sind Selbstbestimmung und Freiheit eine Illusion. Hieran ändert auch die Tatsache nichts, daß wir nicht umhin können, uns selbst um unser Wohlergehen zu kümmern, die Zukunft gemeinsam zu planen, persönliche Entscheidungen zu fällen, überlegt und verantwortlich zu handeln. Nun soll hier aber nicht über Grad und Ausmaß unserer Abhängigkeit spekuliert werden; vermutlich geht die Annahme absoluter Determination zu weit und stellt eine maßlose Übertreibung dar, wenn auch freilich nicht ausgeschlossen werden kann, daß Freiheit als Voraussetzung für Verantwortung und Schuld bloße Täuschung ist. Doch wirklich beweisen können hat das bisher noch niemand. Gewöhnlich bleibt es bei der bloßen Versicherung, daß unser Verhalten absolut determiniert sei, bestimmt von genetischen Programmen und neurophysiologischen Prozessen. Solange aber der Beweis dafür fehlt, lebt diese Position, wie *Popper* und *Spaemann* betonen, auf Schuldschein, gleichsam auf Kredit und Pump.[23]

Andererseits wäre es naiv, leugnen zu wollen, daß viele unserer Neigungen und Wünsche biologische Wurzeln haben, weshalb sich Moral und Recht nicht einfach darüber hinwegsetzen dürfen, sondern besondere Rücksicht darauf nehmen sollten. Denn im Unterschied zu anderen Bestimmungen sind dem Menschen seine sexuelle Orientierung wie auch seine Abhängigkeit von Charakter, Erziehung, Temperament, die Macht des Unbewußten, der Triebe und gesellschaftlichen Verhältnisse, jener Verhaltensmuster und Wertungen also, in die man fast ohne eigenes Zutun hineinwächst, durchaus bewußt, so daß sie auch berücksichtigt werden können. Zwar bleibt die Mehrzahl dieser Bestimmungen oft unbemerkt und unerkannt, allgemein bekannt sind sie dennoch. Jedoch wie sehr der Mensch im einzelnen auch festgelegt ist, er muß trotzdem entscheiden, wie er leben möchte, mag sein Einfluß darauf auch geringer sein, als er normalerweise glaubt.

Das angesprochene Problem scheint unlösbar zu sein, eine Aporie zu bilden: Auf der einen Seite steht die gutbegründete Erkenntnis der Abhängigkeit menschlichen Denkens, Fühlens und Handelns von gen- und gehirngesteuerten Prozessen; auf der anderen Seite müssen wir unser auf Existenzerhaltung angelegtes und auf Daseinserfüllung bedachtes Leben dennoch selbst führen. Nichtig und ohnmächtig wie es ist, stellt es jeden Tag aufs neue höchste Ansprüche an uns. Beide Seiten sind kaum miteinander in Einklang zu bringen; jedenfalls ist keine überzeugende Synthese in Sicht. Eine schlechte Lösung dieses Problems wäre, eine der beiden Seiten zu verleugnen, sie hinter der jeweils anderen zu verstecken, auch wenn solch eine Vorgehensweise die allgemeine Forderung nach Widerspruchsfreiheit wohl noch am ehesten erfüllen könnte. Nur hätte sie den Nachteil, entweder die theoretischen Befunde der Wissenschaften unberücksichtigt lassen zu müssen oder die praktischen Fragen der Lebenswelt zu sehr zu verdrängen. Dennoch, mögen die wissenschaftlichen Erkenntnisse sein, wie sie wollen, die Menschen bleiben auf sich selbst gestellt – sie bleiben Lebewesen, die sich um sich selbst kümmern, mit den meisten Fragen alleine fertig werden müssen und die auch dann noch anerkannt und ernst genommen werden möchten, wenn der Naturalismus recht hätte. Deshalb müssen wir selbst ohne Wesensmetaphysik eine Antwort auf die Frage finden, wieviel wir uns selbst wert sein möchten; wir müssen einen Weg ausfindig machen, der nichts von dem beseitigt oder unterdrückt, was für menschliche Selbstachtung und Würde wesentlich ist.

Worin auch immer die Würde des Menschen besteht, in einer pluralistischen Gesellschaft mit zunehmend naturwissenschaftlichem Weltbild kann sie nicht mehr als metaphysischer Seinswert, als unzerstörbare Eigenschaft vorgestellt werden. Unter den skizzierten Bedingungen erscheint sie sogar als ein Luftschloß, dessen Farben bereits verblichen sind, dessen Glanz allmählich verblaßt. Die Wertbesonderheit des zu punktueller Nichtigkeit im Raum geschrumpften Menschen: Ist sie nicht eine gar zu unwahrscheinliche Sache, eine bloße Wunschvorstellung? Mit *Gottfried Benn* gesprochen: »Die Krone der Schöpfung, das Schwein, der Mensch –: [...] Mit siebzehn Jahren Filzläuse, [...] Mit vierzig fängt die Blase an zu laufen –: Meint ihr, um solch Geknolle wuchs die Erde von Sonne bis zum Mond –?«[24]

Ist aber erst einmal die Wesenswürde des Menschen vor dem Tageslicht der rauhen Wirklichkeit geschwunden, so ist auch nicht mehr zu erkennen, wie die Idee der Würde überhaupt noch Grundlage der Menschenrechte, deren unverbrüchlicher Ableitungsgrund bleiben kann. Darüber hinaus ist nicht mehr einzusehen, warum dem Menschen allein Würde zukommen soll, ist er doch ein Lebewesen unter Lebewesen, zwar höher entwickelt und mit hervorragenden Geistesgaben ausgestattet, aber doch nur Produkt und Teil der Natur wie alle anderen auch. Deshalb stellt sich immer wieder neu die Frage, was Menschenwürde heute noch bedeuten kann, die sich paradoxerweise dort am deutlichsten zeigt, wo sie am meisten verletzt, mit Füßen getreten wird.

Nun ist die Idee der Wesenswürde aber nicht nur mit dem naturwissenschaftlichen Weltbild der heutigen Zeit schwer vereinbar, sie steht erwiesenermaßen auch im Widerspruch zu den Grundlagen unseres liberalen Gemeinwesens wie zur pluralen Europäischen Union und Völkergemeinschaft insgesamt – weniger aufgrund der genannten Zweifel an einer den Menschen von Gott, der Natur oder Vernunft verliehenen Wesenswürde als vielmehr wegen deren Eingebundensein in weltanschauliche Deutungsmuster, die als Privatangelegenheit nicht Sache von Politik und Recht sein sollten. Diese müssen heutzutage ohne ein substantielles Sinnzentrum, das heißt: ohne einen unantastbaren Kernbestand weltanschaulicher Wahrheiten auskommen. Unter dem Druck dieser Erkenntnisse hat inzwischen eine Reihe einander geistesverwandter Denker der Moderne, die den Ausdruck Würde nicht gänzlich aufgeben wollen, neue Wege betreten, die, näher betrachtet, doch so neu wieder nicht sind.

Würde als Gestaltungsauftrag

Es liegt wenig Tröstliches in der Erkenntnis, daß unsere Ideen ebenso wie unser Leben unter dem Gesetz von Aufstieg und Niedergang stehen, bedenkt man, daß der Verlust von Liebgewonnenem, das sich nicht einfach vergessen läßt, enttäuschte Sehnsucht danach zurückläßt; kein Verlangen erlischt im Schmerz des Verzichts. Aber früher oder später tritt die Wirklichkeit mit ihrer ernüchternden Härte an jeden von uns heran und zwingt einen, den Tagträumen Lebewohl zu sagen und sich einzurichten in der Welt, wie sie ist. Auf die gleiche Weise legen uns heute der säkulare Pluralismus und wissenschaftliche Naturalismus die Verabschiedung der Wesenswürde nahe, obgleich uns dieser Schritt wehtut und deshalb die Einwilligung darein schwerfällt. *Aber Würde ist im nachmetaphysischen Zeitalter nicht mehr als abstraktes Wesensmerkmal vorstellbar, sondern bestenfalls als konkreter Gestaltungsauftrag.*

Wie Luhmann treffend feststellt, »ist Würde ein Wunschbegriff, der [...] gelungene Selbstdarstellung bezeichnet. Die Würde des Menschen ist keineswegs eine Naturausstattung wie vermutlich gewisse Grundanlagen der Intelligenz. Sie ist auch nicht einfach ein Wert, den der Mensch [...] in sich trägt. [...] Würde muß konstituiert werden. Sie ist das Ergebnis schwieriger [...] Darstellungsleistungen [und damit] eines der empfindlichsten menschlichen Güter [...]. Eine einzige Entgleisung, eine einzige Indiskretion kann sie radikal zerstören. Sie ist also alles andere als unantastbar.«[25] Dieser Meinung war auch Ulrike Meinhof, die in politisch höchst zweifelhaften Aufsätzen über das Nachkriegsdeutschland schrieb: »Die Würde des Menschen ist antastbar.«[26] Doch erscheint aus weltanschauungsneutraler Sicht die Menschenwürde tatsächlich nicht mehr als vorgegeben, sondern nur noch als aufgegeben, was Luhmann so ausdrückt: »Seine Würde hat der Mensch [...] in erster Linie selbst zu verantworten«[27], und er fährt fort: »Das Problem der Würde [...] ist die Schwierigkeit einer konsistenten und überzeugenden Selbstdarstellung und die Eigenverantwortung des Menschen für die Lösung dieser Aufgabe.«[28] Offenkundig ist für Luhmann Würde nur noch als persönliche Leistung denkbar, die der Einzelne erbringen, aber auch verfehlen kann, ein Gebot des Sollens, eine normative Forderung, jedoch keine natürliche Mitgift, das heißt kein Wesensmerkmal mehr.[29] Allerdings führt er nicht näher aus, was er unter gelungener Selbstdarstellung versteht, durch die der Mensch überhaupt erst Würde erhalten soll; fest steht nur, daß Selbstachtung, Selbstwertgefühl, aber auch Selbstbeherrschung sowie selbstbewußtes Auftreten dazu gehören. Deshalb verletzt es beispielsweise die Würde eines notleidenden Menschen, wenn ihm fremde Hilfe mit Herablassung gewährt wird.

Robert Walser schreibt hierzu: »Wenn man sich selbst achtet, fällt man vor keinem Menschen auf die Knie [...]. Im Verhältnis von Mensch zu Mensch beweist die Bewunderung sowohl als die Verachtung einen Mangel an Weltkenntnis, die darauf beruhen muß zu denken, daß jeder ungefähr so gut und so schlecht sei wie der andere und daß jeder einigermaßen Ursache zu Bescheidenheit habe. Du, indem du Menschen bewundertest, warst zu bescheiden; ließest andere dadurch gegenüber dir zu unbescheiden sein. Indem du zu wenig Vertrauen zu dir selbst hattest, gabst du denen, die sich ungezogen dir gegenüber benahmen, Anlaß, sich zu viel Wert beizumessen. [...] Einen Menschen würdige, doch bewundere nicht den anderen.«[30]

Speziell gegen Luhmanns Würdeinterpretation sind zahlreiche Einwände erhoben worden – insbesondere von den Anhängern metaphysischer Würdebilder, die hier nicht noch einmal dargestellt zu werden brauchen. Kritisch sei gegen Luhmann und Walser lediglich angemerkt, daß ihre einseitige Hervorhebung der Eigenverantwortung des Menschen zu wenig die Idee der moralisch gebotenen Fremdverantwortung berücksichtigt.[31]

Abschätzig vermerkt Nietzsche: »Man protestiert im Namen der Menschenwürde: das ist aber, schlichter ausgedrückt, jene liebe Eitelkeit, welche das Nicht-gleichgestellt-sein, das Öffentlich-niedriger-geschätzt-werden als das härteste Los empfindet.«[32] Zweifellos ist das so, nur hat diese Eitelkeit eine Berechtigung! Darum soll hier der Würdebegriff auch in eine Richtung erweitert werden, in die bereits Tugendhat gegangen ist, der in einer Haltungsethik der universellen Achtung größtes Gewicht auf den Aspekt der gegenseitigen Anerkennung legt, ohne dabei das Moment der Selbstachtung zu vernachlässigen. Wie Luhmann setzt auch er Würde nicht mehr mit einer Seinstatsache gleich, sondern statt dessen mit einer Wertbestimmung, die immer wieder neu errungen werden muß. Mit eindringlichen Worten legt er dar: »Es ist nicht sinnvoll zu sagen: den Menschen kommt an und für sich [...] Würde zu [...]. Das bleiben leere Worte, deren Sinn nicht ausweisbar ist. Hingegen kann man sagen: indem wir einen Menschen als ein Rechtssubjekt achten und das heißt als ein Wesen, demgegenüber wir absolute Pflichten haben, verleihen wir ihm Würde und einen absoluten Wert. Dann sind absoluter Wert und Würde auf diese

Weise definiert und nicht als etwas Vorhandenes vorausgesetzt.«[33] Nach dieser Auffassung kommt Würde erst dann zustande, wenn die Menschen einander mit Achtung begegnen, sich gegenseitig Respekt bezeigen, wozu selbstverständlich auch Rücksichtnahme, Anstand, Höflichkeit gehören, aber vor allem wechselseitige Anerkennung als Personen mit gleichen Rechten. Obwohl Tugendhat davon überzeugt ist, daß es die eine »Vernunft nicht gibt«[34], wie sie der kantischen Moralphilosophie zugrunde liegt, entwickelt er seine Ethik mit kantischen Begriffen. Seine Grundnorm heißt: Achte jeden als Rechtssubjekt, gebrauche niemanden nur als Mittel und Werkzeug, berücksichtige die Interessen deiner Mitmenschen![35] Das schließt ein, daß man niemanden absichtlich schädigt, anderen gegenüber Wort hält und bei Bedarf hilft, wie auch, daß man einander mit Ehrfurcht begegnet und sich so gibt, daß die anderen einem genauso begegnen können.[36] Wie bereits ausgeführt, gehen die Überlegungen der jüngeren Diskursethiker in die gleiche Richtung, wenn sie die Achtung des anderen als zurechnungsfähige Person zu den notwendigen Voraussetzungen für gelingende Kommunikation zählen, wodurch diesem bereits Würde zuerkannt werde. Johann Wolfgang von Goethe schrieb bereits pointiert: »Es ist keine Kunst, eine Göttin zur Hexe, eine Jungfrau zur Hure zu machen; aber zur umgekehrten Operation, Würde zu geben dem Verschmähten, wünschenswert zu machen das Verworfene, dazu gehört entweder Kunst oder Charakter.«[37]

Achtung – nicht Liebe – sind für die Konstitution von Würde charakteristisch, wiewohl beides – Liebe und Achtung – Formen gegenseitiger Anerkennung sind. Erstere äußert sich vor allem in emotional-erotischen Zweierverbindungen, Freundschaften und Eltern-Kind-Beziehungen. Tief empfunden, ermöglicht sie entgrenzende Verschmelzung mit dem anderen wie auch angst- und sorgloses Alleinseinkönnen ohne ihn. Im Gegensatz dazu bedeutet Achtung freundliche Anerkennung des anderen als eigenständiges, gleichwertiges Rechtssubjekt, die weder Selbstaufopferung für ihn noch Selbstpreisgabe in ihm fordert. Natürlich ist auch in Liebes- und Freundschaftsbeziehungen gegenseitige Achtung notwendig, ja, diese können ohne würdevollen Umgang miteinander überhaupt nicht gelingen; dennoch muß Achtung von intensiver emotionaler Zuwendung unterschieden werden.

Luhmann und Tugendhat machen deutlich, daß Würde weniger Voraussetzung menschlicher Achtung ist als vielmehr deren Resultat. Doch geht der Geltungsbereich des Würdebegriffs über *gelungene Selbstdarstellung* und *gegenseitige Anerkennung* noch hinaus. Da Not bekanntlich Würde ausschließt, stellt sich nämlich zudem die Frage nach menschenwürdigen Verhältnissen, ohne welche die Rede von Würde eine leere Phrase bleibt.

Das erkannten bereits die jüngeren Diskursethiker, denen zufolge die Anerkennung des Nächsten als Person mit eigener Würde immer schon die Pflicht einschließe, auch die materiellen Voraussetzungen für körperliche Integrität sicherzustellen – etwa medizinische Grundversorgung und ausreichend Nahrungsmittel. Deshalb kann man sagen: Einerseits bedeutet Würde jetzt weniger als in der Vergangenheit, in der sie außer als Gestaltungsauftrag auch als Wesensmerkmal vorgestellt wurde; andererseits bezeichnet sie nun aber auch mehr, da sich der neue Würdebegriff auf die ganze Mannigfaltigkeit und Fülle der menschlichen Daseinsgestaltung bezieht.

Bereits im 18. Jahrhundert schrieb der bekannte Naturforscher, Weltumsegler und Reiseschriftsteller Georg Forster: »Der wohlhabendere Mann, der allen Überfluß seiner fetten Äcker und Weiden genießt, gut gekleidet ist und in einem netten, reinen, mit schönem Geräte versehenen Haus wohnt, [...] fängt an, sich seiner Menschenwürde bewußt zu sein. Der ausgemergelte Sklave [...] hingegen, in einer morschen, räucherigen, nackten Hütte, im schmutzigen Schafspelze, vom Ungeziefer halb verzehrt, bei schwerer Arbeit und geringer, wo nicht gar ungesunder Kost, kennt bloß tierische Affekte, ruhet gedankenleer von seiner Anstrengung, und stirbt hin, ohne den höheren Sinnengenuß gekostet, ohne sich seiner Geisteskräfte gefreuet [...] zu haben.«[38] Ihm fehlt die Möglichkeit zu einem menschenwürdigen Dasein, auf dessen Bedingungen ebenfalls Friedrich Schiller hinweist. Geradezu klassenkämpferisch liest sich sein Ausspruch: »Würde des Menschen – Nichts mehr davon, ich bitt euch. Zu essen gebt ihm, zu wohnen, habt ihr die Blöße bedeckt, gibt sich die Würde von selbst.«[39] Das findet auch Arthur Schopenhauer: »Bei jedem Menschen, mit dem man in Berührung kommt, unternehme man nicht eine objektive Abschätzung desselben nach Wert und Würde [...], sondern man fasse allein seine Leiden, seine Not, seine Angst, seine Schmerzen ins Auge [...]. Um keinen Haß, keine Verachtung gegen ihn aufkommen zu lassen, ist wahrlich nicht die Aufsuchung seiner angeblichen Würde, sondern umgekehrt der Standpunkt des Mitleids der allein geeignete.«[40] Allerdings steht es hierum seit jeher schlecht in der Welt, weshalb schon Johann Gottfried Herder resignativ feststellte: »Das Menschengeschlecht, wie es jetzt ist und wahrscheinlich noch lange sein wird, hat seinem größeren Teil nach keine Würde; man darf es eher bemitleiden als verehren.«[41]

Abschätzig äußerte sich Nietzsche über die »Würde der Arbeit« seiner Zeit: »Damit aber die Arbeit einen Anspruch auf ehrende Titel habe, wäre es doch vor allem nötig, daß das Dasein selbst, zu dem sie doch nur ein qualvolles Mittel ist, etwas mehr Würde und Wert habe, als diesen ernstmeinenden Philosophen und Religionen bisher erschienen ist. Was dürfen wir anders in der Arbeitsnot aller der Millionen finden, als den Trieb, um jeden Preis dazusein, denselben allmächtigen Trieb, durch den verkümmerte Pflanzen ihre Wurzeln in erdloses Gestein strecken!«[42] Das notvolle Leben und elende Arbeitsverhältnisse ließen Nietzsche in den neuzeitlichen »Trostmitteln« der »Würde des Menschen« und »Würde der Arbeit« widerspruchsvolle Begriffe sehen.[43]

Dagegen kämpften die Frühsozialisten Proudhon und Lassalle gleichsam um die Aufhebung dieser Begriffswidersprüche durch die Wirklichkeit. Vom Elend der damaligen Arbeiter gerührt und betroffen, fordert Lassalle, Mitbegründer und erster Präsident des 1863 gegründeten Allgemeinen Deutschen Arbeitervereins, die staatliche Gewährleistung eines menschenwürdigen Daseins auch für den besitzlosen »vierten Stand«. Seiner Ansicht nach ist »die ganze nicht Kapital besitzende Klasse berechtigt [...], vom Staate zu verlangen, daß er sein ganzes Sinnen und Trachten darauf richt[e], wie die kummervolle und notbeladene materielle Lage der arbeitenden Klassen zu verbessern, und wie auch ihnen [...] zu einem reichlicheren und gesicherten Erwerbe und damit wieder zu der Möglichkeit geistiger Bildung und somit erst zu einem wahrhaft menschenwürdigen Dasein zu verhelfen«[44] sei. Die gesamte Staatstätigkeit, welche Dienst am Menschen, nicht aber Herrschaft über Menschen sein dürfe, solle sich von diesem Ziel leiten lassen. Die Weimarer Reichsverfassung von 1919 scheint Lassalles Forderung aufgegriffen zu haben, wenn sie in Artikel 151 am Anfang des »Fünften Abschnitts – Das Wirtschaftsleben« festlegt: »Die Ordnung des Wirtschaftslebens muß den Grundsätzen der Gerechtigkeit mit dem Ziele der Gewährleistung eines menschenwürdigen Daseins für alle entsprechen. In diesen Grenzen ist die wirtschaftliche Freiheit des einzelnen zu sichern [...].«

Um die Voraussetzungen eines menschenwürdigen Lebens geht es auch Karl Kraus, dem berühmten Sprachkritiker und Satiriker des frühen 20. Jahrhunderts: »Würde ist die konditionale Form von dem, was einer ist«[45], schreibt er und gebraucht dabei den Ausdruck Würde mit scharfsinnigem Witz auf zweideutige Weise. Er verwendet ihn einmal grammatisch als Konditionalform: »Würde man würdig leben, hätte man auch Würde«; dann aber auch semantisch als Wertbegriff: »Was einer ist, hängt davon ab, ob und wieviel Würde er besitzt.« Dennoch läßt er uns über die Bedeutung des Würdebegriffs im unklaren wie übrigens auch darüber, ob er sie für angeboren oder erworben hält. Allerdings spricht seine starke Verurteilung der heuchlerischen Moral des damaligen Besitz- und Bildungsbürgertums Österreichs eher für letzteres.

Völlig eindeutig sind dagegen Blochs Ausführungen, der sein Buch *Naturrecht und menschliche Würde* selbst einen »Beitrag [...] zu den Problemen des aufrechten Gangs«[46] nannte, überzeugt davon, daß »der aufrechte Gang [...] erst zu etwas [veranlagt], das gewonnen werden muß.«[47] In diesem Zusammenhang schreibt er: »Es gibt sowenig menschliche Würde ohne Ende der Not, wie menschgemäßes Glück ohne Ende alter oder neuer Untertänigkeit.«[48] Anscheinend sieht auch er in der Würde kein Wesensmerkmal mehr, sondern nur noch einen Gestaltungsauftrag. Das eigene verletzliche Dasein in leiblicher und geistiger Unversehrtheit selbst leben zu dürfen, gehört für ihn und viele andere zu den grundlegenden Bedingungen, unter denen würdevolles Leben überhaupt erst entstehen kann.

Kein Geringerer als Maxim Gorki bringt in seinem bekannten Drama *Nachtasyl* aus der Gesellschaft verstoßene und vom Leben zertretene Menschen auf die Bühne: Dirnen, Diebe, Trinker, die, durch Not und Siechtum heruntergekommen, trotzdem einen Anspruch auf Würde hätten, den sie selbst niemals preisgeben dürften: »Der Mensch muß sich [...] achten«[49], mahnt einer der Erniedrigten und Beleidigten in diesem Theaterstück. Berühmt geworden sind daraus die Sätze Satins, eines ehemaligen Sträflings, Falschspielers und Totschlägers: »Was heißt überhaupt Mensch? Das bist nicht du, und nicht ich bin's, und nicht sie sind es ... nein! Sondern du, ich, sie, der alte Luka, Napoleon, Mohammed ... alle miteinander sind es! Verstanden! Das ist – etwas ganz Großes: [...] Der Mensch! Einfach großartig. Wie stolz das klingt: Ein Mensch! Man soll den Menschen respektieren! Nicht bemitleiden ... nicht durch Mitleid erniedrigen soll man ihn ... sondern respektieren!«[50] Das Bemerkenswerte dieser einfachen Worte liegt darin, daß sie ein absolut Unglücklicher und Verlorener ausspricht, der offenbar selbst für die Verkommensten der Gesellschaft noch eine Möglichkeit zu Vollkommenheit sieht.

Erst recht trifft dies auf all jene zu, die bloß in den Augen anderer würdelos leben. Auf diese richtet vor allem Diderot seine Aufmerksamkeit im Dialog *Rameaus Neffe*, der sein lasterhaftes Leben gegen die Einwände eines Philosophen mit den Worten verteidigt: »(Er) Ich finde nichts Sonderbares daran. Ich will mich wohl wegwerfen, aber ohne Zwang; ich will von meiner Würde heruntersteigen .. Ihr lacht? (Ich) Ja! Eure Würde macht mich lachen. (Er) Jeder hat die seinige. Ich will die meine vergessen, aber nach Belieben und nicht auf fremden Befehl [...]. Der Wurm kriecht wohl, ich auch, und wir wandern beide so fort, wenn man uns gehn läßt; aber wir bäumen uns auf, wenn man uns auf den Schwanz tritt.«[51] Diderot bringt mit diesen Worten seine Überzeugung zum Ausdruck, daß der Einzelne seine Würde selbst in der Erniedrigung wahren kann, wenn er diese freiwillig wählt, nicht aber, wenn er dazu gezwungen wird; dann kann er sich nur noch wehren.

Näher betrachtet münden alle diese Überlegungen in dieselbe Erkenntnis, daß nämlich die Preisgabe der menschlichen Wesenswürde nicht notwendigerweise zum Ende der Würdeidee überhaupt führt. Mögen die metaphysischen Wurzeln des Würdebegriffs auch absterben, der Anspruch auf würdevolles Verhalten und menschenwürdige Verhältnisse bleibt auch in einer Gesellschaft mit Spielräumen für plurale Wertvorstellungen oder Lebensstile und in einem Gemeinwesen ohne einheitliches Sinnzentrum mit substantiellen Wahrheiten bestehen. Darum wäre es moralisch falsch und politisch unklug, auf diesen Begriff gänzlich zu verzichten. Allerdings hat sich gezeigt, daß Würde auch als Gestaltungsauftrag unterschiedlich ausgelegt werden kann, wobei man die zahlreichen Aspekte nicht gegeneinander isolieren, sondern vielmehr in einem Zusammenhang sehen sollte. Bildhaft formuliert, weisen sie in drei Richtungen: einmal nach oben als *gelungene Selbstdarstellung*, wozu auch Selbstachtung gehört, welche all jenen zu fehlen scheint, die den Anspruch auf körperliche Unversehrtheit und geistige Selbstbestimmung aufgegeben haben: dann zur Seite hin als *Achtung der Bürger voreinander*, die nicht nur Rücksicht, Toleranz und Gerechtigkeit in Tausch- und Konfliktsituationen einschließt, sondern auch Bereitschaft zu gegenseitiger Hilfe, wo sie not tut; schließlich nach unten, sofern ein menschenwürdiges Dasein ohne *materielle Sicherheit* kaum vorstellbar ist. Ein Leben, das es wert ist, würdevoll genannt zu werden, wird auf keinen dieser drei Aspekte jemals freiwillig verzichten, da niemand seine endliche Existenz gerne in materieller Not und geistiger Unterdrückung zubringen möchte.

Mit dieser weltanschauungsneutralen Interpretation der Menschenwürde als Gestaltungsauftrag kehrt die abendländische Philosophie gleichsam zu ihren Anfängen zurück. Denn der dargestellte Gegenentwurf zur traditionellen Würdevorstellung steht keineswegs auf neuem Fundament, sondern eher auf einem alten; er schlägt gewissermaßen einen Bogen zurück zur Antike, in der die Würde gleichfalls mehr als Gestaltungsauftrag denn als Wesensmerkmal gesehen wurde.[52] Trotzdem hebt sich das erst in flüchtigen Umrissen erkennbare neue Würdebild auf zweifache Weise vom Würdeverständnis der alten Griechen und Römer ab: Im Gegensatz zu damals gilt heutzutage jedermann als möglicher Würdenträger, nicht nur Angehörige eines höheren Standes, Personen mit adeliger Herkunft, Bürger von gesellschaftlichem Rang; heute soll niemand mehr vom Anspruch auf Achtung ausgenommen werden. Außerdem wird in der Gegenwart stärker als in der Antike nach den sozialen und materiellen Voraussetzungen menschenwürdiger Verhältnisse gefragt, die Sicherung eines menschenwürdigen Daseins sogar zur höchsten Staatsaufgabe erklärt und damit in den Mittelpunkt der Staatstätigkeit gerückt. Doch ist mittlerweile für viele von uns wie schon für die alten Philosophen menschliche Würde fast nur noch als individuelle und kollektive Leistung denkbar, nicht mehr aber als angeborene Eigenschaft. Weltanschauungsneutral betrachtet, ist sie jedenfalls nicht von selbst da, sondern ergibt sich erst aus dem Umgang des Einzelnen mit sich und seinesgleichen sowie des Staates mit seinen Bürgern.[53] So gesehen ist Würde eine soziale Konstruktion, ein Artefakt, das erst erzeugt werden muß und kein irgendwie vorhandenes Faktum, wenngleich es natürlich jedermann erlaubt bleibt, weiterhin an die Existenz eines solchen zu glauben, wie schon mehrfach betont.

Diese Idee von Würde als reinem Gestaltungsauftrag, die alle metaphysischen oder weltanschaulich gebundenen Elemente zu verbannen sucht, steht nun aber im Verdacht, selbst weltanschaulich imprägniert zu sein. Denn mit ihrem Verzicht auf die Würde als Wesensmerkmal scheint sie mit der immer stärker verbreiteten naturalistischen Lebens- und Weltauffassung unserer Zeit übereinzustimmen, ja, ein verkappter Naturalismus zu sein, der selbst eine Weltanschauung darstelle, selbst wenn die Ergebnisse der modernen Naturwissenschaften eine radikal entzauberte Sicht auf Leben und Welt nahelegen sollten.

Hierzu sei vermerkt, daß die Idee der Würde als reiner Gestaltungsauftrag tatsächlich mit der szientistisch-naturalistischen Auffassung insofern übereinstimmt, als auch sie die metaphysisch begründete Vorstellung von der vorgefundenen Wertabsolutheit des Menschen und der unantastbaren Heiligkeit seines Lebens hinter sich läßt. Allerdings besteht ein wesentlicher Unterschied darin, daß der Naturalismus, dem zufolge der von Genen und Neuronen geprägte Mensch in den unendlichen Weiten des Alls das flüchtige Zufallsergebnis einer langen, ungerichteten Naturentwicklung ist, die stolze Idee menschlicher Wesenswürde gänzlich zerstört. Aus naturalistischer Sicht ist diese Vorstellung bloß erdichtet und so phantastisch wie Kentauren, Einhörner oder Greife.

Dagegen schließt eine weltanschaulich neutrale Position keineswegs aus, daß Menschen gute Gründe haben können, von der Wahrheit der Wesenswürde überzeugt zu sein. Nur sollte der Einzelne nicht seinen Nachbarn, der Staat nicht seinen Bürgern und die Weltgemeinschaft nicht ihren Mitgliedstaaten eine solche Anschauung aufzwingen wollen, da sie weltanschaulich gefärbt ist und sich so mit einem liberalen, pluralistischen Gemeinwesen sowie einer multikulturellen Weltöffentlichkeit nur schwer vereinbaren läßt. In dieser heiklen Situation besitzt bloß eine von jeder metaphysischen Einfärbung unabhängige Würdekonzeption als reiner Gestaltungsauftrag grenzüberschreitende Anerkennungschancen.

Existentielle Gleichstellung aller Menschen

Ist erst einmal der metaphysische Traditionsfaden gerissen, so sind die alten philosophischen und theologischen Würdevorstellungen nicht mehr ohne weiteres nachvollziehbar. Jetzt hat Würde mehr mit dem Boden unter uns als mit dem Himmel über uns zu tun; weniger mit dem Menschen als Krone und Mitte der Schöpfung als mit einem notvollen, hochbedürftigen, unvollkommenen Lebewesen. Schon der ehemalige Präsident des Bundesverfassungsgerichts *Benda* warf die Frage auf, »ob es – entgegen der bisherigen Annahme – wirklich der dem Menschen zugemessene, ihn von der unpersönlichen Natur abhebende Geist ist, seine Fähigkeit zu eigenverantwortlicher sittlicher Entscheidung, die sein Wesen im Kern ausmachen, oder nicht vielmehr seine Unvollkommenheit und Unzulänglichkeit.«[54] In der Tat, eher als alle Wertbesonderheit des Menschen tritt dessen Unvollkommenheit und Bedürftigkeit hervor, auf die nach dem Zerfall der traditionellen Metaphysik die Idee der Würde nur noch gegründet werden kann. Soll uns Menschen also auch im Zeitalter des weltanschaulichen Neutralismus und wissenschaftlichen Naturalismus noch Würde zukommen, so muß von unserer Bedürftigkeit ausgegangen, gleichsam von dieser her aufwärts gestiegen werden und nicht wie sonst von der Wesenswürde, Gottebenbildlichkeit und Vernunft aus abwärts zu unseren Unzulänglichkeiten, Beschwernissen und Sehnsüchten. Was den Menschen zu einem besonders schützenswerten Wesen macht, ist seit jeher weniger seine metaphysische Würdigkeit als vielmehr seine physische Bedürftigkeit, wie sie besonders deutlich am nackten Neugeborenen hervortritt, sobald es das Licht der Welt erblickt, die viele von uns oft schon sehr früh ebenso hilflos wieder verlassen. Genaugenommen bleiben wir alle das ganze Leben lang auf fremde Hilfe angewiesen, so sehr wir uns auch selbst zu helfen wissen, wie schon *Pufendorf*, der große Naturrechtler des 17. Jahrhunderts, erkannte.

Den Ausgangspunkt des neuen Würdeverständnisses bildet sonach die Selbsterkenntnis des Einzelnen als eines endlichen, verwundbaren, leidensfähigen Wesens mit starkem Erhaltungs-, Entfaltungs- und Entwicklungsdrang. Sicherlich äußert sich dieser in verschiedenen kulturellen Kontexten auf jeweils unterschiedliche Weise. Aber sosehr der jeweilige Lebensstandard mit über das Niveau der erhobenen Lebensansprüche entscheidet, grundsätzlich bleibt unbestreitbar, daß noch vor jeder kulturellen Differenzierung – gleichsam als anthropologischer Universalismus – eine existentielle Gleichstellung aller Menschen als nackte, endliche, leidensfähige Wesen besteht, die gedemütigt oder erniedrigt werden können.

Um es mit Shakespeares *Kaufmann von Venedig*, 1. Szene im 3. Akt, zu sagen: »Ich bin ein Jude. Hat nicht ein Jude Augen? Hat nicht ein Jude Hände, Organe, Körperproportionen, Sinne, Neigungen, Leidenschaften? Genährt mit derselben Nahrung, verwundet mit denselben Waffen, denselben Krankheiten unterworfen, mit denselben Mitteln geheilt, gewärmt und gekühlt durch denselben Winter und Sommer wie ein Christ? Wenn ihr uns stecht, bluten wir nicht? Wenn ihr uns kitzelt, lachen wir nicht? Wenn ihr uns vergiftet, sterben wir nicht?« In der Sprache der Theologie gesprochen, wäre demnach bei der Bestimmung der Würde weniger das Gewicht auf die Größe und Erhabenheit des Menschen zu legen als vielmehr auf dessen kreatürliche Bedürftigkeit, Not und Hinfälligkeit, wie sie besonders Kindheit, Krankheit und Alter sichtbar machen.

Ein wichtiger Begriff der Rechtsphilosophie von *Pufendorf* ist die »imbecillitas«[55], die Hilflosigkeit des auf sich selbst gestellten Menschen, der um des schlichten Überlebens willen die Gemeinschaft mit anderen – socialitas – sucht. Außerhalb jeder Gesellschaft müßte der Einzelne zugrunde gehen, wie vor zwei Jahrtausenden bereits Aristoteles betonte, dem zufolge der Staat zwar des guten Lebens wegen besteht, aber um des Überlebens willen entstand. So sah es auch der reformierte Niederländer Grotius, dessen Auffassung nach die Menschen von Natur aus der Gemeinschaft bedürfen. Ihr Selbsterhaltungstrieb strebe nicht bloß Gesundheit, Kraft und Wohlergehen an, sondern schließe auch Liebe zu den eigenen Kindern, Freunden und Bekannten, ja, zur gesamten Menschheit ein. Diese idealistische Vorstellung ist der stoischen »Oikeiosis«-Lehre entlehnt, nach der alle Menschen einander nahestehen, weil sie miteinander verwandt sind. Sowohl Pufendorf als auch Grotius betrachteten die Hilflosigkeit des Menschen – imbecillitas – und dessen Geselligkeitstrieb – appetitus societatis – als Grundlage des Naturrechts, worauf an dieser Stelle noch einmal eingegangen sei.

Schon *Aristoteles* unterschied zwischen Naturrecht und von Menschen gesetztem Recht und erläuterte diesen Unterschied wie folgt: »Das natürliche Recht hat überall dieselbe Autorität und hängt nicht von der Meinung der Menschen ab; beim gesetzlichen Recht kommt es ursprünglich nicht darauf an, ob es so oder anders ist, und es kommt erst durch menschliche Festsetzung zustande.«[56] Ähnlich beschrieb *Cicero* das Naturrecht: »Das wahre Gesetz ist die mit der Natur übereinstimmende rechte Vernunft, an der alle teilhaben und die beständig und ewig ist, die befehlend zur Pflicht ruft und verbietend vom Bösen abschreckt […]. Diesem Gesetz darf weder die Gültigkeit genommen, es darf weder beschränkt noch abgeschafft werden; weder der Senat noch das Volk können uns von der

Verpflichtung ihm gegenüber entbinden; es ist weder in Rom noch in Athen, weder jetzt noch später anders, sondern alle Völker umspannt zu allen Zeiten ein ewiges und unwandelbares Gesetz.«[57] Grotius und Pufendorf stehen in dieser Tradition, wenn sie das Naturrecht auch als universal gültig bezeichnen.

Aber fast niemand außer Pufendorf hat es auf die menschliche Schwäche und Hilflosigkeit gegründet; im platonischen Dialog *Gorgias* errichtet Kallikles – wie Nietzsche über zweitausend Jahre später – es umgekehrt auf der menschlichen Stärke. Für beide bedeutet Naturrecht soviel wie Herrschaft der Stärkeren über die Schwächeren, die sich jenen unterzuordnen hätten. Auch Hobbes geht in seinen naturrechtlichen Überlegungen von der menschlichen Stärke aus, ist aber im Unterschied zu Kallikles und Nietzsche der Auffassung, daß das Naturrecht gerade die Macht des Stärkeren über den Schwächeren begrenzen solle. Aufs Ganze der abendländischen Geschichte des Naturrechts gesehen, spielt die Frage nach Stärke und Schwäche des Menschen eher eine untergeordnete Rolle.

Im stoisch-christlichen Naturrecht von Spätantike und Mittelalter wurde unterschieden zwischen ewigem Gesetz – lex aeterna –, natürlichem Gesetz – lex naturalis – und von Menschen gesetztem, wandelbarem Gesetz – lex humana oder lex temporis. Dabei setzten die Stoiker das ewige Gesetz mit der sogenannten Weltvernunft gleich, welche das All lenke; christliche Philosophen wie Augustinus und Thomas von Aquin identifizierten es dagegen mit der Schöpfungsordnung und Vernunft Gottes, aus der sie anschließend das natürliche Gesetz oder Naturrecht ableiteten. Alle waren davon überzeugt, daß sich das Naturrecht entweder an der außermenschlichen Seinsordnung, der »Welt da draußen«, oder an der menschlichen Innerlichkeit, der »Welt hier drinnen«, ablesen lasse. Damit verbanden sie in der Folge wiederum das wandelbare Menschengesetz, das nur insofern rechtmäßig sei, als es mit dem unwandelbaren Naturrecht übereinstimme.

Jahrhundertelang stellte sich die Frage nicht, ob das Naturrecht – etwa das Gebot, nicht zu stehlen, nicht zu lügen oder in Not befindlichen Menschen zu helfen – auch unabhängig von Gottes Vernunft und Willen wahr sei. Diese Frage drängte sich erst den Philosophen des ausgehenden Mittelalters auf. Jetzt vertraten die einen die Auffassung, das Naturrecht sei nur gut, weil Gott es gegeben habe, nicht aber, weil es an sich gut sei. Andere meinten dagegen, daß es nicht von Gott abhänge, was als gut und gerecht zu gelten habe; auch der Allmächtige könne nur gebieten, was an sich – per se et sua natura – gut sei. Die Natur der Dinge könne selbst er nicht ändern, wie die spanischen Spätscholastiker Gabriel Vasquez, Franz Suarez und Franz von Vitoria betonten, denen zufolge das Gute an sich gut, das Schlechte an sich schlecht ist.[58] Grotius war sogar davon überzeugt, daß, obgleich Gott das Naturrecht erschaffen habe, dieses auch dann gültig wäre, wenn er gar nicht existierte. Das sahen Duns Scotus, Ockham und Luther wieder anders, deren Ansicht nach das Gute nur darum gut ist, weil Gott es so gewollt hat, was genauer betrachtet zweierlei besagen kann: einmal, daß sich das Gute ausschließlich im menschlichen Gewissen und in der Heiligen Schrift offenbart, nicht aber in der Natur der Dinge; dann, daß Gott zwar das Gute auch an der Natur der Dinge und in der menschlichen Vernunft erkennbar macht, daß es aber ganz anders aussehen würde, wenn er eine andere Welt erschaffen und uns eine andere Vernunft gegeben hätte. Doch wie gewaltig der göttliche Wille auch ist, er bleibt an das Gesetz des zu vermeidenden Widerspruchs gebunden wie durch seine Güte begrenzt; Gott kann nach Auffassung aller Philosophen des ausgehenden Mittelalters und der beginnenden Neuzeit weder Widersprüchliches hervorbringen noch Schlechtes wollen. Das sah Pufendorf genauso, dem zufolge die hilfsbedürftige menschliche Natur ebenso wie die sich daraus ergebenden naturrechtlichen Bestimmungen auf Gottes freiem Willen gründen.

Nun ist eines die Frage, ob religiös-metaphysische Begründungen für Moral und Recht noch überzeugen, worauf bereits ausführlich eingegangen wurde, ein anderes, ob aus der angeborenen Hilflosigkeit und Nacktheit des Menschen, auf die besonders Pufendorf abhebt, sich naturrechtliche Gebote ableiten lassen. Hieran bestehen heute wie schon vor hundert Jahren berechtigte Zweifel. Unmißverständlich schreibt *Bloch:* »Es gibt keine angeborenen Rechte, sie sind alle erworben oder müssen im Kampf noch erworben werden.«[59] In der Tat muß eine weltanschaulich neutrale Definition der Menschenwürde ohne Naturrecht auskommen, woraus aber nicht notwendigerweise folgt, daß nun jedes Recht rechtens ist. Mit *Tugendhat* gesprochen: Es gibt »keine Naturrechte, sondern Rechte werden gesetzt, aber sie werden dadurch zu keinen Fiktionen, es sei denn, man erklärt alles für eine Fiktion, was nicht von Natur aus gegeben ist.«[60]

Handlungsnormen und Rechtsregeln lassen sich nicht aus der Natur ableiten, wie bereits Hume und Moore zeigten, denen zufolge kein Weg vom Sein zum Sollen führt, mag das Sein auch menschliche Hilfsbedürftigkeit heißen. Deshalb hat es auch keinen Sinn mehr zu sagen, die Menschen hätten von Natur aus ein Recht auf Leben, Freiheit, Wohlergehen und Sicherheit. Der Gedanke, daß Leben bereits das Recht zu leben enthält, Lebensform also bereits eine Lebensnorm ist, gehört zu den schönsten Irrtümern der abendländischen Philosophie. Denn was es von Natur aus gibt, ist höchstens ein Verlangen nach Leben, Freiheit, Wohlergehen, Sicherheit. Allerdings muß uns das nicht davon abhalten, in der Frage, woran die Angemessenheit menschlichen Verhaltens erkennbar ist, das menschliche Wohlbefinden zum Ausgangspunkt und Maßstab zu nehmen. Was immer das Überleben der Menschen bedroht, die Gesundheit ihres Organismus gefährdet, dessen Wohlergehen beeinträchtigt, sollte nicht einfach als naturgegeben hingenommen werden, wenn es sich beseitigen läßt. Dennoch haben unsere Verletzlichkeit und Hilfsbedürftigkeit keine normative Funktion; sie sind bloß Indikator unzumutbarer Verhältnisse, die unsere Aufmerksamkeit so auf sich ziehen können, daß wir uns möglicherweise veranlaßt sehen, dagegen vorzugehen.

Anders gesprochen: Wir allein können uns und der Welt die Freundlichkeit erweisen, Bedürfnisse und Wünsche in einklagbares Recht zu verwandeln. Aber aus welchen Gründen sollten wir dies tun? Normalerweise sind wir alle bestrebt, nicht leiden zu müssen, uns frei entfalten zu dürfen, sicher und glücklich leben zu können. Allerdings ist seit jeher nur schwer einsichtig zu machen, weshalb man durch Recht und Gesetz jedem Menschen die gleichen Überlebens- und Erfüllungsmöglichkeiten einräumen sollte. Warum darf ich, wenn es mir möglich ist, mich nicht vor anderen bevorzugen? Im Grenzfall, der für gewöhnlich der Normalfall ist, geht einem doch nichts über sich selbst, wie einst Stirner treffend bemerkte.[61] Daher ist es nicht überzogen zu fragen, warum einem an Unversehrtheit, Gerechtigkeit, Freiheit und Sicherheit aller gelegen sein soll. Wie auch immer die Antwort hierauf lauten mag, schon jetzt steht fest, daß sie nur die eine Grundidee auffächern wird: Menschenwürde als Gestaltungsauftrag.

Nacktheit, Scham und Selbstwertgefühl

Nach allem bisher Ausgeführten hat die verallgemeinerungsfähige Idee der Menschenwürde mehr mit Verletzlichkeit und Hilfsbedürftigkeit als mit Erhabenheit und Größe zu tun. Allerdings reichen diese existentiellen Aspekte noch nicht vollständig an die Wurzeln der Menschenwürde als Gestaltungsauftrag hinunter. Diese setzt außer Verwundbarkeit und Bedürftigkeit auch ein gewisses Selbstwertgefühl voraus, das eine notwendige Voraussetzung dafür ist, daß Bloßstellung der eigenen Hilflosigkeit, Bedürftigkeit und Verletzlichkeit als erniedrigend erfahren wird. Um es mit den Worten des Jerusalemer Philosophen Avishai Margalit zu sagen: Demütigung ist gleichbedeutend mit Verletzung der Menschenwürde.[62] Margalit unterscheidet drei Formen der Demütigung: Behandlung des Einzelnen als Untermenschen, Maschine, als bloßes Ding oder Menschen zweiter Klasse, dann Beraubung der Selbstkontrolle durch hilfloses Ausgeliefertsein an eine totalitäre Macht und schließlich Ausschluß bestimmter Personen oder Gruppen aus der Menschengemeinschaft, indem man ihnen als Strafgefangenen beispielsweise nur noch Nummern zuordnet. Für Margalit ist eine Gesellschaft erst dann menschenwürdig, wenn ihre Institutionen und Bürger dem Einzelnen keinen Grund bieten, sich in seiner Selbstachtung verletzt zu sehen.

Mit dem Gefühl der Demütigung aufs engste verbunden ist menschliches Schamempfinden. Aristoteles schreibt: Scham ist »Furcht vor Schande«, und er fügt hinzu: »Wer sich schämt, errötet, wer den Tod fürchtet, erblaßt.«[63] Seit jeher streiten die Gelehrten darüber, ob Scham mehr natürlich oder konventionell ist.[64] Einerseits scheinen wir ein Schamgefühl von Natur aus zu haben, andererseits manifestiert sich Scham auf ganz unterschiedliche Weise in der wechselvollen Geschichte. So galt beispielsweise früher Nacktbaden mal als selbstverständlich, mal als unsittlich. Daß Damen der Gesellschaft bis ins 18. Jahrhundert ihre Besucher gerne im Bad empfingen und Ludwig XIV. seine Audienzen auf dem Nachtstuhl hielt, zeigt aufs deutlichste, wie sehr das Schamgefühl eine Konvention und Erfindung gesellschaftlicher Regeln ist. Scham kann durch ganz Unterschiedliches ausgelöst werden: Die einen schämen sich dafür, zu weinen oder laut zu lachen, die anderen, sich nackt zu zeigen oder gelogen und gestohlen zu haben. Immer schämen sich die Menschen vor anderen, in deren Augen sie als erbärmlich oder lasterhaft erscheinen – ob vor ihren Nächsten, der Gesellschaft, vor Gott oder sich selbst. Scham vor sich selbst setzt gewöhnlich die Verinnerlichung des Blicks anderer einschließlich ihrer Wertmaßstäbe voraus, vor deren Hintergrund die eigenen Gedanken, Gefühle und Taten für einen selbst verachtenswert werden können. Man kann sagen: Scham ist die Scheu, etwas zu denken, zu sagen oder zu tun, was nach vorherrschendem Anstandsgefühl als häßlich empfunden wird. In diesem Sinne vermag das Schamgefühl die Menschen auch von Handlungen und Worten abzuhalten, die sie bereuen würden, da sie moralische Verurteilungen nach sich zögen; das Schamgefühl sieht gewissermaßen die Schande und Demütigung voraus, die bestimmte Verhaltensweisen verursachen können; mit Rücksicht auf geltende Sitten werden sie deshalb zumeist unterlassen.

Oft wird im Zusammenhang mit Scham von erniedrigender Bloßstellung und menschlicher Nacktheit gesprochen – ein Sinnbild, das sich keineswegs von selbst versteht, bedenkt man, wie häufig in der Vergangenheit menschliche Nacktheit mit paradiesischer Unschuld gleichgesetzt wurde. Bevor Adam und Eva vom Apfel der Erkenntnis aßen, konnten sie sich den Blicken Gottes, der sie nackt erschaffen hatte, noch völlig ungeniert aussetzen. Hieran erinnernd, rufen noch heute spärlich bekleidete Ureinwohner letzter exotischer Stämme den Traum von ursprünglicher Unschuld in uns wach.

Darüber hinaus steht der um seiner Schönheit willen gezeigte nackte Körper häufig aber auch für kraftvolle Energie, die in den antiken Skulpturen griechischer Athleten als Selbstzweck verherrlicht wird. Wie Johann Gottfried Herder in *Plastik* betont, gelten die antiken Bildhauer mit Recht als »die geborenen Künstler des Schönen. Erzhüllen und Steindecken warfen sie ab und bildeten […] schöne Körper.«[65] Sie stellten ihre Figuren bevorzugt nackt dar. Die »Last des Kleides« schoben sie zurück, weil sie »lieber Fülle als Hülle« zeigten, wie man auch am unbedeckten *Laokoon* sehen könne.[66] Ähnlich Schiller: Der griechische Künstler »hält sich nur an den Menschen. Deswegen wirft der weise Bildhauer die Bekleidung weg und zeigt uns bloß nackte Figuren, obgleich er weiß, daß dies im wirklichen Leben nicht der Fall war. […] Der Bildhauer soll und will uns den Menschen zeigen, und Gewänder verbergen denselben; also verwirft er sie mit Recht.«[67] Das Nackte als Verkörperung des Vollkommenen! Auch Lessing verbindet die Nacktheit alter

Statuen mit der Schönheitsidee: »Not erfand die Kleider, und was hat die Kunst mit der Not zu tun? Ich gebe es zu, daß es auch eine Schönheit der Bekleidung gibt; aber was ist sie gegen die Schönheit der menschlichen Form? Und wird der, der das Größere erreichen kann, sich mit dem Kleineren begnügen?«[68] Ob der *Torso vom Belvedere*, die liegende Statue des *Sterbenden Galliers* oder die kämpfende *Laokoon-Gruppe* – sie alle stellen kraftvolle, makellose nackte Körper dar. Das gleiche gilt für zahlreiche künstlerische Darstellungen der Renaissance; man denke nur an *Diana beim Baden* sowie den triumphierenden Körper des siegreichen *David* von Michelangelo.

Ähnlich unschuldig und doch fast gegensätzlichen Sinns galt der nackte Körper in der Geschichte aber manchmal auch als Sinnbild vollkommener Demut, dargestellt etwa von einem Mönch, der sich nackt vor seinem Gott zu Boden wirft, um so den Zustand der Unschuld wiederzuerlangen; Franz von Assisi beispielsweise wollte aus kreatürlicher Demut nackt auf der Erde sterben.

Dagegen bedeutet Nacktheit im 20. Jahrhundert vorrangig Freiheit. In der Gegenkultur der sechziger Jahre, wo Nacktheit gerne auf Sexualität reduziert wurde, galt sie als Einspruch gegen Krieg und Prüderie, wie sie in der bürgerlichen Gesellschaft bis dahin vorherrschte.

In der Geschichte wurde menschliche Nacktheit häufig als unzüchtiger Verstoß gegen die guten Sitten bewertet. Dann hieß Nacktheit soviel wie Erregung fleischlicher Lust. Hierbei wurde der nackte Körper als Zeichen schuldhafter Unreinheit gesehen, als Bild schamloser Wollust und sündiger Befleckung, was regelmäßig zu seiner Verleugnung führte. Nicht nur daß früher manchmal erst das Licht gelöscht wurde, ehe sich erwachsene Menschen voreinander entkleideten, bisweilen wechselten diese ihr Hemd so, daß sie zunächst das saubere unter das schmutzige beförderten, bevor sie es auszogen; auf diese Weise vermieden sie sogar den Anblick ihres eigenen Körpers, dessen sie sich schämten.

Die Kunstgeschichte ist voll mit Beispielen keuscher Weinblätter und schamhafter Übermalungen, die an Skulpturen oder auf Bildern angebracht wurden; selbst Michelangelos Fresken in der *Sixtinischen Kapelle* und sein *David* gehörten vorübergehend dazu.

Von solchen widersprüchlichen Einschätzungen der Nacktheit ist deren Interpretation als Symbol menschlicher Schutzlosigkeit und Hinfälligkeit zu unterscheiden. Sich der eigenen Blöße bewußt werden bedeutet hiernach, seine Verwundbarkeit in einer übermächtigen Welt zu erkennen, der man möglicherweise nicht gewachsen ist: Nacktheit als Verletzlichkeit! Bekannte Sinnbilder hierfür sind Adam und Eva nach der Vertreibung aus dem Paradies oder der geschundene Leib Christi am Kreuz. Bereits bei *Hiob* kann man lesen: »Nackt kam ich aus meiner Mutter Leib, nackt kehre ich dorthin zurück.«[69] Ähnlich bemerkt als einer der ersten in der Geschichte der abendländischen Philosophie *Platon* in seinem Dialog *Protagoras*, »daß die übrigen Lebewesen mit allem angemessen ausgestattet seien, daß aber der Mensch nackt, ohne Schuhe, ohne Decken und ohne Waffen blieb«.[70] Geradezu berühmt sind die Worte des römischen Dichters und Philosophen *Lukrez*: »Weiter dann das Kind: wie der Schiffer, den rasende Wogen warfen an Land, liegt nackt es am Boden, zart und bedürftig jeglicher Hilfe des Lebens, sobald in des Lichtes Bereiche es aus der Mutter Leib die Natur mit Wehen geschleudert, füllt mit traurigem Schreien die Gegend; wie billig für einen, dem so viel an Leid im Leben bleibt zu durchstehen.«[71] Jahrhunderte später schrieb auch *Herder*: Der Mensch ist »das verwaisetste Kind der Natur: Nackt und bloß, schwach und bedürftig, schüchtern und unbewaffnet.«[72] Gleiches kann man im 20. Jahrhundert bei *Gehlen* lesen, der ebenfalls die schutzlose Nacktheit des menschlichen Antlitzes in den Mittelpunkt seiner Betrachtungen rückt: Der Mensch ist »im Gegensatz zu allen höheren Säugern hauptsächlich durch Mängel bestimmt [...]. Es fehlt das Haarkleid und damit der natürliche Witterungsschutz; es fehlen natürliche Angriffsorgane, aber auch eine zur Flucht geeignete Körperbildung; der Mensch [...] hat einen geradezu lebensgefährlichen Mangel an echten Instinkten und er unterliegt während der ganzen Säuglings- und Kinderzeit einer ganz unvergleichlich langfristigen Schutzbedürftigkeit.«[73] »Der nackte Mensch«[74] – so ein Buchtitel von *Claude Lévi-Strauss* – ist ein nichtiges, zerbrechliches Lebewesen, vergänglich und mühelos zu zerstören. Darum ist er auf die Hilfe seiner Mitmenschen angewiesen, was sich als nackte Tatsache wohl kaum verbergen läßt. So steht also in der philosophischen Tradition der Begriff Nacktheit – außer für das Rätsel der Existenz[75] – auch für die ursprüngliche Hilf- und Wehrlosigkeit des Menschen.

Nun sind gegen die Interpretation der menschlichen Nacktheit als Wehrlosigkeit zahlreiche Einwände erhoben worden, die jedoch fast alle gegenstandslos sind.[76] Sicherlich ist die nackte Haut auch ein Hirschgeweihen und Paradiesvogelfedern vergleichbares Attraktivitätsmerkmal. Sie ist ein sexuelles Ornament, eine Art erotische Bekleidung des menschlichen Körpers. Darüber hinaus sei keineswegs bestritten, daß mit der Verminderung des Haarkleides die Entwicklung von Schweißdrüsen am ganzen Körper einherging und daß erst durch die daraus entstandene menschliche Nacktheit der bei anstrengender Tätigkeit überhitzte Körper in die Lage versetzt wird, Wärme rasch abzugeben – eine notwendige Voraussetzung für körperliche Arbeit. Allerdings verfehlen kritische Hinweise der genannten Art, daß es den alten und neueren Philosophen um die Vorstellung des Menschen als eines angreifbaren, bedürftigen Lebewesens geht, wenn sie von Nacktheit sprechen. Für sie verkörpern nackte Figuren – oft mit welker Haut und schlaffem Fleisch dargestellt – nicht mehr Kraft und Erotik, sondern vorrangig die Zerbrechlichkeit des auf sich selbst gestellten Menschen. In *Hans Blumenbergs* Worten: Geboren werden heißt, »der Geborgenheit im Mutterschoß«[77] verlustig gehen und damit als schutzloses Wesen sichtbar werden. Darum bedeutet

Sichtbarkeit auch soviel wie Angreifbarkeit und Verwundbarkeit und drängt dem Einzelnen ein »Bewußtsein seiner Nacktheit und Wehrlosigkeit auf«[78], das ihn anfällig macht für eine Flucht in die Unsichtbarkeit von Natur- und Kulturhöhlen – wie beheizte Zimmer, abgeschiedene Klöster, verdunkelte Konzertsäle.

Besonders deutlich offenbart sich die menschliche Ohnmacht am Neugeborenen, das aufgrund seiner angeborenen Hilflosigkeit liebevoller Zuwendung und Fürsorge bedarf; *Jonas* spricht in diesem Zusammenhang von »Hegebedürftigkeit des Kindes«[79], dessen bedrohter Natur seine Eltern wie auch andere Menschen zu Hilfe kommen müssen, was diese jedoch nur können, wenn sie auch genügend hilfsbereit sind.

Sobald nun diesem verschwindend kleinen Lebewesen im All seine kreatürliche Blöße bewußt wird, erwacht in ihm gleichursprünglich mit der Ahnung der eigenen Nichtswürdigkeit ein natürliches Schamgefühl. Dieses setzt außer Sensibilität für eigene Gebrechlichkeit auch einen starken Selbsterhaltungstrieb mit durchschnittlicher Eigenliebe voraus. Denn ohne jede Selbstbejahung kann die Erfahrung verwundbarer Hinfälligkeit kein Schamgefühl hervorrufen. Absoluter Hochmut läßt ebenso wenig Schamgefühl zu, weil es ihm an Sinn für menschliche Unzulänglichkeit gebricht, wie absolute Demut, weil hier jedes Selbstwertgefühl fehlt. Wer Selbstachtung nicht kennt, vermag sich auch nicht zu schämen – genausowenig wie derjenige, der die eigene Unvollkommenheit und Ohnmacht verkennt.

Beides, Selbstliebe und die Erkenntnis eigener Unvollkommenheit, ist also notwendig, damit zur Schau gestellte Blöße überhaupt als Erniedrigung und Demütigung empfunden werden kann. Nur so wird Nacktheit als Entwürdigung und Bestrafung vorstellbar. Wie häufig in der Geschichte wurden Straftäter nackt der Öffentlichkeit vorgeführt, ihr leidverfallener Körper unverhüllt an den Pranger gestellt und dem Hohn einer schaulustigen Menge schutzlos ausgesetzt. Kleidung bedeutet in diesem Zusammenhang mehr, als nur den Körper gegen die Unbilden der Witterung zu schützen. Indem sie unsere verletzbare Nacktheit verhüllt, verwandelt sie unsere kreatürliche Scham vor der eigenen Unzulänglichkeit in ein Gefühl persönlicher Existenzwürdigkeit. Hierzu paßt, daß auf zahlreichen Himmelsgemälden die Auserwählten oft bekleidet, die Verdammten aber nackt vorkommen. Auch in den Lagern totalitärer Systeme wurden die Opfer vor ihrem Tod oftmals gezwungen, sich nackt auszuziehen.[80] Die Bilder solcher nackten ausgemergelten Körper gelten mit Recht als Sinnbilder menschlicher Erniedrigung. Sie drücken wohl die grausamste Verachtung der Menschen durch Menschen aus, bei der die Verachteten oft auch ihre Selbstachtung verlieren, indem sie sich jetzt genauso erbärmlich fühlen, wie die Blicke ihrer Peiniger sie sehen. Sartre hat in *Die ehrbare Dirne* diese Zusammenhänge detailliert dargelegt. Er berichtet von Schwarzen, die sich selbst nicht mehr anders sehen konnten als mit den Augen der Weißen, die sie unterdrückten.

Der französische Religions- und Moralphilosoph *Lévinas* rückt den Begriff des nackten Antlitzes sogar in den Mittelpunkt seiner Verantwortungsethik, worunter er die unbedingte Nähe des Nächsten versteht, wenn er mir von Angesicht zu Angesicht gegenübersteht. Dann wendet der andere mir sein »Antlitz zu […], und eben dies ist […] seine Nacktheit.«[81] Selbstverständlich meint hier Antlitz mehr als nur Gesicht, Nase, Augen, Stirn; es zeigt den anderen auch als schutzlos, entblößt, als hilfsbedürftig und verloren. Diese »Nacktheit seines Antlitzes setzt sich fort in der Nacktheit des Leibes, der friert und der sich seiner Nacktheit schämt«[82] – und mich auf diese Weise um Hilfe anfleht: Die »menschliche Nacktheit […] schreit in die Welt des Sichtbaren die Schmach ihres heimlichen Elends, sie schreit todtraurigen Herzens [und] fragt mich an in ihrer schutzlosen und wehrlosen Schwäche als Nacktheit.«[83] Aus dem nackten Antlitz des anderen ergeht offenbar ein Appell an mich, »der mich, trotz meiner eigenen Sterblichkeit, verantwortlich macht für den sterblichen Nächsten.«[84] Das ist Lévinas' Antwort auf die Frage, warum man ein Interesse am Wohlergehen seiner Mitmenschen haben soll: Sieh ihnen ins Gesicht und du verstehst, denn ihr not- und sorgenvolles Antlitz geht dich um Hilfe an, ohne daß du dafür taub sein könntest. Hierbei ruft es mir zu: »Töte nicht!«[85] genauso wie: Stehe verlassenen Menschen bei! Hilf den Notleidenden! Nach Lévinas gibt es keine Möglichkeit für den Einzelnen, sich von der Sorge um den Nächsten zu befreien, da »von dem Moment an, in dem der andere mich anblickt, ich für ihn [bereits] verantwortlich bin.«[86]

Doch Mitleid kann auch beschämen und Nichthelfen sogar würdevoller sein als Almosengeben. Im Zweiten Teil seines *Zarathustra* unter der Überschrift *Von den Mitleidigen* schreibt Nietzsche auf gewohnt überspitzte Weise: »Wahrlich, ich mag sie nicht, die Barmherzigen, die selig sind in ihrem Mitleiden; zu sehr gebricht es ihnen an Scham. Denn daß ich den Leidenden leidend sah, dessen schämte ich mich um seiner Scham willen; und als ich ihm half, da verging ich mich hart an seinem Stolz.« Weiter schreibt Nietzsche unter der Überschrift *Der häßlichste Mensch*: »Mitleiden hat keine Ehrfurcht vor großem Unglück, vor großer Häßlichkeit, vor großem Mißraten. Mitleiden ist zudringlich. Mitleiden geht gegen Scham. Und Nichthelfen-wollen kann vornehmer sein als jede Tugend, die zuspringt.«

Zwar bedeutet nicht jedes Mitleid gleich Herablassung, einen Triumph der Macht über den Ohnmächtigen, wodurch die armselige Kreatur als minderwertig gedemütigt wird. Das ist erst dann der Fall, wenn dem Mitleidigen die eigene Macht und Überlegenheit über den Bemitleideten bewußt wird. Mitleid ohne jeden Vergleich ist auf alle Fälle wenig beschämend. Aber selbst wenn einer jemandem hilft, nicht weil es diesem schlechter geht als ihm selbst, sondern einfach nur, weil es jenem schlecht geht, können Verständnis und Hilfe den Bemitleideten beschämen. Dessen Anspruch, seiner selbst mächtig sein zu dürfen, sein Stolz und seine Eigenliebe ertragen es möglicherweise nicht, Zeugen ihrer Erbärmlichkeit zu haben. In diesem Falle kann Beschämung nur noch dadurch vermieden werden, daß dem Betroffenen geholfen wird, ohne ihm das Gefühl zu vermitteln, geholfen bekommen zu haben.

Das Gegenteil von demütigender Erbärmlichkeit heißt ausreichend *materielle Versorgung, soziale Anerkennung* und *persönliches Selbstwertgefühl*, kurz: Würde als Gestaltungsauftrag. Aber auch ohne gesellschaftliche Wertschätzung können Menschen unter Ausnahmebedingungen einen Teil ihrer Würde bewahren, solange sie zur Selbstachtung fähig bleiben. Diese hängt primär vom Urteil des Einzelnen über sich selbst ab. Sicherlich sind solche Urteile oft nur die verinnerlichten Reflexe der Meinungen anderer oder überlieferter Moralvorstellungen. Doch immer gehört ein Gefühl der Freiheit dazu, selbst zu bestimmen, wie man leben möchte, was sogar in Zwangssituationen teilweise noch möglich ist. Eindrucksvoll beschreibt dies nicht nur Friedrich Schillers Theaterstück *Maria Stuart*, sondern es beweisen auch jene Opfer der Konzentrationslager, die mit aufrechtem Gang, stolz und gefaßt, in die Gaskammern gingen. Hierbei zeigten sie sich nicht nur verhältnismäßig unempfindlich gegen die ihnen zugefügten Demütigungen, sie behielten in dieser äußerlich unwürdigen Situation weiter ihre hohe Meinung von sich selbst, indem sie sich gegen ihre Peiniger innerlich so verhielten, wie sie für sich entschieden hatten. Dadurch war es den Lagerkommandanten praktisch unmöglich geworden, sie noch mehr zu erniedrigen oder zu beschämen.

Allerdings verfügen nur wenige über solch starkes Selbstbewußtsein in äußerlich entwürdigenden Extremsituationen, zumal wehrlose Nacktheit unserer Existenz ursprünglicher anhaftet als jede Form der Selbstsicherheit. Daher bleibt das Gefühl der Scham über die eigenen Unzulänglichkeiten dem subjektiven Selbstwertgefühl stets vorgeordnet. Nie gelingt der Ausgleich ohne weiteres und schon gar nicht immer. Die Scham vor der eigenen Nichtswürdigkeit in ein Gefühl persönlicher Existenzwürdigkeit zu verwandeln, bleibt ein lebenslanger Gestaltungsauftrag für jeden Einzelnen von uns.

Warum die Würde achten?

Allein eine anthropologisch und ethisch fundierte Würdeauffassung als reiner Gestaltungsauftrag ohne weltanschauliche Hintergrundannahmen verfügt über die geforderte Allgemeinheit, um Anspruch auf staatlichen und internationalen Schutz erheben zu können; sie gehört in den öffentlichen Bereich von Recht und Politik. Hiernach hängt die Würde hauptsächlich vom Umgang des Menschen mit sich und seinesgleichen sowie des Staates mit seinen Bürgern ab. Mit Margalit gesprochen: Erst die Praxis des Respektierens verleiht dem Menschen einen Wert.[87] So gesehen ist Würde keine metaphysische Vorgabe mehr, welche der Achtung vorausginge, sondern lediglich eine ethische Aufgabe. Sie ergibt sich aus dem gegenseitigen Respekt der Bürger als verletzlicher, selbstbestimmter Wesen – aus dem Wert, den diese einander zusprechen, und der Unterstützung, die sie als Rechtssubjekte einander entgegenbringen. Mit anderen Worten, existiert die Achtung vor der Würde früher als diese selbst: Keine Würde ohne Achtung!

Die Grundlage solchen Würdeverständnisses, wie es vor allem eine Reihe zeitgenössischer Philosophen vertritt, ist anthropologischer Art. Wie betont bildet den Ausgangspunkt die Selbsterkenntnis des Einzelnen als eines endlichen, verwundbaren, leidensfähigen Wesens mit starkem Erhaltungs-, Entfaltungs- und Entwicklungsdrang. Obgleich Reichtum, Macht und Ansehen manche Bürger so stark blenden, daß sie darüber ihre kreatürliche Zerbrechlichkeit vergessen, läßt sich im allgemeinen an der eigenen Unvollkommenheit und Bedürftigkeit doch mühelos die Vorzugswürdigkeit eines Lebens ohne Hunger, Not, Ausbeutung, Gewalt und Folter erkennen. Doch kann, wie ausgeführt, nur dann von Würde gesprochen werden, wenn der Mensch zugleich ein sei es noch so geringes Selbstwertgefühl besitzt. Denn erst unter dieser Voraussetzung kann er sich von den Verhältnissen, in denen er lebt, und dem Verhalten seiner Mitmenschen, denen er ausgeliefert ist, erniedrigt fühlen. Aber warum sollte dem Einzelnen am Wohlergehen seiner Nachbarn gelegen sein? Warum darf man seine Mitmenschen nicht demütigen?

Sicherlich gibt es viele gewichtige, tiefsinnige Gründe für gegenseitige Achtung und einseitige Hilfsbereitschaft, am schwersten jedoch wiegen ganz einfache Überlegungen. Einmal sollte uns am Wohlergehen unserer Mitmenschen aus rechtverstandenem Eigeninteresse gelegen sein, nach dem wir schon deshalb wollen sollten, daß auch anderen gewährt werde, was wir für uns selbst als Mindeststandard beanspruchen; nur so können wir mittelfristig die Erfüllung der eigenen Wünsche und Interessen sichern. Dann aber auch aus Dankbarkeit für das eigene gute Leben, wenn es ein solches ist. Darüber hinaus sollte uns aber auch daran gelegen sein aus jener rationalen Überlegung, die einen Schritt zur Seite voraussetzt, daß Not, Schmerz und Erniedrigung für andere nicht weniger wiegen als für einen selbst. Denn so richtig es ist, daß wir Menschen normalerweise von unseren Wünschen, Neigungen, Vorlieben beherrscht werden, grundsätzlich sind wir doch in der Lage, einen Schritt zur Seite zu treten, wie die amerikanischen Philosophen Nagel[88], Rawls[89] und Rorty[90] sagen, Abstand zu uns selbst zu nehmen und dabei einen weitgehend neutralen Platz, einen unparteiischen Standpunkt zu beziehen; im allgemeinen sind wir zu selbstdistanzierender Einstellung und Betrachtung fähig, zu einem Absehen von unseren eigenen Interessen und Präferenzen. Nehmen wir eine solche selbstdistanzierende Grundhaltung ein, dann erwacht fast zwangsläufig die allgemeine Erkenntnis, daß Schmerz, Leid, Elend oder Unterdrückung und Unfreiheit nicht nur für mich, sondern überhaupt etwas Schlimmes sind, wie Nagel und Rorty[91] betonen. »Grausamkeit ist das schlimmste Übel, die Vermeidung von

Grausamkeit demnach das höchste moralische Gebot«, meint auch Margalit. [92] Darüber hinaus wächst die wichtige Einsicht, auf die besonders Singer[93] hinweist, daß meine eigenen Wünsche, Vorlieben, Neigungen nicht einfach deshalb, weil sie meine sind, mehr zählen als die anderer Menschen. Solche und ähnliche ethischen Erkenntnisse gewinnen wir mühelos, sobald wir jenen oben erwähnten Schritt zur Seite tun, uns selbst gegenüber eine distanzierte Grundhaltung einnehmen, uns in fremde Interessenlagen versetzen. Als besonders hilfreich erweist sich hierbei eine Vergegenwärtigung trost- und hoffnungsloser Lebensgeschichten, die aufschlußreicher sind als abstrakte Zahlen. Denn die Rede von Tausenden Opfern hat den Charakter einer bloßen Nachricht oder geschichtlichen Information, die uns in der Regel weniger berührt als die Leidensgeschichte einzelner Schicksale.

Schon ein Gespräch setzt die Anerkennung meines Gegenüber als gleichberechtigtes, wahrheits- und zurechnungsfähiges Subjekt voraus, wie die Diskursethiker betonen. Da die Existenz eines solchen Subjekts wiederum von verschiedenen handfesten Bedingungen abhänge – etwa Freiheit von äußerem Zwang, körperliche und geistige Gesundheit –, ergebe sich hieraus die zusätzliche Pflicht, die Erfüllung dieser Voraussetzungen zu gewährleisten, was heißt, den Menschen auch einen Zugang zu medizinischer Grundversorgung, Nahrung, Obdach, privater und öffentlicher Autonomie zu ermöglichen. Die Verminderung von Grausamkeit und Leid und die dadurch bewirkte Wahrung der Selbstbestimmung sei ein Imperativ der Menschenwürde.

Noch schwerer jedoch als dieses Bündel berechtigter subtiler ethischer Begründungen wiegt eine noch einfachere Überlegung: Menschen sollten Nahrung, Medikamente, Obdach und Freiheit erhalten, weil sie an Hunger, Krankheit, Obdachlosigkeit und Unterdrückung leiden, und nicht bloß, weil die Garantie solcher grundlegenden Lebensbedingungen zu den notwendigen Voraussetzungen gelingender Kommunikation gehört.

Niemand sollte hungern oder frieren müssen – einfach deshalb, weil dieses schreckliche Zustände sind. Das bedeutet: Dem Nächsten wäre zuerst darum zu helfen, weil er schlecht dran ist, und erst in zweiter Linie, weil ein Mangel an körperlicher und seelischer Integrität seine Selbstbestimmung als unabdingbaren Bestandteil gelingender Kommunikation beeinträchtigt.

Allerdings setzt eine solche Wahrnehmung eine gewisse Empfindsamkeit voraus, ein Sinn für die Sorgen und Nöte anderer, wie Tugendhat[94] und Rorty[95], an Hume und Smith anknüpfend, sagen.

Rorty empfiehlt eine »Schule der Empfindsamkeit«, durch die das bessere Kennenlernen der Menschen gefördert werde. Erfolgversprechender als jede Berufung auf ein allgemeines achtungswürdiges Merkmal des Menschen ideeller Art sei die Suche nach tausend kleinen Gemeinsamkeiten im konkreten Leben. Erst so ließe sich die Reichweite unseres Mitgefühls ausdehnen. Moralischer Fortschritt bedeute immer stärkere Sensibilität für die Bedürfnisse eines immer größeren Kreises von Menschen. Dieses Ziel wachsender Empfindsamkeit für die Sorgen und Nöte anderer lasse sich weniger durch rationale, abstrakte Argumente erreichen als vielmehr dadurch, daß man sich mit dem Leben anderer vertrauter mache, so daß es schwerer falle, die Augen vor ihren Nöten zu verschließen. Diese Steigerung der Sensibilität füreinander bedürfe genauer Beobachtungen und Beschreibungen, die man natürlich nicht alle selbst machen könne. Darum seien Zeitungsberichte, Dokumentationen, Romane und Filme nötig, welche uns besser als abstrakte ethische Abhandlungen dazu bewegen könnten, sich für das Wohl seiner Mitmenschen zu engagieren, die – wie wir alle – fremder Zuwendung, Fürsorge und Achtung bedürften. Sie könnten uns konkret zeigen, warum wir es unterlassen sollten, »die Heiratspläne unserer Kinder zu stören, weil der gewünschte Partner einer bestimmten Nation, Religion, Rasse oder Einkommensschicht angehört oder weil die Ehe nicht heterosexuell, sondern homosexuell sein soll.«[96] Erst dann würden wir möglicherweise aufhören, auf unsere Mitmenschen in einer Weise einzuwirken, daß sie nicht mehr ihre persönlichen Ziele verfolgen können, nur weil diese nicht unseren Vorstellungen und Erwartungen entsprechen; im Gegenteil würden wir sie sich dann so entfalten lassen, wie sie gerne möchten, und sie unterstützen, wenn sie unserer Hilfe benötigten.

Solches Würdebild zu verstehen dürfte angesichts der beschriebenen Zerbrechlichkeit und ständigen Gefährdung des menschlichen Lebens nicht sonderlich schwerfallen, und es bedarf tatsächlich keiner subtilen ethischen Begründungen, um einzusehen, daß die Erfüllung der angedeuteten Bedürfnisse und Interessen für alle Menschen dauerhaft gesichert sein sollte, weil sie überhaupt erst menschenwürdige Verhältnisse schafft. Eine ethische Letztbegründung mag noch so scharfsinnig und richtig sein, sie wiegt nichts, wenn sie bloß einige wenige erreicht und kaum einer danach fragt. Das scheinen immer wieder jene zu vergessen, die sich solche Begründungen in ihren Gelehrtenstuben einfallen lassen, anstatt sich der Wirklichkeit zuzuwenden, wie sie ist. Theorieverliebte Weltfremdheit überschätzt bisweilen die Geschichtsmächtigkeit philosophischer Beweise. Aber es ist eine Illusion zu glauben, daß unwiderlegbare Argumente oder zwingende Begründungen die Menschen jemals von der Mißachtung der Menschenwürde abhalten könnten. Vermutlich ist bislang kaum einer durch philosophische Letztbegründungen dazu veranlaßt worden, seine Mitmenschen zu achten, wenn er es nicht zuvor schon tat. Das heißt, subtile ethische Überlegungen, die häufig nur zu anspruchsvollen Banalitäten führen, ohne den Erfordernissen des wirklichen Lebens zu genügen, können so gut wie nichts dazu beitragen, »daß die Weißen netter zu den Schwarzen sind, die Männer netter zu den Frauen, die Serben netter zu den Muslimen oder die Heterosexuellen netter zu den Homosexuellen.«[97] Hierzu ist vor allem menschliches »Wohlwollen«[98] nötig, wie *Spaemann* treffend bemerkt, das er definiert als »Aussein auf das, was für den Anderen das Zuträgliche ist, also das, was dessen eigenes Aussein-auf erfüllt.«[99] Dieses umfaßt zweierlei: einmal, daß man den anderen sein eigenes Leben führen läßt, dann, daß man ihm tätig zur Seite steht, falls er fremder Hilfe bedarf. Allerdings ist zu solchem Wohlwollen nur fähig, wer auch die eigenen Interessen hintansetzen und sich am Glück anderer erfreuen kann.

Nach weitverbreiteter Meinung können Menschen nur unter menschlichen Bedingungen wohlwollend sein. Sobald Hunger, Kälte, Gewalt und Todesdrohung die eigene Existenz gefährden, denke fast jeder nur noch an sein Überleben und werde dem Unglück anderer gegenüber tendenziell gleichgültig. Moralisches Dasein scheine da kaum noch möglich zu sein. Allerdings beweisen zahllose Augenzeugenberichte über Extremsituationen, in denen Menschen auf verabscheuungswürdige Weise gedemütigt und geschlagen wurden, auch vor Kälte oder Hunger zitterten, das genaue Gegenteil ebenso. Sie machen deutlich, daß selbst in Ausnahmesituationen sich keineswegs jede Spur moralischer Fürsorge verflüchtigt.[100] Da man sich jedoch nicht hierauf verlassen kann und die Zwingkraft jeder Ethik gering bleibt, bedarf die Menschenwürde, die häufiger aussteht als schon besteht, eines besonderen rechtlichen Schutzes.

Manchmal werden solche an den Grundbedürfnissen und dem Wohlergehen der Menschen orientierten Ethiken, die ohne subtile Begriffsakrobatik auszukommen versuchen, als historische Schwundstufe der alteuropäischen humanistischen Moral verächtlich gemacht, deren Stimme und Grammatik im Zeitalter der technischen Machtübernahme des Menschen über den Menschen nicht mehr trage. Das ist allerdings falsch. Wahr dagegen ist, daß schon früher die Menschenwürde als Gestaltungsauftrag das wichtigste an der alteuropäischen Werteordnung war, deren humanistischen Kern es auch künftig zu bewahren gilt, weil es vermutlich keine höheren sozialen Ziele als Freiheit und Verminderung von Grausamkeit gibt. Damit sei einer Ethik das Wort geredet, die sich weniger an abstrakten

Ideen oder edlen Symbolen als am konkreten Menschen und seinen Sorgen orientiert. Wie häufig in der Geschichte opferten Menschen in fanatischer Verblendung ihr eigenes wie auch fremdes Leben für äußere Ideale, statt sich für mehr menschliche Wärme in der vor Kälteeinbrüchen ungesicherten Welt zu engagieren.

Will man also jemanden davon überzeugen, menschenwürdige Verhältnisse zu schaffen, in denen sich der Einzelne gut erhalten und frei entfalten kann, so muß man ihn dazu bewegen, jene selbstdistanzierende Grundhaltung einzunehmen, die Tugenden der Empfindsamkeit und Selbstbeherrschung zu leben, seinen Mitmenschen mit Wohlwollen zu begegnen; alles weitere ergibt sich dann von selbst. Tut es das aber nicht, so bedeutet dies vermutlich bloß, daß der selbstdistanzierende Standort nicht wirklich gesucht wurde und es am nötigen Wohlwollen fehlt. Jetzt verbleibt nur noch die Möglichkeit, die mühsame Kleinarbeit der Aufklärung und Erziehung zu gegenseitiger Achtung, Gesprächs- und Hilfsbereitschaft fortzusetzen – und so zu tun, als ob wir unser Leben selbst in der Hand hätten, selbst wenn es an einer Kette der Notwendigkeit hängt. Nie und nirgends darf man denen das Feld kampflos überlassen, welche jeden Sinn für politische Freiheit, Gerechtigkeit und Mitmenschlichkeit verloren haben – genetische Programme hin, neuronale Prozesse her. Hierbei sei keineswegs ausgeschlossen, daß es Menschen gibt, die grundsätzlich kein Unrechtsempfinden haben, Wohlwollen und Dankbarkeit nicht kennen, gewissermaßen von allen guten Geistern verlassen sind; vor solchen muß man sich besonders schützen. Denn eines steht fest: Wem die einfache Forderung nicht auf Anhieb einleuchtet, daß materielle Unterversorgung, geistige Bevormundung und Verhinderung der persönlichen Entwicklung aufgehoben werden sollten, kann wohl nur dumm, hartherzig oder verstockt sein. Gerade vor solchen Menschen, die anscheinend das allzu Offensichtliche leicht übersehen, muß sich die Gesellschaft rechtlich schützen. Das heißt: Wem Beschreibungen der dargelegten Art nicht schon ohne absolute Begründungen reichen, dem wird mehr an Begründung sicherlich auch nicht genügen, selbst wenn es ein letzter Vernunftsatz oder höchstes Gottesgebot wäre. Dies deutet bereits an, daß es ohne ein gewisses Maß an Wohlwollen nicht zur Herstellung menschenwürdiger Verhältnisse kommen kann. Damit sei zwar nicht gesagt, daß die ethische Argumentation an dieser Stelle enden muß, wie die Diskursethik beweist; was hier endet, ist aber die Möglichkeit, andere durch ethische Argumente zu erreichen und zu überzeugen.

Aus dem Dargelegten erhellt, daß *gegenseitige Achtung* und *einseitige Hilfsbereitschaft* mindestens dreierlei voraussetzen: *erstens, Erkenntnis menschlicher Bedürftigkeit und Verwundbarkeit, zweitens, Fähigkeit zu Selbstdistanz, drittens, Wohlwollen.* Nach dem Wegfall der traditionellen Metaphysik läßt sich die Idee der Würde nur noch auf solche Gesichtspunkte gründen, das heißt auf ethische Überlegungen mit der menschlichen Bedürftigkeit und Verletzbarkeit als verallgemeinerbarem Ausgangspunkt. Die herkömmliche Trias Metaphysik-Recht-Politik ist deshalb durch die Triade Ethik-Recht-Politik zu ersetzen, die Idee der Menschenwürde zwischen Ethik und Politik, aber nicht mehr zwischen Metaphysik und Politik anzusiedeln. Obwohl in den letzten Ausführungen nur wenig von Menschenwürde die Rede war, so zeigen doch gerade sie, wie man auch heute noch zu diesem Ziel finden kann: Es ist der Weg von der Bedürftigkeit und Verletzlichkeit des Einzelnen über seine Fähigkeit wie auch Bereitschaft zu selbstdistanzierender Erkenntnis der menschlichen Situation hin zu bestimmten ethischen Grundsätzen, welche jedoch erst dann lebendig werden, wenn Wohlwollen den Menschen über den Schatten seines eigenen Vorteils springen läßt. Bei alldem wird Würde nur noch als Gestaltungsauftrag, nicht mehr aber als Wesensmerkmal vorgestellt.

Es gibt bis zum heutigen Tage nur wenige Rechtswissenschaftler, die sich mit dieser Sichtweise anfreunden können; die meisten halten nach wie vor an der Idee der Wesenswürde fest – Würde mehr mit einem metaphysischen als mit einem ethischen Wert gleichsetzend.[101] Zu den wenigen Ausnahmen gehört *Podlech*, der im Anschluß an Luhmann Würde als menschliche Leistung definiert. Seiner Ansicht nach gehört zu den notwendigen Bedingungen menschlicher Würde einerseits Sicherheit der materiellen Grundlagen des Lebens, andererseits rechtliche Gleichheit, die jede Form von Diskriminierung aus rassischen, religiösen oder anderen Gründen ausschließt, dann rechtliche Ermöglichung individueller Selbstentfaltung, darüber hinaus Achtung vor dem verwundbaren Körper des anderen, weshalb auch Folter und Versuche an Menschen ohne Einwilligung der Betroffenen absolut unzulässig seien, sowie Begrenzung staatlicher Macht und Gewalt.[102] In Abwandlung des zitierten Schiller-Ausspruchs kann man auch sagen: Nur wer ein Dach über dem Kopf und satt zu essen hat, die Anerkennung seiner Mitmenschen genießt und sich frei entfalten darf, ist zu einem würdevollen Leben fähig.

In diesem Zusammenhang verdient die Neukommentierung von Artikel 1 Absatz 1 GG durch *Matthias Herdegen* im Jahre 2003 besondere Beachtung, die den ursprünglichen Kommentar von Günther Dürig zu ersetzen sucht. Da der von Theodor Maunz und Günther Dürig herausgegebene Grundgesetzkommentar nach wie vor höchstes Ansehen in der juristischen Fachwelt genießt, kommt dieser Neubearbeitung des Würdeartikels eine große Bedeutung zu. In verblüffender Übereinstimmung mit der Grundaussage des vorliegenden Buches verabschiedet Herdegen die Idee der Würde als vorpositives Fundament metaphysischer Art, kurz, als Wesensmerkmal. Damit schreibt er Dürigs Kommentar weniger fort als vielmehr um, wie Ernst-Wolfgang Böckenförde treffend vermerkt, der Herdegens Position so zusammenfaßt: »Die Menschenwürde als rechtlicher Begriff wird ganz auf sich gestellt, abgelöst (und abgeschnitten) von der Verknüpfung mit dem vorgelagerten geistig-ethischen Inhalt, der dem Parlamentarischen Rat präsent und für Dürig so wichtig war. Was hierzu zu sagen ist, wandert ab in den geistesgeschichtlichen Hintergrund, worüber kundig berichtet wird, aber ohne normative Relevanz. Die fundamentale Norm des Grundgesetzes geht so der tragenden Achse verlustig.«[103] Im Gegensatz dazu möchte Böckenförde am Erbe der Väter festhalten und die metapositive Verankerung der Würde als Wesensmerkmal bewahren, ohne daß er allerdings einen allgemeingültigen Deutungsvorschlag macht. An anderer Stelle wurde bereits gezeigt, daß es eine solche Auslegung grundsätzlich nicht geben kann und der weltanschaulich neutrale Staat einer bestimmten Religion oder Weltanschauung keinen Deutungsvorrang einräumen darf. Der von Böckenförde beklagte Epochenwechsel bei der Auslegung der Menschenwürde ist deshalb sogar begrüßenswert wie auch fällig – er bedeutet das Ende einer metajuristischen Pathosformel im Recht, welche die Interpreten in einem liberalen Gemeinwesen zwangsläufig in Aporien verstrickt.

Widerspricht aber eine solche Deutung der Würde als bloßen Gestaltungsauftrag nicht ihrer vielzitierten Unantastbarkeit? Diese Frage ist zu bejahen, wenn Unantastbarkeit soviel wie Unmöglichkeit bedeutet, die eigene Würde zu verlieren; sie ist zu verneinen, wenn damit gesagt sein soll, daß sie einem nicht geraubt werden darf. Nach Lage der Dinge schließt ein völlig säkulares Würdeverständnis, das alle religiösen, metaphysischen oder vernunftphilosophischen Begründungen bewußt vernachlässigt, die Antastbarkeit der Würde grundsätzlich nicht aus. Wenn Würde ein bloßer Gestaltungsauftrag ist, dann wird es sogar möglich zu denken, daß Menschen auch keine Würde haben. Wo immer jemand brutal erniedrigt wird und seine Selbstachtung verliert, dort schwindet seine Würde, wohlgemerkt aber nicht sein Anspruch darauf, der paradoxerweise um so deutlicher hervortritt, je mehr dagegen verstoßen wird. Um naheliegende Mißverständnisse zu vermeiden: Niemandem soll seine Würde aberkannt werden; doch wer in würdelosen Verhältnissen ein jämmerliches Leben ohne Selbstachtung führt, von dessen Dasein kann man nicht mehr sinnvollerweise sagen, daß es Würde besitzt, wenn es die angeborene Wesenswürde nicht geben sollte. Verständlicherweise befürchten darum manche, daß nun gerade diejenigen nicht mehr geachtet werden müßten, die doch am meisten der Achtung bedürften: die Schlechtweggekommenen und Erniedrigten dieser Welt. Denn wo keine Würde, dort auch kein Anspruch auf Achtung! Der zum Schutz besonders gefährdeter Menschen ins Recht eingeführte Würdebegriff hätte so seine Bedeutung verloren.

Hierauf ist zu erwidern: Diejenigen unter uns, die sich nicht von der konkreten Not anderer angesprochen fühlen, werden mit Sicherheit noch weniger von einer abstrakten Eigenschaft wie der Wesenswürde zu Achtung und tätiger Hilfe bewogen. Wem das Elend seiner Mitmenschen nicht schon Grund genug ist, diesen beizustehen, für den ist es erst recht nicht deren angeborene Wertbesonderheit. Davon abgesehen, bedeutet die Idee der Wesenswürde auch für jene, die ihre Selbstachtung verloren haben, in erbärmlicher Not und menschenunwürdigen Verhältnissen leben, keine echte Hilfe, da eine metaphysische Wesensbestimmung sicherlich niemanden über sein Leid hinwegtrösten kann. Das hört sich kaltherzig an, ist aber lediglich konsequent gedacht und keineswegs menschenverachtend gemeint. Denn es heißt mitnichten, daß man die Würde des Einzelnen nicht achten muß, wenn es sie im metaphysischen Sinne nicht gibt. Genau das Gegenteil ist der Fall: *Man sollte die Menschenwürde gerade dann achten, wenn es sie nicht gibt, damit es sie gibt, weil sie vielleicht das einzige ist, das uns in einer entzauberten Welt noch Wert verleiht. So gesehen besteht die Würde des Menschen aus nichts anderem als aus der Achtung davor. Erst die Würde zu respektieren heißt, sie zu konstituieren.* Weltanschauungsneutral betrachtet ist sie nichts mehr, was sich von selbst versteht, wenn sie das überhaupt jemals war, sondern muß stets neu errungen, bewahrt und verteidigt werden. In einer liberalen Gesellschaft mit zunehmend naturwissenschaftlichem Weltbild wie in einer multikulturellen Völkergemeinschaft mit zahlreichen Menschenbildern kann sie deshalb nur noch als Ergebnis unablässiger Bemühungen und Anstrengungen gelten, zu dem alle aufgerufen sind, das ihre beizutragen. Genaugenommen ist die praktische Frage, unter welchen Bedingungen würdevolles Leben möglich ist, ohnehin wichtiger als die akademische Frage, ob wir wesenhaft eine höhere Werteigenschaft besitzen.

Vermutlich werden dies einige bestreiten, und sicherlich wird manchen das Dargelegte zuwenig sein; man wird deshalb fragen, ob unter diesen Umständen der Begriff Würde nicht lieber ganz aufgegeben werden sollte. Die Antwort ist ein klares Nein, denn der Ausdruck Menschenwürde hat mittlerweile einen sicheren Platz in der Weltöffentlichkeit gefunden; er ist heute ein im allgemeinen Bewußtsein festverankerter Begriff, der sich angesichts weltweiter Not gar nicht mehr aus der Geschichte wegdenken läßt – und das ist gut so, denn er steht für mehr Menschlichkeit, für ein humanitäres Menschenbild, das auch im Zeitalter des weltanschaulichen Neutralismus wie wissenschaftlichen Naturalismus seine Bedeutung behält und somit verteidigungswürdig bleibt.

Humanität und Brutalität

Eine alte Weisheit besagt, daß nach Aufhellung des Kopfes durch ethische Erkenntnisse nicht sofort ihnen entsprechend gehandelt wird; egoistische Neigungen, Wünsche, Interessen stehen ethischen Forderungen oft machtvoll entgegen und lähmen das moralische Handeln selbst derjenigen, die eben noch erkannten, daß Grausamkeit und Unfreiheit verabscheuungswürdig sind. Eines ist nämlich intellektuelle Rationalität, ein anderes moralische Motivation. Darum geht es nicht ohne persönliches Wohlwollen und innere Selbstbindung an ethische Leitlinien; aber längst nicht jeder läßt solchen Bindungswillen erkennen.

Noch am ehesten bringen die Menschen persönliches Wohlwollen ihrer Familie, Freunden, Kollegen, Nachbarn entgegen; mit der Distanz der anderen aber nehmen Verständnis, Hilfs- und Opferbereitschaft ab: »Der Ferne ist uns ganz einfach weniger wirklich«[104] – und damit weniger wichtig. Deshalb kann man sagen: Je fremder der andere, desto geringer das Wohlwollen, das sich weder erzwingen noch aus ethischen Geboten ableiten läßt, sondern das diesen vielmehr voraus- und zugrunde liegt. Doch hängt die Größe des individuellen Wohlwollens auch vom Typ des Menschen und dessen bisherigen Erfahrungen mit der Welt ab. Bedauerlicherweise kann man feststellen, daß die existentielle Konfrontation mit dem nackten Antlitz des Menschen diesen in der Geschichte recht selten dazu veranlaßt hat, sich für das Leben anderer einzusetzen, weshalb man mit *Freud* sagen möchte, »die Absicht, daß der Mensch glücklich sei, ist im Plan der Schöpfung nicht enthalten.«[105] »Die Weltgeschichte ist nicht der Boden des Glücks. Die Perioden des Glücks sind leere Blätter in ihr«[106], wie Hegel bereits hundert Jahre zuvor beklagte. Tatsächlich hat die Erkenntnis völliger Hilflosigkeit und Verletzbarkeit die Menschen bisher nicht davon abhalten können, Fremde als Barbaren zu entwerten, schreckliche Greueltaten an Andersartigen und Andersdenkenden zu verüben. Die Geschichte kennt zahllose organisierte und spontane Verbrechen gegen die Menschlichkeit, und nur selten hat das nackte Antlitz eines menschlichen Gegenüber die zu allem Entschlossenen dazu bewegen können, ihnen nicht Leid und Schmerz zuzufügen. Besonders erschreckend ist, daß die gleichen Personen, die über den Tod ihres Wellensittichs Tränen vergießen, dazu fähig sind, andere auf bestialische Weise zu töten – und noch erschreckender ist, daß sie manchmal sogar mit Stolz von ihren Greueltaten erzählen, statt sich ihrer zu schämen.

Allerdings treiben nicht immer Mord- und Angriffslust die Menschen zu blindwütigen Handlungen, ideologische Verblendung gesellt sich dazu, welche Fanatiker sogar aus selbstloser

Hingabe an bestimmte Gruppenwerte zu terroristischen Amokläufern werden läßt. Sicherlich sind das extreme Beispiele, aber die Wirklichkeit ist voll davon. Nüchtern betrachtet scheint es eine allgemeine Neigung der Menschen zu rücksichtsloser Gleichgültigkeit und aggressiver Gewalttätigkeit zu geben; jeder denkt zuerst an sich oder an die Gruppe, zu der er sich besonders hingezogen fühlt und mit der er verbunden ist, bevor andere Außenstehende ins Blickfeld geraten.

Schon im 6. Jahrhundert v. Chr. soll *Bias*, einer der griechischen Sieben Weisen, die sich durch besondere Lebensklugheit hervortaten, gesagt haben: »Die meisten sind schlecht.«[107] Später, an der Schwelle der Neuzeit, charakterisiert der Florentiner Staatsmann und Geschichtsschreiber *Machiavelli* den Menschen als ehrgeiziges, habsüchtiges Geschöpf, von dem »sich nur Schlechtes erwarten [läßt], wenn er nicht zum Guten gezwungen wird.«[108] Die meisten Menschen seien von unersättlichen, maßlosen Begierden beherrschte Triebwesen, meinte er, weshalb derjenige, »der immer nur das Gute tun möchte, zugrunde gehen muß unter so vielen, die nicht gut sind.«[109] Ähnlich beurteilte *Hobbes* den Menschen, den er Jahrhunderte vor Nietzsche bereits als »Raubtier«[110] bezeichnete, dessen herausragende Merkmale Habgier, Besitzstreben und Machtlust bildeten. Die Menschen seien von Natur aus herzlos und böse, schrieb er, gefährliche, riskante Machtwesen. Stets auf ihren Vorteil bedacht, strebten sie immerfort nach Herrschaft, Geltung und Besitz; das Wohl der Gemeinschaft bestimme so gut wie keinen von ihnen. Noch drastischer als Machiavelli und Hobbes beschrieben de Maistre, Donoso Cortés, Bonald und mit ihnen allen übereinstimmend Carl Schmitt die menschliche Bosheit und Brutalität.[111] Besonders Donoso Cortés' »Verachtung der Menschen kennt keine Grenzen mehr; ihr blinder Verstand, ihr schwächlicher Wille, der lächerliche Elan ihrer fleischlichen Begierden scheinen ihm so erbärmlich, daß alle Worte aller menschlichen Sprachen nicht ausreichen, um die ganze Niedrigkeit dieser Kreatur auszudrücken.«[112] Das gleiche fand Schopenhauer, dem zufolge zweierlei für den Menschen charakteristisch ist – »Egoismus, der das eigene Wohl will«[113], und »Bosheit, die das fremde Wehe will«[114]. An diese Position knüpfte wiederum Freud an, der ebenfalls schrieb, »daß der Mensch nicht ein sanftes, liebebedürftiges Wesen ist, das sich höchstens, wenn angegriffen, auch zu verteidigen vermag, sondern daß er zu seinen Triebbegabungen auch einen mächtigen Anteil von Aggressionsneigung rechnen darf. Infolgedessen ist ihm der Nächste […] auch eine Versuchung, seine Aggression an ihm zu befriedigen, seine Arbeitskraft ohne Entschädigung auszunützen, ihn ohne seine Einwilligung sexuell zu gebrauchen, sich in den Besitz seiner Habe zu setzen, ihn zu demütigen, ihm Schmerzen zu bereiten, zu martern und zu töten. Homo homini lupus [Der Mensch ist dem Menschen ein Wolf]; wer hat nach allen Erfahrungen des Lebens und der Geschichte den Mut, diesen Satz zu bestreiten? Diese grausame Aggression wartet in der Regel eine Provokation ab […]. Unter ihr günstigen Umständen, wenn die seelischen Gegenkräfte, die sie sonst hemmen, weggefallen sind, äußert sie sich auch spontan, enthüllt den Menschen als wilde Bestie, der die Schonung der eigenen Art fremd ist. Wer […] noch die Schrecken des letzten Weltkriegs in seine Erinnerung ruft, wird sich vor der Tatsächlichkeit dieser Auffassung demütig beugen müssen.«[115] Dabei seien die Menschen aber keineswegs »so tief gesunken, wie wir fürchten, weil sie gar nicht so hoch gestiegen waren, wie wir's von ihnen glaubten.«[116] Voller Pessimismus erklärte der späte Freud die dem Menschen angeborene Zerstörungslust aus einer allem Leben innewohnenden Sehnsucht nach seinem Ursprung, welcher für ihn nicht wie für die philosophische Tradition Gott war, sondern Tod hieß. Früher als alles Organische existiere das Anorganische, in das nicht nur alles Leben wieder zurücksinke, sondern nach dem es sich auch zu Lebzeiten bereits zurücksehne. Solche und ähnlich düstere Gedanken machen deutlich, daß der späte Freud den menschlichen Todes- und Destruktionstrieb für stärker hielt als den Lebenstrieb.

Beeinflußt von Schopenhauer, betrachtete er die Zerstörungskräfte der menschlichen Natur als so übermächtig, daß es ihn nicht weiter verwunderte, wenn der Stärkere den Schwächeren quält, obwohl Moral und gesellschaftliche Regeln dieses verbieten.

Es gibt also unter den Menschen eine verstörende Lust an Grenzüberschreitungen und Verbotsübertretungen – ein Verlangen nach Ekstase und Delirium, das die Gewalt der Leidenschaft bis an die Grenzen des Todes zu treiben vermag. Das heißt: Unter der Oberfläche der menschlichen Haut liegt eine animalische Sprengkraft, die das Vulgäre, Obszöne und Exzessive anzieht, die Grimassen der lüsternen Erregung und die Fratzen des bebenden Fleisches. Diese Macht des Regelwidrigen und Dunklen kann durchaus zu einer Entfesselung niederer Regungen führen, die dann jede Vernunft zum Schweigen bringt.

So entspringen Brutalität, Rücksichtslosigkeit und Habgier nicht nur menschlicher Gehässigkeit und Gemeinheit, dahinter stecken oft auch noch Erfahrungen der Knappheit lebenswichtiger Güter sowie ein großes Sicherheitsbedürfnis, gezeichnet von Zukunftsangst. Der Mensch strebt nach Macht, um für die Befriedigung künftiger Bedürfnisse zu sorgen, da er nicht nur hier und heute, sondern das ganze Leben lang satt und zufrieden sein möchte, wie schon Hobbes vermerkte. Dabei wird der Einzelne oftmals stumpf und unempfindlich für die Not seiner Mitmenschen; Egoismus und Machtstreben halten ihn davon ab, für seine Nächsten kleinere oder größere Opfer zu bringen, und ersticken so jeden Funken persönlichen Wohlwollens in ihm. Hinzu kommen Wankelmut und Unzuverlässigkeit. Selbst wenn einer weiß, was er will, und seinen Mitmenschen freundlich begegnet, bleibt er doch unberechenbar für sich selbst wie auch für die anderen. Das lehrt die Geschichte und die alltägliche Erfahrung: Auf nichts in der Welt ist Verlaß – am wenigsten auf den Menschen, der gewöhnlich seinen häufig wechselnden Stimmungen nachgibt, und deshalb sowohl für sich selbst als auch für seine Mitmenschen ein unkalkulierbares Sicherheitsrisiko darstellt.

Trotzdem wäre es falsch, die Menschen mit Ungeheuern zu vergleichen. Menschen sind nicht gut oder böse, sie existieren zwischen beiden Polen. Gegenseitige Achtung, Fairneß und Hilfsbereitschaft gehören ebenso zu ihrer Lebenswirklichkeit wie Korruption, Klüngel und Hartherzigkeit; die menschliche Gesellschaft besteht weder nur aus Engeln noch aus Teufeln. Der Mensch ist keineswegs bloß ein irrationales, von Gefühlen und Leidenschaften bewegtes Wesen, sondern lebt auch unter dem Zepter von Verstand und Wohlwollen, bricht nicht nur Versprechen, sondern hält sie auch. Das heißt, so leicht sich die Menschen zu Gewalt hinreißen lassen und anfällig für Machtmißbrauch sind, es gibt doch viele unter uns, die solchen Verführungen erfolgreich widerstehen, mögen ihnen dazu auch von biologischer Seite unverrückbare Grenzen in die eine oder andere Richtung vorgegeben sein.

Dennoch suchen Menschen nicht bloß nach Möglichkeiten kontrollierter Selbstbehauptung, sondern auch nach Gelegenheiten explosiver Selbstpreisgabe, nach existentiellen Siedepunkten, intensiven Ausschweifungen, in denen ein wilder Taumel von ihnen Besitz ergreift. In unserer Kultur bieten Sport, Spiel, Sex, Abenteuer und Musik vielfältige Gelegenheiten hierzu, früher waren es heidnische Opferspektakel, heilige Orgien, sakrale Rituale und religiöse Ekstasen. Strenge Tabus können den Drang nach Trance zwar verbieten, aber nicht dauerhaft unterdrücken. Deshalb muß jede Gesellschaft genügend Enklaven für emotionale Turbulenzen schaffen, in denen sich die Menschen rückhaltlos verausgaben und ihre aggressiveren Instinkte ausleben können. Diese nutzlose Verschleuderung gewöhnlich bezwungener Kräfte darf durchaus auch positiv bewertet werden, schenkt sie den Betroffenen doch auch Glücksgefühle. In jeder Reizbefriedigung vollzieht sich eine Art existentieller Wertschöpfung, bei der ein Mehrwert in Form eines Lustgewinns erzielt wird. Allerdings sollte es für diese gleichermaßen Schrecken und Entzücken erregenden Lebensformen nur sozialverträgliche Ausdrucksmöglichkeiten geben.

Der Humanismus steht für den Glauben, die von unersättlichen Begierden getriebene Bestie Mensch mit Hilfe guter Bücher aus der Barbarei zurückholen, das Rohe, Wilde, Grausame an ihm eindämmen, hemmungslose Impulse und den Drang nach Gewaltsamkeit begrenzen zu können. Doch ist die Vermutung mehr als nur gut begründet, daß wir mit der Erziehung und Zivilisierung des Menschen, dessen Entbestialisierung und Entwilderung wohl niemals zum Abschluß kommen werden, was uns allerdings weder von der Aufgabe entlastet noch aus der Pflicht entläßt, sich immer wieder von neuem darum zu bemühen. Die Humanisierung des Menschen stellt ein Problem dar, das gewissermaßen zu schwer für den Menschen ist, ohne daß er es unterlassen könnte, diese Aufgabe der Schwierigkeiten wegen nicht anzupacken.

Freilich können humanitäre Maßnahmen ebenso wie Mitleid einen Bedürftigen auch beschämen. Aber Mitleid beschämt nicht notwendigerweise, wie David Hume, Jean-Jacques Rousseau und Arthur Schopenhauer überzeugend dargelegt haben. Ihnen zufolge setzt Mitleid als erstes die Fähigkeit zur Einfühlung in andere voraus. Unabhängig von moralischer Erziehung und ethischer Vernünftelei sei uns Menschen ein Widerwille gegen fremdes Leid angeboren. Dieser bringe uns unter Ausschluß eigennütziger Motive dazu, schwachen Kindern, notleidenden Kranken und bedürftigen Alten spontan beizustehen. Solche Handlungen zum Wohl anderer ohne jeden egoistischen Zweck gründeten vorrangig auf Mitleid als der eigentlichen Triebfeder und Grundlage jeder echten Ethik.

Aber wenn Mitleid die natürliche Quelle aller Menschlichkeit ist, warum wird der eine hierdurch mehr zu selbstlosem Handeln bewogen als der andere – und manche überhaupt nicht? Nach Rousseau liegt die Antwort hierauf in der gesellschaftlichen Sozialisation, nach Schopenhauer dagegen in unserer natürlichen Veranlagung. Beide haben recht. Aber wie es mit der Verteilung auch sei, echtes Mitgefühl scheint jedenfalls mit vom Schicksal benachteiligten und gedemütigten Menschen sogar ohne deren Beschämung möglich zu sein. Jedoch setzt das innere Bereitschaft zu engelhafter Geduld und tätiger Hilfe voraus; alles übrige bleibt bloße Sentimentalität, wie Stefan Zweig in seinem Roman *Ungeduld des Herzens* anschaulich beschreibt.

Allerdings übersieht Zweig auch die gefährlichen Seiten des Mitleids nicht. Mitgefühl sei eine zweischneidige Sache: »Nur im Anfang ist Mitleid – genau wie das Morphium – eine Wohltat für den Kranken, ein Heilmittel, ein Hilfsmittel, aber wenn man es nicht richtig zu dosieren und abzustoppen weiß, wird es ein mörderisches Gift. Mit den ersten paar Injektionen tut man wohl, die beruhigen, die lähmen den Schmerz. Aber verhängnisvollerweise besitzt der Organismus, der Körper wie die Seele, eine unheimliche Anpassungskraft; so wie die Nerven immer mehr Morphium, benötigt das Gefühl immer mehr Mitleid und schließlich mehr, als man geben kann.« Hinzu komme der Neid der Schlechtweggekommenen, der zur »geheimnisvollen Rachsucht der Verzweiflung« führe. So würden die Zurückgesetzten manchmal den Hilfsbereiten nicht nur ihre Gesundheit vorwerfen, sie würden diese dazu noch schamlos ausnutzen, machtvoll Druck auf sie ausüben.

Davon abgesehen bleibt Mitleid insofern problematisch, als es den Notleidenden tatsächlich auch zu beschämen vermag, führt es ihm doch die eigene Unterlegenheit, Ohnmacht und Hilflosigkeit aufs deutlichste vor Augen.

Das alles macht deutlich: Um die Würde des Menschen zu sichern, darf man nicht bloß auf die Bereitschaft des Einzelnen vertrauen, seinen Nächsten zu achten und diesem in der Not diskret und tätig beizustehen. Was wir brauchen, sind weltweit durchsetzungsfähige Institutionen, welche verhindern, daß sich die Menschen gegenseitig noch mehr Demütigungen, Leid und Unrecht antun; dagegen gilt es Vorsorge zu treffen wie auch gegen Willkür und Machtmißbrauch. Hierbei können Mißbilligung und Tadel, so wichtig sie auch sind, Zwangsrecht nicht ersetzen. Ohne verbindliche Rechtsordnung ist Moral sogar verhältnismäßig wenig wert, weil sie nichts durchzusetzen vermag. Darum ist es geradezu ein »Gebot der Vernunft«, eine Rechtsordnung zu errichten, die auf den zuvor entwickelten ethischen Grundsätzen aufbaut. Allgemein unterscheiden sich Rechtsregeln von humanistischen oder moralischen Leitlinien durch ihre besondere Wirksamkeit, dadurch nämlich, daß sie im Unterschied zu letzteren erzwing- und einklagbar sind. Ihre Einhaltung garantieren staatliche Institutionen, die normalerweise über die nötigen Zwangsmittel verfügen. Im Gegensatz dazu bleibt humanistischen oder moralischen Grundsätzen, die dem Einzelnen eine bestimmte innere Einstellung vorschreiben, nur die Möglichkeit des mahnenden Appells vorbehalten. Das verbindet sie mit Sitten, Bräuchen und Gewohnheiten, deren Einhaltung gleichfalls nicht erzwingbar ist, sosehr die Gesellschaft hierauf auch Druck auszuüben fähig ist, und Anstandsregeln das alltägliche Leben bisweilen stärker beeinflussen als sonstige Orientierungen. Aus diesem Grund darf man es durchaus begrüßen, wenn die Idee der achtunggebietenden Menschenwürde nicht allein die Rechtsordnung, sondern auch das rechtliche Bewußtsein der Mehrheit der Bevölkerung bestimmt, zumal sich die Menschen leichter durch erlebte und gelebte Praxis als durch Lehrbücher und Gesetzestexte zu verantwortlichem Handeln bewegen lassen. Leider kann man sich aber darauf nicht verlassen, weshalb moralische Appelle, leuchtende Vorbilder, gute Sitten und bewährte Anstandsregeln auch rechtliche Institutionen nicht ersetzen können, deren Anordnungen sich mehr auf das äußere Verhalten der Bürger beziehen als auf deren innere Gesinnung.

In der Vergangenheit bestritten oft jene die Notwendigkeit rechtlicher Institutionen, die im Menschen ein an sich gutes, durch und durch wohlwollendes Wesen sahen. Zahlreiche Philosophen der Neuzeit mit optimistischem Menschenbild neigten dazu, Staat und Recht für vorübergehende Erscheinungen zu halten, die allmählich überflüssig würden, später einmal ganz verschwänden. Eine solche Utopie des absterbenden Staates entwarfen außer Herder und dem jungen Hegel auch Fichte und Marx.[117] Sie alle beurteilten die Menschen besser, als sie in Wirklichkeit sind; sie glaubten an den »guten Menschen«, der auch ohne Staat und Recht mit anderen friedlich zusammenleben könne. Das aber ist eine gefährliche Illusion, die in absolute Rechtlosigkeit mündet, in der niemand mehr vor der Willkür seiner Mitmenschen geschützt ist. Dagegen scheint ein pessimistisches Menschenbild mit der Vorstellung eines angeborenen Hangs des Einzelnen zu Chaos, Bosheit und Machtmißbrauch weitaus realistischer. Eine solch extreme Sichtweise vertraten, wie angedeutet, Machiavelli, Hobbes, de Maistre, Donoso Cortés und Schopenhauer. Auch wenn sie in ihren Ausführungen oftmals übertrieben, so scheint man im Leben dennoch gut beraten zu sein, hin und wieder mit dem Schlimmsten zu rechnen, seinen Mitmenschen manchmal »wenig« oder vielmehr »alles« zuzutrauen. Mit *Gehlen* könnte man sagen, »es ist Zeit […] für eine Philosophie des Pessimismus und des Lebensernstes«[118], denn nur zu leicht wird das Verhalten der Menschen »entformt, affektbestimmt, triebhaft, unberechenbar, unzuverlässig«[119], zumal wenn Eigenliebe, Besitzgier, Machtstreben und Aggressivität wirklich ihre stärksten Antriebskräfte sind. Genau aus diesem Grund empfiehlt es sich, wie in Neuzeit und Gegenwart teilweise geschehen, die zuvor gewonnenen ethischen Einsichten in allgemeine Rechte zu verwandeln und diesen durch Aufnahme in die Staatsverfassung besonderen Schutz zu gewähren. Zur Rechtfertigung eines solchen Schrittes genügt bereits die erwähnte selbstdistanzierende Grundhaltung und die traurige Erkenntnis, daß Menschen nicht Götter, wohl aber Bestien werden können.

In diesem Zusammenhang ist die Rede von *methodischem Pessimismus* angebracht, wonach man den Menschen bewußt schlechter machen sollte, als er in Wirklichkeit ist, um auf diese Weise ausreichend Vorsorge gegen ständig möglichen Machtmißbrauch treffen und im Ernstfall die erforderlichen Gegenmaßnahmen ergreifen zu können. Mit *Hayek* gesprochen, sollten alle staatlichen Einrichtungen so gestaltet werden, »daß schlechte Menschen den geringsten Schaden anrichten können.«[120] Nur auf diese Weise sind würdevolle Verhältnisse möglich, wie sich tatsächlich auch in der Geschichte pessimistische Rechtsordnungen durch ihre zahlreichen Vorkehrungen gegen die Tyrannei von Macht und Masse im Ergebnis als menschenfreundlicher erwiesen haben denn jene mit einer eher optimistischen Beurteilung der menschlichen Natur. Bereits im 1. Jahrhundert n. Chr. erkannte der Stoiker Epiktet die Bedeutung des methodischen Pessimismus, indem er schrieb: »Wenn du gut sein willst, so glaube zuerst, daß du schlecht bist.«[121] Fassen wir zusammen: Im Zeitalter des weltanschaulichen Neutralismus und wissenschaftlichen Naturalismus läßt sich die Idee der Menschenwürde nur noch als Gestaltungsauftrag verallgemeinern, den wir selbst in einklagbare Rechte verwandeln müssen, wenn er verbindlich werden soll. Die Erfahrung menschlicher Bedürftigkeit, Verletzbarkeit und Erniedrigung, die selbstdistanzierende Erkenntnis ethischer Grundsätze und der zuletzt dargestellte methodische Pessimismus liefern uns genug Gründe, die Verwirklichung der Menschenwürde auch zur Aufgabe des Rechts zu machen.

Von elitärer Ehre zur egalitären Würde

Mit der Würdeidee aufs engste verwandt ist das menschliche Ehrgefühl – ein altmodischer Begriff, der für viele inzwischen fast genauso überholt klingt wie die Ausdrücke Tugendhaftigkeit und Keuschheit. Dazu kommt der Mißbrauch des Ehrbegriffs im Nationalsozialismus, wo beispielsweise alle Jungen zwischen zehn und vierzehn Jahren, nachdem sie zum »Jungvolk« gekommen waren, die sogenannten Schwertworte sprechen mußten: »Jungvolk Jungen sind hart, schweigsam und treu […], des Jungvolk Jungen Höchstes ist die Ehre.« Einen ähnlichen Ausspruch wählte Himmler als Motto für seine SS: »Meine Ehre heißt Treue.« Hiermit war deren absolute Unterwerfung unter den Führerwillen und ihre bedingungslose Loyalität ihm gegenüber gemeint. Heute tun wir uns schwer mit solchen und ähnlichen Formulierungen. Daß Soldaten »auf dem Feld der Ehre fallen«, wenn sie für das Vaterland sterben, wagt kaum noch einer zu sagen. Schon Bernard Mandeville vermerkte im 18. Jahrhundert hierzu polemisch: »Man stecke Menschen Federn an die Mützen, zeichne sie vor anderen aus, rede vom Geist der Zusammengehörigkeit, Vaterlandsliebe, Unerschrockenheit gegenüber dem Feind, Todesverachtung, Feld der Ehre und was dergleichen Phrasen sind, – und jeder stolze Mann wird die Waffen ergreifen und bis zum Tod kämpfen […] aus Furcht, sich der anderen Verachtung zuzuziehen.«[122]

Jedoch belastet den Ehrbegriff gleichfalls die merkwürdige Tatsache, daß sich auch die Mafia »eine ehrenwerte Gesellschaft« – onorata società – nennt. Diese Selbstbezeichnung krimineller Clans, Banden und Syndikate, die von rücksichtslosen Bossen und Paten gelenkt werden, ist keineswegs ironisch zu verstehen, sondern hat ernste sozialgeschichtliche Wurzeln: Nach Aufhebung des sizilianischen Feudalsystems im 19. Jahrhundert vergaben die damaligen Adligen ihre Ländereien zur Pacht an Verwalter, die sie wiederum Bauern gegen Steuern zur Nutzung überließen. Dabei versprachen sie diesen gegen Schutzgelder wirksame Hilfe und Sicherheit vor räuberischen Banden. Damals sahen sich jene Verwalter – gabelluti genannt – die sich schrittweise die Herrschaftsrechte des Landadels aneigneten und allmählich zur Mafia entwickelten – als unverzichtbaren Teil der Gesellschaftsordnung. Darum nannten sie sich auch »Männer der Ehre« – uomini d´onore. Den Ehrbegriff behielten sie noch bei, nachdem sie bereits eine illegale, kriminelle Organisation geworden waren. Ebenfalls fehlte es ihnen nicht an einem Ehrenkodex, wozu bis heute etwa die

»Schweigepflicht« – omertà – gegen Fremde und staatliche Institutionen gehört; Verstöße dagegen bezahlen die Mitglieder der »Familie« häufig mit dem Leben.[123]

Obgleich der Ehrbegriff belastet ist und von Ausdrücken wie Ansehen oder Sozialprestige mittlerweile abgelöst wurde, völlig aus der Mode gekommen ist er trotzdem nicht, spricht man doch bis heute von Ehrgefühl, Ehrensache und Ehrenwort, selbst wenn damit illegale Machenschaften gedeckt werden sollen. Weiter gehören zu unserem Sprachschatz solche Worte wie Ehrfurcht, Ehrlichkeit und Ehrgeiz im Sinne eines starken Strebens nach Erfolg und Anerkennung. Darüber hinaus beginnen wir nach wie vor die meisten Briefe mit den Worten: »Sehr geehrte« bzw. »Sehr geehrter«. Auch lassen wir Jubilaren und Siegern zahlreiche Ehrungen zuteil werden; manche werden damit sogar überhäuft. Des weiteren gibt es Ehrenämter, Ehrengäste, Ehrendoktoren und -professoren. Nonnen werden gelegentlich ehrwürdige Schwestern genannt und Richter mit »Euer Ehren« angesprochen. Außerdem sollen Kinder »Vater und Mutter ehren« und Ehepaare einander »lieben und ehren«. Hiervon abgesehen verbinden wir mit Redewendungen wie »etwas in Ehren halten oder auf Ehre und Gewinn versichern, wieder zu Ehren kommen, jemanden bei seiner Ehre packen, die letzte Ehre erweisen« noch immer uns vertraute Vorstellungen. Der Ausdruck Ehre scheint also selbst in der heutigen Zeit – trotz Nationalsozialismus und Mafia – noch aller Ehren wert zu sein, und nur wer keine Ehre im Leib hat, wird dies bestreiten.

Wie ehrempfindlich wir im Grunde sind, merken wir erst, wenn man uns die Ehre abschneidet, uns in der Ehre kränkt. Beschimpfungen und Beleidigungen jeder Art gelten als Angriffe auf die Ehre. Dagegen heißt Achtung davor soviel wie Wertschätzung des Einzelnen in der Gesellschaft. Sicherlich erfordert eine solche keine gefühlsmäßige Zuneigung der Menschen füreinander, wie wir sie aus Liebesbeziehungen und Freundschaften kennen; andernfalls ergäbe das Sprichwort: »Viel

Feind, viel Ehr'« keinen Sinn. Doch wer menschliche Wärme im Leben erfahren hat und erfährt, ist vermutlich eher zu aufrichtiger Wertschätzung seiner Mitmenschen fähig als andere.

Offenbar bezeichnet das Verlangen der Menschen nach Anerkennung ein natürliches Grundbedürfnis, das aus einer Selbstliebe erwächst, die uns fast alle für Lob und Schmeichelei empfänglich macht. Genaugenommen wird der Wunsch nach Ehre sogar aus Hochmut und Stolz geboren. Ehre ist ein besonderes Zeichen öffentlicher Anerkennung, das normalerweise von der Einhaltung bestimmter sittlicher Forderungen abhängt – für Aristoteles und Cicero von Tapferkeit, für das mittelalterliche Rittertum zusätzlich von Frömmigkeit. »Ruhm und Ehre seien der Tugend Lohn!«

Wer Ehre besitzt, genießt für gewöhnlich einen guten Ruf, die Achtung und das Vertrauen derer, auf die er bei der Erfüllung seiner Lebensaufgaben angewiesen ist. So gesehen liegt die Ehre mehr im Urteil der anderen als im Geehrten selbst. Da aber die Achtung unserer Mitbürger stets unsicher und schwankend bleibt, empfahlen bereits die Stoiker dem Einzelnen, sich von Ehrsucht zu befreien; der gute Ruf gehöre zu den für das Daseinsglück eher gleichgültigen Dingen. Hiermit übereinstimmend vermerkte Jahrhunderte später Bismarck: »Meine Ehre steht in niemandes Hand als in meiner eigenen, und man kann mich damit nicht überhäufen; die eigene, die ich in meinem Herzen trage, genügt mir vollständig, und niemand ist Richter darüber und kann entscheiden, ob ich sie habe.«

Üblicherweise gelten Verunglimpfung, mündliche, schriftliche und tätliche Mißachtung als Ehrenkränkung oder Ehrabschneiderei, wozu die üble Nachrede ebenso gehört wie die Verleumdung, bei der wider besseres Wissen falsche Behauptungen über einen anderen aufgestellt werden, um diesen verächtlich zu machen und in der öffentlichen Meinung herabzuwürdigen. Ehrenrührige Diffamierungskampagnen, die zu Ehrlosigkeit – dem Verlust des guten Rufes – führen, können einen Menschen in fast jeder Beziehung vernichten, besonders wenn sie nicht auf den privaten Bereich begrenzt bleiben, sondern in der Öffentlichkeit oder durch die Medien erfolgen. Dann spricht man von Rufmord, eine moderne Form des An-den-Pranger-Gestelltwerdens, über dessen Grausamkeit sich die wenigsten Menschen im klaren sind. Offenbar haben viele von uns zwar gelernt, nicht mehr über einanderherzufallen, doch pflegen wir immer noch gerne übereinander herzuziehen!

Die Worte Ehrabschneiderei und Pranger hängen geschichtlich aufs engste miteinander zusammen. Bis zur Aufklärung wurden Menschen an den Pranger gestellt, der ein hölzerner Pfahl, eine steinerne Säule oder Rathaus-, Kirchen- und Friedhofswand sein konnte. Hieran wurden die Verfemten mit Halseisen festgehalten, wenn sie etwa als Ehebrecherin, Dieb und Betrüger ihre Ehre verloren hatten. Solch öffentliche Zurschaustellung von Frauen und Männern galt als sogenannte Ehrenstrafe, womit in vielen Fällen eine Kürzung ihrer langen Kleider und eine Haarschur einherging – ein alter Brauch, auf den die Redensart »jemandem die Ehre abschneiden« zurückgeht.

Grundsätzlich setzt die wechselseitige Wertschätzung der Menschen als Personen mit besonderem Achtungsanspruch einen gemeinsamen Orientierungsrahmen voraus, durch den Ehre überhaupt erst zur kulturellen Selbstverständlichkeit einer Gesellschaft werden kann. Eine intersubjektiv geteilte Wertordnung ist konstitutiv für eine übereinstimmende Beurteilung menschlichen Lebens als ehrenhaft. Eine solche Wertordnung bildet gleichsam das Bezugssystem, nach dem die Bürger ihre gegenseitige Wertschätzung ausrichten.

Allerdings ist keine Wertordnung ewig, sondern jedes Wertesystem unterliegt geschichtlichen Wandlungen; es ist eine variable Größe. So galten etwa im alten Rom andere Ehrvorstellungen als im Feudalismus, dessen Ehrbegriffe sich wiederum von denen der bürgerlichen Gesellschaft unterscheiden, die auch wieder nur zeitlich begrenzt gelten. Sicherlich empfände man es heute nicht mehr als besondere Ehre wie zur Zeit

Ludwigs XIV., vom König vor dessen Toilettenstuhl empfangen zu werden.

Früher hatte Ehre hauptsächlich mit der Zugehörigkeit des Einzelnen zu einer höheren gesellschaftlichen Schicht, aber auch mit einer bestimmten Lebensführung zu tun. In diesem Sinne entschied – und entscheidet teilweise noch in der Gegenwart – der soziale Status einer Person über das Maß ihres Ansehens in der Öffentlichkeit. Die Mächtigen stellten ihren Rang immer wieder zur Schau – ob beim Einzug in Städte, Kirchen und Klöster, und sie verlangten von der Menge, daß sie ihnen durch bestimmtes Symbolverhalten die gewünschte Ehrerbietung erweise – sei es durch Verbeugung, Fußfall oder Fußkuß. Besondere Wertschätzung brachte man in der aristokratisch-hierarchischen Gesellschaft dem Adel, den Rittern und Geistlichen, später den Mitgliedern der Zünfte und dem Offiziersstand, schließlich den Professoren, Juristen und Medizinern entgegen, sofern sie sich nur standesgemäß verhielten. Allerdings waren die jeweils vorherrschenden Ehrbegriffe stets auch der Kritik ausgesetzt.

So bekämpfte das aufstrebende Bürgertum die verkrusteten Ehrvorstellungen des Feudal- und Ständestaates. In Lessings *Minna von Barnhelm* fühlt sich Major Tellheim »an seiner Ehre gekränkt«, weil man ihn aus dem Militärdienst entließ wegen zu großer Milde gegen die Bevölkerung des Kriegsfeindes und des Verdachts auf Bestechlichkeit. Doch wer sich keiner vorübergehenden Täuschung hingibt, muß zugeben: Die alten Werte trugen schon damals nicht mehr. Der traditionelle Ehrbegriff war schon für Lessing inhaltslos und leer geworden, was Minna von Barnhelm so ausdrückt: »Die Ehre ist – die Ehre.« Die neuen bürgerlichen Werte seien hingegen Liebe, Freundschaft und Mitgefühl.

Jedoch existierte die überkommene Ehrauffassung auch in der bürgerlichen Gesellschaft zunächst noch fort. Kant unterschied zwischen »Geschlechtsehre« und »Kriegsehre«[124]. Die Geschlechtsehre einer Frau bestand in vorehelicher Jungfräulichkeit und ehelicher Treue, die Kriegsehre des Mannes in Tapferkeit und Pflichtbewußtsein. Um ihre Geschlechtsehre zu retten, sahen sich einstmals viele Frauen mit unehelichem Kind gezwungen, dieses oder sich selbst zu töten. Denn wer vorehelichen Geschlechtsverkehr praktizierte, verwirkte oder opferte damit seine Ehre; solche Frauen »sprachen sich der Ehre los«, wie es im Ersten Teil von Goethes *Faust I* heißt. In Puccinis Oper *Madame Butterfly* nimmt sich die Japanerin Cho-Cho-San das Leben, als der Amerikaner Linkerton sie sitzenläßt und das uneheliche Kind in seine Heimat mitnimmt. Sie geht mit den Worten in den Tod: »Ehrenvoll sterbe, wer nicht mehr in Ehren leben kann!«

Dagegen verlangte die gekränkte Ehre eines Mannes blutige Rache. In Fontanes *Effi Briest* fühlt sich Baron von Instetten in seiner Ehre tief gekränkt, als er von einer schon längst beendeten Affäre seiner Frau erfährt. Zur Wiederherstellung seiner verletzten Ehre läßt er sich nicht bloß von seiner Frau scheiden, er fordert auch ihren ehemaligen Liebhaber zum Duell auf, der darin fällt. Lange Zeit galt das Duell als einziges Mittel, die verlorene Mannsehre wiederzugewinnen. Dementsprechend gebot die von Kant erwähnte Kriegsehre den Soldaten, sie beleidigende Personen zum Duell aufzufordern. Doch meistens fanden Duelle, bei denen außer vielen anderen bekannten Personen auch Puschkin und Lassalle umkamen, wegen Frauen statt. Wie der mittelalterliche Konflikt Barbarossas mit der lombardischen Metropole Mailand beweist, wurden in der Geschichte sogar Kriege verweigerter Ehrerwiderung wegen geführt.

In Wagners Oper *Lohengrin* soll ein Gottesurteil, auch Ordal genannt, in der Gestalt eines Duells über Wahrheit und Lüge entscheiden. Nach seiner Niederlage fühlt sich der Lohengrin unterlegene Telramund der boshaften Lüge und falschen Anklage gegen Elsa überführt, und klagt: »Mein Ehr' hab' ich verloren, mein Ehr', mein Ehr' ist hin.«

Lessing ähnlich stand Kant dem traditionellen Ehrverständnis eher kritisch gegenüber. Das gleiche gilt für Fontane, der in *Effi Briest* den Anachronismus des preußischen Offiziers- und Ehrenkodexes vorführt. Denn obgleich Baron von Instetten Genugtuung vom früheren Liebhaber seiner Frau fordert, erkennt er bereits, daß sie sich nur um eines Begriffes willen duellieren, dessen Geltung doch recht fragwürdig sei.

Daher kann man sagen: Nachdem die privilegierten Stände des Adels und der Geistlichkeit auf ihre feudalen Vorrechte verzichtet und damit den Weg zu einer bürgerlichen Staats- und Gesellschaftsordnung geebnet hatten, kam es in der Folge zum allmählichen Niedergang des herkömmlichen Ehrbegriffs, der mittlerweile vielen Menschen nichts mehr bedeutet. Trotzdem hat diese Entwicklung nicht etwa mit dem Nachlassen der Achtung der Bürger voreinander zu tun, wie man annehmen könnte – so als ob sich die Menschen erst seit dem Abtreten der Ehre roh und ungeschlacht zueinander verhielten –, sondern vielmehr mit dem Untergang der alten Welt. Rechtsphilosophisch betrachtet ist sogar das Gegenteil der Fall. Denn mit dem Verschwinden der Ehre ging ein lebhafter Aufschwung der Idee der allgemeinen Menschenwürde einher.

Immer stärker setzte sich nach der Beseitigung der ständisch-feudalen Grundordnung in der bürgerlichen Gesellschaft die Einsicht durch, daß selbst ihre schwächsten Mitglieder einen Anspruch auf würdevolle Behandlung hätten, obgleich die politisch-rechtliche Institutionalisierung des Würdebegriffs erst im 20. Jahrhundert erfolgte. Nach und nach trat die Idee der Würde an die Stelle des Ehrbegriffs, indem sie den berechtigten Anspruch des Einzelnen auf Achtung von dessen Leistungen und seinem sozialen Status abkoppelte und auf alle Wesen mit Menschenantlitz übertrug. Mit Berger gesprochen: »Würde, im Gegensatz zur Ehre, […] gehört zum Ich als solchem […] ohne Rücksicht auf seine Stellung in der Gesellschaft.«[125] In der alten, hierarchischen Ordnung konnten nur wenige Personen mit besonderer Herkunft, Standeszugehörigkeit und Lebensführung zu Ehre gelangen. Dagegen wird in der heutigen Gesellschaft jedermann ein Mindestmaß an Ehre durch das Achtungsgebot der Würde zuerkannt. Die Idee egalitärer Würde hat den Begriff elitärer Ehre abgelöst.

Doch gibt es in der modernen Gesellschaft auch soziale Wertschätzung aufgrund außergewöhnlicher Fähigkeiten und herausragender Leistungen. Zu den besonders verehrten Personengruppen gehören heute Popstars, Sportler, Opernsänger, Konzertpianisten, Ärzte und Wissenschaftler. Der Ehrbegriff, wie er gegenwärtig verwandt wird, umfaßt beide Aspekte.[126]

Aus diesem Grund kämpfen in der pluralistischen Gesellschaft die unterschiedlichsten Gruppierungen um öffentliche Anerkennung ihrer Leistungen und Lebensformen. Mittlerweile steht nicht mehr von vornherein fest, welches Maß an Ansehen der Einzelne für seine Tätigkeiten erhält. Zwar gibt es immer wieder Berufe und Lebensweisen, die von vielen höher bewertet werden als andere, dennoch bleiben Verschiebungen auf der Rangskala jederzeit möglich. Außerdem bringt es der Wertepluralismus mit sich, daß bestimmte Leistungen und Formen der Lebensführung nur von Bürgern mit ähnlicher Weltanschauung und Gesinnung als besonders wertvoll angesehen werden, nicht aber von der Allgemeinheit. Das hängt damit zusammen, daß freie Menschen in einer pluralistischen Gesellschaft ganz unterschiedliche Werte und Ziele verfolgen. Aus Sicht der jeweils anderen verdienen diese keine besondere Beachtung oder gar Anerkennung, sondern lediglich Toleranz, sofern sie auf dem Boden der freiheitlich-demokratischen Grundordnung stehen. In der offenen, pluralistischen Gesellschaft ist soziale Wertschätzung eine Leerstelle, deren Besetzung hauptsächlich vom Gelingen des Einzelnen und der unterschiedlichen Gesellschaftsgruppen abhängt, ihre Leistungen und Lebensweisen in der Öffentlichkeit als besonders ehrenwert darzustellen. Das Maß an sozialem Ansehen und Prestige hängt so von der Bewertung durch die jeweiligen Mitbürger ab, die mal einstimmig, mal unterschiedlich – mal auch gegensätzlich urteilen.

Aus dem Dargelegten wird deutlich, daß selbst in der heutigen Welt die soziale Wertschätzung des Einzelnen keineswegs garantiert ist. Nicht zuletzt deshalb sichert der moderne Staat jedermann – ohne Rücksicht auf Rasse, Hautfarbe oder Glauben, Geschlecht, Alter, physischen wie psychischen Zustand oder sozialen Status – den Schutz seiner Würde und damit zusammenhängend seiner persönlichen Ehre zu. Der Parlamentarische Rat hat durch die Aufnahme der Würdeidee in das Grundgesetz auch der Ehre einen Verfassungsrang verliehen und ihre Achtung zu einem rechtlichen Anspruch aller Bürger gemacht. Nach heutiger Auffassung ist die Ehre ein Bestandteil des allgemeinen Persönlichkeitsrechts, wie es in den Artikeln 1 und 2 des Grundgesetzes verbürgt wird. Ausdrücklich ist die Rede von Ehre aber nur in Art. 5 Abs. 2 GG, wonach die Meinungs- und Pressefreiheit sowie die Freiheit der Berichterstattung durch Rundfunk und Film »ihre Schranken [...] in dem Recht der persönlichen Ehre« finden soll. Eine solche Schutzklausel für die menschliche Ehre sucht man in den meisten Verfassungen der Welt, auch im amerikanischen Recht, völlig vergebens. Dagegen besitzt der Ehrbegriff hierzulande rechtliche Bindungskraft. Gemäß §§185-200 des Strafgesetzbuches ist die absichtliche Ehrverletzung eines Menschen durch üble Nachrede, Beleidigung oder Verleumdung gerichtlich verfolgbar.

Heinrich Böll befaßte sich in der Novelle *Die verlorene Ehre der Katharina Blum* mit diesem Thema. Nachdem Katharina das Opfer einer journalistischen Schmutzkampagne geworden war, setzte sie sich mit einer verzweifelten Gewalttat – einem Mord – zur Wehr, um so ihre Selbstachtung und ein Stück ihrer verlorenen Ehre wieder zu erlangen.

Tatsächlich bewertet das Bundesverfassungsgericht das Grundrecht auf Meinungsfreiheit manchmal höher als den Ehrenschutz, obwohl dessen Verfassungsrang gänzlich außer Frage steht.[127] In einem Beschluß des Bundesverwaltungsgerichts vom 31. 3. 1976 heißt es hierzu unmißverständlich: »Die Würde des Menschen umfaßt grundsätzlich auch die Wahrung der Ehre als des angeborenen Menschenwerts, den jeder mit allen gemeinsam hat, und des sozialen Werts und Achtungsanspruchs, der dem Einzelnen im Urteil der Mitmenschen zukommt. Die Menschenwürde ist verletzt, wenn der Mensch zum Objekt, zu einem bloßen Mittel, zur vertretbaren Größe herabgewürdigt, auf die Ebene des Tieres oder der Sache erniedrigt, seine ureigenste Intimsphäre mißachtet, seine Ehre in demütigender Weise verletzt oder die ökonomischen Bedingungen für seine Weiterentwicklung von außen her in einem Ausmaß verringert werden, das ihn zum bloßen Vegetieren verurteilt.«

So sind sowohl das Recht auf persönliche Ehre als auch die Möglichkeit der freien Meinungsäußerung konstitutiv für die Würde des Menschen und den Fortbestand der Demokratie. Deshalb sind beide Rechte stets gegeneinander auszubalancieren, damit es zwischen ihnen zu einem gerechten Ausgleich kommt. Jedoch ist die gebotene Grenze zwischen beiden Rechtsgütern keineswegs einfach zu ziehen. Wie bereits erwähnt, ordnet das Bundesverfassungsgericht den Ehrenschutz der Meinungsfreiheit tendenziell unter und entscheidet sich im Konfliktfall öfter zugunsten der Meinungsfreiheit. Sicherlich bedeutet die Beschimpfung eines Mitbürgers als »Saupreußen« oder eines Süddeutschen als »Sauschwaben«, die Bezeichnung eines Berliners als »Großschnauze« oder die Kennzeichnung eines Rechtsanwaltes als »Rechtsverdrehers« noch keine Ehrverletzung, die strafrechtlich zu verfolgen wäre. Auch darf man in einer gefühlsgeladenen Diskussion spontan geäußerte Beleidigungen nicht genauso bewerten wie vorsätzlich artikulierte, womöglich schriftlich ausformulierte Kundgebungen der Mißachtung. Es ist allerdings mehr als fragwürdig, wenn von höchstrichterlicher Seite unter Hinweis auf das Recht der Meinungsfreiheit die Schmähungen friedfertiger Lebensschutzorganisationen oder nicht-fanatischer Gegner der freien Abtreibung als Neofaschisten für zulässig erklärt werden.[128]

Zur Rechtfertigung verweist das Bundesverfassungsgericht auf die Rechtsregel, daß nur beweisfähige Tatsachenbehauptungen gegenüber einem Dritten, die geeignet sind, ihn verächtlich zu machen, und die nachweislich falsch sind, als Beleidigungen im Sinne des Strafgesetzes gelten dürfen – nicht aber Werturteile! Enthält eine beleidigende Äußerung nun zugleich sachverhaltsbezogene und pauschal wertende Elemente, dann dürfe sie insgesamt als Wertung angesehen werden. Genaugenommen wird auf diese Weise aber fast jede üble Nachrede, Beleidigung und Verleumdung rechtlich zulässig, wenn sie denn nur mit Werturteilen verbunden ist. Daher drängt sich die bange Frage auf, ob das Bundesverfassungsgericht hierdurch die Bürger nicht selbst dazu auffordert, sich lieber polemisch abwertend als sachlich klar auszudrücken? Statt »Dieb« sollten sie im Zweifelsfall einen Verdächtigen besser »Gauner« nennen, oder anstelle von »verantwortlich für die Zahlungsunfähigkeit des Betriebs« eher von »die Firma heruntergewirtschaftet« sprechen, wobei aufgrund der Mehrdeutigkeit unserer Sprache in vielen Fällen sowieso unklar ist, ob eine Äußerung eher eine Tatsachenbehauptung darstellt als ein Werturteil. Das wäre dann eine Frage der Auslegung.

Man erkennt, die Überordnung der Meinungsfreiheit über den Ehrenschutz ermöglicht nicht nur die Verbreitung ehrenrühriger, unwahrer Behauptungen in der Öffentlichkeit ohne strafrechtliche Folgen, sie ermuntert sogar zu einer rohen, aggressiven Sprache.

Jedoch widerspricht die Bevorzugung der Meinungsfreiheit vor dem Ehrenschutz ohnedies den Artikeln 1, 2 und 5 des Grundgesetzes sowie den §§185-200 des Strafgesetzbuches. Offenbar mißt das Bundesverfassungsgericht der Tatsache nicht genügend Bedeutung bei, daß Ehrabschneiderei insbesondere durch die Medien für die jeweils Betroffenen eine Zerstörung ihres gesamten sozialen Beziehungsnetzes bedeuten kann. Wie Martin Kriele betont, gehört Rufmord »neben Mord, Körperverletzung und Raub seiner gesamten Habe zum

Schlimmsten, was einem Menschen angetan werden kann. Seine Freunde und Nachbarn ziehen sich zurück, sie grüßen nicht mehr, wechseln auf die andere Seite der Straße, wenn sie ihm begegnen.«[129] Auf diese Weise kann üble Nachrede und Verleumdung zu menschlicher Isolation, beruflichem Ruin, Verzweiflung, Bitterkeit und Angst führen. Darum sollte die Meinungsfreiheit, deren besonderer Wert für den Einzelnen wie auch für die Demokratie unbestritten ist, weiter durch die persönliche Ehre begrenzt bleiben. Wer immer sich aktiv am politischen und gesellschaftlichen Leben beteiligt, setzt sich von vornherein einem erhöhten Risiko öffentlicher Angriffe aus. Solches Risiko ist dem Einzelnen nur dann zuzumuten, wenn er sicher sein kann, daß die Rechtsordnung ihn vor übler Nachrede, Beleidigung und Verleumdung wirksam schützt.[130] Deshalb müssen Meinungsfreiheit und Achtung vor persönlicher Ehre – zwei Grundrechte, die von vornherein in einem gespannten Verhältnis zueinander stehen – immer wieder gegeneinander abgewogen und aufeinander abgestimmt werden. Das gebietet die Würde des Menschen bereits als bloßer Gestaltungsauftrag.

Aus dem Dargelegten erhellt, daß die Idee der Ehre trotz ihrer Ersetzung durch den Würdebegriff selbst im säkularen Staat noch eine wichtige Bedeutung hat – nicht allein im politisch-rechtlichen Sinne, sondern auch im existentiell-ethischen. Man denke nur an Sudermanns Schauspiel *Die Ehre* oder Sartres Theaterstück *Die ehrbare Dirne,* wo zahlreiche ehrverletzende Situationen dargestellt werden, die außerhalb jeder rechtlichen Reichweite liegen. Obwohl Ehre mittlerweile geringer geschätzt wird als menschliches Leben, bleibt es weiter eine Frage der Ehre, ob man sich beispielsweise von Vorgesetzten widerstandslos schikanieren läßt, ein Privileg annimmt, das man eigentlich nicht verdient, oder ein herablassend gegebenes Almosen ablehnt, das nur die Überlegenheit des Spenders unterstreichen soll.

Rechtsprinzipien, Menschenrechte und Soziale Marktwirtschaft

»Was ist Aufklärung?« lautet die Grundfrage eines berühmten Aufsatzes von *Kant*, der darauf in unmißverständlicher Weise antwortet: »Aufklärung ist der Ausgang des Menschen aus seiner selbstverschuldeten Unmündigkeit. Unmündigkeit ist das Unvermögen, sich seines Verstandes ohne Leitung eines anderen zu bedienen. Selbstverschuldet ist diese Unmündigkeit, wenn die Ursache derselben nicht am Mangel des Verstandes, sondern der Entschließung und des Mutes liegt, sich seiner ohne Leitung eines andern zu bedienen. Sapere aude! Habe Mut, dich deines eigenen Verstandes zu bedienen, ist also der Wahlspruch der Aufklärung.«[1] Diese Worte behalten ihre Gültigkeit, auch wenn sich herausstellen sollte, daß es die eine absolute Vernunft nicht gibt, der Mensch nichts als ein ohnmächtiges Stück um sich selbst besorgte Natur ist. Schon aus pragmatischen und politischen Gründen kann auf Imperative dieser Art nicht verzichtet werden. Denn mag der Mensch auch von noch so vielen Determinanten abhängen, Freiheit im Sinne des Befreitseins von wirtschaftlicher Not, politischer und geistiger Unterdrückung, Freiheit als Möglichkeit zu privater Existenzgestaltung, in die niemand von außen hineinwirken darf, als Erlaubnis, das eigene Leben selbst zu bestimmen und Neues zu beginnen – ist und bleibt Voraussetzung für ein menschenwürdiges Dasein; eine unaufgebbare Forderung, die es immer wieder neu zu verwirklichen gilt. Genauso verhält es sich mit Kants drei Maximen der Aufklärung: erstens, selbst zu denken, weil man nur dadurch Fremdbestimmung, Vorurteile und Aberglaube überwinden kann; dann, sich in die Gedanken anderer zu versetzen, gerade wenn sie nicht die gleichen wie die eigenen sind, da man hierdurch seinen Horizont erweitern und Verständnis füreinander wecken kann; schließlich, konsequent und widerspruchsfrei zu denken, weil man erst so zu einem zuverlässigen, ernsthaften Gesprächspartner wird.[2] Alle drei Maximen bezeichnen notwendige Bedingungen für ein würdevolles Dasein und für menschenwürdige Verhältnisse, die aus mehr als nur materieller Sicherheit bestehen, sondern zu denen auch die Entschlossenheit der Bürger gehört, sich als zivilisierte Menschen zu benehmen.

Was ist ein zivilisierter Mensch?

Denken lernt man, indem man es tut, was jedoch erst möglich ist, wenn man es auch darf und selbst möchte. Sicherlich ist die Beobachtung richtig, daß man nicht mehr aufhören kann, selbst zu denken, wenn man erst einmal damit angefangen hat; es ist jedoch keineswegs selbstverständlich, daß man es tut. Wer keine Meinung hat, der wird das Recht auf Meinungsfreiheit nicht vermissen; wer keine Urteilskraft besitzt, auf Gedankenfreiheit keinen besonderen Wert legen. Kant bezeichnete Selbstdenken als »verdrießliches Geschäft«[3] und nannte den Schritt zur Mündigkeit »beschwerlich«[4]; viel bequemer sei es dagegen, andere für sich denken zu lassen und unselbständig zu bleiben. »Habe ich ein Buch, das für mich Verstand hat, einen Seelsorger, der für mich Gewissen hat, einen Arzt, der für mich die Diät beurteilt, so brauche ich mich ja selbst nicht zu bemühen. Ich habe nicht nötig zu denken […], andere werden das […] für mich übernehmen.«[5] Einen wesentlichen Grund für solch freiwilligen Verzicht auf Mündigkeit sieht Kant in der menschlichen Denkfaulheit, gewissermaßen in einer den Menschen angeborenen Behäbigkeit, zu der noch eine nicht ganz unbegründete Existenzangst hinzukommt.

Selbstdenken heißt, so weit wie möglich nichts unhinterfragt zu lassen, kritische Fragen zu stellen. Eine solche Grundhaltung vermag innere Unsicherheit und äußere Bindungslosigkeit hervorzurufen, alles Feste zum Einsturz zu bringen und alles Orientierende zu erschüttern. Deshalb haben manche Angst vor Selbstdenken, ja, empfinden es sogar als furchterregend, obgleich es keine überzeugende Alternative dazu gibt. Doch sollte man schon aus wohlverstandenem Eigeninteresse nicht auf Selbstdenken verzichten, da die Gefahr von Machtmißbrauch durch staatliche Gewalt, Unterdrückung und Entmündigung groß ist. Auch wenn der Einzelne Selbstdenken und die Notwendigkeit zur Entscheidung zwischen verschiedenen Möglichkeiten manchmal als unangenehme Last empfindet, das Ideal zu denken und zu leben, wie man möchte, bleibt ein unverzichtbares Gut, ja, eine notwendige Voraussetzung für ein würdevolles Leben.

Nun läßt sich vor selbständig denkenden Bürgern natürlich nicht verheimlichen, daß es das eine wahre Wertesystem, die einzig gültige Weltanschauung nicht gibt. Nachdenkliche Menschen erkennen die meisten Überzeugungen als abhängig von Standpunkten, Interessen und kulturellen Konventionen, und rechnen infolgedessen mit einer Vielfalt widersprechender Lebensformen, Deutungen der Wirklichkeit, auch mit solchen, die sie persönlich ablehnen.

Bereits Aristoteles[6] war der Auffassung, daß im Bereich menschlichen Handelns und gesellschaftlichen Lebens nichts mit absoluter Notwendigkeit geschieht, weil immer die Möglichkeit des Andersseins offensteht. Diese Möglichkeit sei für unser tägliches Leben, in dem sich vieles auf mehrerlei Weise zutragen könne, geradezu charakteristisch. Eine letztbegründende Wissenschaft davon sei deshalb unmöglich. Wenn aber alles immer auch ganz anders sein kann, dann können wir nichts endgültig wissen. Den einen oder anderen Standpunkt vertretend, sind wir zwar von dessen Richtigkeit überzeugt, aber außerstande auszuschließen, daß es doch anders sein könnte als vermutet. Genaugenommen bleibt immer eine letzte Unsicherheit bestehen, so daß sich eine Vielzahl von Möglichkeiten ergibt, die man als gleichwertige Vorstellungen nebeneinander gelten lassen muß. Eine Folge hiervon sind wachsende Verunsicherung und Verwirrung; Skeptizismus sieht sich dadurch bestätigt. Behielte dieser aber das letzte Wort, so müßten alle Wert- und Orientierungsfragen unentschieden bleiben; eine auch nur halbwegs begründete Urteilsbildung wäre unmöglich.

Doch bleibt es uns im wirklichen Leben, wie bereits ausgeführt, nicht erspart, Entscheidungen zu fällen – trotz genetischer und neuronaler Determination. Für die auf Daseinsfristung angelegten und auf Sinnerfüllung bedachten Menschen ist es keineswegs einfach, sich in der Welt zurechtzufinden. Sie stehen unter Orientierungsdruck und Handlungszwang, entbehren aber der einen wahren Weltanschauung, die ihnen mit absoluter Gewißheit sagen könnte, woran sie sich halten sollen. Wollen sie sich im Leben orientieren, so scheinen sie ihre Entscheidungen subjektiven Vorlieben und Neigungen überlassen zu müssen, da im alltäglichen, politischen und weltanschaulichen Bereich zwingende Beweisführungen unmöglich sind.

Allerdings ist dies nicht das letzte Wort. Zwischen absoluter Wahrheit, bezwingender Wahrheitsevidenz, und subjektiver Willkür, relativistischer Beliebigkeit, gibt es noch ein Drittes, das einerseits weniger ist als sichere Beweisführung, andererseits mehr als eine sich nur auf Stimmungen stützende Entscheidung; es ist die Möglichkeit, sich mit anderen und sich selbst zu beraten, Problemlösungen zu suchen, plausible Argumente für den einen oder anderen Entschluß zu sammeln. Man könnte es die Kunst der verständigen Beratung über strittige Fragen des menschlichen Lebens nennen, für die wir keine Fachwissenschaft besitzen. Diese Kunst der verständigen Beratung, so erkannte schon Aristoteles[7], ist keine auf strenge Beweisführung spezialisierte Wissenschaft zwingender Wahrheiten, sondern eine auf überzeugungskräftige Argumentation spezialisierte Kunst der Ermittlung des Wahrscheinlichen, Plausiblen, Annehmbaren, das gerade keinen Anspruch auf Notwendigkeit erhebt. An die Stelle letzter Gründe, die es im

Bereich des Menschlichen so gut wie nicht gibt, treten hier mehr oder weniger starke Argumente, die keine absolute Beweiskraft, sondern höchstens Überzeugungskraft besitzen, stets gegeneinander abzuwägen sind, und über die man mit sich und anderen zu Rate gehen muß. Um aber solche Argumente ermitteln und bewerten, die Kunst der verständigen Beratung beherrschen zu können, bedarf es der Entwicklung einer besonderen geistigen Fähigkeit: der Klugheit, wie Aristoteles sagt.[8]

Klugheit im Sinne von Urteilskraft ist eine notwendige Hilfe beim Selbstdenken, muß aber von sicherer Erkenntnis unterschieden werden. Zu ersterer gehören Augenmaß, Verständigkeit, Gewandtheit des Geistes, ein Sinn fürs Angebrachte und Angemessene, der weniger mit wissenschaftlicher Methode als mit Feingefühl, Gespür, Takt und Geschmack zu tun hat. Beispielsweise können wir die Lösungen unserer Lebensprobleme nicht errechnen, sondern müssen uns darüber besonnen und umsichtig verständigen oder beraten. Dafür stehen traditionsgemäß die Begriffe Klugheit und Urteilskraft als die Fähigkeit, das Glaubenerweckende an einer Sache zu sehen, wie Aristoteles formuliert[9], naheliegende Argumente zu entwickeln und den Grad ihrer Glaubwürdigkeit zu bewerten, ihre Verschiedenheit in labilem Gleichgewicht auszubalancieren, ihr Gewicht gegeneinander abzuwägen.

Von dieser Fähigkeit im Leben Gebrauch zu machen, ja, sich davon leiten zu lassen, macht einen zivilisierten Menschen aus und ist ein Fundament seiner Würde. Auf das Wesentliche reduziert, ist für einen solchen fünferlei charakteristisch: Erstens ist er imstande, sich auf der Grundlage plausibler Argumente eine Meinung zu bilden und diese unerschrocken zu vertreten. Zweitens weiß er, seine Meinung stützt sich nur auf mehr oder weniger überzeugungskräftige Argumente, nicht aber auf zwingende Beweise, so daß seine Ansichten nicht einfach wahr sind, sondern höchstens wahrscheinlich, einleuchtend. Damit gibt er drittens zu, daß alles auch ganz anders sein könnte, als er im

Moment glaubt, was viertens zu einem Bewußtsein der Relativität des eigenen Standpunktes führt, an dem zwar weiterhin festgehalten wird, solange die Argumente für diesen Standpunkt überzeugen, die aber, eben weil sie nur Argumente und keine Beweise sind, die Möglichkeit der Änderung niemals gänzlich ausschließen. Das berücksichtigend, entsteht fünftens zugleich die Bereitschaft zum offenen, kontroversen Meinungsaustausch, zum unvoreingenommenen Gespräch, dessen Gelingen von der Einhaltung der Regeln gegenseitiger Achtung wesentlich abhängt, worauf noch zurückzukommen sein wird.

Diese Darstellung der Argumentationsweise eines zivilisierten Menschen jeden Alters zeigt, wie wenig sich beides ausschließt, eine Meinung zu haben und zugleich ein Bewußtsein der Relativität dieser Meinung zu entwickeln. Beides bildet keinen Widerspruch, auch wenn es wie ein solcher aussieht. Doch sei nicht bestritten, daß der Versuch, für einen Standpunkt Partei zu ergreifen und zugleich ein Bewußtsein für die Relativität dieses Standpunktes zu haben, eine innere Spannung gegenläufiger Tendenzen erzeugt, die verdeutlicht, wie schwer es ist, ein zivilisierter Mensch zu werden.

Aber jeder einseitige Verzicht auf das Bewußtsein der Relativität verschiedener Deutungs- und Wertemuster begünstigte nur die Entstehung fundamentalistischer Totalitätsansprüche und somit menschenunwürdige Verhältnisse. Dagegen führte die Verabsolutierung des Werterelativismus in halt- und orientierungslose Gleichgültigkeit und damit auf wieder andere Weise zu würdelosen Zuständen. Gewissenhafte Urteilsbildung mit Bewußtsein der Relativität der eigenen Überzeugung heißt deshalb, nach der einen Seite hin dogmatischen Fanatismus zu vermeiden, nach der anderen nicht in einem bindungslosen, unverbindlichen Pluralismus zu versinken. Der zivilisierte Mensch verfolgt eine mittlere Linie. Auf der Grundlage nachvollziehbarer Argumente bezieht er reflektiert und engagiert Position, besitzt aber zugleich die Fähigkeit, in Alternativen zu denken und in der dialogischen Auseinandersetzung

Anwalt von Alternativen zu sein, auch wenn sie nicht die eigenen sind. Dabei ist er bemüht, Vorurteile und falsche Fixierungen aufzulösen, sich und andere für neue Argumente zu öffnen. Sosehr ein zivilisierter Mensch eine Meinung vertritt und andere von deren Richtigkeit zu überzeugen sucht, grundsätzlich erwartet er keinen dauerhaften Konsens zwischen allen Positionen – im Gegenteil, ihn zeichnet Sinn für Pluralität aus.

Allerdings dürfen deren Schranken nicht übersehen oder gar überschritten werden. Mag der politische und weltanschauliche Pluralismus begrüßenswert sein und die Kunst der verständigen Beratung über Leben und Welt keinen sicheren Weg zu endgültigen Wahrheiten kennen, so gibt es doch mindestens eine absolute Grenze: die Freiheit des anderen. Wie *Rosa Luxemburg* es in Auseinandersetzung mit Lenin formulierte: »Freiheit ist immer nur Freiheit des Andersdenkenden.« Konkreter und zugleich allgemeiner *Kant*, der Freiheit definierte als »Unabhängigkeit von eines Anderen nötigender Willkür, sofern sie mit jedes Anderen Freiheit nach einem allgemeinen Gesetz zusammen bestehen kann.«[10] Das heißt: »Niemand kann mich zwingen, auf seine Art […] glücklich zu sein, sondern ein jeder darf seine Glückseligkeit auf dem Wege suchen, welcher ihm selbst gut dünkt, wenn er nur der Freiheit Anderer, einem ähnlichen Zweck nachzustreben […], nicht Abbruch tut.«[11] Ähnlich steht es in Artikel 4 der französischen *Erklärung der Rechte des Menschen und Bürgers* aus dem Jahre 1789: »Die Freiheit besteht darin, alles tun zu können, was einem andern nicht schadet. Also hat die Ausübung der natürlichen Rechte jedes Menschen keine Grenzen als jene, die den übrigen Mitgliedern der Gesellschaft den Genuß dieser nämlichen Rechte sichern. Diese Grenzen können nur durch das Gesetz bestimmt werden.« Genauso heißt es in Art. 29 Abs. 2 der *Allgemeinen Erklärung der Menschenrechte* von 1948: »Jeder Mensch ist in Ausübung seiner Rechte und Freiheiten nur den Beschränkungen unterworfen, die das Gesetz ausschließlich zu dem Zwecke vorsieht, um die Anerkennung und Achtung der Rechte und

Freiheiten der anderen zu gewährleisten […].« Damit übereinstimmend, betont gleichfalls Art. 2 Abs. 1 des Grundgesetzes: »Jeder hat das Recht auf die freie Entfaltung seiner Persönlichkeit, soweit er nicht die Rechte anderer verletzt […]«, was man mit einem amerikanischen Sprichwort auch so ausdrücken kann: »Dein Recht, deinen Arm zu schwingen, endet genau dort, wo die Nase des anderen beginnt.« Damit es hierbei nicht zu Verletzungen kommt, sind Gesetze nötig, welche die Beziehungen der Bürger untereinander regeln. Freilich können diese das Band zwischen ihnen nicht ersetzen, das zerbrechen würde, wenn alle Menschen nur noch in Rechtsbeziehungen zueinander stünden, doch allein rechtliche Bestimmungen können Freiheit, Gleichheit und soziale Sicherheit, kurz, ein menschenwürdiges Dasein garantieren.

Daraus wird deutlich, zur Schlichtung spannungsvoller Interessenkonflikte, zum Schutz der Freiheit des Einzelnen und der Vielheit gegensätzlicher Lebensformen oder Weltanschauungen, die sich durch verständige Beratung weder aufheben läßt noch aufgehoben werden soll, müssen Einschränkungen durch allgemeine Ordnungsregeln vor- und hingenommen werden. Freiheit und Vielheit, sonst Ausdruck menschenwürdiger Verhältnisse, dürfen grundsätzlich nicht absolut gesetzt werden, wenn sie im wirklichen Leben möglich bleiben sollen. Denn sie zu verabsolutieren hieße, selbst jene Lebensformen zulassen zu müssen, die Willkürgewalt gegen andere ausüben würden, sobald sie es könnten, was aber auf eine Zerstörung von Freiheit und Vielheit hinausliefe, die ihre Zersetzung somit selbst herbeigeführt hätten. Wie es in Artikel 30 der *Allgemeinen Erklärung der Menschenrechte* und Artikel 5 der *Bürger- und Sozialrechtspakte* der Vereinten Nationen von 1966 heißt, darf das Recht auf Freiheit und Vielheit nicht zur Abschaffung von Freiheit und Vielheit mißbraucht werden. Denn besitzt jeder Bürger ein Recht auf Freiheit, so hat niemand das Recht, es einem anderen abzusprechen. Hieraus folgt: Toleranz gegen andere schließt nicht Toleranz gegen Intoleranz anderer ein, die man wirkungsvoll jedoch nur mit Intoleranz, der Androhung und Durchsetzung von Zwang, bekämpfen kann.

Gerade weil niemand Freiheit und Vielheit abschaffen darf, müssen Liberalität und Pluralität begrenzt, als relative Begriffe verstanden werden, das heißt an Rahmenbedingungen gebunden, die für eine friedliche Koexistenz gegensätzlicher Standpunkte und Lebensentwürfe sowie für humane Konfliktbewältigung – kurz, für menschenwürdige Verhältnisse – notwendig sind. Solche heißen gegenseitige Achtung, unvoreingenommene Gesprächsbereitschaft sowie Ausgleich und Kompromiß, aber auch gegenseitige Unterstützung, wo es nottut. Denn Achtung des Nächsten ohne Bereitschaft zu echter Hilfe ist verkappte Gleichgültigkeit; ein Dialog ohne Fähigkeit zu ernsthaftem Kompromiß bleibt eine als Verständigung getarnte Form von Gesprächsverweigerung.

Doch sind die genannten Rahmenbedingungen für Freiheit und Vielheit – Achtung voreinander, Verständigung miteinander, Verständnis füreinander – mehr als bloß Verfahrensvorschriften und Spielregeln; als notwendige Voraussetzungen menschenwürdiger Verhältnisse stellen sie weltanschauungsneutrale Grundwerte eines zivilisierten Menschen dar, die so etwas wie einfache Anständigkeit begründen. Deshalb sollten sie als wesentliche Voraussetzungen einer freien, pluralistischen, ja, menschenwürdigen Gesellschaft aus dem Widerstreit der rivalisierenden Bekenntnisse oder Weltanschauungen herausgenommen werden und nicht mehr zur Disposition stehen. Denn näher betrachtet gehören sie zum Unabstimmbaren, zu dem also, worüber man nicht einmal mehr verständig beraten, sinnvoll verhandeln kann, weil sie so etwas wie verständige Beratung, offene Verhandlung und freie Abstimmung überhaupt erst ermöglichen. In dieser Frage herrscht völlige Übereinstimmung mit den Diskursethikern.

Man erkennt, Freiheit, Vielheit und die Kunst der verständigen Beratung können sich nur innerhalb grundlegender Gemeinsamkeiten entfalten, zu denen die genannten Grundwerte zählen, weil ein Ausgleich unterschiedlicher Interessen und eine Beilegung alltäglicher, politischer und weltanschaulicher Konflikte – stets ein schwieriger Balanceakt – bloß mit ihrer Hilfe bewerkstelligt werden können. Ohne Minimalkonsens über bestimmte Spielregeln sind Frieden, Freiheit und Fairneß gänzlich unmöglich. So markieren die angeführten Grundwerte unverrückbare Grenzen für Liberalität und Pluralität – nicht etwa, um beide willkürlich einzuschränken, sondern vielmehr, um sie vor sich selbst zu schützen, da sie immer wieder durch sich selbst bedroht sind. Die Grenzen für freie Entfaltung kennzeichnen die Grenzen der freien Entfaltung selbst; jene zu übertreten hieße, diese zu gefährden. Wo beispielsweise wechselseitige Achtung und Gesprächsbereitschaft verlorengehen, die Kunst der verständigen Beratung nicht beherrscht wird, dort verschwinden auch Rücksichtnahme und Toleranz, die Fähigkeit zu Koexistenz und die Bereitschaft zu Kooperation – notwendige Voraussetzungen für ein würdevolles Leben in würdigen Verhältnissen. Deshalb haben die Urheber unserer Verfassung elementare Verbindlichkeiten geschaffen, die solches gewährleisten sollen, und darum sind die Vereinten Nationen unablässig bemüht, überall in der Welt eine den Menschen würdige Gesprächs- und Rechtskultur durchzusetzen.

Wertordnung des Mißtrauens

Recht erscheint als gerechtfertigt, wenn es menschenwürdiges Dasein ermöglicht, Schutz vor der Selbstsucht anderer Menschen bietet, Ruhe, Frieden und Sicherheit gewährleistet, die Möglichkeit zu persönlicher Selbstentfaltung und eine gerechte Gesellschaftsordnung garantiert. Anders gesagt, besteht die Aufgabe des Rechts darin, die ethischen Erkenntnisse der selbstdistanzierenden Grundhaltung, die Kunst der verständigen Beratung und die aufgezählten Grundwerte eines zivilisierten Menschen durch bestimmte Institutionen sicher zu installieren. Vor dem Hintergrund des methodischen Pessimismus – der Annahme, daß die Menschen zu Machtmißbrauch, Rücksichtslosigkeit und Brutalität neigen – stellt sich so nicht die Frage, ob Recht oder Nicht-Recht, sondern nur, welche Art von Recht gerecht und des Menschen würdig ist. Dabei wird es denkbar, daß die Idee der Würde als Gestaltungsauftrag im Recht einen festeren Platz bekommt, als sie im Bewußtsein der Mehrheit der Bevölkerung hat.

Eine der wichtigsten Voraussetzungen für menschenwürdige Verhältnisse ist gesellschaftlicher Friede. Mit Hobbes gesprochen, ist dessen Sicherung und Erhaltung »das erste Gebot der Vernunft«[12]. Dieses läßt sich aber nur erfüllen, wenn der Staat das Verhalten seiner Bürger verbindlich regeln und im äußersten Falle durch Einsatz physischer Gewalt auch erzwingen darf. Doch soll der Staat die einzige Instanz bleiben, welche Gewalt ausüben darf, weshalb man von staatlichem Gewaltmonopol spricht als notwendiger Bedingung für den »Frieden im Inneren«. Hervorgerufen durch die Religions- und Bürgerkriege, setzte sich diese Idee bereits im 16. und 17. Jahrhundert durch. Damals betrachtete man als erste und wichtigste politische Aufgabe die Friedenssicherung durch die Schaffung eines staatlichen Gewaltmonopols. Dieses allein könne die Gefahr der Anarchie bannen, meinten der französische Jurist *Bodin* und der englische Staatstheoretiker *Hobbes.* Ohne staatliches Gewaltmonopol mit einer das mögliche gesellschaftliche Chaos überwindenden Ordnungsmacht herrschten Faustrecht und Lynchjustiz, fielen die zu Streit und Hader neigenden Menschen wie wilde Tiere übereinander her; Ruhe und Ordnung kämen auf diese Weise kaum zustande, und wo sie dennoch entstünden, dort wären sie dauernd gefährdet; dies widerspreche aber zutiefst dem menschlichen Bedürfnis nach einem not- und angstfreien Leben.

Bodin und Hobbes verbanden die Idee vom staatlichen Gewaltmonopol mit der Lehre der absolutistischen Souveränität, zu deren Wegbereitern Machiavelli gehört, dessen politische Ansichten beide sonst jedoch kritisierten. Nach Bodin bedeutet Souveränität soviel wie »absolute und dauernde Gewalt [...], höchste Befehlsgewalt«[13], und nach *Hobbes* »höchste Gewalt oder höchste Herrschaft«[14] worüber noch am ehesten einer allein verfügen könne, nicht aber eine Versammlung oder das gesamte Volk. Hobbes und Bodin lehnten sowohl Aristokratie als auch Demokratie ab und befürworteten die Monarchie: »Das hervorstechende Merkmal des Staates, das Souveränitätsrecht, kann es im strengen Sinn nur in einer Monarchie geben, denn niemand als nur ein einziger kann im Staat souverän sein«[15], schrieb Bodin, und Hobbes wiederholte diese Auffassung mit den Worten, »daß von den genannten Arten des Staates, der Demokratie, Aristokratie und Monarchie, die letzte den Vorrang besitzt.«[16] Nur eine Einzelperson könne unumschränkt herrschen, für Frieden und Wohl des Volkes sorgen, weshalb das staatliche Gewaltmonopol und die absolute Monarchie bloß die zwei Seiten einer Medaille seien.

Was den monokratischen Herrscher als Inhaber der höchsten Staatsgewalt von seinen Untertanen unterscheidet, ist die Macht, Gesetze auszuarbeiten, zu verkünden, umzugestalten, wieder aufzuheben und nach persönlichem Ermessen Ämter zu vergeben. Der Souverän allein besitzt die »Machtvollkommenheit, Gesetze für alle und jeden zu erlassen, ohne daß irgend jemand [...] zustimmen müßte«[17]. Dabei ist es sogar so, daß er über den eigenen Gesetzen steht, als Quelle allen Rechts diesem »nicht unterworfen«[18] ist und einen »princeps legibus solutus« darstellt, wie man sagt.

Trotzdem sei das Recht aber nicht dem Belieben des Souveräns anheimgestellt: »Alle Fürsten dieser Welt sind den Gesetzen Gottes und der Natur sowie gewissen menschlichen Gesetzen, die allen Völkern gemeinsam sind, unterworfen«[19], welche auch sie strikt zu befolgen hätten. Besonders in dieser Frage unterschieden sich Bodin und Hobbes von Machiavelli, der die Macht des Souveräns noch nicht einmal durch göttliche Gesetze eingeschränkt wissen wollte. Dagegen betrachteten beide die Erhaltung des Friedens im Inneren und in den auswärtigen Beziehungen sowie die Herstellung gerechter Verhältnisse als göttliche Gebote, die der Fürst unbedingt einzuhalten habe: »Alle Pflichten der Herrschenden lassen sich in den einen Satz zusammenfassen, daß das Wohl des Volkes das höchste Gesetz ist«[20], wobei »Wohl nicht bloß die notdürftige Erhaltung des Lebens irgendwie, sondern ein möglichst glückliches Leben«[21] meine. Doch sosehr der mit fast unbeschränkter Machtvollkommenheit ausgestattete Souverän auch an göttliches Gesetz gebunden ist, nichts und niemand kann ihn zwingen, sich letzten Endes daran zu halten; es bleibt ihm überlassen, ob er milde und tolerant regiert oder unbarmherzig und grausam; die Entscheidung darüber liegt allein bei ihm selbst, mag das göttliche Gesetz auch Güte und Toleranz fordern.

Daraus wird deutlich: Toleranz, ein Begriff der ebenso passive Duldung wie aktive Anerkennung bedeutet und der in einer pluralistischen Gesellschaft mit dem Recht der Bürger auf individuelle und kollektive Unterschiede notwendige Voraussetzung für Frieden, Freiheit und Vielheit ist, wird in dem Augenblick eine problematische Haltung, in dem sie von Machthabern – wie etwa von Heinrich IV. von Frankreich im Toleranzedikt von Nantes 1598 – als Gnadenerweis geübt wird.[22] Denn wo immer ein Herrscher sich seinen Untertanen gegenüber tolerant zeigt, waltet, rechtlich gesehen, bloße Willkür, welche eine verbrecherische Ausübung der Macht nicht grundsätzlich ausschließt. Wie *Martin Kriele* im Anschluß an Mirabeau formuliert: »Toleranzen kann der Machthaber gewähren oder zurücknehmen, sie liegen in seinem Belieben.«[23] Denn wie er die Macht besitzt, etwas zu tolerieren, so hat er auch die Macht, es nicht zu tolerieren, was heißt: »Wo nur Toleranzen gewährt sind, muß der Mensch sich jederzeit auf die Möglichkeit ihrer Rücknahme oder Einschränkung einstellen, er lebt im Zustand der Angst. Erst wo an die Stelle der Toleranz der Rechtszustand getreten ist, […] kann der Mensch aufrecht gehen und genießt die Sicherheit, daß der Machthaber ihn in der Ausübung dieses Rechts nicht beugen kann und wird.«[24] Deshalb muß um des aufrechten Ganges und somit der menschlichen Würde willen jegliche absolutistische Toleranz in rechtliche Verbindlichkeit verwandelt werden.

Hobbes jedoch ging diesen Weg nicht: Obgleich er von der Bosheit und Anfälligkeit der Menschen für Machtmißbrauch überzeugt war, glaubte er an die Güte und Makellosigkeit des Souveräns; das heißt, er erkannte zwar die Gefahr des blutigen Bürgerkrieges, die der Tyrannei aber nicht. Es ist aber nicht einzusehen, warum man Königen mehr vertrauen soll als den einfachen Bürgern. Näher betrachtet bedeutet das Bündnis zwischen staatlichem Gewaltmonopol und absolutistischer Souveränität einen gefährlichen Machtgewinn für den Träger der Staatsgewalt. Wie nämlich ein absolutistischer Monarch in der Lage ist, die Bürger voreinander zu schützen, so ist er auch stark genug, sie zu unterdrücken – und bei der bekannten Anfälligkeit der Menschen für Machtmißbrauch steht nicht zu erwarten, daß er dieser Versuchung immer widersteht, solange man ihn nicht daran hindert, ihr nachzugeben. Aus diesem Grund sollte man nicht allein den Bürgern mißtrauen, sondern auch den Inhabern der Staatsgewalt. Davon abgesehen, bleibt die Erkenntnis richtig, daß der Staat innerhalb seiner Grenzen nur dann Friede, Ruhe, Sicherheit und Ordnung herstellen und erhalten kann, wenn er über das Gewaltmonopol verfügt, das, so gesehen, eine notwendige, nicht aber hinreichende Bedingung für menschenwürdige Verhältnisse ist. Zusätzlich muß das angedeutete Risiko des Machtmißbrauchs verringert werden, was wohl erst dann möglich ist, wenn man den Herrschern keine uneingeschränkte Macht mehr einräumt, das staatliche Gewaltmonopol nicht länger absolutistisch auslegt.

Nun sind Sicherung und Erhaltung des Friedens nicht bloß innerstaatliche Angelegenheiten, sondern gleichzeitig auch internationale, völkerrechtliche, wobei der Ausdruck Völkerrecht zweierlei bedeutet: zum einen bezieht er sich auf das

Recht zwischen den Völkern, dann auf das Recht über den Völkern, das bei allen Völkern gleiche Recht. Verständlicherweise enthalten beide Arten des Völkerrechts – im Gegensatz zum Staatsrecht – nicht die Idee eines Frieden gewährleistenden Gewaltmonopols, da dieses einen die ganze Erde umspannenden, einheitlichen Weltstaat voraussetzte, in dem alle Einzelstaaten aufgingen. Solch ein Gebilde hat es weder in der Vergangenheit gegeben noch sollte es in Zukunft angestrebt werden. Erstrebenswert ist allein eine Weltrepublik mit ausreichender Macht, den Weltfrieden zu sichern, eine Völkergemeinschaft mit geeigneten Mitteln, die einzelnen Staaten voreinander zu schützen.

Warum aber soll den Menschen am Weltfrieden überhaupt gelegen sein? Die wohl einfachste Antwort hierauf lautet: weil jeder bewaffnete Konflikt eine Gefahr für die Sicherheit aller Staaten bedeutet – zugespitzt formuliert, Kriegsvermeidung als notwendige Voraussetzung für das Überleben der Menschheit und der Menschenwürde. Freilich bedeutet Menschenwürde als Gestaltungsauftrag mehr als nur Herstellung und Bewahrung des Weltfriedens, trotzdem gehören alle darauf gerichteten bi- und multilateralen Verträge dazu, denn ohne diese bestünde die Gefahr eines endlosen Kampfes aller Staaten gegen alle – eine Gefahr, die wie die des Bürgerkriegs sich selbstverständlich nur eindämmen, nie jedoch gänzlich ausschließen läßt, sondern immer wieder von neuem abgewendet werden muß. Wird aber der reale Druck zu stark, dann können selbst politische, rechtliche und militärische Maßnahmen zur Friedenssicherung den Friedensbruch nicht aufhalten.

Seit jeher gibt es Nichtangriffspakte, Friedensabkommen und Verteidigungsbündnisse gegen auswärtige Feinde, in denen sich die Vertragsstaaten zu gegenseitiger Unterstützung im Ernstfall verpflichten, aber auch genauso zu politischer und wirtschaftlicher Zusammenarbeit. Solche Staatsverträge sind gewissermaßen die Vorläufer des 1919 gegründeten *Völkerbundes*, dessen Satzung als Artikel 1 bis 26 des *Versailler Friedens-*

vertrags in Kraft trat. Der Völkerbund, mit Sitz in Genf, war der erste Versuch, eine universelle Staatengemeinschaft mit eigenen Institutionen zu begründen, deren vorrangige Aufgabe die »Gewährleistung des internationalen Friedens und der internationalen Sicherheit« werden sollte, wie es in der Präambel dazu heißt. Doch wurde diese Hoffnung nach der Ausbreitung der Hitler- und Stalindiktatur bitter enttäuscht, wie überhaupt der Völkerbund nie eine wirklich internationale Staatengemeinschaft mit politischer Durchsetzungskraft bildete. Das verhinderten schon die Vereinigten Staaten durch ihr Fernbleiben von dieser Organisation, die erst auf ihre Anregung hin entstanden war.

Dafür traten sie dem *Briand-Kellogg-Pakt* über die Ächtung des Krieges von 1928 bei, der noch heute gilt und den mittlerweile mehr als 60 Staaten unterzeichnet haben. Diese erklären darin, »daß sie den Krieg als Mittel für die Lösung internationaler Streitfälle verurteilen und auf ihn als Werkzeug nationaler Politik in ihren gegenseitigen Beziehungen verzichten«, und vereinbaren, »daß die Regelung und Entscheidung aller Streitigkeiten oder Konflikte, die zwischen ihnen entstehen könnten, […] niemals anders als durch friedliche Mittel angestrebt werden sollen.« Allerdings ist bis heute das Problem der effektiven Friedenssicherung nicht gelöst, das deshalb nach wie vor einen Schwerpunkt der internationalen Diskussion bildet.

Sicherlich war es ein wichtiger Schritt in die richtige Richtung, nach dem Zweiten Weltkrieg die UNO zu gründen, die mit dem Inkrafttreten ihrer Charta am 24. Oktober 1945 entstand und zu der heute fast alle unabhängigen Staaten der Welt gehören. Auch sie sieht ihre Hauptaufgabe in der Erhaltung des Weltfriedens wie der internationalen Sicherheit und verpflichtet deshalb alle Mitglieder, ihre Streitigkeiten untereinander mit friedlichen Mitteln beizulegen. So steht es in zahlreichen Dokumenten wie auch in der *Schlußakte der Konferenz für Sicherheit und Zusammenarbeit in Europa* von Helsinki vom 1. August 1975. Wichtigste Voraussetzung für das friedliche

Zusammenleben der Staaten miteinander ist ein umfassender Gewaltverzicht, wie er bereits in Art. 2 Abs. 4 der *UN-Charta* gefordert wird: »Alle Mitglieder unterlassen in ihren internationalen Beziehungen jede gegen die territoriale Unversehrtheit oder die politische Unabhängigkeit eines Staates gerichtete oder sonst mit den Zielen der Vereinten Nationen unvereinbare Androhung oder Anwendung von Gewalt.« Rechtlich gesehen zählen das erwähnte Gewaltverbot wie auch das Recht auf Leben, das Verbot des bewaffneten Angriffs, Völkermords, der Tötung von Kriegsgefangenen, Folter und Sklaverei zum sogenannten zwingenden Recht – »ius cogens«, das unabhängig von jeder vertraglichen Vereinbarung gelten soll. Aus diesem folgt geradezu zwangsläufig das Gebot der friedlichen Beilegung internationaler Streitigkeiten durch Beratung, Verhandlung, Vermittlung und Schlichtung, wie es in Art. 33 Abs. 1 der UN-Charta heißt. Nur mißlingen diese in der Praxis leider allzu oft, so daß es auch heute immer noch zu bewaffneten Auseinandersetzungen kommt. Nach Artikel 51 der UN-Charta hat in solchen Fällen der angegriffene Staat das Recht, sich militärisch zu verteidigen – gemäß dem Grundsatz: Gegen eine Gefahr gestattet die natürliche Vernunft, sich zu wehren – »adversus periculum naturalis ratio permittit se defendere!« Diese Regel gilt, bis die Staatengemeinschaft »die zur Wahrung des Weltfriedens und der internationalen Sicherheit erforderlichen Maßnahmen getroffen hat.« Bevor das nicht geschehen ist, dürfen auch andere Staaten den Opfern kriegerischer Gewalt auf deren Ersuchen hin zu Hilfe kommen.

Diese Vorstellung weckt Assoziationen an die Idee des gerechten Krieges – »bellum iustum«, mit der sich bereits Cicero und Livius befaßten.[25] Nach alter Lehre ist ein Krieg dann gerecht und gerechtfertigt, wenn er der Verteidigung, Vergeltung oder Bewahrung und Verbreitung letzter Wahrheiten dient, wie das Eingreifen des Schwedenkönigs Gustav II. Adolf in den Dreißigjährigen Krieg, um den norddeutschen Protestantismus vor dem Zugriff des habsburgischen katholischen

Kaisers zu retten, oder der Einmarsch der UdSSR und ihrer Satellitenstaaten 1968 in der Tschechoslowakei, der mit der sogenannten Breschnew-Doktrin begründet wurde. Danach verfügten die von Moskau abhängigen »Bruderländer« nur über eine verminderte Souveränität. Durch die Reformen in Prag schien der Sozialismus Moskauer Prägung in Gefahr. Doch kann man in diesem Zusammenhang auch an die ersten drei Kreuzzüge denken; genauer betrachtet ging es darin allerdings nicht um Vergeltung oder Bewahrung und Verbreitung letzter Wahrheiten, sondern vielmehr um die Befreiung der orientalischen Christen vom Islam, noch einprägsamer, um die Befreiung der heiligen Stätten, insbesondere des Heiligen Grabes in Jerusalem. Dazu kamen soziale und wirtschaftliche Interessen. In Palästina, dem Land, »wo Milch und Honig fließt«, erhofften sich viele Kreuzfahrer bessere Lebensverhältnisse. Hierauf sei nun nicht näher eingegangen; festgehalten sei allein, daß von der inzwischen weitgehend überholten Doktrin des gerechten Krieges nur noch das Recht auf Selbstverteidigung übriggeblieben ist, das, wie ausgeführt, lediglich solange gilt, bis die Staatengemeinschaft eine verbindliche Anordnung getroffen hat.

Heute tragen hauptsächlich die Vereinten Nationen die Verantwortung für den Weltfrieden, deren wichtigste Gremien die Generalversammlung und der Sicherheitsrat sind. Nur dieser darf Maßnahmen gegen Staaten beschließen, die den Weltfrieden bedrohen; hierzu bedarf es der Zustimmung von neun der möglichen fünfzehn Stimmen, einschließlich der fünf ständigen Mitglieder USA, Rußland, China, Frankreich, Großbritannien. Angenommen, solche Mehrheiten finden sich einmal nicht, obgleich Handeln dringend geboten ist, so darf seit 1950 auch die Generalversammlung einen Teil der Aufgaben des Sicherheitsrates übernehmen. Zu den möglichen Zwangsmaßnahmen der Vereinten Nationen gegen Staaten, welche den Weltfrieden verletzen, gehören außer der Anordnung militärischer Gewalt auch nicht-militärische Sanktionen, wie der Abbruch der diplomatischen Beziehungen, die vollständige oder teilweise Unterbrechung der Verkehrsverbindungen und Wirtschaftsbeziehungen Darüber hinaus sieht die UN-Charta auch den Einsatz friedenserhaltender Maßnahmen vor, sei es, um unmittelbar bevorstehende militärische Konflikte abzuwenden oder bestehende Krisen zu entschärfen. Operationen solcher Art umfassen die Entsendung von Friedenstruppen, deren Aufgaben die Beobachtung eines Waffenstillstandes, die Errichtung von Pufferzonen, Überwachung von Truppenrückzügen, Unterstützung von Flüchtlingen und weitere humanitäre Leistungen sind. Normalerweise erfordern friedenserhaltende Einsätze der UNO, die der Herstellung menschenwürdiger Verhältnisse dienen, die Zustimmung der betroffenen Staaten, neuerdings werden sie aber auch dort durchgeführt, wo es die verantwortlichten Politiker und die Mehrheit der am Konflikt Beteiligten an ernsthaftem Willen zu Frieden und Versöhnung fehlen lassen.[26]

Trotz aller Bemühungen der Vereinten Nationen, den Weltfrieden als Voraussetzung eines menschenwürdigen Daseins zu sichern, sind die Hoffnungen gering, daß dies jemals gelingen wird. Nicht nur daß zahlreiche Staaten den Weltfrieden immer wieder brechen, die UNO verfügt auch nicht über die notwendigen Mittel zu seiner Sicherung. Sie besitzt keine eigenen Streitkräfte, sondern ist bei der Erfüllung ihrer friedenswahrenden Aufgaben stets auf die Unterstützung ihrer Mitglieder angewiesen.

Dazu gehört Deutschland, das seit Beginn der neunziger Jahre an nicht-militärischen UN-Einsätzen teilnimmt – 1991 beispielsweise an Operationen zum Minenräumen am Golf, 1993 an Unterstützungen in Somalia, 1994 an Beobachteraufgaben in Georgien. Seit Dezember 1996 kommt eine deutsche Teilnahme gemeinsam mit den NATO-Partnern und Soldaten weiterer Staaten an friedenssichernden Einsätzen militärischer Art hinzu. Doch sind alle Beteiligungen deutscher Streitkräfte umstritten. Während die einen solche für unzulässig halten, weil nach Art. 87 a Abs. 2 des Grundgesetzes unsere Streitkräfte nur zu Verteidigungszwecken eingesetzt werden dürfen, halten andere sie für geboten mit Bezug auf Art. 24 Abs. 2. Darin heißt es, daß Deutschland sich zur Wahrung des Friedens einem System gegenseitiger kollektiver Sicherheit einordnen darf, was durchaus als Ermächtigung deutscher Streitkräfte zur Unterstützung von UN- und NATO- Einsätzen gesehen werden kann.

Was das Handeln der UNO immer wieder lähmt, sind außer der Abhängigkeit vom guten Willen ihrer Mitgliedstaaten auch tiefgehende politische Meinungsverschiedenheiten und finanzielle Probleme. Dazu kommt, daß sie lange Zeit über kein allgemein anerkanntes Strafgericht verfügte mit der Möglichkeit zu Zwangsvollstreckungen. Zwar gab es schon zu Beginn unseres Jahrhunderts internationale Gerichte, wie den *Zentralamerikanischen Gerichtshof* (1908–1918) oder den *Ständigen Internationalen Gerichtshof* (1920–1946), besonders wirkungsvoll waren diese aber nie. Eine große Ausnahme stellen die nach dem Zweiten Weltkrieg von den Siegermächten in Tokio und Nürnberg eingesetzten Militärgerichtshöfe dar, durch welche seinerzeit die Hauptkriegsverbrecher verurteilt wurden. Ein wichtiges Rechtsprechungsorgan der Vereinten Nationen ist der 1945 gegründete *Internationale Gerichtshof*, der sich aus 15 Richtern unterschiedlicher nationaler Herkunft zusammensetzt, welche vom Sicherheitsrat und der Generalversammlung für jeweils neun Jahre mit absoluter Stimmenmehrheit gewählt werden. Doch ist die Macht des Internationalen Gerichtshofs äußerst begrenzt, da dieser nur für Streitigkeiten zwischen den Staaten zuständig ist, die seine Zuständigkeit zuvor ausdrücklich anerkannt haben. Wie schwierig die Arbeit solcher Gerichte ist, beweisen aufs deutlichste die von den Vereinten Nationen eingesetzten *Internationalen Tribunale* in Den Haag und Aruscha, welche eingerichtet wurden zur strafrechtlichen Verfolgung der Verantwortlichen für die in Ruanda und im ehemaligen Jugoslawien begangenen Verstöße gegen das humanitäre Völkerrecht.

Am 1. Juli 2002 trat endlich der Gründungsvertrag des *Internationalen Strafgerichtshofs*, das sogenannte *Römische Statut*, in Kraft. Es wurde im Sommer 1998 in Rom verabschiedet mit 120 Ja-Stimmen bei 21 Enthaltungen und 7 Gegenstimmen (USA, China, Israel, Jemen, Katar, Irak und Libyen). Ständiger Sitz des Internationalen Strafgerichtshofs mit 18 Richtern an der Spitze ist Den Haag. Allerdings kann auch dieses Gericht nur in den Staaten tätig werden, die zuvor seine Gerichtsbarkeit anerkannt haben und nicht willens oder fähig sind, eine Straftat ernsthaft zu verfolgen. Das Internationale Strafgericht ersetzt nicht die nationalen Gerichte, sondern ergänzt diese nur. Im Unterschied zum *Internationalen Gerichtshof*, der sich mit zwischenstaatlichen Streitereien befaßt, müssen sich vor dem *Internationalen Strafgerichtshof* einzelne Personen verantworten, denen schwerste Verbrechen zur Last gelegt werden: das Führen eines Angriffskrieges, sogenannte Verbrechen der Aggression (Art. 5), Völkermord (Art. 6), Verbrechen gegen die Menschlichkeit wie sexuelle Gewalt, Folter oder Verfolgung aus rassischen Gründen (Art. 7) und Kriegsverbrechen, die gegen die Genfer Konventionen verstoßen (Art. 8). Obwohl die Vereinigten Staaten das Projekt eines Internationalen Strafgerichtshofs ursprünglich unterstützten, erkennen sie heute diese Institution für sich nicht an aus Angst, im Ausland eingesetzte amerikanische Soldaten könnten gegen den Willen der USA vor den Gerichtshof gezogen werden.

Man erkennt, wo es – wie in der Völkergemeinschaft – kein zentrales Zwangssystem gibt, die Mächte der politischen Welt häufig gegeneinander stehen, manchmal sogar einander blokkieren, dort ist zwar eine der gegenseitigen Kontrolle und Mäßigung förderliche Dezentralisierung der Macht gegeben, besteht aber die Gefahr der Ineffizienz bei der Sicherung des Friedens, der ja notwendige Voraussetzung für ein menschenwürdiges Dasein ist. Im Gegensatz dazu ist der absolutistische Staat durch sein zentralistisches Zwangssystem zwar eher in der Lage, den Frieden auf dem eigenen Territorium zu erhalten, doch bleibt darin das Problem der Tyrannei wieder ungelöst.

Nun soll mit alldem weder die Idee des staatlichen Gewaltmonopols noch die Berechtigung der UNO in Frage gestellt werden, die angesichts der Kriege überall in der Welt weiter für Frieden eintreten muß – trotz aller politischen Rücksichten und finanziellen Engpässe. Im Gegenteil, *völkerrechtlich* gesehen spricht das Ausgeführte sogar für eine Stärkung der UNO und der darin bereits geteilten Gewalten, für eine Weltrepublik, die über genug Macht verfügt, den Frieden zu sichern und einen Staat gegen die Übergriffe eines anderen zu schützen. *Staatsrechtlich* gesehen spricht dagegen das Ausgeführte für die Verteilung der staatlichen Gewalt auf verschiedene Instanzen, weil erst dadurch ein System sich wechselseitig beschränkender und kontrollierender Kräfte entstehen kann, das Machtkonzentration erfolgreich zu verhindern vermag – die noch immer sicherste Vorkehrung gegen Machtmißbrauch.

Für ein ausgewogenes System wechselseitiger Balance setzten sich bereits antike Autoren wie Aristoteles, Polybios und Cicero ein.[27] Sie alle befürworteten eine Mischverfassung mit monarchischen, aristokratischen und demokratischen Elementen, um die Staatsgewalt auf verschiedene Organe zu verteilen. Im 17. und 18. Jahrhundert verwirklichten die Engländer teilweise eine solch gemischte Staatsordnung, indem sie König, Adel, Volk und den Gerichten unterschiedliche Aufgaben übertrugen, auch wenn sie keine geschriebene Verfassung kannten und noch heute nicht haben; die politische Ordnung Großbritanniens ist allmählich »gewachsen«.

Die wichtigsten neuzeitlichen Theoretiker der Gewaltenteilung sind *John Locke* und *Charles de Secondat, Baron La Brède et de Montesquieu*. Die Gefahr des Machtmißbrauchs vor Augen, verwarfen beide die Lehre der absolutistischen Souveränität, ohne die Monarchie abzulehnen. Locke schrieb: »Bei der Schwäche der menschlichen Natur, die immer bereit ist, nach der Macht zu greifen, dürfte es eine zu große Versuchung darstellen, wenn diejenigen, welche die Macht haben, Gesetze zu geben, auch die Macht hätten, sie zu vollziehen. Sie könnten dadurch sich selbst von dem Gehorsam gegen die Gesetze, die sie erlassen, ausschließen und das Gesetz sowohl in seiner Gestaltung wie in seinem Vollzug ihrem persönlichen Vorteil anpassen und damit schließlich ein von der übrigen Gemeinschaft verschiedenes, dem Ziel der Gesellschaft und Regierung zuwiderlaufendes Interesse verfolgen.«[28] Ähnlich Montesquieu: »Eine ewige Erfahrung lehrt, daß jeder Mensch, der Macht hat, dazu getrieben wird, sie zu mißbrauchen. [...] Um den Mißbrauch der Macht unmöglich zu machen, müssen die Dinge so geordnet werden, daß die eine Macht die andere im Zaume hält.«[29] Allerdings dürfen staatliches Gewaltmonopol und Gewaltenteilung nicht als Gegensätze mißverstanden werden. Ersteres bleibt durch die Aufteilung der Macht auf verschiedene Entscheidungsinstanzen, von denen jede nur im Rahmen genau umschriebener Kompetenzen handeln darf, völlig unangetastet. Denn das Gegenteil von Gewaltenteilung heißt nicht staatliches Gewaltmonopol, sondern absolute Herrschaft des Souveräns, der, wie erwähnt, nicht nur über jegliche Zwangsgewalt verfügt, sondern auch außerhalb von Recht und Gesetz steht. Da ist die Versuchung groß, die eigene Macht zu mißbrauchen. Aber absolutistische Herrschaft birgt nicht nur die Gefahr der Tyrannei in sich, geschichtlich betrachtet hat der absolute Souveränitätsanspruch des englischen Königs sogar zur Entstehung des Bürgerkriegs beigetragen, statt den Kampf der Bürger gegeneinander zu verhindern und Frieden zwischen den Parteien zu stiften, wie einst Hobbes erhoffte.[30]

Offenbar vereitelt Gewaltenteilung sowohl Tyrannei als auch Bürgerkrieg und hilft auf diese Weise mit bei der Herstellung menschenwürdiger Verhältnisse. Montesquieu und später Kant teilten die Gewalten in Gesetzgebung (Legislative), Vollstreckung (Exekutive) und Rechtsprechung (Judikative). Gemäß dem Modell der gemischten Verfassung übertrug Montesquieu die ausführende Gewalt der Krone und Regierung, die gesetzgebende den Volks- und Adelsvertretern und die rechtsprechende unabhängigen Richtern.[31] Nun beugt Gewaltenteilung aber nicht nur durch gegenseitige Begrenzung und Kontrolle gegen Machtmißbrauch vor, sondern auch durch die Bindung der voneinander unabhängigen Staatsorgane an Recht und Gesetz. Kein Bürger, auch nicht der Träger der Staatsgewalt, darf eigenmächtig über die Gesetze und Verfassung bestimmen, deren Vorschriften für jeden, also auch für den Gesetzgeber, gelten. Dabei muß die Gewaltenteilung einschließlich der Bindung aller ans Gesetz wie schon die Idee des staatlichen Gewaltmonopols als Antwort auf den methodischen Pessimismus verstanden werden – den Worten *Thomas Jeffersons* gemäß: »Eine freiheitliche Regierung ist auf Argwohn aufgebaut, nicht auf Vertrauen [...]. Laßt uns daher in Fragen der Macht nicht mehr von Vertrauen auf den Menschen hören, sondern haltet ihn durch die Ketten der Verfassung von Unheilstiftung ab.«[32]

Die erste geschriebene Verfassung der Neuzeit besaß der Staat Virginia 1776; diese enthielt bereits das Recht auf »Leben unter einer gewaltenteilenden Rechtsordnung« (Artikel 5). Ihr folgten 1787 die Unionsverfassung der Vereinigten Staaten von Amerika, 1791 die erste französische Verfassung und 1816 auf deutschem Boden die Verfassung von Sachsen-Weimar-Eisenach, um nur einige zu nennen. Nach und nach übernahmen neue politische Kräfte die Aufgabe, absolutistische Macht zu verhindern, die bis dahin der Adel und die übrigen Stände vereitelt hatten.

Grundsätzlich gibt es verschiedene Möglichkeiten zur Verteilung von Gewalt auf staatliche Organe; man denke an das Zweikammersystem der Legislative mit der Unterscheidung zwischen Ober- und Unterhaus in England, Repräsentantenhaus und Senat in den Vereinigten Staaten, Nationalrat und Ständerat in der Schweiz oder an das politische Zusammenspiel von Bundestag und Bundesrat in Deutschland. Im parlamentarischen System verläuft die Gewaltenteilung oftmals zwischen Judikative auf der einen Seite, Legislative und Exekutive auf der anderen Seite; eine klare Trennung zwischen beiden zuletzt genannten Instanzen gibt es häufig nicht. Im Normalfall bringt die Regierung ein Gesetz ein, worüber das Parlament beschließt, welches dann Regierung und Verwaltung ausführen, vollstrecken. Die Exekutive – Regierung, Verwaltung, Polizei – darf nichts tun, wozu sie nicht durch die Legislative – Bundestag, Bundesrat, Bundespräsident – ermächtigt wurde, woraus deutlich wird, daß in einem parlamentarischen System wie dem unsrigen die Regierung gleichermaßen Legislative und Exekutive verkörpert. Die Kontrolle hierüber ist hauptsächlich auf die Oppositionsparteien übergegangen, so daß sich die Gewalten hierzulande in Rechtsprechung, Regierung, Opposition, Bundesrat und Verwaltung gliedern. Strenger ist dagegen die Gewaltenteilung im präsidialen System der Vereinigten Staaten durchgeführt. Dort liegt die richterliche Gewalt beim Obersten Bundesgericht, dem Supreme Court; die gesetzgebende ist in der Hand des Kongresses, der aus Repräsentantenhaus und Senat besteht, und die vollziehende bei der Person des Präsidenten als Staatsoberhaupt, Regierungschef und militärischem Befehlshaber. Er empfängt sein Mandat nicht von der gesetzgebenden Körperschaft, sondern von einem Wahlmännergremium, das von der Bevölkerung eigens zur Ernennung des Präsidenten bestimmt wurde. Hierdurch wird eine strengere Trennung zwischen Legislative und Exekutive vollzogen als bei uns, wenngleich Regierung und Kongreß auch sonst auf vielfältige Weise miteinander verbunden sind – Verbindungen allerdings, die ausschließlich der Machtkontrolle dienen. So bedürfen alle Ausgaben der Exekutive einer Bewilligung seitens der Legislative; umgekehrt besitzt der Präsident ein Vetorecht gegen alle vom Kongreß beschlossenen Gesetze, das wiederum mit einer Zweidrittelmehrheit der Kammern außer Kraft gesetzt werden kann.

Ein weiteres Beispiel für Machtkontrolle ist die föderative

Gewaltenteilung, die Aufgliederung des Staates in Teilsysteme, Bundesländer, mit einem hohen Maße an Selbständigkeit zur Regelung ihrer eigenen Angelegenheiten. Die föderative Aufgabenverteilung bringt die allgemeine Gewaltenbalance dadurch zustande, daß sich Bund und Länder immer wieder von neuem miteinander verständigen und aufeinander einstellen müssen; keine der Gewalten besitzt uneingeschränkte Regelungsmacht. Solch ein Bundesstaat ist nach der einen Seite hin vom Einheitsstaat zu unterscheiden, in dem die gesamte Macht bei zentralen Staatsorganen liegt, nach der anderen Seite vom Staatenbund, der eine eher lose Verbindung souveräner Staaten zur Wahrnehmung gemeinsamer Ziele darstellt.

Auf welche Weise die in Europa, Amerika und weiten Teilen der übrigen Welt verbreitete Idee der Gewaltenteilung auch umgesetzt wird, angesichts der natürlichen Neigung der Menschen zu Machtmißbrauch ist und bleibt sie eine wichtige Voraussetzung menschenwürdiger Verhältnisse. Aber wie das staatliche Gewaltmonopol allein noch kein menschenwürdiges Leben garantieren kann, so auch nicht die Gewaltenteilung. Beide sind lediglich notwendige, nicht aber hinreichende Bedingungen für menschenwürdige Verhältnisse. Denn mögen sich die Träger der Staatsmacht auch gegenseitig kontrollieren, wer wiederum kontrolliert diese alle zusammen? – Wer bewacht die Wächter? Quis custodiet custodes?

Hierauf gibt es nur eine einzige überzeugende Antwort: das Volk selbst, das durch Wahlen und Abstimmungen die Möglichkeit haben soll, den Inhabern der höchsten Staatsgewalt Macht zu verleihen und zu entziehen. So gesehen hängt diese allein vom Volke ab, weshalb man auch von Volkssouveränität spricht.[33] *Rousseau* verstand darunter die Herrschaft eines auf das allgemeine Wohl gerichteten Gemeinwillens, über den wir alle einig wären, würden wir nur unsere wahren Interessen verfolgen.[34] Er ging von einer absoluten Identität des persönlichen Willens mit dem Gemeinwillen aus und vertrat darum die Auffassung, daß man sich erst dann wirklich selbst bestimme, wenn der eigene Wille mit dem des am Gemeinwohl orientierten Gesamtwillens übereinstimme, den er mit dem gemeinschaftlichen Mehrheitswillen der Bürger gleichsetzte. Sicherlich seien durch Volksabstimmungen gefaßte Mehrheitsbeschlüsse nicht immer richtig, meistens aber stimmten sie doch mit dem Gemeinwillen überein. Deshalb sei es auch erlaubt zu sagen, daß die bei Volksentscheiden unterliegenden Minderheiten sich über die eigene Freiheit geirrt hätten, weshalb diese dem Mehrheitswillen unterworfen werden dürften, was nichts anderes bedeute, als sie bloß zu ihrer eigenen Freiheit zu zwingen.[35] Diese politische Auffassung ist nicht nur teils ungereimt und utopisch, sie ist darüber hinaus auch gefährlich. Unproblematischer ist dagegen *Lockes* Auffassung, der zwar auch das Volk zum Träger der höchsten Staatsgewalt erklärte, aber weit davon entfernt war, Minderheiten zu ihrer Freiheit zwingen zu wollen, da er klar erkannte, daß Menschen und Gruppen oftmals einander widersprechende Ziele verfolgen können oder unterschiedliche Vorstellungen vom Gemeinwohl haben.

Heute herrscht Einigkeit darüber, daß Volkssouveränität – und das heißt Demokratie – nur dort gewährleistet ist, wo regelmäßig allgemeine, freie, geheime Wahlen stattfinden und die Träger der Staatsmacht in ihrem Amt ebenso bestätigt wie abgewählt werden können. Das setzt natürlich eine aus verschiedenen Gruppierungen mit unterschiedlichen Interessen entstandene Parteienvielfalt, konkurrierende Alternativen, eine Opposition voraus, die bei Stimmenmehrheit die bis dahin amtierenden Machthaber ablösen kann, als überstimmte Minderheit aber Opposition bleibt, indem sie die Mehrheitsentscheidung akzeptiert, obwohl sie diese für falsch hält.

Außerdem gehört zu echter Demokratie, daß der Zugang zu öffentlichen Ämtern grundsätzlich allen Bürgern offensteht; darüber hinaus Chancengleichheit der Parteien und Wahlrechtsgleichheit aller erwachsenen Staatsangehörigen, was sich keineswegs von selbst versteht, wenn man bedenkt, daß das allgemeine, gleiche und geheime Männerwahlrecht im Deutschen Reich erst 1871 und das Wahlrecht der Frauen sogar erst 1919 in der Weimarer Verfassung eingeführt wurde. Auch in Großbritannien war geheime Stimmabgabe erst ab 1872 möglich, und erst 1884 erhielten Wohnungsinhaber in den Landgemeinden, also auch Landarbeiter und Bergleute, das Wahlrecht. Das allgemeine Stimmrecht für alle männlichen Bürger über 21 Jahre und alle Frauen über 30 mit eigenem Haushalt oder als Ehefrauen eines Haushaltsvorstandes wurde in England 1918 eingeführt. In vielen Schweizer Kantonen erhielten die Frauen sogar erst lange nach dem Zweiten Weltkrieg das Recht, an Wahlen teilzunehmen.

Nun setzt Demokratie außer Wahlrecht aber auch Meinungs-, Versammlungs- und Pressefreiheit voraus, die öffentliche Auseinandersetzung gegensätzlicher Ansichten und Ideen, so daß sich die Opposition ungehindert Gehör und Geltung verschaffen kann. Allgemein unterscheidet man zwischen direkter, plebiszitärer Demokratie und indirekter, repräsentativer. Erstere spricht allen Bürgern das gleiche Recht auf freie Mitwirkung bei politischen Entscheidungen zu, wie es teilweise in der Schweiz der Fall ist, wo einzelne Gesetze durch Volksentscheide aufgehoben und gesetzliche Neuregelungen durch Volksbegehren eingefordert werden können. Die deutsche Staatsform ist dagegen eine indirekte Demokratie, in der die Bürger die Lösung politischer Fragen an gewählte Bürgervertreter auf Zeit delegieren. Hierzulande hat man sich also nach den schlechten Erfahrungen mit Volksbegehren und Volksabstimmungen in der Weimarer Republik für eine repräsentative Demokratie entschieden. Die Urheber des Grundgesetzes meinten mit Recht, daß die Gefahr der Herrschaft einer urteilslosen, von Tagesmeinungen, Gefühlen und Leidenschaften irregeführten Masse zu groß sei. Deshalb solle das Volk sich seine Interessen durch frei gewählte Repräsentanten, eben Abgeordnete, vertreten lassen, welche nicht persönliche Wünsche Einzelner zu erfüllen hätten, sondern im Dienste des Gemeinwohls stünden. Wie ein Vergleich des deutschen mit dem englischen und amerikanischen Systems beweist, können die Abgeordneten aber auf ganz unterschiedliche Weise bestimmt werden.

Aus dem Dargelegten wird deutlich, repräsentative Demokratie bedeutet nicht nur Mißtrauen gegen die Inhaber der Staatsmacht, sondern gleichermaßen Mißtrauen des Volkes gegen sich selbst, das nicht nur aus urteilsfähigen, mündigen, umfassend informierten, wohlwollenden Bürgern besteht. Ein solches Bild verbietet bereits der dargestellte methodische Pessimismus, der von vornherein mit selbstsüchtigem Egoismus und selbstlosem Fanatismus der Menschen rechnet.

Nicht zuletzt darum ist auch die repräsentative Bürgervertretung keine zuverlässige Garantie für Frieden und Freiheit. Wie ein übertriebener Pluralismus die Gefahr der gesellschaftlichen Selbstauflösung, der Zersplitterung des Gemeinwesens in miteinander rivalisierende Gruppierungen in sich birgt, von denen wörtlich und zahlenmäßig die schwächeren auf der Strecke bleiben, während die rücksichtslosen das Rennen machen – so ist Demokratie allein auch kein Garant für menschenwürdige Verhältnisse, Freiheit und Gleichheit, weil durch Mehrheitsbeschlüsse Minderheiten und Andersdenkende unterdrückt werden können. Demokratie für sich genommen bedeutet Recht der Stärkeren, Herrschaft der größeren Zahl. Dazu noch kann die Demokratie sogar für sich selbst zur Gefahr werden, wie die Weimarer Republik beweist; Wählermehrheiten können sie abschaffen, wenn sie dies wollen, weshalb Demokratie vor sich selbst geschützt werden muß, soll sie Bestand haben.

Beide Gefahren erkannten bereits *Alexis de Tocqueville* und *John Stuart Mill*, zwei überzeugte Liberale des 19. Jahrhunderts, welche die demokratische Bewegung mit großer Skepsis beobachteten. Sie sprachen von »Tyrannei der Mehrheit«[36], gegen die sie einen umfassenden Schutz der Bürger forderten, nachdem sie erkannt hatten, daß das Volk selbst seine Macht mißbrauchen könne. Damit es nicht soweit kommt, müssen einzelne Grundsätze des Staates und Grundrechte des Einzelnen unter besonderen Verfassungsschutz gestellt und mehrheitsdemokratischer Beschlußfassung weitgehend entzogen werden. Wie in einer freien Welt der Pluralismus auf einige Einschränkungen durch allgemeine Ordnungsregeln und Werthaltungen wie gegenseitige Achtung und unvoreingenommene Gesprächsbereitschaft angewiesen bleibt, so bedarf die Demokratie einiger elementarer Grundsätze und unaufgebbarer Grundrechte, wenn sie dauerhaft möglich sein soll. Es gibt genügend überzeugende Argumente, weshalb man solche Grundsätze und Grundrechte dem einfachen und absoluten Mehrheitswillen entziehen sollte – das allgemeinste heißt: weil ohne sie keine menschenwürdigen Verhältnisse möglich sind, also die Gefahr, die vom methodischen Pessimismus ausgeht, zu groß ist.

Höchste Rechtsarten

Weltanschauungsneutral betrachtet stellt Würde keine angeborene Eigenschaft metaphysischer Art dar, sondern ein Ideal, das in der Verwirklichung menschenwürdiger Verhältnisse besteht. Solche beschreiben auf vortreffliche Weise die allgemeinen Menschenrechte, die sich auf ethische Erkenntnisse stützen lassen, welche auf die Bedürftigkeit des Einzelnen und eine sich darauf beziehende selbstdistanzierende Grundhaltung zurückgehen. Die Menschenrechte, wie sie in der *International Bill of Human Rights* festgeschrieben sind, zu der die *Allgemeine Erklärung der Menschenrechte* 1948, der *Weltpakt für wirtschaftliche, soziale und kulturelle Rechte* 1966 und der *Weltpakt für bürgerliche und politische Rechte* 1966 gehören, formulieren auf leicht verständliche Weise unterschiedliche Daseinsansprüche des Menschen. Hierzu zählen das Recht auf Leben, Freiheit und Sicherheit; Nahrung, Unterkunft und Bildung; Gleichheit vor dem Gesetz, Unabhängigkeit der Justiz wie überhaupt auf ein Gemeinwesen, das die Voraussetzungen dafür schafft. Nach der *International Human Bill of Rights* ist der gewaltenteilende, demokratische Staat die einzige legitime Herrschaftsform, wodurch Demokratie und Gewaltenteilung selbst in den Rang von Menschenrechten erhoben werden. Staatsrechtlich gesehen bezeichnen sie Verfassungsprinzipien, die zusammen mit dem Bundes-, Rechts- und Sozialstaatsprinzip die höchsten Grundsätze unserer Rechtsordnung bilden. So legt Artikel 20 des Grundgesetzes fest, daß Deutschland ein demokratischer und sozialer Bundesstaat ist, in dem die Staatsgewalt geteilt wird und vom Wählervolk ausgeht. Nach Art. 79 Abs. 3 ist eine Änderung der Verfassung, durch welche die in Artikel 20 »niedergelegten Grundsätze berührt werden, [...] unzulässig«. Darüber hinaus wird die sogenannte freiheitlich-demokratische Grundordnung auch durch die Artikel 9, 18 und 21 besonders geschützt. Die Verfassungsprinzipien gelten als unveränderbar, das heißt, Volksabstimmungen darf es hierüber nicht geben, weil sie als Grundbedingung von Freiheit, Vielheit und Sicherheit, als Grundlage menschenwürdiger Verhältnisse gewissermaßen zum Unabstimmbaren gehören.

Trotzdem hängt es allein von uns ab, ob wir sie als solche anerkennen und in den Rang menschenrechtlicher Forderungen erheben. In diesem Zusammenhang muß unterschieden werden zwischen verfassunggebender Gewalt – pouvoir constituant – und den durch die Verfassung gebildeten Gewalten – pouvoirs constitues. Wie ausgeführt, bestand in Westdeutschland erstere aus dem Parlamentarischen Rat und den Volksvertretern der Länder, welche über die Annahme des Grundgesetzes und damit auch über das, was oben das Unabstimmbare genannt wurde, zu entscheiden hatten. Nun liest sich das aber wie ein Widerspruch, mehrheitsdemokratisch zu entscheiden, was künftig mehrheitsdemokratischer Beschlußfassung entzogen werden soll. Obwohl die höchsten Grundsätze unserer Rechtsordnung keine beliebigen Setzungen sind, sogar auf verallgemeinerbaren ethischen Erkenntnissen beruhen und vor dem Hintergrund des methodischen Pessimismus als absolut gerechtfertigt erscheinen, können doch nur Menschen Unabstimmbares als solches festsetzen. Dabei spielt die sonst überaus wichtige Frage, ob man dieses auf ethische Überlegungen, eine natürliche Wertordnung oder die gesetzgebende Autorität Gottes gründet, zunächst eine eher untergeordnete Rolle. Denn in jedem Falle müssen Menschen entscheiden, was als unabstimmbar gelten soll und was nicht. Sicherlich setzt das Realitätssinn voraus, auch intellektuelles Urteilsvermögen und moralisch-politische Urteilskraft, wie vermutlich überhaupt erst rechtschaffene Menschen gerechtes Recht schaffen können – moralisch gefestigte Personen mit Verstand. Wo solche fehlen, kann ein gewaltenteilender, demokratischer Verfassungsstaat kaum entstehen, obwohl er gerade dann dringend nötig wäre, um die Bürger vor moralisch Blinden und politisch Kurzsichtigen erfolgreich zu schützen. Dennoch bleibt das Problem der Abstimmung über das Unabstimmbare als unabstimmbar; es läßt sich höchstens verringern dadurch, daß ausgewählte Sachverständige, die ihr Mandat von qualifizierten Mehrheiten empfangen haben, darüber entscheiden, doch auflösen läßt sich das Problem auf diese Weise nicht, da nun einmal über das Unabstimmbare als unabstimmbar nicht abgestimmt werden kann, ohne daß ein Widerspruch entsteht. Trotzdem gibt es keine überzeugende Alternative zur verfassunggebenden Abstimmung über das Unabstimmbare als unabstimmbar, wobei die Frage nach den Modalitäten einer solchen Abstimmung selbstverständlich wieder ein eigenes Thema bildet.[37]

Eine gleich starke Position wie Artikel 20 des Grundgesetzes hat auch Artikel 1 mit seinem Bekenntnis zur Menschenwürde. Obgleich in einem weltanschauungsneutralen Staat nicht mehr von Würde als vorstaatlichem, überpositivem Rechtsgut gesprochen werden darf, ist doch deren Aufnahme in das Grundgesetz als Gestaltungsauftrag und ihre besondere Absicherung durch Artikel 79 auch ohne Metaphysik und Naturrecht gerechtfertigt. Nach dem bisher Ausgeführten folgt ihre philosophische Begründung aus der Erkenntnis, daß Elend, Unfreiheit und Unterdrückung an sich etwas Schreckliches sind, weshalb deren Verminderung genauso wichtig ist wie die Begrenzung der Gefahr des Machtmißbrauchs durch Gewaltenteilung und Demokratie. Letztere allein können jedenfalls auch noch keine freiheitliche Ordnung garantieren, in der man ohne Not leben und ohne Angst anders als die Mehrheit der Bevölkerung sein darf. Dazu bedarf es zusätzlicher Menschenrechte.

Heute kann die Menschenwürde nicht mehr als selbstverständlicher Ausgangspunkt der nationalen und internationalen Rechtsordnung gelten, sondern nur noch als der immer wieder neu zu bestimmende Zielpunkt der Rechts- und Menschheitsentwicklung. In einer pluralistischen Gesellschaft mit zunehmend naturwissenschaftlichem Weltbild wie auch in einer multikulturellen Weltgemeinschaft darf die Würde lediglich als Überschrift zu dem Text gelesen werden, den die Menschenrechte darstellen. Das heißt, die Würde des Menschen ist nur noch als Inbegriff der zu verwirklichenden Menschenrechte zu sehen, aber nicht mehr als deren unverbrüchlicher Ableitungsgrund: Weltanschauungsneutral betrachtet, ist sie lediglich finaler Grund der Menschenrechte, jedoch nicht deren kausaler Grund. Sie formuliert ein Ideal, das in der Einlösung menschenrechtlicher Versprechungen liegt. In diesem Sinne konkretisieren die Menschenrechte die Menschenwürde, die als ihr höchster Gipfel nicht mehr ihr tragendes Fundament bildet; anders ausgedrückt: Weit davon entfernt, bloß der Sicherung menschlicher Würde zu dienen, sind die Menschenrechte der Stoff, aus dem die Würde entsteht, ja besteht.

Der naheliegende Einwand, daß die Menschenrechte ihre Legitimation verlören, wenn sie nicht mehr auf die Idee der Wesenswürde als ihrer wahren Quelle gegründet würden, läßt sich nicht aufrechterhalten. Denn es ist einfach falsch, daß allein die Idee der Wesenswürde die Menschenrechte garantieren kann. Abgesehen davon, daß die vor zwei Jahrhunderten proklamierten Menschenrechte nicht ein einziges Mal im 18. und 19. Jahrhundert auf die Idee der Menschenwürde gegründet wurden, die, wie ausgeführt, erst im 20. Jahrhundert, nach den brutalen Morden an Millionen, höchster Rechtswert wurde, gingen unsere Verfassungsväter und -mütter auch selbst ursprünglich von einem entgegengesetzten Begründungsverhältnis aus. Die erste Formulierung von Artikel 1 des *Grundgesetzes* lautete: »Die Würde des Menschen ruht auf ewigen, einem jedem von Natur aus eigenen Rechten [...]«[38], was soviel heißt wie: Menschenwürde gründet auf Menschenrechten, und nicht umgekehrt. Ähnlich steht es auch in einem späteren Entwurf, aus dem lediglich die naturrechtlichen Ausdrücke entfernt wurden: »Die Würde menschlichen Lebens [...] ist begründet in Rechten, die dem Menschen jedermann gegenüber Schutz gewähren.«[39] Erst in der Endfassung wurde die beschriebene Abhängigkeitsbeziehung durch Einfügung des Wörtchens »darum« in Art. 1 Abs. 2 ins Gegenteil verkehrt: »Die Würde des Menschen ist unantastbar. Sie zu achten und zu schützen ist Verpflichtung aller staatlichen Gewalt. Das Deutsche Volk bekennt sich darum zu unverletzlichen und unveräußerlichen Menschenrechten [...].« Fortan galten die Menschenrechte als Tatsachen und Forderungen, die sich aus der Menschenwürde ergeben. Gemessen am Anspruch des Grundgesetzes auf weltanschauliche Neutralität, ist das Wörtchen »darum« allerdings verfassungswidrig, da es, wie dargelegt, sich nur mit einem weltanschauungsgebundenen Würdeverständnis, der Vorstellung der Würde als Wesensmerkmal, vereinbaren läßt. Betrachtet man hingegen die Würde als bloßen Gestaltungsauftrag, so kann sie nicht mehr als Grundlage der Menschenrechte dargestellt werden, sondern nur noch als deren Folge – gemäß den ersten Fassungen von Artikel 1.

Nun dürfen in einem weltanschauungsneutralen Staat mit zunehmend naturwissenschaftlichem Weltbild selbstverständlich auch die Menschenrechte nicht mehr als überpositive

Bestimmungen mit geheimnisvoller Herkunft vorgestellt werden. Denn unter den gegebenen Voraussetzungen sind auch sie letztlich nur ethisch begründbar, aber nicht mehr metaphysisch, wobei die Verbindlichkeit einklagbarer Rechte ihnen ohnehin erst durch uns Menschen zukommt.

Im allgemeinen unterscheidet man zwischen Menschenrechten und Grundrechten. Erstere haben mittlerweile in zahlreiche Erklärungen Eingang gefunden, bleiben aber vage Hoffnungen, Ideen, Empfehlungen, solange sie nicht in positivrechtliche Systeme wie Verfassungen eingebunden werden. Ohne derartige Verankerung haben sie den Rang ethisch legitimierbarer sittlicher Forderungen, gut begründeter Ansprüche mit moralischer Verpflichtungskraft. Erst wenn sie aus dem moralischen Raum der Appelle und Postulate, Deklarationen und Proklamationen in eine verfassungspolitische Ordnung geführt werden, nennt man sie Grundrechte; erst dann sind sie garantiertes, einforderbares Recht. So gesehen sind Grundrechte nichts als positivierte Menschenrechte; der Unterschied zwischen beiden ist eine Frage der Geltung.

Im Grundgesetz stehen die Artikel 1 bis 19 unter der Überschrift Grundrechte. Darüber hinaus haben gemäß Art. 93 Abs. 1, Nr. 4a auch der Art. 20 Abs. 4 sowie die Artikel 33, 38, 101, 103, 104 Grundrechtscharakter und außerhalb des offiziellen Grundrechtskatalogs die Artikel 21, 46 bis 48 und 97. Einigen Grundrechten fehlt das verallgemeinerbare menschenrechtliche Fundament – so etwa Art. 7 Abs. 3, in welchem der Religionsunterricht für ein ordentliches Unterrichtsfach an öffentlichen Schulen erklärt wird. Wie für Artikel 1 und 20, die sich ausdrücklich zu den allgemeinen Menschenrechten bekennen und durch Art. 79 Abs. 3 besonders geschützt werden, gilt aber für alle Grundrechte, daß eine noch so große Mehrheit sie keinem Staatsbürger absprechen darf. Unmißverständlich heißt es dazu in Art. 19 Abs. 2: »In keinem Falle darf ein Grundrecht in seinem Wesensgehalt angetastet werden.« Das schließt zwar leichte Änderungen und Einschränkungen der Grundrechte als

Grundlage für ein menschenwürdiges Dasein nicht aus, diese unterliegen jedoch erschwerten Verfahren der parlamentarischen Beschlußfassung, denn sie erfordern eine Zweidrittelmehrheit in Bundestag und Bundesrat.

Der Ausdruck Grundrechte taucht zum ersten Mal in einer Erklärung der *Frankfurter Paulskirchenversammlung* im Jahre 1848 auf, welche die Gleichheit aller Deutschen vor dem Gesetz, Glaubens-, Gewissens- und Meinungsfreiheit, Versammlungs- und Vereinsfreiheit, Freiheit der Person, der Religionsausübung, Wissenschaft und ähnliches mehr forderte. Anschließend wurden diese »Grundrechte des deutschen Volkes« in die Verfassung von 1849 als Abschnitt VI aufgenommen, traten jedoch nie in Kraft. Die *Bismarcksche Reichsverfassung* von 1871 enthielt keinen Grundrechtskatalog, dafür aber wieder die *Weimarer Reichsverfassung* von 1919, die durch ihren Zweiten Hauptteil »Grundrechte und Grundpflichten der Deutschen« (Artikel 109–165) erstmals einen Katalog der Grundrechte für das gesamte deutsche Volk in Kraft setzte. Dieser gliederte sich in fünf Abschnitte: Einzelperson, Gemeinschaftsleben, Religion und Religionsgesellschaften, Bildung und Schule sowie Wirtschaftsleben. Die Artikel dieser fünf Abteilungen knüpften einerseits an die Grundrechte von 1848 an, andererseits gingen sie darüber hinaus, indem nun auch solche Institutionen wie Familie, Kirche und Religionsunterricht besonderer staatlicher Schutz zugesichert wurde. Hinzu kamen mehr soziale Rechte und Pflichten, wie der Grundsatz: »Eigentum verpflichtet. Sein Gebrauch soll zugleich Dienst sein für das Gemeine Beste« (Art. 153 Abs. 3). Im *Nationalsozialismus* wurde die Weimarer Reichsverfassung praktisch aufgehoben, denn obgleich sie formell weiter bestand, besaß der Einzelne keine Grundrechte mehr. Erst das *Bonner Grundgesetz* räumte diesen wieder eine herausragende Stellung ein. Im Gegensatz zu den Reichsverfassungen von 1849 und 1919 wurden die Grundrechte nun sogar an den Anfang des Grundgesetzes gestellt. Dabei trat zu den genannten das Recht auf körperliche

Unversehrtheit, Kriegsdienstverweigerung und Asyl hinzu, um nur einige neuere zu nennen.[40] Auch sollte nicht mehr wie in der Weimarer Republik eine Selbstaufhebung der Demokratie möglich sein, sollte die Macht zwar immer nur mit Zustimmung der Regierten rechtmäßig erworben, besessen und ausgeübt werden, das Wählervolk und der demokratische Gesetzgeber aber nur noch beschränkte Gestaltungsfreiheit besitzen, sollte gegen verfassungsfeindliche Parteien härter vorgegangen werden.[41]

Heute unterscheidet man gewöhnlich fünf Rechtsarten, die sich teils überschneiden, teils ergänzen, und die erst alle zusammengenommen ein menschenwürdiges Dasein ermöglichen. Zuerst seien die sogenannten *Verfahrens- und Organisationsrechte* genannt, die weitgehend mit den Grundprinzipien unserer Verfassung – repräsentative Demokratie, Gewaltenteilung, Grundrechte, Rechts- und Sozialstaatlichkeit – übereinstimmen. Hiernach hat jeder Mensch ein Recht auf Leben in einem demokratischen, gewaltenteilenden, Grundrechte garantierenden Verfassungsstaat.

Damit verbunden sind die sogenannten *liberalen Abwehrrechte* oder *individuellen Freiheitsrechte,* wie sie in den Menschenrechtskatalogen des 18. Jahrhunderts stehen. Diese waren und sind gegen den Staat gerichtet – und somit *negativer Natur,* da sie einen Anspruch auf die Unterlassung staatlichen Handelns ausdrücken. Sie zielen auf den Schutz der Freiheit des Einzelnen vor willkürlichen Staatseingriffen und wenden sich so gegen überzogene Souveränitätsanmaßungen der Ordnungsmacht, weshalb man sie auch Abwehrrechte nennt. Im allgemeinen zählen hierzu das Recht auf Leben, das selbstverständlich den Tod nicht verhindern kann, und das Recht auf freie Entfaltung der Persönlichkeit, obwohl der Mensch vermutlich mehr ohnmächtiges Produkt anonymer Naturprozesse als ein autonomes Wesen ist. Weiter verbieten die liberalen Freiheitsrechte willkürliche Verhaftung und Bestrafung (habeas corpus), Folter und Zwangsarbeit, zweimalige Bestrafung für ein und dieselbe Sache (ne bis in idem) oder Strafe ohne vorangegangenes Gesetz (nulla poena sine lege praevia). Außerdem enthalten sie das Recht auf Freizügigkeit sowie Gewissens- und Bekenntnisfreiheit, Meinungs- und Versammlungsfreiheit. Auch wirtschaftliche Rechte schließen sie ein – wie das Erbrecht, Garantie des Eigentums oder Berufs- und Gewerbefreiheit; daneben das Recht auf Privatleben, und zu ergänzen wäre ein Recht auf Einsamkeit, Schlaf, ungestörte Verrichtung der Notdurft wie auch auf sexuelle Selbstbestimmung.[42] Alles in allem bedeutet liberale Freiheit, mit *Rorty* gesprochen, daß der Staat seinen Bürgern erlaubt, »so privatisierend, irrationalistisch und ästhetizistisch zu sein, wie sie mögen, solange sie es in der Zeit tun, die ihnen gehört, und soweit sie anderen keinen Schaden damit zufügen.«[43] Dazu muß aber der Staat seine Zwangsgewalt begrenzen, auf paternalistischen Dirigismus weitgehend verzichten und das Recht des Einzelnen auf Selbstbestimmung achten. Darüber hinaus hat er die Aufgabe, das Recht auf persönliche Freiheit gegen jedermann, auch gegen den Staat selbst, zu sichern und zu verteidigen. Nach liberaler Auffassung sollte der Einzelne den Vorrang seiner Interessen nicht dem Staat gegenüber beweisen müssen, sondern umgekehrt der Staat die Notwendigkeit seiner Eingriffe in die Freiheit seiner Bürger.

Der Kampf um liberale Abwehrrechte steht am Anfang der neuzeitlichen Menschenrechtsgeschichte. Mit ihr einher geht der Kampf um *politische Teilhaberechte*, für gewöhnlich auch *Bürgerrechte* genannt – gemäß der französischen *Erklärung der Menschen- und Bürgerrechte* aus dem Jahre 1789. Sie sind *aktiver Natur*, da sie dem Einzelnen eine aktive Beteiligung am politischen Geschehen ermöglichen – sei es durch das Wahlrecht und das Recht auf Bekleidung öffentlicher Ämter oder durch das Recht zu politischer Aktion und zur Bildung von Parteien. Voraussetzungen hierfür sind Versammlungs-, Meinungs- und Pressefreiheit. Manchmal bezeichnet man diese Grundrechte auch als politische Mitwirkungsrechte, von denen ein Großteil, wie das Wahlrecht, nur den Staatsbürgern eines Landes zur Verfügung steht, weshalb sie zugleich nationale Menschenrechte genannt werden. Nach traditioneller Lehre erwirbt ein Kind die Staatsangehörigkeit des Landes, in dem sich die Eltern zur Zeit seiner Geburt aufhalten – ius soli –, oder es erhält die Staatsangehörigkeit seiner Eltern – ius sanguinis; andere Möglichkeiten sind selbstverständlich denkbar.

Von den liberalen Selbstbehauptungs- und politischen Mitbestimmungsrechten werden weiter die *sozialen Leistungs-* und *Wohlfahrtsrechte* unterschieden. Sie verbürgen dem Einzelnen ein Recht auf Teilhabe am wirtschaftlichen und sozialen Fortschritt der Gesellschaft und machen den Staat mitverantwortlich für die Gestaltung der wirtschaftlichen und sozialen Ordnung. Diese Rechte sind *positiver Natur*, da sie Ansprüche des Bürgers auf bestimmte Leistungen des Staates formulieren. Obgleich die französische Verfassung von 1793 bereits soziale Menschenrechte anerkannte, ist der moderne Wohlfahrtsstaat doch erst aus der sogenannten »sozialen Frage« im ausgehenden 19. Jahrhundert entstanden. Industrialisierung und Bevölkerungswachstum führten damals zur Verelendung breiter Massen, so daß die Frage aufkommen mußte, wie man diese verheerenden Zustände überwinden und menschenwürdige Lebensbedingungen schaffen könne. Man erkannte, daß Menschen nur dann wirklich frei sind, wenn sie auch über die materiellen Bedingungen ihrer Lebenserhaltung und Persönlichkeitsentfaltung verfügen, nicht in Hunger, Not und Unwissenheit darben müssen. Soziales Elend, Armut und Analphabetismus gefährden die Menschenwürde ebenso wie geistige Unterdrückung und politische Unfreiheit, deren Überwindung eine Herausforderung für die gesamte Menschheit darstellt. Hierzulande ist die Antwort darauf der Sozialstaat, wie er in Artikel 20 und 28 des Grundgesetzes ausdrücklich gefordert wird.[45]

Traditionelle Aufgaben der Sozialpolitik sind soziale Sicherung, Jugend- und Altenhilfe, Wohnungs-, Familien- und Bildungspolitik sowie die Durchsetzung von Schutz- und Mitwirkungsrechten der Arbeitnehmer. Im Laufe der Zeit bildeten sich zwei Kernbereiche der Sozialpolitik heraus: Soziale Sicherung und Ordnung des Arbeitslebens. Die erste wohlfahrtsstaatliche Maßnahme auf dem Gebiet der sozialen Sicherung erfolgte 1883 mit der Einführung der Krankenversicherung, der 1884 die Unfallversicherung folgte, 1889 dann die Invaliditäts- und Altersversicherung und 1927 die Arbeitslosenversicherung. Aus der neueren Zeit sind stellvertretend für viele andere Leistungen die Einführung des Kindergeldes 1954 zu nennen, ferner das Bundessozialhilfegesetz 1961, das Gesetz über Mietbeihilfen 1963 oder das BAföG im Jahre 1971.

Das sozialpolitische Handeln im Arbeitsleben – die zweite Säule der Sozialpolitik – umfaßt Unfallverhütungsvorschriften, Regelungen der Arbeitszeit, Schutzbestimmungen vor willkürlicher Entlassung sowie Verfahrensregeln der Konfliktbeilegung bei den Tarifkämpfen zwischen Gewerkschaften und Arbeitgeberverbänden, aber auch Gesetze über betriebliche Mitbestimmung der Arbeitsnehmer durch die von ihnen gewählten Betriebsräte, um nur einige Beispiele zu nennen.

Mit alldem strebt die Sozialpolitik zwei Ziele an: Soziale Sicherung für den Fall, daß existenzgefährdende Risiken eintreten, sowie sozialen Ausgleich als Verbesserung der wirtschaftlichen Lage jener Menschen, die als sozial schwach oder benachteiligt gelten. Dahinter steckt die Vision von mehr sozialer Gerechtigkeit, ein schwer definierbares Ziel, wenn man allein die Vieldeutigkeit des Ausdrucks Gerechtigkeit bedenkt.

Herkömmlicherweise unterscheidet man in der philosophischen Ethik zwischen austeilender Gerechtigkeit (iustitia distributiva), bei der es um gerechte Verteilung von öffentlichen Ämtern, Geldmitteln und sonstigen Gütern, aber auch Lasten geht, und ausgleichender Gerechtigkeit (iustitia commutativa), welche einen gerechten Ausgleich bei An- und Verkauf oder bei unerlaubten Handlungen durch Schadensersatz sucht. Hier wie dort heißt das Ziel mehr Gleichheit, worunter man sich Verschiedenes vorstellen kann: Gleichheit vor dem Gesetz oder Gleichheit vor dem Bankschalter, Gleichheit der Einkommen oder Lebenschancen. Immer wieder hört man in diesem Zusammenhang von Leistungs- und Bedarfsgerechtigkeit; erstere bedeutet gleichen Lohn für gleiche Leistung, letztere hingegen den Anspruch auf gerechte Bedarfsdeckung, kurz, jeder nach seinen Bedürfnissen. Welche Vorstellung von sozialer Gerechtigkeit nun auch die richtige ist, im Grunde geht es stets um Verminderung individueller Notlagen und Verringerung sozialer Gegensätze. Die Mittel dazu werden normalerweise über Mitglieds- und Versicherungsbeiträge beschafft oder durch steuerliche Abgaben erhoben, welche die Bürger regelmäßig an den Staat zu entrichten haben.

Halten wir fest: Außer dem Recht auf Leben in einem demokratischen, gewaltenteilenden Verfassungsstaat gibt es, damit zusammenhängend, liberale Freiheitsrechte, politische Teilhaberechte und soziale Wohlfahrtsrechte. Zu den internationalen Dokumenten, welche die Verwirklichung dieser Rechte weltweit fordern, gehören die schon mehrfach erwähnte *Allgemeine Erklärung der Menschenrechte* sowie der *Internationale Pakt über bürgerliche und politische Rechte* 1966, in dem die Vertragsstaaten jedem Menschen ein Recht auf persönliche und politische Freiheit zuerkennen, und der *Internationale Pakt über wirtschaftliche, soziale und kulturelle Rechte,* in dem die Weltgemeinschaft das Recht eines jeden auf soziale Sicherheit und Gerechtigkeit anerkennt. Es bedarf keiner weiteren Erläuterung, daß bis zum heutigen Tage ein breiter Graben klafft zwischen den proklamierten Menschenrechten als notwendiger Voraussetzung für ein menschenwürdiges Dasein und den realen Verhältnissen. Jedoch darf diese traurige Tatsache nicht als Einwand gegen die Menschenrechte gewertet werden, sondern vielmehr als Einspruch gegen die gesellschaftliche Wirklichkeit, wie sie ist.

Bereits 1961 wurde von den Mitgliedstaaten des 1949

gegründeten Europarates die sogenannte *Europäische Sozialcharta* unterzeichnet, in der das Recht auf soziale Sicherheit und Gerechtigkeit, Fürsorge, soziale Dienste und ähnliche Rechte mehr festgeschrieben wurden. Knapp zehn Jahre zuvor, 1953, trat die *Europäische Konvention zum Schutze der Menschenrechte und Grundfreiheiten* in Kraft, die der Europarat bereits 1950 beschloß. Damals verständigten sich dessen Regierungen und Mitglieder darauf, Institutionen zu schaffen, welche über die Einhaltung der Konvention wachen sollen, bindende Urteile fällen und sogar Entschädigungen zusprechen dürfen; es entstand die *Europäische Menschenrechtskommission* und der *Europäische Gerichtshof für Menschenrechte.* Weitere regionale Menschenrechtskonventionen mit unterschiedlichem Verbindlichkeitscharakter sind die *Charta der Organisation Amerikanischer Staaten* 1948 und die *Afrikanische Charta über die Rechte der Menschen und Völker* 1986, um zwei herausragende zu nennen.

Seit der Internationalen Menschenrechtskonferenz 1993 in Wien gliedert man die Geschichte der Entwicklung der Menschenrechte in drei Epochen: Als Menschenrechte der ersten Generation werden die liberalen Abwehrrechte und politischen Teilhaberechte genannt, als zweite Menschenrechtsgeneration die sozialen Leistungs- und Wohlfahrtsrechte, und als mögliche dritte Generation, die fünfte Rechtsart, gelten die sogenannten *Solidaritäts- und Kollektivrechte,* zu denen das Recht auf saubere Umwelt ebenso gehört wie das Recht auf »nachhaltige Entwicklung« (sustainable development), das hauptsächlich die Länder der Dritten Welt fordern, worauf noch näher einzugehen sein wird.

Gegenwärtig erfreuen sich zahlreiche Menschenrechte weltweit großer Anerkennung. Obwohl sie manchmal höchst unterschiedlich ausgelegt werden, die wenigsten Vertragsstaaten alle Vereinbarungen und Versprechungen erfüllen und viele aufgrund realer Mißstände und bitterer Armut gar nicht erfüllen können, kann es sich mittlerweile doch kaum noch ein Land leisten, die Menschenrechte gänzlich zu vernachlässigen; leider gibt es aber auch genug Gegenbeispiele. Dabei werden die Menschenrechte nicht allein praktisch in Frage gestellt, sondern seit dem 19. Jahrhundert auch theoretisch.

Menschenrechte im ideologischen Wertestreit

Schon im 19. Jahrhundert sahen sich die Kataloge der liberalen und politischen Menschenrechte heftigen Angriffen ausgesetzt. So stießen sie auf schroffe Ablehnung bei den sogenannten *Sozialdarwinisten* und *Rassenhygienikern* Alexander Tille, August Forel und Alfred Grotjahn. Der Sozialdarwinismus, dessen Bezeichnung von Herbert Spencer stammt, erhebt den Kampf ums Dasein, erbarmungslosen Wettbewerb und das Überleben der am besten Angepaßten zu Maximen des sozialen und politischen Handelns. Nachdrücklich verwarf Tille[44] die Ideale der Freiheit und Gleichheit und damit zusammenhängend die Auffassung, daß alle Menschen ein Recht auf Leben und Selbstbestimmung haben. Dem widerspreche die moderne Evolutionstheorie mit ihrem Grundsatz der natürlichen Auslese der Tüchtigen und Starken bei gleichzeitiger Aussonderung der Kranken und Schwachen. Deutlich erkennbar verwandelte Tille biologische Erkenntnisse in ethische Normen, die an die Stelle des Wohls aller Menschen die Idee der höchstentwickelten Rasse, die Privilegierung der Leistungsfähigsten setzten.

Nun entstammen solche Vorstellungen wider die Menschlichkeit aber keineswegs erst dem 19. Jahrhundert, sie finden sich bereits in der griechischen Antike. Schon Gorgias lehrte, daß das Stärkere besser, das Schwächere schlechter sei, weshalb ersteres über letzteres herrschen solle; es sei ein schwerer Irrtum zu glauben, alle müßten das Gleiche haben und gleich behandelt werden.[45] Mehr als zwei Jahrtausende später vertrat Nietzsche eine vergleichbare Position, die im Faschismus des

20. Jahrhunderts mit dessen Kampf gegen Freiheit und Gleichheit schließlich Wirklichkeit wurde. Bereits im 19. Jahrhundert widersetzte sich der Naturforscher Thomas Henry Huxley dieser unmenschlichen Lehre, dessen Ansicht nach der ethische Fortschritt einer Gesellschaft weniger im Nachahmen der Natur besteht als vielmehr im Kampf dagegen. Nicht das Überleben der Tauglichsten dürfe vorrangiges Ziel der Gesellschaft werden, sondern so viele Menschen wie möglich zum Überleben tauglich zu machen.[46]

Völlig losgelöst vom Sozialdarwinismus wiesen im 19. und beginnenden 20. Jahrhundert auch die beiden *großen Kirchen* die liberalen und politischen Menschenrechte ausdrücklich zurück – wenn auch aus anderen Motiven.[47] Hier sei ausschließlich auf die Position der katholischen Kirche näher eingegangen, deren Verhältnis zu den Menschenrechtskatalogen von Anfang an äußerst zwiespältig war und auch heute noch teilweise ist. Obgleich die Idee der Menschenwürde größtenteils christlichen Ursprungs ist, die Menschenrechte in der Vorstellung menschlicher Gottebenbildlichkeit wurzeln, Menschenwürde und Menschenrechte auf die Tradition des abendländischen Humanismus zurückgehen, mußten sie politisch gegen den Widerstand der Kirche als Institution durchgesetzt werden. Ihre Anerkennung erfolgte erst nach der faschistischen und stalinistischen Ära in der Mitte des 20. Jahrhunderts; heute setzen sich die evangelische und katholische Kirche gleichermaßen dafür ein. Im Gegensatz dazu wandten sich die Enzykliken des 19. und der ersten Hälfte des 20. Jahrhunderts – *Mirari vos* Gregors XVI. von 1832, *Quanta cura* Pius' IX. von 1864, *Liberias praestantissimum* Leos XIII. von 1888 – eindeutig gegen die politischen und liberalen Freiheitsrechte, wie Religions-, Gewissens-, Meinungs-, Presse- und Lehrfreiheit. Alle genannten Enzykliken müssen mit dem von Pius IX. im Jahre 1864 veröffentlichten *Syllabus* als Verzeichnis der hauptsächlichen Irrtümer der modernen Zeit zusammen gesehen werden, der den aufgezählten Rechten gleichfalls eine vollständige Absage erteilte.

Bereits 1791 verwarf Pius VI. mit Nachdruck die von der französischen Nationalversammlung im Jahre 1789 verabschiedete Menschenrechtserklärung und trat so den aufklärerischen Ideen der Freiheit und Gleichheit energisch entgegen. Von der antichristlichen Entwicklung der Französischen Revolution traumatisiert, sah Rom in den liberalen und politischen Menschenrechten, ausgenommen das Recht auf Privateigentum und Schutz vor willkürlicher Verhaftung, böse Kräfte am Werke, welche die katholische Kirche von innen wie außen zu zerstören und deren Autorität zu unterminieren drohten. Man glaubte, daß der liberal-demokratische Freiheitsentwurf zu Bindungs-, Halt- und Orientierungslosigkeit führe – eine Gefahr, über die heute auch außerhalb kirchlicher Kreise leidenschaftlich diskutiert wird. Hierbei geht es stets um die grundsätzliche Frage, wieviel Freiheit dem Menschen zuzumuten ist, ohne daß er überfordert wird, sich selbst und die Gesellschaft gefährdet, und wieviel Gemeinschaft, Autorität, Traditionen und Institutionen nötig sind, um dem Einzelnen Halt und Orientierung zu geben. Bereits Hegel führte diese Diskussion, die bei ihm unter dem Titel substantielle Sittlichkeit versus absolute Ichphilosophie stand; bei Gehlen hieß sie Institution versus Reflexion, gegenwärtig Kommunitarismus versus Liberalismus.

Ein herausragender Liberaler der Gegenwart ist der schon öfter erwähnte amerikanische Philosoph *Richard Rorty*. Merkwürdigerweise behauptet er einen unüberbrückbaren Gegensatz zwischen Freiheit und Wahrheit sowie Solidarität und Objektivität. Diese Entgegensetzung wirkt auf den ersten Blick irritierend, da Freiheit und Solidarität gewöhnlich dem praktischen Bereich, Wahrheit und Objektivität dagegen dem theoretischen zugeordnet werden, so daß sie eigentlich gar keinen Widerspruch bilden können. Rorty fordert indessen Solidarität anstelle von Objektivität[48], »Freiheit statt Wahrheit«[49]. Damit ist nicht gemeint, daß wir, statt die Welt zu interpretieren, sie vielmehr verbessern sollten, wie man vermuten könnte; gemeint ist damit vor allem, daß wir aufhören sollten, anderen

Menschen vorzuschreiben, wie sie zu leben und woran sie zu glauben haben, weil wir uns im Besitz der Wahrheit fühlen, ohne es tatsächlich zu sein.

Das sah die katholische Kirche im 19. und beginnenden 20. Jahrhundert anders. Deren Losung hieß »Wahrheit statt Freiheit«, letztere mit Irrtum gleichsetzend. In der Überzeugung, zuverlässiger Träger endgültiger Wahrheiten zu sein, hielt sie Presse-, Lehr-, Weltanschauungs- und Religionsfreiheit nicht nur für überflüssig, sondern ebenso für gefährlich, weil sie dazu mißbraucht werden könnte, von der einen Wahrheit abzuirren. Infolgedessen lehnte der Vatikan die liberalen und politischen Menschenrechte fast gänzlich ab. Noch 1953 schrieb der römische Kardinal *Ottaviani*, der spätere Präfekt des Sanctum Officium: »Du sagst vielleicht, die katholische Kirche messe mit zweierlei Maß und Gewicht. Denn wo sie herrscht, will sie die Rechte der Andersgläubigen einschränken, wo sie aber die Minderheit der Bürger darstellt, will sie die gleichen Rechte haben wie die anderen. Darauf ist zu antworten: In der Tat, mit zweierlei Maß und Gewicht ist zu messen, das eine für die Wahrheit, das andere für den Irrtum. Als Menschen, die wir uns im sicheren Besitz der Wahrheit und Gerechtigkeit wissen, vergleichen wir uns nicht mit anderen.«[50] Nach damaliger Auffassung bedeutete wahre Freiheit soviel wie bedingungslosen Gehorsam gegenüber der Lehre der katholischen Kirche, jede Abweichung davon Verblendung, Unglaube, Irrtum. Zweifellos ist es von hier aus nur noch ein winziger Schritt bis zur gewaltsamen Bekehrung Andersdenkender. Daß solcherlei erlaubt sei, davon war, wie dargelegt, bereits Rousseau überzeugt und Jahrhunderte zuvor Augustinus. Anknüpfend an Lukas 14, 23: »Nötige sie hereinzukommen«, vertrat er die Auffassung, Ungläubige gegen ihren Willen zum Eintritt in die Kirche zwingen zu können – der Rettung ihrer Seelen wegen![51]

Es dauerte noch lange, bis sich ein Wandel in der kirchlichen Einstellung den Menschenrechten gegenüber vollzog; erst am Ende des Zweiten Weltkrieges zeichnete sich eine Richtungsänderung ab. Freilich hatte schon Papst Leo XIII. in der Sozialenzyklika *Rerum novarum* (1891), die »soziale Frage« des 19. Jahrhunderts aufgreifend, die Fürsorgepflichten des Staates den Industriearbeitern gegenüber betont, doch war es genaugenommen erst Johannes XXIII., der in *Pacem in terris* (1963) die grundlegenden Menschenrechte anerkannte. Damit stimmt überein, daß sich die katholische Kirche erst während des Zweiten Vatikanischen Konzils in der Erklärung *Dignitatis humanae,* welche nach langem Ringen Ende 1965 verabschiedet wurde, zum Recht des Menschen auf religiöse Freiheit bekannte – und so endlich Frieden mit einem der ältesten, von ihr am meisten bekämpften Freiheitsrechte schloß. Heute akzeptieren die evangelische und katholische Kirche nicht nur die von den Vereinten Nationen erklärten Menschenrechte, sie engagieren sich auch dafür, wie die hier stellvertretend für viele andere Dokumente genannte erste Enyzklika von Johannes Paul II., *Redemptor hominis* (1979), aufs deutlichste beweist.

Außer den Sozialdarwinisten und den Kirchen war auch *Marx* entschiedener Gegner der Menschenrechtskataloge – aber natürlich aus wieder anderen Gründen. In einer von Hegels Rechtsphilosophie vorgezeichneten Richtung teilte er in seiner 1844 veröffentlichten Schrift *Zur Judenfrage* den Menschen in Privatperson, Bourgeois, und Staatsbürger, Citoyen, und ordnete ersterem die liberalen Freiheitsrechte, letzterem die politischen Teilhaberechte zu. Der wahre Mensch der bürgerlichen Gesellschaft sei der Bourgeois, der hauptsächlich seinen Privatinteressen nachgehe und sich immer mehr von der Gemeinschaft absondere, um so besser seine individuelle Freiheit ausleben zu können. Diese bestehe vor allem darin, »willkürlich seine Güter, seine Einkünfte, die Früchte seiner Arbeit und seines Fleißes zu genießen und darüber zu disponieren.«[52] Darum sei das Menschenrecht auf Freiheit auch nichts anderes als das Recht der egoistischen Bourgeoisie auf Privatbesitz und dessen alleiniger Nutzung. Überhaupt dienten die Menschenrechte nur der Verteidigung der besonderen Interessen des

Besitzbürgertums, das über sein Eigentum frei verfügen und es rücksichtslos vermehren wolle. Selbst die Forderung nach Gleichheit erweise sich bei näherem Hinsehen als bloßes Mittel zur Sicherung der Rechte egoistischer Eigentümer, besage doch liberale Gleichheit lediglich gleiches Gesetz für alle, Rechtsgleichheit, die von materiellen Ungleichheiten gänzlich absehe. Gleichheit vor dem Gesetz ist nicht gleich Gleichheit vor dem Bankschalter! So sind aus Marxscher Sicht die Menschenrechte bloß wohlklingende Umschreibungen besonderer Privilegien des egoistischen Besitzbürgertums, die ihren Ursprung in den Privatinteressen der damaligen Kapitaleigner hätten.

Obwohl die Kritik von Marx an den Menschenrechtskatalogen seiner Zeit teils überholt, teils falsch ist, so kann nicht bestritten werden, daß der Liberalismus im 19. Jahrhundert tiefgreifende Ungleichheiten in den Macht- und Besitzverhältnissen hervorbrachte, die auf Dauer nicht hingenommen werden konnten. Im 20. Jahrhundert versuchte man diese durch wohlfahrtsstaatliche Maßnahmen aufzufangen und zu begrenzen. So ist es mittlerweile nicht mehr erlaubt, beliebig über sein Privateigentum zu verfügen, wie es noch in §903 BGB von 1900 heißt. Dem steht bereits Art. 153 Abs. 3 der *Weimarer Reichsverfassung* entgegen: »Eigentum verpflichtet. Sein Gebrauch soll zugleich Dienst sein für das Gemeine Beste«, und heute Art. 14 Abs. 2 des *Grundgesetzes:* »Eigentum verpflichtet. Sein Gebrauch soll zugleich dem Wohle der Allgemeinheit dienen.« Infolgedessen schränken hierzulande zahlreiche Gesetze und Verordnungen die freie Verfügung über Privatbesitz ein. Trotzdem bestehen die von Marx angesprochenen Probleme teilweise auch heute noch, bedenkt man die wirtschaftlichen Ungleichheiten, welche die großen Industrienationen dreiteilen in die an den Rand gedrückten Armen, die Mittelklasse, die den Großteil der Steuerlast trägt, und die Reichen. Gleichwohl wäre es falsch zu sagen, daß die im 18. und 19. Jahrhundert formulierten Menschenrechte ausschließlich dem Schutz des Privateigentums dienten. Richtig ist, daß sie vor allem die Freiheit des Einzelnen gegen die Souveränitätsansprüche der Staatsgewalt sichern und somit den Menschen gegen Willkür, Unterdrückung und Erniedrigung schützen sollten. Solche Rechte stehen nicht von vornherein im Widerspruch zu Sozialgesetzen, wie sie erstmals im späten 19. Jahrhundert entstanden. Deshalb wäre es ein verhängnisvoller Fehler, soziale Wohlfahrtsrechte an die Stelle liberaler Freiheits- und politischer Teilhaberechte treten zu lassen; erst alle Rechte zusammen ermöglichen ein menschenwürdiges Dasein.

Im Unterschied zu den Einsprüchen von Marx, der Kirchen und Sozialdarwinisten im 19. Jahrhundert richten sich die Einwände gegen die Menschenrechte in der zweiten Hälfte des 20. Jahrhunderts insbesondere gegen ihren universellen Geltungsanspruch. So sehen manche in den Menschenrechten ein Produkt der abendländischen Zivilisation, die mit außerwestlichen Kulturen unvereinbar sei.[53] Deshalb verurteilt man ihre weltweite Ausbreitung auch gerne als *Chauvinismus, kulturellen Euro- und Ethnozentrismus,* als subtile Form von Imperialismus. Besonders ehemalige Kolonien in Südostasien, Afrika und Südamerika befürchten eine neue Kolonialherrschaft europäischer Staaten – jetzt eben auf geistigem Gebiet.

Aus diesem Grund fordern sie eine Relativierung und Regionalisierung der Menschenrechtsidee, überzeugt davon, daß es kulturspezifische, chinesische, islamische, indische, afrikanische, japanische, auch marxistische Menschenrechte gibt. Inhaltlich wendet man sich vor allem gegen die einseitige Betonung des Individuums in der westlichen Geistestradition, welches man lieber in größere Gemeinschaften eingegliedert sehen möchte, in denen es Erfüllung finden soll. Rechte des Einzelnen gegen den Staat kennen diese Kulturen im allgemeinen nicht.

Wie im Marxismus, so glaubt man auch in der islamischen Welt an eine mögliche Übereinstimmung persönlicher Bedürfnisse mit gesellschaftlichen Zielen, die im einen Falle die

Geschichte und ihre selbsternannten Chefideologen festlegen, im anderen die Religion und ihre Hohenpriester. Individuelle Menschenrechtsansprüche zurückweisend, fordert man hier wie dort, daß der Einzelne in der Gemeinschaft aufgehe, und erlaubt Meinungsfreiheit nur soweit, wie sie mit der herrschenden Lehre übereinstimmt.

Darüber hinaus gehen besonders die Entwicklungsländer auf der Südhalbkugel, wie früher die Staaten des Ostblocks, vom Vorrang der sozialen Leistungsrechte vor den liberalen und politischen Menschenrechten aus. Sie kritisieren die einseitige Orientierung der westlichen Industrienationen an den liberalen Freiheitsrechten, an Ordnungsmodellen, die dem Menschen einen möglichst großen Handlungsspielraum zusichern, innerhalb dessen man seine Probleme nach eigenen Vorstellungen lösen könne, seine Identität, Selbstachtung und Gefühlsbindungen suchen dürfe. Dem Grundsatz *Brechts* gemäß: »Erst kommt das Fressen, dann die Moral«, betonen sie, der Staat müsse als erstes für Nahrung, Wohnung und Gesundheit sorgen, anschließend, in der weiteren Zukunft, könne man auch über liberale und politische Rechte reden.

Davon abgesehen verbitten sich Staaten wie China, Malaysia und Indonesien jegliche Einmischung in ihre inneren Angelegenheiten, worin sie einen Verstoß gegen das Recht auf Souveränität sehen, das alle zu respektieren hätten. In diesem Sinne sind die Worte des ehemaligen stellvertretenden Außenministers der Volksrepublik China *Liu Huaqiu* zu verstehen: »Andere Lände haben kein Recht, sich einzumischen. Böswillig ein anderes Land der Verletzung der Menschenrechte anzuklagen oder das eigene Menschenrechtsverständnis anderen Ländern aufzuzwingen, kommt einer Verletzung der Souveränität und einer Einmischung in die inneren Angelegenheiten gleich.«[54] Jene verletzen, heiße nicht nur, ihre Eigenständigkeit in Zweifel zu ziehen, es bedeute auch Mißachtung ihrer geschichtlichen und kulturellen Eigenheiten. Dabei übersieht man gerne, daß bereits die eigene Tradition, der Konfuzianismus, das

Individuum dem Staat überordnet und so durchaus Menschenrechte westlicher Art kennt.[55]

Trotzdem sind alle dargelegten Einwände ernst zu nehmen. Denn mögen die Werte der europäischen Aufklärung auch für alle Menschen und Staaten entworfen worden sein, so weisen doch andere Kulturen und Religionen mit Recht auf ihre eigenen Traditionen hin. Darum muß der Frage nachgegangen werden, ob die allgemeinen Menschenrechte tatsächlich allein auf die westliche Welt zugeschnitten sind, bloß regionale, nicht aber universale Bedeutung besitzen, zumal sie christlich-metaphysischer und vernunftphilosophischer Herkunft sind. Außerdem klingt es auf den ersten Blick überzeugend, daß vor der Verwirklichung liberaler und politischer Grundrechte zunächst die materielle Not der Menschen behoben werden sollte. Endgültig verloren scheint die Vorstellung allgemeiner Menschenrechte aber erst nach der Widerlegung ihres überpositiven Charakters durch den weltanschaulichen Neutralismus und wissenschaftlichen Naturalismus. In einer pluralistischen Gesellschaft mit zunehmend naturwissenschaftlichem Weltbild entbehrt die Vorstellung, daß die Menschenrechte im vorstaatlichen Naturzustand bereits vorhanden sind und gelten, jeder Grundlage. Heute darf nicht mehr so getan werden, als bestünde das Recht auf Unverletzlichkeit von Leib und Leben wie das Recht auf Freiheit und Gleichheit allein kraft unseres Menschseins vor jeder politisch-rechtlichen Ordnung. So einfach liegen die Dinge leider nicht.

Völlig unbeabsichtigt geraten wir mit solcher Sichtweise in die Nähe kommunistischer und religiös-fundamentalistischer Lehren, die auch keine angeborenen Rechte kennen, sondern alle Rechte als vom Staat gewährt ansehen. Der menschenrechtliche Pluralismus und Relativismus scheint sich jetzt nicht mehr aufhalten zu lassen, ein Dialog zwischen den Kulturen unmöglich zu werden, regionales Recht das einzig mögliche Recht zu sein. Doch der Schein trügt.

Trotz unterschiedlicher Traditionen darf die Frage nach allgemeinen Menschenrechten nicht dem freien Spiel der Kräfte überlassen werden. Die verletzbare Gemeinschaft der Völker braucht Übereinstimmung über grundlegende Werte und Verhaltensregeln, wozu noch viel zu sagen wäre, wenn auch hier einige Worte genügen müssen. Zunächst ist auf den Vorwurf des Eurozentrismus zu entgegnen, daß die in der westlichen Tradition ausgearbeiteten Menschenrechte dennoch universellen Charakter haben können. Mit Höffe gesprochen, »die besondere Herkunft der Menschenrechte spricht nicht gegen ihre allgemeine Gültigkeit.«[56] Tatsächlich gibt es für sie eine gemeinsame ethische Grundlage jenseits europäischer, kultureller und politisch-ideologischer Grenzen. Wie bei der Bestimmung der Menschenwürde darf bei der Begründung der Menschenrechte nicht mit metaphysischen Ableitungen begonnen werden, sondern mit ethischen Überlegungen, wie man sie in den Werken Tugendhats, Rortys, Walzers, Galtungs und Nussbaums findet.[57] Sie alle setzen an den elementaren Bedürfnissen der Menschen an und sehen den letzten Zweck der allgemeinen Menschenrechte in der Aufgabe, eine Befriedigung elementarer Bedürfnisse zu ermöglichen. Dabei leiten sie die Menschenrechte nicht mehr von den traditionellen Quellen Gott, Natur, Vernunft ab, sondern eben von menschlichen Grundbedürfnissen, die sie in den Rang ethisch gerechtfertigter Ansprüche erheben. *Martha Nussbaum* listet in diesem Zusammenhang eine Reihe vager Bestimmungen auf, die ebenso mit den Ansprüchen partikularer, in traditionellen Bindungen wurzelnden Lebensformen wie mit den Anforderungen einer universalen Moral vereinbar sind und die sich so kulturell unterschiedlich konkretisieren lassen. Sie unterscheidet zwischen Bestimmungen, die ein Leben zu einem menschlichen machen, und solchen, die ein menschliches Leben in ein gutes verwandeln. Zu ersteren gehört, satt zu essen zu haben und weitgehend gesund zu sein; zu letzteren sich frei entfalten zu können. Beide Ebenen hängen ihrer Auffassung nach eng miteinander zusammen, »und es wird schwer zu sagen sein, wo nun gerade die obere Schwelle liegen soll. Solche Bedürfnisse, die allgemeine Menschenrechte begründen können, sind einmal, »nicht frühzeitig zu sterben oder zu sterben, bevor das Leben so vermindert ist, daß es nicht mehr lebenswert ist«; dann, »angemessen ernährt zu werden, angemessene Unterkunft zu haben, Gelegenheit zur sexuellen Befriedigung zu haben, fähig zu sein zur Ortsveränderung, ferner »unnötigen und unnützen Schmerz zu vermeiden und lustvolle Erlebnisse zu haben« sowie »die fünf Sinne zu benutzen, fähig zu sein zu phantasieren, zu denken und zu schlußfolgern; aber auch Bindungen zu Dingen und Personen außerhalb unserer selbst zu unterhalten, diejenigen zu lieben, die uns lieben und sich um uns kümmern, über ihre Abwesenheit zu trauern, in einem allgemeinen Sinne lieben und trauern sowie Sehnsucht und Dankbarkeit empfinden zu können«, schließlich »das eigene Leben und nicht das von irgend jemand anderem zu leben.«[58] Diese und andere Fähigkeiten kennzeichnen Grundbedürfnisse des Überlebens, Wohlergehens, der individuellen Freiheit und persönlichen Identität; herrschen dagegen Gewalt, Elend, Unterdrückung und Entfremdung, so bleiben jene auf schmerzvolle Weise unerfüllt, wie Galtung lakonisch bemerkt.[59]

Deshalb kommt es darauf an, sie in den Rang schutzwürdiger Ansprüche zu erheben und sie dadurch als Menschenrechte anzuerkennen, die als solche weit davon entfernt sind, willkürliche Setzungen zu sein. Wie bereits ausgeführt, lassen sie sich als Grundlage der Menschenwürde im Sinne eines Gestaltungsauftrags auf verallgemeinerbare, selbstdistanzierende, ethische Erkenntnisse zurückführen, und der menschliche Hang zu rücksichtslosem, grausamem Verhalten, der methodische Pessimismus, legt darüber hinaus ihre Positivierung als Grundrechte nahe.

Ist aber damit bereits der erwähnte Einwand entkräftet, daß die allgemeinen Menschenrechte das Individuum zu hoch veranschlagen, Gemeinschaftswerte dagegen vernachlässigen? Hierauf ist zu erwidern, daß die Gegenüberstellung von individualistischem und kollektivistischem Menschenrechtsverständnis ebenso problematisch ist wie die Hoffnung, daß die persönlichen und gesellschaftlichen Interessen der Menschen eines Tages übereinstimmen werden. Es gilt zu erkennen, daß liberale Freiheitswerte nicht notwendigerweise zu bindungslosem Individualismus führen, wie immer wieder behauptet wird. Einige Freiheitsrechte sind sogar unmittelbar gemeinschaftsbezogen, wie Meinungs-, Vereinigungs- und Versammlungsfreiheit oder die Freiheit der Religionsausübung. Diese liberalen Rechte stellen zugleich soziale Rechte dar, die keineswegs der Bewahrung traditioneller Werte und Gemeinschaftsformen im Wege stehen; nur erzwingen sie diese nicht, sondern überlassen die Entscheidung darüber den Bürgern selbst.[60] Dessenungeachtet ist es ein Irrtum zu glauben, daß den Menschen außerwestlicher Kulturen nicht an freiheitlicher Selbstbestimmung gelegen sei, wie es falsch ist, daß selbstbestimmte Personen keine Heimatbindung, kein Wir-Gefühl oder keinen Wunsch nach Ausdrucksmöglichkeiten ihrer kulturellen Identität kennen.

Allerdings kann im Grenzfall, der für gewöhnlich nicht der Normalfall ist, daraus ein Verlangen nach Unabhängigkeit entstehen, dem sich die Staaten nicht von vornherein verschließen sollten. Mit *Michael Walzer* gesprochen: »Laßt die Völker gehen, die gehen wollen. Viele von ihnen werden nicht allzuweit fortgehen. Und sollte sich herausstellen, daß ihr Auszug politisch und wirtschaftlich nachteilig ist, werden sie einen Weg finden, die Beziehungen wieder aufzunehmen.«[61] Obgleich das Recht auf Selbstbestimmung ungeheure Gefahren in sich birgt, sollte man nach Unabhängigkeit strebenden Volksgruppen also zunächst »erlauben, sich abzuspalten und dann in Verhandlungen über ihre freiwillige und graduelle, wenn auch nur teilweise Zugehörigkeit zu irgendeiner neuen Interessengemeinschaft einzutreten.«[62] Auch das gehört zur menschlichen Freiheit.

Was aber den angeblichen Vorrang der Wohlfahrtsrechte vor den liberalen und politischen Menschenrechten betrifft, so ist mit *Kriele* zu fragen; »Warum muß man die Menschen entrechten, um ihnen Brot zu geben?«[63] Es läßt sich nur schwer einsehen, weshalb es nötig ist, das Recht auf Leben, das Verbot von willkürlicher Verhaftung, das Recht auf unparteiische Gerichte, Religions-, Meinungs- und Versammlungsfreiheit, die Staatsbürgerrechte, den Minderheitenschutz und die Freizügigkeit außer Kraft zu setzen, um Hunger, Elend und Analphabetismus wirkungsvoll bekämpfen zu können. In Wahrheit dient das alles nur als Vorwand, um elementare Menschenrechte nicht weiter beachten zu müssen. Man beklagt die Knappheit der zur Verfügung stehenden wirtschaftlichen Ressourcen und das Elend der Menschen, um ihnen dann noch mehr Elend zuzufügen. In Wirklichkeit stehen die sozialen Wohlfahrtsrechte nicht über den liberalen Freiheits- und politischen Teilhaberechten, sondern alle drei Rechtsarten stehen als Grundlage eines menschenwürdigen Lebens gleichrangig nebeneinander. Anders als in den sechziger Jahren, als viele der Meinung waren, die Menschenrechte stellten ein Hemmnis für die Entwicklung der ärmeren Länder dar und soziale Pflichten seien höher angesiedelt als liberale Rechte, neigt man deshalb heute zu der Auffassung, daß erst die Einhaltung auch der liberalen und politischen Menschenrechte eine dauerhafte wirtschaftliche und soziale Entwicklung garantieren kann. Daraus ergibt sich geradezu zwangsläufig die allgemeine Verpflichtung, mitzuwirken im Kampf gegen geistige Unterdrückung und politische Not, aber auch gegen materielles Elend, das gleichfalls nicht nur innere Angelegenheit der betroffenen Länder ist, sondern die gesamte Weltgemeinschaft etwas angeht.

Man kann nicht von Menschenwürde und Menschenrechten reden, ohne den Blick auf die mehr als eine Milliarde Menschen zu lenken, die unter bitterer Armut, Hunger und Krankheit, mangelhafter medizinischer Versorgung, unzulänglicher Behausung, Analphabetismus, kurz, bedrückender Hoffnungslosigkeit leiden. Hier sind die vergleichsweise reichen Nationen aufgefordert, den ärmeren tatkräftig zur Seite zu stehen, billigt doch

Artikel 22 der *Allgemeinen Menschenrechtserklärung* – unter ausdrücklicher Bezugnahme auf die Idee der Würde – jedem Menschen einen Anspruch auf soziale Sicherheit zu. Allerdings sind die bislang hierfür bereitgestellten Mittel eher spärlich, wenn man bedenkt, daß die Industriestaaten nur rund 0,3 Prozent ihres Bruttosozialprodukts jährlich für Entwicklungshilfe ausgeben von den versprochenen 0,7 Prozent. Das ist insofern beschämend, als nur 20 Prozent der Erdbevölkerung in den Industrieländern leben, diese aber mehr als 80 Prozent des Reichtums der Erde verbrauchen während andere 20 Prozent mit 1,5 Prozent auskommen müssen, wie auf der UN-Konferenz für Bevölkerung und Entwicklung in Kairo 1994 beklagt wurde. Zweifellos sind die seit Mitte 1992 in Mitteleuropa verminderte wirtschaftliche Wachstumsgeschwindigkeit, die anschwellende Arbeitslosigkeit, der betriebliche Zwang zu Kosteneinsparungen und damit geringere Steuereinnahmen mit dafür verantwortlich, daß die Industrienationen ihren Versprechungen nicht nachkommen.

Dennoch sollten diese schon aus wohlverstandenem Eigeninteresse außer an Frieden und Freiheit überall auf der Erde auch an deren Weiterentwicklung interessiert sein. Denn Hunger und Armut sind der ideale Nährboden für jede Art von sozialen und politischen Konflikten, die auch uns in Europa wieder heimsuchen können. Darüber hinaus bedeutet aktive Mithilfe beim Aufbau stabiler Demokratien und produktiver Industrien in den Entwicklungsländern Schaffung neuer Absatzmärkte für uns mit zahlungsfähigen Kunden. Sicherlich entsteht dadurch mehr Konkurrenz im Wettbewerb eines ohnehin immer vernetzteren Handelsverkehrs zwischen den Staaten. Offene Märkte, niedrige Lohnkosten und geringe Steuersätze führen schon heute zur Verlagerung vieler arbeitsintensiver Industrien in den Süden und Osten. Wie es scheint, ist das die einzige Möglichkeit für viele Großunternehmen mit Sitz in westlichen Ländern, auch künftig wettbewerbsfähig zu bleiben. Doch sosehr die Menschen der Dritten Welt auch von ihrem

Billiglohnniveau profitieren, näher betrachtet hat dieses ihnen bisher nur wenig gebracht, da wegen begrenzter Nachfrage an Arbeit bei ihnen eine Lohnpolitik durchsetzbar bleibt, die sich am Existenzminimum orientiert.

Soweit dient Entwicklungshilfe dem eigenen Vorteil der Industrienationen und ist somit Interessenpolitik, doch ist sie auch menschenrechtliche Forderung, wenn es richtig ist, daß wir verhüten sollten, was schlecht, und fördern, was gut ist.[64] Solange eine Milliarde Menschen ein Leben am äußersten Rand der Existenz führt, in knapp neunzig Ländern 800 Millionen Menschen ihres grundlegendsten Rechtes, frei von Hunger zu leben, beraubt sind, davon 200 Millionen Kinder unter fünf Jahren, ist Entwicklungshilfe unerläßlich und die Intensivierung internationaler Zusammenarbeit dringend geboten, soll sich die Idee der Menschenwürde als Gestaltungsauftrag nicht gänzlich auflösen.

Während nun sogenannte Modernisierungstheoretiker unter Entwicklung eine schrittweise Annäherung der asiatischen, afrikanischen und lateinamerikanischen Staaten an die industrialisierten westlichen Gesellschaften verstehen, versuchen deren Gegner, die Anhänger der Dependenztheorie – eine Position, die heute kaum noch vertreten wird –, zu beweisen, daß der Westen gar nicht ernsthaft an der Entwicklung ärmerer Länder interessiert sei, sondern bloß an deren einseitiger Abhängigkeit. Dem widerspricht allerdings, daß man heute immer öfter Nahrungsmittel nur noch in absoluten Notfällen frei verteilt; ansonsten bietet man sie hauptsächlich für geleistete Arbeit an. Entsprechend dem Motto »Hilfe zur Selbsthilfe« fördert man vor allem solche Projekte, die sich irgendwann selbst tragen können; ob sie es dann wirklich tun, bleibt eine andere Frage. Auf jeden Fall jedoch sollten die weniger begünstigten Staaten in ihrer Entwicklung vorangebracht werden, doch nicht so sehr in Form konkreter materieller Unterstützung als vielmehr durch Förderung der eigenen Fähigkeiten.

So richtig es in diesem Zusammenhang ist, überall freie Märkte zu schaffen, grundsätzlich kann nicht bestritten werden, daß der Markt allein keine sozialen Probleme löst, wie auf dem Weltsozialgipfel in Kopenhagen 1995 festgestellt wurde. In der Tat wäre es ein Trugschluß zu glauben, daß beschleunigte Wirtschaftsentwicklung automatisch zum Wohle aller führt. Es ist vielmehr so, daß durch die Globalisierung der Märkte nicht nur zahlreiche Staaten ins Abseits gedrängt werden, sondern auch immer mehr Menschen selbst in den Ländern mit steigendem Wirtschaftswachstum, die westlichen Industrienationen nicht ausgenommen, weshalb es nirgendwo in der Welt ganz ohne den Sozialstaat gehen wird, wie der nächste Abschnitt zeigen soll.

Davon abgesehen stellt die nachholende Entwicklung der ärmeren Staaten der Südhalbkugel auf die Stufe der Industrieländer ein Problem besonderer Art dar. Denn jene fühlen sich verständlicherweise nicht nur berechtigt, das Umwelt zerstörende Wirtschaftsmodell des Nordens zu übernehmen, angesichts vorherrschender Armut, technologischem Rückstand und der Globalisierung der Märkte sehen sie sich dazu geradewegs gezwungen. Aber der Verschwendungswohlstand der »reichsten zehn Prozent der Weltbevölkerung an Energie, Fläche, Wasser, Luft und anderen Naturgütern [...] ist nicht auf die übrigen neunzig Prozent ausdehnbar, ohne daß die Erde ökologisch kollabieren würde.«[65] Der wichtigste Gegenbegriff zu diesem besorgniserregenden Prozeß ist die sogenannte »nachhaltige Entwicklung« – sustainable development. Die unter Vorsitz der norwegischen Politikerin Brundtland geführte Weltkommission für Umwelt und *Entwicklung* definierte 1987 in ihrem Bericht *Unsere gemeinsame Zukunft*[66], dem Brundtland-Bericht, diesen Ausdruck so: Nachhaltige Entwicklung bedeutet, »die Bedürfnisse der Gegenwart befriedigen, ohne künftigen Generationen die Chance zu nehmen, ihre eigenen Bedürfnisse zu befriedigen.« Bezüglich Entwicklungshilfe heißt das, mehr darauf zu achten, daß wirtschaftliche Aufbauhilfe nicht zugleich

Beihilfe zu Umweltzerstörung und Raubbau wird, worauf später noch ausführlicher eingegangen sei.

Krisenphänomene gibt es überall auf dem Erdball – Bevölkerungswachstum, Migration, Umweltverfall oder Schuldenlast der Entwicklungsländer. Sie alle machen deutlich, wie weit wir entfernt sind von menschenwürdigen Verhältnissen, in denen die allgemeinen Menschenrechte verwirklicht wären.

Aber wie materielle Not ein Problem von internationaler Bedeutung ist, so ist auch politische Not nicht allein eine innere Angelegenheit eines Landes. Freilich muß die Außenpolitik die äußere Souveränität fremder Staaten achten und darf sich in deren innere Angelegenheiten nicht einfach einmischen, wie Artikel VI der Schlußakte von Helsinki aus dem Jahre 1975 festlegt; trotzdem ist die Art und Weise, wie ein Staat seine Bürger behandelt, nicht bloß eine Frage, die in seine innere Zuständigkeit fällt. Völkerrechtlich gesehen bedeutet Souveränität nicht gleichzeitig Immunität. Willkürliche Verhaftung, Verschleppung, unmenschliche Behandlung, Folter und Völkermord gelten heute als schwere Menschenrechtsverletzungen, die nicht unwidersprochen hingenommen werden dürfen. Darüber hinaus ist das Verbot der Diskriminierung allein nach Rasse, Hautfarbe, Geschlecht, Sprache und Religion zwingendes Recht – »ius cogens«, das nach Artikel 4 des *Pakts über bürgerliche und politische Rechte* von 1966 nicht einmal im Notstandsfall außer Kraft gesetzt werden darf. Deshalb ist es keineswegs eine unzulässige Intervention, wenn bei Verstößen gegen international anerkannte Menschenrechte die Weltgemeinschaft sich in die innere Angelegenheit eines Staates einmischt. Doch mahnt die Sorge um den Weltfrieden als notwendige Voraussetzung für die Verwirklichung aller Menschenrechte immer wieder zu diplomatischer Zurückhaltung, das heißt zu Verzicht auf militärische Aktionen und wirtschaftliche Sanktionen, wenn nicht sogar auf öffentliche Anklagen. Allerdings unterläßt man solche häufig auch aus Rücksicht auf wirtschaftliche Interessen, dabei die guten Vorsätze hohen Umsätzen opfernd.

Ohne auf diese Probleme hier näher einzugehen, steht außer Frage, daß willkürliche Verfolgung, Verhaftung und Tötung, jede Art von Unterdrückung und Hungertod schwere Verstöße gegen die Menschenrechte und somit auch gegen die Menschenwürde darstellen, ob diese nun in der westlichen Hemisphäre oder in den anderen Regionen der Erde stattfinden. Das ist so, auch wenn sich die Menschenrechte nicht mehr auf eine absolute Vernunft, heilige Natur oder göttliche Macht gründen lassen. Wenn *Rorty* recht hat, bewegen wir uns heute sowieso auf eine »Menschenrechtskultur«[67] hin, in der – fernab vom traditionellen »Menschenrechtsfundamentalismus«[68] – unsere höchsten Rechte auf elementare Bedürfnisse zurückgeführt und mit einfachen ethischen Überlegungen gerechtfertigt werden. Um darin schutzwürdige Ansprüche zu erkennen, bedarf es auch seiner Ansicht nach weniger einer Vernunftmetaphysik als vielmehr einer »Schule der Empfindsamkeit«[69], des Mitgefühls der Starken mit den Schwachen, der Achtung vor ihnen.[70] Da wir uns angesichts der menschlichen Fehlbarkeit, Aggressionsbereitschaft und Machtanfälligkeit aber nicht darauf verlassen können, daß sich solche Werteinstellungen jemals auf der Erde entwickeln werden, darf auf die Positivierung der Menschenrechte als Grundlage menschlicher Würde auf keinen Fall verzichtet werden.

Nachtwächterstaat im Rückzug

Der demokratische, gewaltenteilende Verfassungsstaat mit seinen liberalen Freiheitsrechten, politischen Mitwirkungsrechten und sozialen Wohlfahrtsrechten verfolgt eine mittlere Linie zwischen einem das Gemeinwohl vernachlässigenden Individualismus und einem die Freiheit des Einzelnen mißachtenden Kollektivismus. Er sucht gleichsam die goldene Mitte, einen Spannungsausgleich zwischen absolutem Liberalismus und totalitärem Sozialismus, um auf der einen Seite anarchisches

Chaos, auf der anderen diktatorische Reglementierung zu vermeiden. Aus dieser Sicht ist weder die Gemeinschaft alles, der Einzelne nichts, noch der Einzelne alles und die Gemeinschaft nichts. Zwischen beiden Extremen muß eine Balance hergestellt werden, wenn menschenwürdige Verhältnisse möglich sein sollen.

Der Liberalismus ist eine Bewegung des 17., 18. und 19. Jahrhunderts, für die sowohl eine bestimmte philosophische Haltung charakteristisch ist, nämlich die Loslösung von Vorurteil und Aberglaube, das heißt Mut zu Selbstdenken, als auch eine politische Einstellung, welche Beschränkung der Staatsgewalt, Schutz gegen willkürliche Herrschaft sowie Gedanken-, Rede-, Pressefreiheit fordert. Schließlich bedeutet Liberalismus auch ein ökonomisches Programm, das ein Höchstmaß an unternehmerischer Entfaltungsfreiheit verlangt, weshalb von Wirtschaftsliberalismus gesprochen wird, für den freie Verfügbarkeit über Grund und Boden, Aufhebung der Zünfte, Niederlassungs- und Gewerbefreiheit kennzeichnend sind. Dem philosophischen, politischen und wirtschaftlichen Liberalismus ist die Überzeugung gemeinsam, daß niemand in seinen Bemühungen um ein gutes Leben von seiten des Staates, der Kirche und seiner Mitbürger behindert werden darf, kurz, das Bekenntnis zu Geistes- und Handlungsfreiheit. Zwar erkennen die Liberalen seit jeher die Notwendigkeit allgemeiner Spielregeln, welche die Freiheit des Einzelnen soweit begrenzen sollen, wie es die Freiheit aller erfordert; sie erwarten aber nicht vom Staat, daß er den Erfolg persönlicher Arbeit und Mühen garantiert, alle lebenswichtigen Güter bereitstellt, übermäßig in das soziale Leben eingreift. Im Gegenteil, ursprünglich ging es den Liberalen ausschließlich darum, das Joch der fast alle Lebensbereiche beherrschenden Staatsgewalt abzuschütteln. Die wichtigste Aufgabe des Staates sei die Aufrechterhaltung von Frieden und Recht, damit das weltanschauliche, politische und wirtschaftliche Kräftespiel wohlgeordnet und gewaltlos vonstatten gehen könne; darüber hinaus habe der Staat lediglich die Möglichkeit der Selbstentfaltung seiner Bürger zu gewährleisten, den Mißbrauch von Freiheit zu verhindern.

Lassalle, der Begründer des *Allgemeinen Arbeitervereins*, nannte den liberalen Staat, der hauptsächlich die Freiheit des Einzelnen schützt und ansonsten die Spielregeln der öffentlichen Auseinandersetzungen festlegt, eine »Nachtwächteridee«[71], die er aufs schärfste kritisierte. Angesichts der hohen Arbeitslosigkeit und des wachsenden Elends im Europa des ausgehenden 19. Jahrhunderts forderte er eine Ausweitung der staatlichen Aktivitäten auf sozialem Gebiet. Es war die »soziale Frage« entstanden, auf welche der Staat mit zahlreichen sozialen Maßnahmen antwortete. Wie bereits ausgeführt, hat sich hierzulande seit der Entstehung des Sozialstaates das System der sozialen Sicherung und Gerechtigkeit beständig ausgeweitet. Der zügige Ausbau des Versicherungs-, Versorgungs- und Fürsorgewesens erfolgte in der zweiten Hälfte des 20. Jahrhunderts. In diesem Zusammenhang wird seit jeher die Frage kontrovers diskutiert, ob der Staat überhaupt individuelle Freiheit und soziale Gerechtigkeit zugleich gewährleisten kann, bedeutet doch persönliche Selbstentfaltung, möglichst wenig Staatszwängen unterworfen zu sein, soziale Gerechtigkeit dagegen eine Ausdehnung staatlicher Gewalt und damit mehr Eingriffe in das Leben des Einzelnen. Notwendigerweise baut sich so ein Spannungsfeld auf, das sich nur schwer in Balance halten läßt. Darum betrachtet man heute die Ausdrücke Rechts- und Sozialstaat auch gerne als Gegenbegriffe; manchmal ist sogar die Rede von Widersprüchen zwischen rechtsstaatlichen und sozialstaatlichen Erfordernissen. Dabei wird der in Artikel 20 des Grundgesetzes festgeschriebene Rechtsstaatsgedanke gewöhnlich auf die in Artikel 2 formulierte Idee der Freiheit bezogen, der in Artikel 20 und 28 kodifizierte Sozialstaat hingegen auf das in Artikel 3 fixierte Ideal der Gleichheit. Der Rechtsstaat habe für den Schutz der individuellen Freiheitsrechte zu sorgen, der Sozialstaat für soziale Sicherheit und Gerechtigkeit. Dessen Aufgabe sei es, die schädlichen Auswirkungen schrankenloser Freiheit, die der liberale Rechtsstaat ermöglicht habe, zu begrenzen, besser noch, zu verhindern.

Nun ist eine solche Gegenüberstellung aber äußerst fragwürdig, da sie einerseits Freiheit nur als Gegensatz zu Gleichheit sieht, andererseits verkennt, daß sich der Sozialstaat bloß in rechtsstaatlichen Formen verwirklichen läßt.

In Wahrheit jedoch setzt Freiheit Gleichheit voraus, die mehr bedeutet als nur Gleichheit vor dem Gesetz, die selbstverständlich ein Wert von höchstem Range bleibt, da sie die Unterschiede des Geschlechts, der Abstammung, Religion, Hautfarbe, gesellschaftlichen Stellung für nebensächlich und gleichgültig erklärt, eben als Eigenschaften, die für das Gesetz nicht zählen und darum nicht ins Gewicht fallen. Aber wem nutzt Berufsfreiheit, wenn es keine Arbeitsplätze gibt, und was bringt Lernfreiheit, wenn keine Schulen zur Verfügung stehen, oder die Garantie des Eigentums, wenn niemand etwas besitzt? Deshalb erwartet man heute berechtigterweise, daß die Gemeinschaft auch bestimmte Güter bereitstellt. Man sagt mit Recht, in einem politischen System größtmöglicher Freiheit ohne Rücksicht auf soziale Gerechtigkeit sind breite Schichten der Bevölkerung zu völliger Unfreiheit verurteilt, da individuelle Selbstbestimmung nur möglich ist unter der Bedingung, daß man auch über grundlegende materielle Sicherheiten verfügt. Schon allein aus diesem Grund ist der liberale Rechtsstaat, der allen Bürgern ein grundsätzlich gleiches Maß an rechtlicher Entfaltungsfreiheit einräumt, auf den Sozialstaat angewiesen – und bildet keineswegs dessen Gegenteil. Erst beide zusammen versetzen den Einzelnen in die Lage, das eigene Leben in menschenwürdiger Weise zu gestalten.

Damit aber der Sozialstaat überhaupt Leistungen bereitstellen kann, müssen einerseits die Bürger die erforderlichen Mittel aufbringen, andererseits Wirtschaft und Technik florieren und expandieren, mögen das manche auch gar nicht gerne hören. Wie eng die Spielräume sind, wird deutlich, wenn Technikfortschritt und Wirtschaftswachstum und damit die Steuern ausbleiben. In solchen Zeiten wird besonders lebhaft darüber diskutiert, ob die wohlfahrtsstaatlichen Maßnahmen zu weit gehen oder zu gering sind.

Ein ausgesprochener Gegner des Sozialstaats, noch bevor es diesen überhaupt gab, war *Wilhelm von Humboldt*, der bereits die Gefahr einer die Bürger allseitig bevormundenden staatlichen Versorgung erkannte und deshalb forderte: »der Staat enthalte sich aller Sorgfalt für den positiven Wohlstand der Bürger und gehe keinen Schritt weiter, als zu ihrer Sicherstellung gegen sich selbst und gegen auswärtige Feinde notwendig ist; zu keinem anderen Endzwecke beschränke er ihre Freiheit.«[72] Zeitgenössische Kritiker des Sozialstaats sind außer den beiden Nobelpreisträgern Friedrich August von Hayek und Milton Friedman Denker wie Nozick und Buchanan[73]. Sie alle verfechten einen radikalen Liberalismus, demzufolge nur der Minimalstaat gerechtfertigt ist, und bekunden so ihre Nähe zu den sogenannten englischen »Whigs«, aus denen um die Mitte des 19. Jahrhunderts die *Liberal Party* hervorging, ohne daß ein genaues Gründungsdatum gegeben werden kann.[74] Ihre politischen Gegner sind die »Tories«, welche seit jeher der anglikanischen Kirche nahestehen. Heute wird überall in den westlichen Industrienationen die Frage diskutiert, ob zu den Aufgaben des Staates die Herbeiführung von sozialer Gerechtigkeit und Sicherheit gehört; besonders ausführlich aber wird darauf in den Vereinigten Staaten eingegangen, in denen »konservativ« genannt wird, was bei uns »liberal« heißt, weil der Liberalismus dort eine alte Tradition ist, und »liberal«, was in Europa unter »sozialdemokratisch« oder »sozialistisch« verstanden wird.

Die Liberalen schlechthin gab es aber weder im deutschsprachigen Raum noch in Europa. Die Geschichte der Liberalen ist gekennzeichnet durch wiederholte Spaltungen und Neugruppierungen. Die Deutsche Fortschrittspartei, gegründet 1861, war Wirtschafts- und sozialpolitisch ganz dem Nachtwächterstaat verschrieben. Bei der Abstimmung über das Unfallversicherungsgesetz im Reichstag 1884 stimmten die

Deutsch-Freisinnigen dagegen. Sie sahen in Bismarcks Sozialpolitik »Staatssozialismus«, während die Nationalliberalen sich positiv zu Bismarcks Sozialpolitik stellten.

Wie stark die Liberalen dem Nachwächterstaat verhaftet waren, ohne zu behaupten, daß sie sich immer und überall so verhielten, beweist auch ein anderes Beispiel: Die Kommunalpolitiker der Stadt Wien in der liberalen Ära lehnten jede Sozialpolitik ab. Für Waisenhäuser gab man wohl noch Geld aus, überließ aber die Armenfürsorge praktisch ganz der Privatinitiative. Die Einrichtung von Wärmestuben lehnte der liberale Gemeinderat ausdrücklich ab. Der Wohnungsbau wurde völlig privaten Unternehmern überlassen. Das Ergebnis waren jene häßlichen, ungesunden Mietskasernen, die ganz nach den Gesichtspunkten der Rentabilität gebaut waren und von denen es noch heute manche Exemplare in Wien gibt. Sie waren Brutstätten der Lungentuberkulose, »Wiener Krankheit« genannt.

Heute verneinen viele politischen und wirtschaftlichen Liberalen den reinen Nachtwächterstaat. Außer Friedens- und Rechtssicherung betrachten sie als zusätzliche staatliche Aufgaben »sanitäre Maßnahmen und Gesundheitsdienst, Bau und Erhalt von Straßen sowie viele Annehmlichkeiten, welche die Gemeindeverwaltungen den Bewohnern von Städten bieten.«[75] Außerdem zählen sie Hilfsleistungen für Schwache, Gebrechliche und Opfer unvorhersehbarer Unglücksfälle dazu sowie Unterstützungen für all jene, die von äußerster Armut oder Hunger gequält werden. Grundsätzlich fordern Liberale wie Hayek aber, daß sich die Bürger selbst gegen allgemeine Daseinsrisiken versichern sowie Vorsorge treffen für die Wechselfälle und Notsituationen des Lebens. Extreme Liberale verwerfen noch heute geradezu jede staatliche Bürgerversorgung und befürworten mit der Privatisierung fast aller staatlichen Unternehmen auch die Privatisierung beinahe des gesamten Sozialsystems.

Sosehr die Liberalen die Notwendigkeit der sozialen Sicherung erkennen, die Idee der sozialen Gerechtigkeit lehnen sie fast völlig ab. Wie Nietzsche interpretieren sie die Forderung nach mehr Gerechtigkeit als Sozialneid, der es auf eine Umverteilung der Einkommen und Vermögen abgesehen habe.[76] Darin sehen sie eine Bedrohung der Freiheit, einen Rechtsbruch, der Diebstahl gleichkomme. Kein Staat dieser Welt dürfe Privatbesitzer enteignen mit dem Ziel, alle Güter gleich zu verteilen. Dem widerspreche bereits das Menschenrecht auf Eigentum, dessen absolute Geltung häufig unhinterfragt vorausgesetzt wird. Dazu paßt, daß Hayek jede progressive Steuererhebung ablehnt und bloß die proportionale Besteuerung für zulässig hält. Eine freie Gesellschaft könne nicht allen Bürgern gleiches Einkommen zuteilen, nicht einmal jedem eine seinen Talenten angemessene Stellung versprechen, sondern jedem nur die Gelegenheit bieten, »eine geeignete Stelle zu suchen, mit all dem Risiko und der Ungewißheit, mit dem die Suche nach einem Markt für die eigenen Fähigkeiten verbunden ist.«[77]

Materielle Ungleichheit halten Liberale für zulässig, auch wenn sie Privateigentum immer seltener als überpositives Rechtsgut bewerten, sondern es mit seinen nützlichen Folgen für den Einzelnen und die Allgemeinheit rechtfertigen. Die Möglichkeit zum Erwerb materieller Güter sei der größte Leistungsanreiz für die Menschen, die für gewöhnlich nach Verbesserung ihrer ökonomischen Lage und ihres sozialen Rangs strebten. Darum müsse bei zu hoher Besteuerung abnehmende Leistungs-, Risiko- und Investitionsbereitschaft befürchtet werden, ohne die wirtschaftlicher Fortschritt und gesellschaftlicher Wohlstand unmöglich seien; bei zu viel Sozialstaat sei dagegen nachlassende Eigenverantwortung und abnehmende Bereitschaft zu Selbsthilfe zu erwarten, ein stärkeres Versorgungsdenken und eine Anspruchsinflation, mit der eine wachsende Abhängigkeit des Einzelnen von einem immer komplexeren Sozialsystem und seine Entmündigung durch wohlfahrtsstaatliche Bürokratien einhergehe.

Aus diesem Grund müßten die Bürger wieder lernen, mehr

sich selbst zu helfen und sich nicht dauernd auf andere zu verlassen. Selbsthilfe ist nach Ansicht der Liberalen jeder Form von Fremdhilfe vorzuziehen; Nächste, Verwandte, Nachbarn sollten erst dann um Unterstützung und Beistand gebeten werden, wenn man nicht mehr weiter weiß, und die Behörden erst dann, wenn auch die Freunde nicht mehr helfen können. Das nennt man Subsidiarität, ein aus der katholischen Soziallehre stammendes Prinzip, wonach die jeweils übergeordneten Gemeinschaften nicht für das in Anspruch genommen werden sollten, was bereits kleinere und untergeordnete Gruppen zu einem guten Ende führen können.

Wirtschaftlicher Wettbewerb im Wohlfahrtsstaat

Ähnlich frei wie in der Politik sollte es nach Auffassung der Liberalen auch in der Wirtschaft zugehen. Nach Hayek, Milton, Nozick und Buchanan bestehen »gute Gründe für das Mißtrauen gegen jegliche staatliche Befassung mit Wirtschaftsangelegenheiten. […] Sie beruhen auf der Tatsache, daß die meisten staatlichen Maßnahmen, die auf diesem Gebiet befürwortet wurden, unzweckmäßig sind, entweder weil sie fehlschlagen oder weil ihre Kosten größer sind als die Vorteile.«[78] Freilich verwerfen die Wirtschaftsliberalen nicht jede staatliche Investitionspolitik, sie lehnen aber staatliche Subventionen grundsätzlich ab. Am besten laufe die Wirtschaft ohne staatliche Zügel, weshalb die Ordnungsmacht den Marktgesetzen möglichst freien Lauf lassen und selbst so gut wie keine wirtschaftlichen Aufgaben übernehmen solle.

Seit Walter Eucken, Franz Böhm und Alexander Rüstow unterscheidet man zwischen zwei Formen des Wirtschaftsliberalismus: dem Laissez-faire-Liberalismus und dem Ordnungsliberalismus, auch Neo- oder Ordoliberalismus genannt.[79] Ersterer vertraut geradezu blind auf die Selbstregulierung der ökonomischen Prozesse, die Macht der unsichtbaren Hand, die das eigennützige Handeln des Einzelnen zum Wohle aller lenke, wie Adam Smith sagte, und übersieht dabei die Gefahr, daß sich Markt und Wettbewerb durch Unternehmenskonzentration, Monopol- und Kartellbildung selbst zerstören. Dem setzten die Vertreter der neoliberalen Schule – Eucken, Böhm und Rüstow – einen rechtlichen Ordnungsrahmen entgegen, der freie Konkurrenz garantieren sowie Monopole und Preisabsprachen durch vorbeugende Fusionskontrollen verhindern soll. Der Staat als der Wirtschaft überlegene Ordnungsmacht habe dafür zu sorgen, daß sich das freie Spiel der Kräfte ungehindert entfalten könne. Dieses Ziel glaubte Ludwig Erhard damals durch ein Gesetz gegen Wettbewerbsbeschränkungen erreichen zu können, das allerdings erst 1958 in Kraft trat und seitdem mehrmals novelliert – hierbei leider auch: durchlöchert wurde. Dennoch gilt die Soziale Marktwirtschaft seither als Ordoliberalismus, in dem eine staatliche Ordnungspolitik für offene und funktionierende Märkte sorgt sowie wirtschaftliche Freiheit und Wettbewerb sicherstellt.

Allgemein geht die Marktwirtschaft davon aus, daß Menschen meist aus egoistischen Motiven handeln und die Erwartung eigenen Glücks ihr vorrangiger Beweggrund für wirtschaftliches Engagement ist. Achtung vor der Menschenwürde schließt den Schutz dieses eigennützigen Denkens ein, sofern es Ausdruck menschlicher Freiheit ist. Allerdings sei privates Selbstinteresse durch geschickte Wirtschaftspolitik in öffentliches Wohl zu verwandeln, wie schon Bernhard Mandeville in seiner *Bienenfabel* 1705 meinte und die Wegbereiter des Wirtschaftsliberalismus Adam Smith, David Ricardo und John Stuart Mill später wiederholten. Das bewährte Mittel hierzu heißt Wettbewerb. Mit Wilhelm Röpke gesprochen, muß »der Wildbach des persönlichen Interesses über die Turbinen«[80] der Wettbewerbswirtschaft geleitet werden, wenn allgemeiner Wohlstand und mit ihm menschenwürdige Verhältnisse entstehen sollen.

Die heutige gesellschaftliche Akzeptanz der Sozialen Marktwirtschaft versteht sich keineswegs von selbst, bedenkt man, wie Ludwig Erhard sie im Juni 1948 einführte: im »Handstreichverfahren«, wie Karl Schiller treffend formulierte. Eigenmächtig – nicht auf der Grundlage einer demokratischen Grundsatzentscheidung – schaffte Erhard damals die Lebensmittelkarten ab und hob die staatliche Preisbindung auf den meisten Gütermärkten auf.

Das war mutig, hatte doch das *Ahlener Programm* der CDU 1947 noch die Vergesellschaftung der Schlüsselindustrien wie auch eine starke Planung und Lenkung der Wirtschaft vorgesehen. Aber schon die unter Erhards Federführung 1949 entstandenen *Düsseldorfer Leitsätze* der CDU bekannten sich eindeutig zur Sozialen Marktwirtschaft, während die SPD erst im *Godesberger Programm* 1959 ihre kritische Haltung dagegen aufgab. Die Freien Demokraten wiederum entschieden sich gleichfalls bereits 1949 auf ihrem ersten Parteitag in Bremen für die Soziale Marktwirtschaft, während der Deutsche Gewerkschaftsbund lange Zeit planwirtschaftliche Ziele verfolgte und sich nur langsam mit der Sozialen Marktwirtschaft anfreundete – nachdem Reallohnsteigerungen, Arbeitszeitverkürzungen und höhere soziale Sicherheit größtenteils ohne Streiks durchgesetzt werden konnten.

Ludwig Erhard führte die Soziale Marktwirtschaft ein, erfunden hat er sie aber nicht. Deren theoretische Wegbereiter heißen Walter Eucken, Franz Böhm, Wilhelm Röpke und Alexander Rüstow, um nur einige Namen zu nennen. Der Ausdruck »Soziale Marktwirtschaft« stammt von Alfred Müller-Armack.

Im wirtschaftlich neutralen Grundgesetz sucht man den Ausdruck »Soziale Marktwirtschaft« vergebens. Erst der Staatsvertrag über die Währungs-, Wirtschafts- und Sozialunion von 1990 verankert diesen Ausdruck auch im Recht als eine Wirtschaftsordnung, für die »Privateigentum, Leistungswettbewerb, freie Preisbildung und grundsätzlich volle Freizügigkeit von Arbeit, Kapital, Gütern und Dienstleistungen« charakteristisch seien, und die »ein auf dem Prinzip der Leistungsgerechtigkeit und des sozialen Ausgleichs beruhendes System der sozialen Sicherung« flankiere.[81]

Müller-Armack, der Erfinder des Ausdrucks »Soziale Marktwirtschaft«, schrieb damals, daß deren Sinn darin bestehe, »das Prinzip der Freiheit auf dem Markte mit dem des sozialen Ausgleichs zu verbinden.«[82] Ökonomische Freiheit auf der einen Seite, soziale Sicherheit auf der anderen seien ihre beiden großen Ziele, deren konsequente Verfolgung noch am ehesten »menschenwürdige« Verhältnisse schaffen könne. Bereits Walter Eucken, einer der wissenschaftlichen Väter der Sozialen Marktwirtschaft, hatte formuliert, daß zu den großen Aufgaben der Wirtschaftsverfassungspolitik die Etablierung eines ökonomisch effizienten, der Menschenwürde angemessenen Wirtschaftssystems gehöre. Ausdrücklich forderte er eine »funktionsfähige und menschenwürdige Ordnung der Wirtschaft«[83], überzeugt davon, daß Freiheit und Würde des Einzelnen stark von ökonomischen Faktoren abhingen. Auf dieser Linie betonte dann auch Ludwig Erhard in seinem berühmten Buch *Wohlstand für alle*, daß »der Mensch sich seiner Persönlichkeit und Würde erst bewußt werden könne, wenn er nicht von materiellen Sorgen, von den kleinen Nöten des Alltags geplagt«[84] werde. Dennoch nahm Erhard schon damals kritisch Stellung zu der allgemeinen Forderung nach einem Ausbau des Sozialstaats.

Nach Auffassung vieler Wirtschaftsexperten ist die ordoliberale Marktwirtschaft bereits an sich sozial, da sie schrittweise »Wohlstand für alle« schaffe. So bedeutet für Ludwig Erhard und konsequent liberale Nationalökonomen wie Friedrich A. von Hayek, Ludwig von Mises oder James M. Buchanan freiheitlich geordnete Wettbewerbspolitik schon für sich betrachtet Sozialpolitik, die im Dienste der Menschenwürde stehe, weil sie die materielle Situation aller Einkommensschichten verbessere, den allgemeinen Lebensstandard hebe, für Konsum- und Wirtschaftsfreiheit, eine große Güterauswahl und niedrige

Preise sorge. Doch gab sich Müller-Armack – anders als Ludwig Erhard – mit dieser sicherlich richtigen Erkenntnis noch nicht zufrieden. Er sah zusätzlich die Notwendigkeit einer speziellen Sozialpolitik, welche die staatlich garantierte Wettbewerbsordnung durch eine Sozialordnung flankieren sollte. Aber auch Ludwig Erhard räumte ein, daß »eine noch so gute Wirtschaftspolitik in der modernen Industriewirtschaft durch sozialpolitische Maßnahmen ergänzt werden muß.«[85]

Da die wirtschaftlichen Möglichkeiten hierfür kurz nach dem Zweiten Weltkrieg noch äußerst beschränkt waren, leugnete allerdings das Bundesverfassungsgericht 1951 zunächst, daß der Staat aufgrund der gebotenen Achtung vor der Menschenwürde dazu verpflichtet sei, die Bürger vor materieller Not zu schützen. Staatliche Achtung vor der Menschenwürde schließe lediglich Schutz gegen Angriffe durch andere – wie Erniedrigung, Brandmarkung, Verfolgung – ein. Doch schon 1956 und 1958 erklärte das höchste Gericht die Idee der sozialen Gerechtigkeit zu einem leitenden Grundsatz staatlichen Handelns. Dennoch betonten die Karlsruher Richter erstmals *1966, nach der Zeit der Wirtschaftswunderjahre,* daß ein Mindestmaß an sozialer Sicherheit zur Führung eines menschenwürdigen Daseins erforderlich sei, weshalb der Staat auch für die materiellen Voraussetzungen eines menschenwürdigen Daseins seiner Bürger zu sorgen habe.[86]

Sozialhilfe wird hierzulande gewährt, damit niemand betteln – und das heißt sich vor anderen erniedrigen und entwürdigen – muß. Doch was alles zu einem menschenwürdigen Dasein gehört, läßt sich mit Hilfe des vagen Würdebegriffs nicht eindeutig bestimmen. Noch vor wenigen Jahrzehnten galt ein Farbfernsehgerät als Luxusgegenstand, heute ist er ein Sozialhilfeanspruch. Dies beweist einmal mehr, wie abhängig die konkrete Gestaltung der Würdeidee vom Stand der gesellschaftlichen Entwicklung und den wirtschaftlichen Ressourcen eines Landes ist.

Damals entstand der Sozialstaat, der – freilich abhängig

von den verfügbaren Mitteln – heute nicht einfach aufgegeben werden darf, weil die Gefahr der materiellen Verelendung des Einzelnen durch den blinden Zwang des Marktes immer besteht. Eine Sicherungspolitik gegen unverschuldete Notlagen, Arbeitslosigkeit, Krankheit, Invalidität oder Alter ist auch in Zukunft unverzichtbar. Niemand möge vergessen, wie schnell man durch Marktereignisse, Schocks von außen oder persönliche Schicksalsschläge in die Position eines Bedürftigen geraten kann. Doch außer einer Grundsicherung des Existenzminimums und der Erhaltung eines bestimmten Lebensstandards fordern viele seit Bestehen der Sozialen Marktwirtschaft eine größere Umverteilung der durch freien Leistungswettbewerb zwangsläufig entstandenen ungleichen Einkommen und Vermögen. Soziale Gerechtigkeit, so sagt man, erschöpfe sich nicht in Gleichheit vor dem Gesetz. Fürsorgeleistungen, Renten- und Lastenausgleichszahlungen, Wohnungsbauzuschüsse – eben Subventionen der unterschiedlichsten Art – sollen die Einkommensverteilung korrigieren und Kompromisse zwischen Freiheit und Sicherheit respektive Gerechtigkeit formulieren.

Hierbei habe jede in die marktwirtschaftliche Selbststeuerung eingreifende Sozialpolitik aber den Prinzipien der Subsidiarität und Konformität zu genügen. Wie bereits erläutert, besagt Subsidiarität soviel wie Selbstversorgung vor kollektiver Sicherung. Demzufolge sollen den jeweils größeren Kollektiven erst dann bestimmte soziale Aufgaben übertragen werden, wenn die kleineren gesellschaftlichen Einheiten oder die einzelnen Bürger hiermit überfordert sind. Dagegen steht das Prinzip der Konformität für eine interventionistische Sozialpolitik, die nicht störend in den wettbewerblichen Marktprozeß eingreift – also für marktgerechte Staatseingriffe. Allerdings mußten bereits Müller-Armack und Ludwig Erhard zugeben, daß solche marktkonformen Maßnahmen nur selten gelingen, selbst wenn es eine mit der Marktwirtschaft verträgliche Sozialpolitik geben sollte. Dennoch kann die Wirtschaft sogar nicht-marktkonforme Interventionen in gewissem Umfang verkraften, wenn sie floriert.

Geradezu unerträglich ist allerdings die Vorstellung, daß solche Interventionen mit das Ende des wirtschaftlichen Wachstums bedeuten könnten, von dem der Sozialstaat doch wesentlich abhängt. Freilich, Sozialkürzungen und Subventionsabbau sind problematisch, weil sie zu steigender Arbeitslosigkeit, Vertiefung der gesellschaftlichen Gräben und zur Gefährdung des sozialen Friedens beitragen. Doch ist es genauso problematisch, diese schmerzlichen Maßnahmen zu unterlassen, wenn dadurch die notwendigen Strukturanpassungen verhindert werden. Diese ermöglichen überhaupt erst eine prosperierende Wirtschaft, aus deren Füllhorn sich öffentliche Sozialleistungen und Subventionen ergießen können. Deshalb muß immer wieder neu errechnet werden, wieviel sozialen Spielraum die Wettbewerbsordnung läßt, ohne ihre wirtschaftliche Leistungsfähigkeit zu überfordern.

Subsidiarität, Konformität, Menschenwürde – das alles sind keine eindeutig operationalisierbaren Entscheidungsregeln, eher fallweise zu interpretierende Richtschnüre, die leicht zu Leerformeln werden. Ähnlich steht es mit der Idee der Sozialen Marktwirtschaft selbst – dem gesuchten ausgewogenen Verhältnis zwischen individueller Freiheit, wirtschaftlicher Leistungsfähigkeit, steigendem Wachstum und sozialem Ausgleich als Grundlage menschenwürdiger Verhältnisse. Sicherlich sind das alles wichtige Zielbestimmungen, nur lassen sich daraus weder eindeutige Reformprogramme noch Strategien für deren Umsetzung ableiten.

Fest steht allein, daß das Konzept der Sozialen Marktwirtschaft eine Verbindung von Freiheit und Sicherheit, ökonomischer Leistungsfähigkeit und sozialem Fortschritt anstrebt. Hierbei werden dem Staat weitreichende Zuständigkeiten eingeräumt für eine generelle Ordnungs- und spezielle Sozialpolitik, zu der auch die Sicherung der Chancengleichheit gehört. Besondere Sicherheits- und Umverteilungsmaßnahmen werden durch den freien Leistungswettbewerb keineswegs überflüssig, allerdings sollen sie durch Marktkonformität und Subsidiarität begrenzt bleiben. Daraus wird deutlich, selbst wenn Freiheit und sozialer Ausgleich nicht von vornherein in unüberwindlichem Gegensatz zueinander stehen, beide sind doch nur teilweise miteinander vereinbar. Erwartungsgemäß fordern darum die einen im Namen der Menschenwürde mehr Wirtschaftsfreiheit und weniger Sozialstaat, die anderen im Namen der Menschenwürde höhere Sozialleistungen und weniger Wirtschaftsliberalismus.

Die moralische Kritik am Markt entzündet sich zumeist am Prinzip des Wettbewerbs, das Rivalität, Risiko, Unsicherheit und möglicherweise Niederlage bedeutet – Herausforderungen, denen viele Menschen nicht gewachsen seien. Doch wird hierbei leicht übersehen, daß selbst die Verlierer im Wettbewerb oftmals noch besser dastehen, als wenn das Marktspiel gar nicht gespielt würde.

Die wirtschaftsliberalen Kritiker des Sozialstaats sehen sich dagegen gerne als Opfer staatlicher Umverteilungspolitik. Sie bewerten gewöhnlich die zu hohen Steuerlasten als unannehmbaren Eingriff in persönliche und wirtschaftliche Freiheitsrechte und verkennen, daß auch sie vom Sozialstaat profitieren, der ja nicht nur Kompensationen für wirtschaftliche Risiken bereithält, sondern darüber hinaus für sozialen Frieden sorgt. Aber weder der Markt noch der Sozialstaat ist ein Selbstzweck, sondern beide sind instrumental gerechtfertigt als Mittel zur Lösung gesellschaftlicher Kooperationsprobleme und zur Herstellung menschenwürdiger Zustände.

Heute hat der in den letzten Jahrzehnten stetig gewachsene Sozialstaat, den man deshalb auch Wohlfahrtsstaat nennt, die Grenzen seiner Finanzierbarkeit erreicht. Viele Wirtschaftsexperten vertreten sogar die Auffassung, daß das dicht geknüpfte Sozialnetz die Leistungsfähigkeit der Marktwirtschaft beeinträchtige, deren Dynamik bremse und so – ungewollt – genau das Fundament gefährde, auf dem die Prinzipien der sozialen

Sicherheit und Gerechtigkeit gründeten. Sie befürchten, daß die hohen Abgaben den Leistungswillen der Bürger, welche ihre materielle und soziale Lage zu verbessern suchten, zerstören könnten. Darüber hinaus beanstanden sie die Entmündigung des Bürgers durch die mittlerweile unübersichtlichen Bürokratien des Wohlfahrtsstaats, welche den Einzelnen zu sehr aus ihrer Selbstverantwortung entließen. Damit zusammenhängend sehen sie die Gefahr einer Anspruchsinflation heraufziehen, die zu einem reinen Versorgungsdenken führe, dessen Kehrseite nachlassende Leistungsbereitschaft, wenn nicht gar Leistungsverweigerung sei.

Zu alledem schwäche das hohe Maß an staatlichen Interventionen, Subventionen, Protektionen, Transferzahlungen und Reglementierungen die wirtschaftliche Dynamik und stünde im Widerspruch zu einer angebotsorientierten Wirtschaftspolitik. Diese strebt einen weitgehend deregulierten Markt an, überzeugt davon, daß Unternehmen erst dann produzieren, wenn die Kosten für Arbeit und Kapital niedrig genug sind. In diesem Zusammenhang verdient ein wichtiger Begriff der politischen Ökonomie besondere Beachtung: »rent-seeking«, den man wohl am besten mit Privilegiensuche übersetzt. Pauschal und überzogen formuliert, verlangen heute fast alle Wirtschaftsgruppen vom Staat sie begünstigende Privilegien, das heißt Interventionen zu ihren Gunsten – ob Steuervorteile, direkte Subventionen, Preisstützungen, Prämien, eben Sonderbehandlungen der unterschiedlichsten Art, obgleich sich die Marktwirtschaft doch als privilegienfreie Wettbewerbsordnung von Rechtsgleichen versteht. Aber wie viele Aktionen der Wirtschaftsverbände, Großunternehmen und einzelner Berufsgruppen sind nach wie vor erfolgreich bei der Beschaffung wettbewerbsbeeinträchtigender Begünstigungen! Möglich werden sie vor allem durch die guten Kontakte der Sonderinteressensvertreter zu den politischen Entscheidungsträgern, aber auch durch finanzielle Zuwendungen an Parteien und Einzelpersonen, durch Zusage von Wählerstimmen oder Androhung ihres Entzugs.

Gerade letzteres offenbart ein grundsätzliches Problem der Demokratie, zu der es dennoch keine Alternative gibt. Mit sozial- und verteilungspolitischen Interventionen und der Gewährung von Sondervorteilen lassen sich bekanntlich mehr Wählerstimmen fangen als mit ordnungspolitischen Maßnahmen, selbst wenn sie längerfristig sozialere Auswirkungen haben sollten als jene kurzfristigen Markteingriffe, die notwendige Innovationen und Anpassungen verzögern. Allerdings muß eine Partei an die nächste Wahl denken und an die Verwirklichung dessen, was ihnen die Meinungsforscher als die Wünsche der Wähler vortragen. Berücksichtigt sie diese nicht, wird sie nicht gewählt. Der Schlüssel zum Verständnis dieses Problems liegt in der Unterscheidung zwischen lang- und kurzfristigen Wirkungen: Durchaus sozial gemeinte Maßnahmen können längerfristig unsoziale Wirkungen hervorrufen – wie umgekehrt unsozial erscheinende Maßnahmen längerfristig zu einer neuen Wohlstandsquelle werden können. Der Konflikt zwischen Verteilung und Begünstigung auf der einen Seite und wirtschaftlicher Effizienz auf der anderen ist im Kern ein Konflikt zwischen Kurzfristdenken und Langzeitorientierung – und die kaum lösbare Aufgabe der heutigen Politik besteht darin, kurzfristig sicherheits-, arbeitsschutz- und verteilungsbezogene Ziele zu verfolgen, um überhaupt an die Macht zu kommen, längerfristig aber wachstumsorientierte Maßnahmen zu ergreifen, um erfolgreich an der Macht zu bleiben. Die Lösung dieses Problems liegt wieder irgendwo in der Mitte; aber wo, das ist mehr eine Frage finanz- und wirtschaftspolitischer Berechnung als philosophischer Betrachtung.

Dazu kommt ein Grundübel der heutigen Bildung: das mangelnde Verständnis vieler Bürger für die Funktionsweise des Marktes: Mit allerlei Wissen vollgestopft, verlassen die Jugendlichen die Schule; wie jedoch das Marktwirtschaftssystem funktioniert, dessen Glieder sie sind und von dessen Erfolg mit ihr Lebensschicksal abhängt, das haben sie in der Regel nicht gelernt. Aber selbst wenn es anders wäre, würden die Betriebe und die Wirtschaftszweige, die einmal in den Genuß von Subventionen und anderer staatlicher Privilegien gekommen sind, deren Wiederaufhebung vermutlich als eine Art Enteignung empfinden, und die Bürger jeden Einschnitt ins soziale Netz zur Konsolidierung der öffentlichen Haushalte, zum Abbau der hohen Staatsverschuldung, der zu hohen Steuer- und Abgabelasten als sozial ungerecht verurteilen, auch wenn diese Maßnahmen längerfristig zu mehr sozialem Ausgleich beitragen sollten. In dieser Frage sind die Menschen nur teilweise belehrbar, weil sie im Zweifelsfall lieber mehr als weniger haben möchten – und das so bald wie möglich, da sie ja heute leben. Schon aus diesem Grund darf man ihnen keine falschen Versprechen machen. Sicherlich schlagen hohe Wellen der Sympathie großzügigen Zusagen entgegen, doch folgen ihnen noch höhere Wogen der Enttäuschung, Entrüstung und des Mißtrauens auf dem Fuße, wenn sie unerfüllt bleiben. Gerade weil es den Menschen schwerfällt, Einschränkungen an bislang erfüllten Ansprüchen zu akzeptieren, ist es wichtig, unliebsame Wahrheiten, mit denen sie leben müssen, offen auszusprechen. Jedenfalls scheint der Anpassungsdruck, der von der Globalisierung der Märkte ausgeht, eine Reihe unpopulärer Schritte zu erzwingen.

Globalisierung und Standortnachteile

Globalisierung ist ein Schlagwort unserer Zeit und steht für die Hoffnung, durch offenen Austausch mit anderen Volkswirtschaften hohe Wohlstandsgewinne zu erzielen. Allgemein versteht man unter Globalisierung die weltweit zunehmende Vernetzung der Handels- und Finanzmärkte, den gestiegenen Austausch von Waren, Dienstleistungen und Kapital. Zu den wichtigsten Faktoren, die den Prozeß der Globalisierung antreiben, gehören die zahlreichen Innovationen im Bereich der Mikroelektronik, Telekommunikation und der Methoden zur

Gewinnung, Speicherung und Übertragung von Informationen, die heute in Sekundenschnelle an jeden Ort der Erde gelangen können. Hinzu kommt die wachsende Vereinheitlichung technischer Normen, die Schaffung eines globalen Finanzmarktes und der weltweite Abbau von Handelsschranken zunächst durch Allgemeine Zoll- und Handelsabkommen (General Agreement on Tarifs and Trade: GATT) und seit 1995 im Rahmen der Welthandelsorganisation (World Trade Organization: WTO). Ziel war und ist die allmähliche Aufhebung mengenmäßiger Handelsbeschränkungen und zollartiger Handelshemmnisse. Mit dem Ende solch protektionistischer Abschottung der Wirtschaft geht die Entstehung neuer regionaler Binnenmärkte einher, wie etwa der Europäischen Union und der Nordamerikanischen Freihandelszone zwischen USA, Kanada und Mexiko (NAFTA).

Durch die so entstandene Weltwirtschaft, in der Güter und Dienstleistungen ohne große Hürden überallhin verkauft oder von überallher eingekauft werden können und das Geld von fast allen staatlichen Fesseln und Grenzen befreit ist, haben sich die nationalstaatlichen Einflußmöglichkeiten auf die Wirtschaft deutlich verringert. Die Hauptakteure der Weltökonomie sind transnationale Unternehmen geworden, die bei ihrer Suche nach billigen Steuer- und Produktionsstandorten sowie günstigen Infrastrukturen die verschiedenen Staaten gegeneinander ausspielen können. Offenbar setzt die Globalisierung nicht nur die Unternehmen stärker als je zuvor weltweiter Konkurrenz aus, sondern auch die Staaten, zwischen denen sich in zunehmendem Maße ein Standortwettbewerb entwickelt hat. Um als Standort für Direktinvestitionen transnationaler Unternehmen attraktiv zu sein, sind besondere Infrastrukturangebote notwendig, dürfen Löhne und Steuern nicht zu hoch ausfallen und nicht zu viele staatliche Regulierungen existieren. Bekanntlich bevorzugen multinationale Unternehmen in ihrer Investitions lanung wachstumskräftige Länder mit niedrigen Steuersätzen und guter Infrastrukturausstattung. Am liebsten lassen sie sich in Ländern mit geringen Lohnkosten, minimalen Umweltauflagen, niedrigen Steuersätzen sowie wenig ausgeprägten sozialen Sicherungssystemen nieder. Besonders arbeitsintensive Tätigkeiten, die geringqualifizierte Arbeitnehmer ausführen können, werden darum gerne in sogenannte Niedriglohnländer verlagert.

Da in Deutschland die Direktinvestitionen ausländischer Firmen seit geraumer Zeit rückläufig sind und die Bundesrepublik trotz aller Erfolge als Verlierer im internationalen Standortwettbewerb dasteht, wird seit Jahren heftig darüber diskutiert, ob und wieweit unsere hohen Sozialstandards, die Steuerlast, die ökologischen Schutzvorschriften, die Löhne und eine zu starke Regulierungsdichte – bis in den Bereich des Arbeitsrechts mit zu weitreichenden Kündigungsschutzbestimmungen – im globalen Wettbewerb hinderlich sind. In diesem Zusammenhang wird immer wieder eine größere Liberalisierung oder Deregulierung gefordert, wodurch jedoch viele den Sozialstaat gefährdet sehen.

Sicherlich werden unsere sozialen Sicherungssysteme auch künftig noch in der Lage sein, Hunger und Elend von den Menschen abzuwenden, deren materiellen Absturz zu verhindern. Das ist, ohne Frage, nicht wenig; nur, ist es darum schon genug? Notlinderung ohne Zukunftsperspektive ist ein grundsätzliches Problem, in einer Wohlstandsgesellschaft wie der unsrigen zumal. Da glaubt man, Achtung und Schutz der Menschenwürde verlangten mehr als nur die staatliche Gewährleistung eigenverantwortlicher Freiheit in privater, politischer oder wirtschaftlicher Beziehung, mehr als nur die Gewährung eines Existenzminimums, das über Notlagen hinweghilft. Achtung und Schutz der Menschenwürde bedeuten für viele ebenso, daß der Staat seinen Bürgern eine am allgemeinen Lebensstandard gemessene Lebensqualität bietet. Trotzdem glaubt ein Großteil der Wirtschaftsexperten, daß die Lohnnebenkosten, Unternehmenssteuern und Sozialstandards gesenkt werden müßten. Die Gegner solcher Politik sprechen in diesem Zusammenhang von sozialer Abwärtsspirale, von Wettlauf nach unten, bei dem soziale Errungenschaften ausgehebelt und die Ungleichverteilung der Einkommen weiter verschärft würden.

Tatsächlich ist das der Preis, den Großbritannien und die USA für ihre raschen Strukturanpassungen zahlten. In der anglo-amerikanischen Wirtschaft ist die Arbeitslosenquote zwar deutlich niedriger als bei uns, dafür aber ist das Realeinkommen der Durchschnittsverdiener spürbar gesunken und die Schere zwischen den Löhnen hochqualifizierter und wenig qualifizierter Arbeitskräfte merklich auseinandergegangen. Letztere mußten Verluste in Form stagnierender oder sinkender Reallöhne hinnehmen, von vornherein mit begrenzten Arbeitsverträgen und einem weitgehend deregulierten Arbeitsmarkt rechnen. Auf zentraler Ebene ausgehandelte Mindestlöhne, restriktive Kündigungsschutzgesetze und rechtlich garantierte Abfindungs- und Sozialplanansprüche gibt es in diesem Umfeld kaum. So blieben die dortigen Unternehmen in den letzten Jahren flexibel und konnten sich zügig und kostengünstig an häufig auftretende Datenänderungen anpassen. Die Schattenseite hiervon ist der eindeutige Einkommensrückgang, der Sozialabbau oder erst gar nicht betriebene Sozialaufbau, eine erhöhte Kriminalität – kurzum: die Bedrohung des sozialen Friedens. Allerdings bleibt dieser auch dann gefährdet, wenn man alles beim Alten läßt – mit der Folge hoher Arbeitslosigkeit. Demnach ist Hungerlohn oder Arbeitslosigkeit eine schlechte Alternative, welche die Staaten eines Tages in eine tiefe Legitimationskrise führen könnte, denn die Politik hat doch nur solange die Mehrheit der Bevölkerung hinter sich, wie sie Frieden, Freiheit und soziale Sicherheit als allgemeines Staatsziel verfolgt. Die Menschenwürde als Gestaltungsauftrag nimmt Maß daran.

Die Situation ist vertrackt: Ein Staat scheint ein dichtes soziales Netz nur dann knüpfen und aufrechterhalten zu können, wenn seine Industrie, Dienstleistungen, Wissensressourcen produktiver sind als deren Konkurrenten, und dies scheint wiederum nur unter der Bedingung möglich zu sein, daß der Sozialstaat ein wenig beschnitten und die Wirtschaft stärker dereguliert wird. So verstanden wäre unser Sozialstaat nur durch Verkleinern möglich – Sozialabbau gewissermaßen als soziale Aufgabe, da nur ein soziales Netz, das auch hält, den Einzelnen halten kann. Allerdings sollte man sich von der Illusion befreien, dieses Ziel ließe sich hierzulande ohne weiteres erreichen. Tatsächlich muß ein an der Idee der Menschenwürde orientiertes Denken auf Sozialpflichten und Korrekturen der vom Markt erzeugten Verteilung von Einkommen und Chancen bestehen. Aber über die verständliche Sorge für die Schwachen dürfen nicht die wohlstandsfördernden Effekte der marktwirtschaftlichen Expansion übersehen werden. Angesichts dieser schwierigen Situation ist es geradezu tröstlich zu wissen, daß wir sowieso keine Chance haben, aus dem weltweiten Kostenwettbewerb als Sieger hervorzugehen, denn Billiglohnländer können wir nicht unterbieten, mögen wir die Lohnkosten und Steuern noch so sehr senken.

Angesichts dieser schwierigen Lage setzen einige auf europaweit, wenn nicht gar weltweit einheitliche Regelungen, also einen politisch gesetzten globalen Ordnungsrahmen für den Markt. Sie streben internationale Zusammenarbeit im Kampf um Mindestlöhne, standardisierte Sozialleistungen, Mindeststeuern auf Kapital und Unternehmen an. Es ist klar, daß solche einheitlichen Regelungen auf dem Niveau der fortgeschrittenen Sozialstaaten deren Wettbewerbsfähigkeit stärken, in gleicher Weise aber die weniger entwickelter Länder schwächen und deren Aufholprozeß beeinträchtigen würde. Daher finden solche Vorschläge bei diesen wenig Beifall.

Will man weniger qualifizierte Arbeiten in Hochlohnländern halten, ohne das Lohnniveau drastisch zu mindern, scheint dies nur durch die Anwendung effektiverer Herstellungsverfahren – das heißt durch Vergrößerung der Stückzahl je Arbeitsstunde – möglich zu sein. Nur so ist es jedenfalls denkbar, daß trotz hoher Löhne die Lohnstückkosten gering bleiben.

Aber auch unabhängig davon operieren die meisten internationalen Unternehmen noch immer hauptsächlich innerhalb eines Wirtschaftsblocks, weil sie in diesen Märkten verankert sind, dort ihre Zulieferfirmen und Handelspartner haben und hohe Gebäude- und Maschineninvestitionen nicht beliebig in lohngünstigere Länder verfrachtet werden können. Trotzdem kommen transnationale Unternehmen nicht umhin, Ausweichmöglichkeiten in Betracht zu ziehen, wenn der gewählte Standort ihre Konkurrenzfähigkeit gefährdet.

Die beste Standortsicherung allerdings liegt in der Entwicklung hochwertiger Technologiegüter und komplexer Dienstleistungsangebote, die Niedriglohnländer mit ungelernten Arbeitern nicht bieten können. Bei vielen Experten herrscht mittlerweile Übereinstimmung, daß wir uns mehr auf einen Innovationswettbewerb als auf den Kostenwettbewerb konzentrieren sollten. Es komme bei der Entwicklung und Herstellung hochwertiger Güter hauptsächlich darauf an, zu den Ersten zu zählen – Vorteile gewissermaßen durch Vorsprünge zu erzielen. Damit aber steigen die qualifikatorischen Anforderungen an die Arbeitnehmer, von denen ein hohes Maß an Kreativität, Flexibilität und Motivation verlangt wird, die Bereitschaft zu ständiger Weiterbildung und Anpassung an neue Herausforderungen, wozu die Fähigkeit gehört, möglichst schnell, ohne große Umwege, auf immer vielfältigere Kundenwünsche zu reagieren.

Bisher sind zahlreiche Arbeitsplätze in den Industriestaaten durch Technologisierung und Globalisierung verlorengegangen. Vollautomatische Maschinen oder ungelernte Arbeitskräfte in Billiglohnländern haben die entsprechenden Tätigkeiten übernommen. Gleichzeitig ist in den Industrienationen vor allem im Bereich der Bio-, Informations- und Kommunikationstechnologie ein neuer, ständig wachsender Arbeitsmarkt entstanden, in dem verstärkt Arbeitskräfte mit hoher Qualifikation nachgefragt werden; dagegen geht der Bedarf an geringqualifizierten Arbeitskräften immer weiter zurück. Diese bleiben die Verlierer der Globalisierung und Technologisierung, durch die nicht nur viele Arbeitsplätze der Industrie, sondern sogar aus dem Dienstleistungsbereich hochwertigen Maschinen zum Opfer fallen.

Schon lange drängt sich in diesem Zusammenhang die bange Frage auf, ob die Menschen dem ständig beschleunigten Wirtschaftswandel überhaupt gewachsen sind oder ob sie zu viele Beschädigungen durch ihn erleiden – ob die von ihnen immer wieder geforderten Strukturanpassungen sie schlicht überfordern. Nie sollten wir übersehen, daß wir alle höchst zerbrechliche Wesen mit endlicher Lebenskraft sind.

Dabei ist höchst zweifelhaft, ob mit technologischen Innovationen das Arbeitslosenproblem wirklich in Griff zu bekommen ist, bleibt der Bedarf an hochqualifizierten Mitarbeitern doch begrenzt; eine wirklich überzeugende Lösung dieses Problems ist bislang nicht in Sicht. Eine nachfrageorientierte Wirtschaftspolitik, für die der Name John Maynard Keynes steht, die durch Niedrigzins und staatliche Investitionen Nachfrageschübe auszulösen hofft, die Kettenreaktionen bewirken und so unter anderem die Arbeitslosigkeit überwinden, funktioniert unter den Bedingungen einer globalisierten Wirtschaft schon deshalb nicht, weil die Bürger als »global players« in erster Linie preisgünstige, nicht aber unbedingt einheimische Güter kaufen. Vielleicht lassen sich mehr Arbeitsplätze durch Umwandlung von Vollzeitjobs in Teilzeitjobs schaffen; einige Beispiele hierfür gibt es bereits. Doch abgesehen von der schwierigen Frage, welche Tätigkeiten überhaupt teilbar oder so komplex sind, daß durch deren Teilung wieder hohe Kosten entstehen, kann und will es sich ein Großteil der Arbeitnehmer nicht leisten, weniger zu arbeiten, und ein Großteil der Arbeitgeber kann es sich nicht leisten, den Teilzeiten die Einbußen bei Lohn und Rente auszugleichen. Die besten Chancen liegen immer noch im Bereich der Innovation. Nutzen wir diese, können wir aus der politisch gewollten Globalisierung hohe wirtschaftliche Vorteile ziehen und den Verlierern entsprechende Hilfestellungen leisten, ob durch steuerfinanzierte Weiterbildungsmaßnahmen, staatlich geförderte Arbeitsbeschaffung, vielleicht auch -teilung, oder gegebenenfalls durch Gewährung ausreichender Sozialhilfe.

Achtung der Menschenwürde – ein Standortnachteil? Achtung der Menschenwürde im Sinne der Gewährleistung liberaler Freiheitsrechte, der eigenverantwortlichen Selbstversorgung auch in wirtschaftlicher Hinsicht, ist sicherlich kein Standortnachteil, eher schon ein Vorteil. Dagegen kann die Achtung der Menschenwürde im Sinne der Gewährleistung politischer Teilhaberrechte, der Mitverantwortung der Bürger auch an der Wirtschaftspolitik, sich durchaus als ein Standortnachteil herausstellen, wenn das Volk sich mehrheitlich für ein Wirtschaftsprogramm entscheidet, das verteilungs- und arbeitsschutzbezogene Maßnahmen wirtschaftlichen Wachstumszielen überordnet mit der Konsequenz steigender Staatsverschuldung und Steuerlast. Gleichfalls kann Achtung der Menschenwürde im Sinne der Gewährleistung sozialer Wohlfahrtsrechte zu einem Standortnachteil werden, wenn bei sinkenden wirtschaftlichen Erträgen die sozialen Leistungen weiter steigen, schlimmer noch, die wirtschaftlichen Erträge aufgrund steigender sozialer Leistungen sinken.

Hier wie sonst gilt es eben einen Mittelweg zu finden, Sozialkürzungen und Subventionsabbau soweit wie nötig durchzuführen, das heißt ohne einerseits soziale Sicherheit und sozialen Frieden zu gefährden, andererseits die Wettbewerbsfähigkeit aufs Spiel zu setzen. Daß dies eine Gratwanderung in Zeiten knapper Kassen ist, bedarf keiner weiteren Erläuterung.

Recht auf Arbeit und Eigentum

Der Ausdruck Rechtsstaat ist ein schwer faßbares, äußerst vielschichtiges Wort; das Grundgesetz gibt hiervon keine genaue Definition – ebensowenig wie vom Begriff Sozialstaat. Nur soviel steht fest: Rechtsstaat bedeutet einmal, daß der Staat im Umgang mit seinen Bürgern Rechtsregeln unterworfen ist und sich an die verfassungsmäßige Ordnung halten muß, die sich zu den allgemeinen Menschenrechten bekennt, wie sie die Vereinten Nationen 1948 verkündeten. Das heißt, Regierung, Parlament, Verwaltung und Gericht sind an Recht und Gesetz gebunden und dürfen nicht dagegen verstoßen; staatliche Willkür bleibt auf diese Weise ausgeschlossen. Dann meint Rechtsstaat selbstverständlich auch Anerkennung liberaler Freiheitsrechte und politischer Teilhaberrechte, Rechtsgleichheit, Gewaltenteilung, Volkssouveränität und nicht zuletzt Unabhängigkeit der Justiz. Dazu gehört einerseits eine unparteiische Rechtsprechung, neutrale Richter, die sich nicht von persönlichen Wünschen leiten lassen, sondern ausschließlich den Weisungen des Gesetzes folgen; andererseits die Möglichkeit für den Einzelnen, sich vor Gericht zum eigenen Fall zu äußern, sowie die Garantie, daß bloß die Tat bestraft wird, deren Strafbarkeit zuvor bereits feststand. Nur so gibt es Rechtssicherheit und damit verbunden die Möglichkeit, daß der Einzelne ein Gericht anrufen kann, falls er sich durch staatliche Zwangsmaßnahmen in seinen Rechten verletzt fühlt.

Rechts- und Sozialstaat bilden in inhaltlicher wie in grundsätzlicher Beziehung keinen Widerspruch, wenn auch zugegeben werden muß, daß zwischen den Grundrechten auf Freiheit und Eigentum einerseits, Gleichheit und Sicherheit andererseits Konflikte bestehen. Es ist schwierig, einen Ausgleich zwischen dem liberalen und sozialen Pol herzustellen; deshalb bringen es beide nur zu einer unbequemen Partnerschaft. Immer wieder drängt sich in diesem Zusammenhang die Frage nach der Gemeinwohlpflicht von Freiheit und Eigentum auf, ebenso wie dic umgekehrte, welche Lasten im Namen der sozialen Gerechtigkeit und Sicherheit dem Einzelnen auferlegt werden dürfen. Diese Fragen müssen jedes Mal aufs neue beantwortet und ausbalanciert werden, wodurch einmal mehr deutlich die spannungsvolle Beziehung der sich einander ergänzenden liberalen und sozialen Grundrechte deutlich wird. Allerdings sollte man das nicht beklagen, spiegelt sich doch darin die Grundsituation des Menschen wider, der einerseits frei über sich selbst bestimmen möchte, andererseits schon immer mit anderen zusammenlebt, die auf seine Hilfe ebenso angewiesen sind wie er auf ihre. Auffälligerweise ist in den letzten Ausführungen nur noch wenig die Rede von Menschenwürde gewesen, und doch beschreiben gerade sie die Voraussetzungen dafür. In einer pluralistischen Gesellschaft mit zunehmend naturwissenschaftlichem Weltbild ist Menschenwürde lediglich als Gestaltungsauftrag vorstellbar, was nach den vorherigen Darlegungen soviel heißt wie Gewährleistung größtmöglicher Freiheit, Gleichheit und Sicherheit – drei Rechtswerte, die, wie sich gezeigt hat, in einem gespannten Verhältnis zueinander stehen.

Aus diesem Grund geht der gewaltenteilende, demokratische Verfassungsstaat einen mittleren Weg zwischen absoluter Freiheit, die sich ebenso auf die Gemeinschaft wie für den Einzelnen nachteilig auswirken würde, und absoluter Bevormundung, welche jede freie Entfaltung im Keim erstickt. Mit anderen Worten, man sucht ein Drittes zwischen einem Liberalismus, der dem Einzelnen erlaubt, auf Kosten anderer glücklich zu werden, und einem Sozialismus, der persönliche Freiheit einem zentralistisch verwalteten Gemeinnutz unterordnet in der vergeblichen Hoffnung, daß Einzel- und Gemeinwille sich einmal völlig decken werden.

Diese unaufhebbare Spannung zwischen den liberalen Freiheitsrechten, politischen Teilhaberechten und sozialen Wohlfahrtsrechten tritt auch in der *Allgemeinen Erklärung der Menschenrechte* zutage, die sowohl ein Verzeichnis liberaler und politischer Rechte enthält, das Recht auf Leben eingeschlossen, wie einen Katalog wirtschaftlicher, sozialer und kultureller Rechte, das Recht auf Gesundheitsfürsorge inbegriffen. Noch deutlicher aber tritt diese Spannung aus dem *Internationalen Pakt über bürgerliche und politische Rechte* und dem *Internationalen Pakt über wirtschaftliche, soziale und kulturelle Rechte* hervor, beide verabschiedet 1966 von der Generalversammlung der Vereinten Nationen. Gewichtet ersterer stärker die liberalen und politischen Menschenrechte, betont letzterer die sozialen Leistungsrechte. Doch unterscheiden sich beide Pakte nicht nur inhaltlich voneinander, sondern auch geltungsmäßig, mögen sie sonst ranggleich nebeneinander stehen.

Der Bürgerrechtspakt gilt vorbehaltlos und fordert darum von allen Mitgliedstaaten, »die in diesem Pakt anerkannten Rechte zu achten und sie allen in ihren Gebieten befindlichen und ihrer Herrschaftsgewalt unterstehenden Personen [...] zu gewährleisten« (Art. 2 Abs. 1). Der Sozialrechtspakt gilt dagegen eingeschränkt, denn er verpflichtet die Vertragsstaaten lediglich dazu, »unter Ausschöpfung aller ihrer Möglichkeiten Maßnahmen zu treffen, um nach und nach mit allen geeigneten Mitteln, vor allem durch gesetzgeberische Maßnahmen, die volle Verwirklichung der in diesem Pakt anerkannten Rechte zu erreichen« (Art. 2 Abs. 1). Diese Rechte mit ihrer Vision von einer Welt ohne Armut und Not bilden kein unmittelbar geltendes, gerichtlich einklagbares Recht, da ihre Verwirklichung von wirtschaftlichen Ressourcen abhängt, die nicht einfach als gegeben vorausgesetzt werden dürfen. Aus diesem Grund hat der Sozialrechtspakt auch mehr den Charakter eines politischen Programms, das sich nur schrittweise im Rahmen der jeweiligen wirtschaftlichen Möglichkeiten verwirklichen läßt. Nach wie vor sind die ärmsten Länder der Welt weit davon entfernt, ihren Bürgern elementare soziale Sicherheiten und Wohlfahrtsdienste wie ärztliche Versorgung bieten zu können. Anders verhält es sich mit den liberalen und politischen Menschenrechten, welche die Bürger vorrangig von ihrer Angst vor der Staatsmacht befreien wollen. Diese Rechte gelten absolut, weil deren Realisierung nicht so sehr an die Verfügbarkeit wirtschaftlicher Ressourcen geknüpft ist und so ein aktives Eingreifen des Staates kaum erfordert. Denn sie beziehen sich hauptsächlich auf die Freiheit des Einzelnen, die sich dadurch gewährleisten läßt, daß der Staat seinen Bürgern individuelle

Gestaltungsräume zuerkennt. Der Schutz dieser Rechte ist ohne größere finanzielle Aufwendungen zu erreichen, weshalb der Bürgerrechtspakt unbedingt gilt.

Ursprünglich sollte es 1966 bloß eine völkerrechtlich bindende Konvention geben. Dieses Projekt scheiterte aber am damaligen Ost-West-Gegensatz. Der Westen setzte sich stärker für liberale und politische Rechte ein, der Osten mehr für soziale. Auf diese Weise entstanden zwei Konventionen: der Bürgerrechts- und der Sozialrechtspakt. Doch besser noch spiegeln den Grundkonflikt zwischen den ehemaligen Machtblöcken zwei bis heute höchst umstrittene Menschenrechte wider: das Recht auf Arbeit und das Recht auf Eigentum. Bis zum heutigen Tag währt der Streit, welches Recht von beiden den Vorrang besitzt, wobei gewöhnlich übersehen wird, daß jedes für sich bereits fragwürdig ist.

Das *Recht* auf *Arbeit* wurde erstmals in der Französischen Revolution gefordert, und die Verfassung der zweiten Französischen Republik vom 4. November 1848 enthält in ihrer Präambel bereits den Satz: »Ihre (d.h. der Republik) Grundlagen sind die Familie, die Arbeit, das Eigentum und die öffentliche Ordnung.« Heute steht das Recht auf Arbeit in Artikel 23 der Allgemeinen Menschenrechtserklärung und in Artikel 6 des Sozialrechtspaktes sowie Artikel 1 der Europäischen Sozialcharta. Nach Auffassung der ehemaligen Ostblockstaaten und der Afrikanischen Charta haben die Menschen jedoch nicht nur ein Recht auf Arbeit, sondern sogar die Pflicht dazu, wohingegen unser Grundgesetz den Bürgern gerade das Recht zuerkennt, »Beruf, Arbeitsplatz und Ausbildungsstätte frei [...] wählen« zu dürfen (Artikel 12); ein Recht auf Arbeit kennt es dagegen nicht.

Tatsächlich versteht sich dieses Menschenrecht keineswegs von selbst, bedenkt man, daß bereits das Wort Arbeit (lat. labor, negotium; griech. ponos) soviel wie Mühe, Last, Plage, Schmerz bedeutet. Darum wurde Arbeit bereits in Antike und Mittelalter tendenziell abgewertet. Für die alten Philosophen und den Adel, der lieber Blut als Schweiß vergoß, galt die Arbeit des Menschen als unwürdig, lästige Notwendigkeit, mitnichten aber als ein Recht. Durch das Werk seiner Hände den Lebensunterhalt bestreiten hieß, ein würdeloses Leben zu führen; ein würdevolles kannte keine Arbeit. Zu deren Aufwertung kam es erst im Laufe der Neuzeit. Jetzt sah man in der Arbeit nicht mehr nur ein Mittel zur Erzeugung der für das Leben notwendigen Güter, sondern auch eine Quelle von Wohlstand und Reichtum, zuletzt sogar eine Möglichkeit der Selbstverwirklichung und Daseinsfreude. Der Begriff Arbeit erhielt einen positiven Klang. Dementsprechend glaubten etwa Fichte, Hegel und Marx, der Mensch werde erst richtig Mensch durch Arbeit, und schufen auf diese Weise die geistesgeschichtlichen Grundlagen für die allgemeine Forderung nach einem Recht auf Arbeit – eine für die antiken und mittelalterlichen Menschen undenkbare Vorstellung.[87]

So vermag bereits ein Blick auf die abendländische Geistesgeschichte die neuzeitliche Idee der Arbeit als eines vorstaatlichen Rechts in Frage zu stellen; erst recht vermögen dies aber der weltanschauliche Neutralismus und wissenschaftliche Naturalismus, welche die Existenz überpositiver Rechte grundsätzlich bestreiten. Arbeit ist kein angeborenes Menschenrecht, obwohl sie zur Sicherung der Menschenwürde notwendig zu sein scheint, denn sie steht für Bedürfnisse, deren Erfüllung ein menschenwürdiges Dasein voraussetzt – etwa satt zu essen zu haben, das Gefühl, für sich selbst sorgen zu können, sich frei entfalten zu dürfen, gesellschaftliche Anerkennung zu genießen. Doch kann in einer Gesellschaft, die das Eigentum an Produktionsmitteln und damit die Verfügung über Arbeitsplätze weitgehend in privater Hand beläßt, Arbeit nur ein Verfassungsgrundsatz, aber kein Leistungsanspruch sein, und wenn Jeremy Rifkin[88] recht hat, dann wird die Wirtschaft, die in den letzten 150 Jahren der Technologie- und Industrieentwicklung die Arbeitsproduktivität um etwa das Zwanzigfache erhöht hat, künftig immer weniger Arbeitsplätze benötigen. »Arbeit zu haben ist [schon] heute faktisch ein Privileg. Hunderte von Millionen arbeitsfähiger und erwerbsarbeitswilliger Menschen auf der Welt haben keinen regulären Job. Über dieses erschreckende Faktum kann man nicht einfach zur Tagesordnung übergehen und die Arbeitslosen auf die nächste Konjunktur vertrösten.«[89] Genaugenommen ist es ist mit der Idee der Menschenwürde als Gestaltungsauftrag unvereinbar, daß Frauen und Männer, nur weil sie keine Arbeit finden, ihre Familien nicht mehr versorgen können oder jede »schmutzige« Arbeit annehmen müssen, um zu überleben. Hier werden künftig neue Arbeits- und Wohlstandsmodelle gefragt sein.

Um menschenwürdige Verhältnisse zu erreichen, müssen auch humane Arbeitsbedingungen geschaffen werden, die man in weiten Teilen der Welt allerdings noch völlig vergeblich sucht. In der sozialistischen Planwirtschaft bekam jeder einen Arbeitsplatz zugewiesen; ein Recht auf freie Berufswahl hatte man jedoch nicht. In der sozialen Marktwirtschaft herrscht dagegen Berufsfreiheit, jeder muß sich aber um seinen Arbeitsplatz selbst kümmern. Nicht einmal der reichste Staat mit blühender Wirtschaft kann heute garantieren, daß alle Bürger einen Arbeitsplatz finden und daß sie genau den bekommen, den sie wollten. Am wenigsten kann der Staat das in einer Zeit, in der die Löhne der eigenen Arbeiter am Weltmaßstab gemessen unverhältnismäßig hoch sind, so daß die gleichen Leistungen zu einem Bruchteil der Kosten anderswo ausgeführt werden können. Da drängt sich notwendigerweise die Frage auf, wie viele Arbeitsplätze man zu welchen Lohnbedingungen schaffen und erhalten kann, ohne im Wettbewerb zurückzufallen. Natürlich kann dies hier nicht beantwortet werden; vor Ort sei lediglich festgehalten, daß Arbeit, so wichtig sie auch für ein menschenwürdiges Dasein zu sein scheint, kein überpositives Menschenrecht darstellt und daß die Sozialpolitik eines Landes grundsätzlich vom Stand der ökonomischen Entwicklung und den jeweils verfügbaren Ressourcen abhängt. Das ist der Grund, weshalb der Sozialrechtspakt nicht vorbehaltlos gilt und warum darin nur die Forderung erhoben wird, die aufgezählten Rechte nach und nach zu verwirklichen.

Wie das Recht auf Arbeit ist das *Recht auf Eigentum* kein angeborenes Menschenrecht, sondern gleichfalls eine Kulturschöpfung, mag auch immer wieder das Gegenteil davon zu lesen sein. So lautet Artikel 17 der *Allgemeinen Erklärung der Menschenrechte*: »Jedermann hat das Recht, allein oder in Gemeinschaft mit anderen Eigentum zu haben. Niemand darf willkürlich seines Eigentums beraubt werden.« Ähnliches steht in Artikel 14 des *Grundgesetzes*, in dem allerdings die freie Verfügungsmacht des Einzelnen über sein Eigentum eingeschränkt wird. Merkwürdigerweise erscheint das Recht auf Eigentum weder im Sozialrechtspakt noch im Bürgerrechtspakt von 1966; beide wahren tiefes Schweigen darüber, was mit der ablehnenden Einstellung der damaligen Ostblockstaaten gegen Privateigentum zusammenhängt.

Wie ausgeführt,[90] begründete man in der Neuzeit dieses Recht mit der sogenannten Arbeitstheorie, die von John Locke stammt. Dessen Ansicht nach erwirbt der Einzelne vorstaatlichen Besitzanspruch durch Bearbeitung natürlicher Ressourcen. Auf die Schwierigkeiten dieser Theorie wurde bereits hingewiesen. Dabei hat sich gezeigt, daß im Zeitalter des weltanschaulichen Neutralismus und wissenschaftlichen Naturalismus die Vorstellung eines überpositiven Rechts auf Privateigentum keine Plausibilität mehr besitzt. Schon *Pascal* notierte: »Alle Tätigkeit der Menschen müht sich um Besitz, aber sie wissen nicht, woher sie den Rechtstitel nehmen sollen, um zu beweisen, sie besäßen ihn zu Recht.«[91] Mit *Brocker* gesprochen, Eigentum ist heute nur noch als Vertrag zwischen den Menschen denkbar, »die sich den Gebrauch der Sachen wechselseitig zugestehen und damit ein Recht zum Gebrauch allererst erzeugen.«[92] Solche Vereinbarungen sind sinnvoll, da Eigentum dem Einzelnen Sicherheit und Unabhängigkeit gibt, die Möglichkeit zu freier Entfaltung sowie Anteil an der Sozial- und Wirtschaftsgestaltung. Zusätzlich stellt das Recht auf

Eigentum einen Leistungsansporn für Arbeit- und Unternehmer dar. Allerdings hat die Idee der Sozialbindung des Eigentums gleichfalls ihre Berechtigung, weshalb die Frage, wie weit der Staat in Privatbesitz zum Wohle der Allgemeinheit eingreifen darf, immer wieder von neuem beantwortet werden muß. In der Regel gehen größtmögliche Selbstverwirklichung und Selbstentfaltung auf Kosten von Gleichheit und Sicherheit; größtmögliche Gleichheit und Sicherheit dagegen zu Lasten der Freiheit. Da wir beides wollen, müssen wir uns stets um eine geglückte, spannungsreiche Balance zwischen Freiheit auf der einen Seite, Sicherheit und Gleichheit auf der anderen Seite bemühen. Hierbei ist nicht zu übersehen, daß, wenn der eine Bürger staatliche Leistungen empfängt, andere dafür aufkommen müssen, die dadurch wiederum in dem Maße an Freiheit verlieren, wie der Leistungsempfänger daran gewinnt – nicht nur durch die Sozialgebundenheit des Eigentums, sondern auch durch die besonderen Mitwirkungsrechte, die er besitzt.

Das alles erfordert keineswegs, die eigene Individualität aufzugeben und sich gänzlich der Gemeinschaft zu opfern. Die Spannungen zwischen persönlichen Interessen und sozialer Verantwortung, Selbsterfüllung und Gemeinwohl lassen sich, wie gesagt, niemals völlig überwinden. Sie bleiben bestehen, da beide Aspekte nur bedingt miteinander vereinbar sind. So hat einerseits jeder von uns ein Recht darauf, auf Wunsch von der Gemeinschaft in Ruhe gelassen zu werden; andererseits dürfen Achtung der Grundrechte, Engagement fürs Gemeinwohl und damit Bürgersinn niemals gegen Null gehen. Entsprechendes gilt für die Wirtschafts- und Sozialpolitik, in der es ebenfalls darauf ankommt, die Extreme ins Gleichgewicht zu bringen, das heißt eine Mitte zu finden zwischen absolutem Versorgungs- und Nachtwächterstaat, weil erst so der Einzelne in den Stand gesetzt wird, sein Dasein in menschenwürdiger Weise zu gestalten.

Anhang

Anmerkungen

Ein Wort für Sonntagsreden

1 Lepp (1980).
2 Hayek (1991), S. 6.

Kulturgeschichte der Würde

1 Vgl. Roetz (1992).
2 Spaemann (1987), S. 300.
3 Aristoteles (1975) 1123b.
4 Ebenda 1119a.
5 Cicero (1964), 1, 69.
6 Überhaupt ist »körperliche Lust nicht recht des Vorranges des Menschen würdig«; deshalb soll man diese geringschätzen. »Wenn es aber einen gibt, der etwas der Lust einräumt, so muß er in ihrem Genuß sorgsam Maß halten.« Das ganze Leben lang soll man »den Trieb der Vernunft gehorsam sein lassen«, um nicht Sklave seiner Leidenschaften zu werden. Cicero schreibt sogar, »daß die körperliche Lust der Würde des Menschen nicht entspricht und daß sie zu verachten und zurückzuweisen ist.«
7 Ebenda, 1, 90.
8 Schiller (1976), S. 404.
9 Ebenda, S. 148.
10 Ebenda, S. 150.
11 Ebenda, S. 155.
12 Ebenda, S. 156.
13 Goethe (1987), S. 58.
14 »Die Würde der Schönheit ist durch die Gesundheit der Hautfarbe zu schützen, die Farbe durch körperliche Übungen. Treiben muß man außerdem eine nicht zu auffallende und ausgesuchte Körperpflege, soweit sie eine unkultivierte und unmenschliche Nachlässigkeit zu meiden sucht. In derselben Weise ist die Kleidung zu behandeln [...]. Hüten muß man sich [überdies davor], daß man beim Gehen nicht zu lässige Langsamkeit an den Tag legt [...] oder bei Eile allzu große Schnelligkeit aufnimmt.« Eine Persönlichkeit, die gerne würdevoll genannt werden möchte, muß nach Cicero auf alles dies achten.
15 Ebenda, I, 106.
16 Ebenda, I, 107.
17 Ebenda, I, 14.
18 Ebenda, III, 27.
19 Vgl. Giese (1975).
20 Felix in Dürig (1957), S. 1028; übersetzt vom Verfasser; ähnlich sagt *Hilarius von Poitiers* in seinem Matthäuskommentar: »Was werden wir anführen bezüglich des Lebens? Die für zukünftige Handelsunternehmen bereitliegenden Tresore der Schätze der Erde, anspruchsvolle Würden- und Ruhmestitel oder alte Ahnenmarken eines eleganten Adels, glaube ich. Aber all dem müssen wir entsagen, um im Übermaß Besseres zu haben.«
21 Ambrosius in Dürig (1957), S. 1029; übersetzt vom Verfasser.
22 Theophilos in Pöschl (1989), S. 44.

23 »Die Seele zeigt ihr von der gemeinen Niedrigkeit geschiedenes königliches und erhabenes Wesen schon darin, daß sie unabhängig und selbständig ist, nach eigenen Entschlüssen selbstmächtig waltend. Wem sonst ist dies eigen wenn nicht einem König? [...] So ward die menschliche Natur, als sie zur Herrschaft über alles andere ausgestattet wurde, durch ihre Ähnlichkeit mit dem König des Alls als lebendiges Bild aufgestellt, das mit dem Urbild sowohl die Würde wie den Namen gemein hat. Zwar trägt sie keinen Purpur und deutet nicht durch Szepter und Diadem ihre Würde an – auch das Urbild hat das ja nicht – doch statt des Purpurs ist sie mit der Tugend bekleidet, was wohl von allen Gewändern das königlichste ist. Statt des Szepters stützt sie sich auf die Seligkeiten der Unsterblichkeit, statt des königlichen Diadems ist sie mit der Krone der Gerechtigkeit geschmückt. So zeigt sie sich durchaus in der Würde des Königtums als getreue Nachbildung der urbildlichen Schönheit.« In die gleiche Richtung weisen die Ausführungen des *Nemesios von Emesa:* »Wer dürfte wohl gebührend den Adel dieses Lebewesens bewundern, welches das Sterbliche mit dem Unsterblichen in sich verbindet und das Vernünftige mit dem Vernunftlosen vereint; das in seiner eigenen Natur das Bild der ganzen Schöpfung trägt [...]; das von Gott einer besonderen Fürsorge gewürdigt ist; um dessentwillen alles, das Gegenwärtige und das Zukünftige ist, um dessentwillen Gott selbst Mensch wurde.«

24 Augustinus in Pöschl (1989), S. 47.

25 Ebenda.

26 Leo in Dürig (1957), S. 1030; übersetzt vom Verfasser.

27 Galater 3, 28.

28 Antiphon in Diels (1974), B 44 B.

29 Thomas von Aquin, S.th. I, 113,2.

30 S. th. I, 42,4.

31 S. th. I, 29,3.

32 S. th. II-II, 32,5.

33 S. th. I, 29,3; ähnliches kann man bei *Alexander von Hales* lesen: »Die menschliche Person ist ein moralisches Wesen, weil Menschsein Besitz von Würde bedeutet«, und bei *Philipp dem Kanzler:* »Das Sein der Person ist sittlich und auf Würde bezogen.«

34 Thomas von Aquin S. th. III, 46,3.

35 Leo der Große in Dürig (1957), S. 1030, übersetzt vom Verfasser.

36 Ebenda, übersetzt vom Verfasser.

37 Thomas von Aquin, S. th. II-II, 141,8.

38 S. th. II-II, 145,1.

39 S. th. II-II, 142,4.

40 S. th. II-II, 63,2.

41 Vgl. Platon (1986), 726ff.

42 Vgl. Bruch (1981), S. 142.

43 Augustinus (1962), 3, 12. Denn mag »sie von ihrer Zier noch soviel eingebüßt haben, sie wird ohne Zweifel alle Körper an Würde überragen.« Selbst dem Alkoholiker gebührt darum, »ungeachtet seines Lasters, bloß auf Grund der Würde seines Wesens der höhere Rang vor jener in ihrer Art so lobenswerten Schöpfung, an der er sich in seiner Art vergangen hat.«

44 Thomas von Aquin, S. th. II, 64,2.

45 Platon (1991), 9, 586a.

46 Vgl. Bruch (1981), S. 142.

47 Lotario de Segni (1990), S. 41.
48 Homer (1968), 24, 525.
49 Simonides von Keos, Fragmente 9, 11, in: Fränkel (1993), S. 348.
50 Pindar, Pythien, in: Fränkel (1993), S. 568.
51 Ähnlich *Hiob:* »Der Mensch [...] lebt kurze Zeit und ist voll Unruhe; gehet auf und fällt ab; flieht wie ein Schatten und bleibt nicht. Deutlicher noch *Salomo:* »Kurz und ärmlich ist unser Leben, [...] wir sind zufällig entstanden, und darnach werden wir sein, als hätten wir nie gelebt. Denn Rauch ist der Hauch in unserer Nase und das Denken ein Funke beim Schlag unseres Herzens. Erlischt er, wird zu Asche der Leib, während der Odem wie bloße Luft verweht. Auch unser Name wird mit der Zeit vergessen, und niemand wird sich unserer Taten erinnern; so vergeht unser Leben spurlos wie eine Wolke und löst sich wie der Nebel auf, den die Sonnenstrahlen verfolgen und ihre Hitze niederschlägt. Nur eines Schattens Auftritt ist unsere Zeit, und unwiderruflich ist unser Ende; ist es besiegelt, kehrt keiner zurück«, wie auch *Kohelet* meint, bei dem man lesen kann: »Der Mensch besitzt keinen Vorzug vor den Tieren; denn beide sind vergänglich [...]. Beide sind aus Staub entstanden und beide kehren zum Staub zurück.
52 Vgl. Lotario de Segni (1990).
53 Petrarca (1988), S. 191ff. Weiter schreibt Petrarca: »So viele Lebewesen am Himmel, auf der Erde, im Meer, die nur zu eurem Gebrauch bestimmt sind und um einzig dem Menschen zu gehorchen erschaffen wurden! [...] Hierzu kommt: unser Leib, der sich, mag er auch hinfällig und zerbrechlich sein, dem Auge souverän darbietet und heiter und in aufrechter Haltung, die ihn zur Himmelsbetrachtung befähigt. Dazu: die Unsterblichkeit der Seele.«
54 Ebenda, S. 195.
55 Ebenda, S. 199.
56 Ebenda.
57 Ficino (1993), S. 209; vgl. Auch Kristeller (1972).
58 Pico della Mirandola (1990), S. 3.
59 Manetti (1990), S. 34.
60 Ebenda, S. 85, 81.
61 Vgl. ebenda, S. 91.
62 Petrarca (1988), S. 195.
63 Vgl. Voltaire (1969).
64 William Shakespeare, Hamlet, Akt II, Szene II.
65 Montaigne (1953), S. 432f. Weiter: »Er sieht und fühlt sich hienieden im Kot und Auswurf der Erde hausen, in den übelsten, abgestorbensten und vermodertsten Winkel des Alls ausgesetzt und angeschmiedet [...]; und geht hin und setzt sich in seiner Einbildung über den Mondkreis und macht den Himmel zum Schemel seiner Füße. Aus dem Hochmut dieser gleichen Einbildung kommt, daß er sich Gott gleichstellt, daß er sich göttliche Eigenschaften beimißt, daß er sich auserlesen dünkt und vom großen Haufen der übrigen Geschöpfe absondert.«
66 Pascal (1978), Frg. 417.
67 Ebenda.
68 Ebenda, Frg. 416.
69 Ebenda, Frg. 418.
70 Ebenda.
71 Ebenda, Frg. 347.

[72] Erasmus von Rotterdam 5, 367, in: Humanismus in Europa, S. 126.
[73] 8, 95, ebenda, S. 128.
[74] Pascal (1978), Frg. 365.
[75] Ebenda, Frg. 348.
[76] Mill (1988), S. 48.
[77] Kopernikus (1990), S. 103.
[78] Ebenda, S. 105.
[79] Ebenda, S. 73.
[80] Vgl. Blumenberg (1965); Wetz (2004).
[81] Pico della Mirandola (1990).
[82] Ebenda, S. 6f.
[83] Vgl. Platon (1974), 321.
[84] Erasmus von Rotterdam, 8, 103, in: Humanismus in Europa, S. 129.
[85] Sartre (1975), S. 25.
[86] Ebenda, S. 11.
[87] Ebenda.
[88] Jaspers (1962), S. 474.
[89] Ebenda.
[90] Pufendorf (1753), 3,2,2, übersetzt vom Verfasser.
[91] Ebenda, 1,1,4.
[92] Ebenda.
[93] Vgl. Kobusch (1993).
[94] Pufendorf (1753), 1,7,1, übersetzt vom Verfasser.
[95] Pufendorf (1744), 3,2,1, übersetzt vom Verfasser.
[96] Ebenda, 1,3,1, übersetzt vom Verfasser.
[97] Ebenda, 2,1,5, übersetzt vom Verfasser.
[98] Ebenda, übersetzt vom Verfasser.
[99] Kant (1968), Bd. 5, S. 162.
[100] Kant (1968), Bd. 6, S. 434.
[101] Kant (1968), Bd. 7, S. 119.
[102] Kant (1968), Bd. 5, S. 162.
[103] Kant (1968), Bd. 7, S. 127.
[104] Kant (1968), Bd. 5, S. 161,
[105] Ebenda, S. 102.
[106] Kant (1968), Bd. 7, S. 119.
[107] Ebenda
[108] Kant (1968), Bd. 4, S. 436.
[109] Ebenda, S. 435.
[110] Kant (1968), Bd. 6, S. 434.
[111] Kant (1968), Bd. 4, S. 434.
[112] Kant (1968), Bd. 6, S. 434f.
[113] Ebenda, S. 463.
[114] Vgl. Blumenberg (1981), S. 89; Löwith (1988), Bd. 5, S. 163.
[115] Kant (1968), Bd. 9, S. 488.
[116] Ebenda.
[117] Kant (1968), Bd. 6, S. 436.
[118] Vgl. Platon (1986), 870f.; Aristoteles (1975), 1137f.
[119] Kant (1968), Bd. 6, S. 437. Erst recht sei das »Hinknien oder Hinwerfen zur Erde, selbst um die Verehrung himmlischer Gegenstände sich dadurch zu versinnlichen, [...] der Menschenwürde zuwider«. Nur ein Leben in gegenseitiger

Anerkennung und aufrichtiger Selbstachtung ermögliche den aufrechten Gang als die dem Menschen einzig angemessene Körper- und Geisteshaltung. »Wer sich [aber dennoch] zum Wurme mache, [der dürfe] nachher nicht klagen, daß er mit Füßen getreten« werde.
120 Vgl. ebenda, S. 237.
121 Kant (1968), Bd. 4, S. 436.
122 Ebenda, S. 435.
123 Kant (1968), Bd. 6, S. 397.
124 Ebenda, S. 276, 420.
125 Kant (1968), Bd. 7, S. 58.
126 Ebenda.
127 Kant (1968), Bd. 8, S. 288.
128 Kant (1968), Bd. 6, S. 270.
129 Kant (1968), Bd. 4, S. 429.
130 Kant (1968), Bd. 9, S. 489.
131 Ebenda.
132 Kant (1968), Bd. 6, S. 429.
133 Kant (1968), Bd. 7, S. 127.
134 Kant (1968), Bd. 6, S. 443.
135 Kant (1968), Bd. 7, S. 55.
136 Ebenda, S. 49.
137 Kant (1968), Bd. 4, S. 440.
138 Kant (1968), Bd. 8, S. 290.
139 Kant (1968), Bd. 7, S. 237.
140 Gleicher Ansicht ist auch Mill: Mögen die Menschen auch »Beweise für einen gewissen Zug von Torheit, von Mangel an persönlicher Würde und Selbstachtung liefern, [ihre Umgangsformen] sind nur dann Gegenstand moralischer Mißbilligung, wenn sie eine Pflichtverletzung gegen andere enthalten, um derentwillen der Betreffende gehalten ist, auf sich selbst zu achten.«
141 Humboldt (1987), S. 48.
142 Ebenda, S. 38.
143 Herder (1989), Bd. 6, S. 154.
144 Schelling (1958), Bd. 1, S. 249.
145 Ebenda, S. 81.
146 Ebenda.
147 Hegel (1969), Bd. 18, S. 13f.
148 Hegel (1969), Bd. 16, S. 301.
149 Ebenda.
150 Hegel an Schelling, 16. April 1795.
151 Fichte (1971), Bd. 1, S. 412.
152 Fichte (1971), Bd. 4, S. 134.
153 Fichte (1971, Bd. 1, S. 415.
154 Cohen (1978). S. 210.
155 Nelson (1962), S. 720.
156 Vgl. Böhler (1992), S. 203-231; Höhn (2001), S. 215-240.
157 Vgl. Kettner (2004), S. 292-317.
158 Habermas (2001), S. 62.

Würde als höchster Verfassungswert

1 Schiller (1976), Bd. 5, S. 312.
2 Schiller (1976), Bd. 3, S. 419.
3 Schiller (1976), Bd. 1, S. 524.
4 Ebenda, S. 529.
5 Lassalle (1970), S. 40.
6 Vgl. Locke (1992).
7 Vgl. Schnur (1964), S. 1-77, 113-128.
8 Ebenda, S. 78-112.
9 Vgl. Kriele (1990), S. 71-95.
10 Lessing (1983), S. 139.
11 Benjamin (1992), S. 146.
12 Hegel (1970), Bd. 12, S. 42.
13 Vgl. Fink-Eitel (1994), S. 104.
14 Vgl. Hofstetter (1992); Delgado (1994), S. 35ff.
15 Reinhard (1985), S. 64.
16 Vgl. Zippelius (1994), S. 128ff.
17 Locke (1992), S. 19.
18 Rousseau (1981), S. 275.
19 Kant (1968) Bd. 6, S. 238.
20 Ebenda.
21 Vgl. etwa Böckenförde (1965), S. 9ff.
22 Vgl.Wetz (1994), S. 92ff.
23 Dilthey (1977), S. 226.
24 Vgl. Savigny (1814).
25 Ebenda, S. 11.
26 Vgl. Wetz (1996), S. 201f.
27 Kelsen (1928), S. 8.
28 Ebenda, S. 8f.
29 Dietze (1936), S. 1.
30 Schiller (1976), Bd. 3, S. 53.
31 Radbruch (1932), S. 188.
32 Radbruch (1966), S. 1.
33 Ebenda, S. 2.
34 Vgl. Lange (1993).
35 Aristoteles (1990), 1252b.
36 Hobbes (1994), S. 205.
37 Vgl. Ranft (1965), Maihofer (1966), Schelauske (1968), Senron Lin (1977).
38 Vgl. Böckle/Böckenförde (1973).
39 Vgl. Weinkauff (1962), S. 554ff.
40 BVerfGE 10, 81.
41 Schmitt (1985), S. 159.
42 Vgl. Dürig (1958), Rdnrn 16, 29.
43 Vitzthum (1987), S. 34.
44 Starck (1981), S. 457.
45 Vgl. BVerfGE 16, 126.
46 Vgl. BVerfGE 16, 194.
47 Vgl. BVerfGE 50, 260.
48 Vgl. BVerfGE 31, 236.

49 Vgl. Kriele (1990), S. 586ff.
50 Wesel (1996), S. 52.
51 Ebenda, S. 56.
52 BVerfGE 30, 25.
53 BayVerfGHE I, 32, vgl. auch Naviasky (1953), S. 109f.
54 Vgl. Scheler (1954).
55 Vgl. Hartmann (1935).
56 Dürig (1956), S. 117.
57 Ebenda.
58 Ebenda, S. 118.
59 Ebenda, S. 125.
60 Dürig (1952), S. 260f.
61 Ebenda, S. 261.
62 Ebenda.
63 Ebenda.
64 Ebenda, S. 262.
65 Nipperdey (1954), S. 2.
66 Ebenda.
67 BVerfGE 5, 204; 32, 106; 52, 247; 82, 87.
68 BVerfGE 6, 36.
69 BVerfGE 5, 205; 30, 214; 45, 228.
70 BVerfGE 5, 205.
71 BVerfGE, 205.
72 BVerfGE, 204.
73 BVerfGE, 204.
74 BVerfGE 6, 41.
75 BVerfGE 5, 205.
76 BVerfGE 6, 36.
77 BVerfGE 45, 228.
78 BVerfGE 30, 39.
79 BVerfGE 6, 41; 27, 6; 33, 376; 80, 373.
80 BVerfGE 27, 6.
81 BVerfGE 4, 15f.
82 BVerfGE 12, 51.
83 BVerfGE 45, 227f.
84 BVerfGE 5, 204; 27, 6; 45, 228.
85 BVerfGE 87, 228.
86 Dürig (1956), S. 127.
87 Nipperdey (1954), S. 7.
88 BVerfGE 30, 25f.
89 Vgl. Holzhüter (1989), S. 157ff.
90 BVerfGE 30, 33, 39f.
91 BVerfGE 27, 6.
92 Vgl. Schmitt (1985), S. 53.
93 Ebenda, S. 50.
94 Benn (1996), S. 20
95 Kriele (1990), S. 440.
96 Dürig (11956), S. 117.
97 Feuerbach (1974), S. 176.
98 Foucault (1981), S. 301.

[99] Evangelischer Erwachsenenkatechismus (1989), S. 728.
[100] Katechismus der Katholischen Kirche (1993), 1700.
[101] Ebenda, 1934.
[102] Johannes Paul II. (1980).
[103] Vgl. Pöschl (1989), S. 57ff.
[104] Vgl. Rahner/ Vorgrimler (1982), S. 661ff.
[105] Johannes Paul II. (1979), S. 18f.; (1995), S. 34.
[106] Marcel (1965), S. 142.
[107] Ebenda, S. 155.
[108] Schneider (1978), S. 177.
[109] Barth (1957), S. 789.
[110] Starck (1981), S. 827f.
[111] Kriele (1986), S. 248.
[112] Vgl. Raschow (1987), S. 177ff.
[113] Vgl. Beck (1989), S. 135ff.
[114] Isensee (1987), S. 165.
[115] Vgl. Böckenförde/Spaemann (1987), S. 314f.; Böckenförde (1991).
[116] Kriele (1986), S. 55.
[117] Böckenförde/Spaemann (1987), S. 302.
[118] Kriele (1986), S. 55.
[119] Ratschow (1987), S. 184.

Ohne Würde

[1] BVerfGE 1, 18.
[2] So auch bereits Frankfurter Reichsverfassung 1849 und Weimarer Reichsverfassung 1919.
[3] Haeckel (1984), S. 9.
[4] Vgl. Lübbe (1990), S. 35ff.
[5] Vgl. Wetz (1994), S. 275ff.
[6] Honnefelder (1994), S. 220f.; vgl. Rager (1998), S. 161-242.
[7] Ebenda, S. 231.
[8] Wagner (1992), S. 38.
[9] Ebenda, S. 348.
[10] Ebenda, S. 346.
[11] Ebenda, S. 189.
[12] Ebenda, S. 175.
[13] Vgl. Böhler (1992), S. 201-231; Höhn (2001), S. 215-240.
[14] Habermas (2001), S. 61.
[15] Adorno (1970), S. 99.
[16] Jonas (1973), S. 269; vgl. Wetz (1994).
[17] Vgl. Kersting (1981), S. 157ff.; Brocker (1992).
[18] Vgl. White (1967), Drewermann (1981); Amery (1974); Groh (1991).
[19] Vgl. Brocker (1992), S. 35ff.
[20] Vgl. Schäfer (1993).
[21] Vgl. Brocker (1992), S. 125ff.
[22] Vgl. Locke (1992); Brocker (1992), S. 137ff.
[23] Vgl. Brocker (1992), S. 357.
[24] Vgl. ebenda, S. 366f.
[25] Jonas (1983), S. 9.

26 Schäfer (1993), S. 165; vgl. auch Apel (1990); Höffe (1993).
27 Wagner (1992), S. 368.
28 Vgl. Pfordten (1996), S. 267ff.
29 Vgl. ebenda.
30 Hobbes (1994), S. 165.
31 Kant (1968), Bd. 7, S. 127.
32 Ebenda.
33 Vgl. Wetz (1994), S. 138ff.; Kanitscheider (1994), S. 184ff.; Vollmer (1994), S. 200ff.
34 Vgl. Lange (1974).
35 Kant (1968), Bd. 4, S. 363.
36 Fichte (1971), Bd. 1, S. 438.
37 Ebenda, S. 435.
38 Schelling (1982), S. 218.
39 Dilthey (1993), S. 51.
40 Droysen (1958), S. 5.
41 Ebenda, S. 18.
42 Troeltsch (1961), S. 108.
43 Ebenda, S. 9.
44 Rickert (1926), S 4.
45 Rickert (1929), S. 188.
46 Ebenda.
47 Rickert (1934), S. 230.
48 Husserl (1993), S. 178.
49 Husserl (1981), S. 13.
50 Ebenda, S. 14.
51 Ebenda.
52 Ebenda, S. 15.
53 Husserl (1988), S. 207.
54 Husserl (1962), S. 288.
55 Vgl. Bieri (1981); Bieri (1992).
56 Kriele (1986), S. 53.
57 Ebenda, S. 36.
58 Ebenda.
59 Spaemann (1987), S. 17.
60 Vgl. Spaemann (1996).
61 Vgl. Spaemann (1987), S. 8.
62 Wagner (1992), S. 189.
63 Ebenda, S. 137.
64 Ebenda.
65 Ebenda, S. 60.
66 Ebenda.
67 Kriele (1986), S. 91.
68 Böckenförde/Spaemann (1987), S. 313.
69 Vgl. Honnefelder (1991), S. 37.
70 Kelsen (1928), S. 60.
71 Ebenda, S. 55.
72 Hume (1984), S. 193.
73 Ebenda.
74 Luhmann (1965), S. 9.
75 Nietzsche (1980), Bd. 1, S. 875.

[76] Lévi-Strauss (1976), S. 817.
[77] Nagel (1992).
[78] Montaigne (1953), S. 196.
[79] Voltaire (1969), S. 142.
[80] Vgl. Blumenberg (1997), S. 308, 439f.
[81] Anders (1994), S. 12.
[82] Ebenda, S. 61.
[83] Ebenda, S. 59.
[84] Ebenda, S. 65.
[85] Zitiert nach Stöckler (1991), S. 26.
[86] Ebenda.
[87] Vgl. Gould (1994).
[88] Jonas (1992), S. 170.
[89] Lichtenberg (1983), S. 511.
[90] Schelling (1989), Bd. 5, S. 82.
[91] Skinner (1973), S. 205.
[92] Ebenda, S. 188.
[93] Vgl. Skinner (1973).
[94] Lévi-Strauss (1976), S. 808.
[95] Foucault (1981), S. 82.
[96] Foucault (1978), S. 24.
[97] Foucault (1974), S. 412.
[98] Mohr (1987), S. 91.
[99] Vgl. Bayertz (1993), S. 328ff.
[100] Dawkins (1978), S. 79.
[101] Ebenda, S. 145.
[102] Ebenda.
[103] Bayertz (1993), S. 346.
[104] Vgl. etwa Tetens (1994); Roth (1994).
[105] Roth (1994), S. 271; vgl. Spektrum (1994).
[106] Rorty (1994), S. 589.
[107] Ebenda, S. 616.
[108] Vgl. Wetz (1999), S. 9-28; Keil/Schnädelbach (2000).
[109] Vgl. Kanitscheider (1996), S. 17.
[110] Roth (1994), S. 32, 59.
[111] BVerfGE 27, 6; 30, 1; 48, 193; 57, 275.
[112] BVerfGE 50, 175; 87, 228.
[113] Vgl. Zippelius (1994), S. 242ff.; Wolf (1992); Kaufmann (1996), S. 303ff.; Nida-Rümelin (1996), S. 279ff.
[114] Hartmann (1935), S. 695.
[115] Vgl. Pothast (1978; 1980).
[116] Vgl. Platon (1988), 482b.
[117] Hegel (1955), S. 95f.
[118] Marx/Engels (1974), Bd. 8, S. 507.
[119] Hartmann (1935), S. 664f.
[120] Ebenda, S. 675.
[121] BVerfGE 28, 391; 45, 228; 50, 133.
[122] Vgl. Pothast (1978; 1980).
[123] Nietzsche (1980), Bd. 2, S. 104.
[124] Lukas 23, 24.

[125] Aristoteles (1975), 1145b.
[126] Vgl. ebenda, 1146a.
[127] Nietzsche (1980), Bd. 2, S. 103.
[128] Kant (1968), Bd. 6, S. 331f.
[129] Hegel (1955), S. 96.
[130] Nietzsche (1980), Bd. 1, S. 117, 765ff.
[131] Ebenda, S. 117.
[132] Ebenda, S. 765.
[133] Ebenda.
[134] Pindar (1993), S. 568.
[135] Ebenda, S. 776.
[136] Schopenhauer (1976), Bd. 5, S. 239.
[137] Ebenda.
[138] Schopenhauer (1978), Bd. 3, S. 695.
[139] Schopenhauer (1976), Bd. 5, S. 239.

Ein neues Würdebild

[1] Blumenberg (1986), S. 340.
[2] Mann (1997), S. 92.
[3] Ebenda, S. 220.
[4] Ebenda, S. 345.
[5] Ebenda, S. 346.
[6] Ebenda, S. 407.
[7] Ebenda, S. 346.
[8] Maihofer (1967), S. 11.
[9] Strauss (1993), S. 203.
[10] Kant (1968), Bd. 7, S. 119.
[11] Vgl. Wetz (1994), S. 125ff.
[12] Jonas (1988), S. 223.
[13] Rorty (1981), S. 419.
[14] Lange (1974), S. 1002.
[15] Vgl. Spaemann (1989), S. 132.
[16] Camus (1965), S. 142.
[17] Rorty (1981), S. 394.
[18] Lederberg (1985), S. 208.
[19] Stirner (1985), S. 412.
[20] Musil (1970), S. 11ff.
[21] Sartre (1975), S. 11.
[22] Schulz (1985), S. 271.
[23] Vgl. Spaemann (1996), S. 58, 104.
[24] Benn (1988), S. 88.
[25] Luhmann (1965), S. 68f.
[26] Meinhof (1994), S. 30.
[27] Luhmann (1965), S. 68f.
[28] Ebenda, S. 75.
[29] Vgl. Podlech (1989), S. 204.
[30] Walser (1985), S. 382.
[31] Vgl. Giese (1975), S. 69.
[32] Nietzsche (1973), S. 674.

[33] Tugendhat (1995), S. 145.
[34] Ebenda, S. 70.
[35] Vgl. ebenda, S. 28, 80, 144, 146.
[36] Vgl. ebenda, S. 296.
[37] Goethe (1986), S. 253.
[38] Forster (1966), S. 141.
[39] Schiller (1993), Bd. 3, S. 438.
[40] Schopenhauer (1986), S. 240.
[41] Herder (1881), 27. Brief.
[42] Nietzsche (1977), S. 275.
[43] Ebenda.
[44] Lassalle (1970), S. 40.
[45] Kraus (1980), S. 167.
[46] Bloch (1991), S. 14.
[47] Ebenda, S. 215.
[48] Ebenda, S. 14.
[49] Gorki (1992), S. 65.
[50] Ebenda, S. 90.
[51] Diderot (1991), S. 40f.
[52] Vgl. Vitzthum (1985), S. 207.
[53] Vgl. Honneth (1996), S. 286ff.; Forst (1994), S. 433ff.
[54] Benda (1985), S. 230.
[55] Pufendorf (1744), 2, 3, 14ff.; (1753), 1, 3, 3.
[56] Aristoteles (1990), 1134b.
[57] Cicero (1975), 3, 22/33.
[58] Vgl. Welzel (1990).
[59] Bloch (1991), S. 215.
[60] Tugendhat (1993), S. 216.
[61] Stirner (1985), S. 5.
[62] Vgl. Margalit (1997), S. 301.
[63] Aristoteles (1975), IV, 1128b.
[64] Vgl. Bologne (2001).
[65] Herder (1969), S. 52.
[66] Ebenda, S. 53.
[67] Schiller (1862), Bd. 11, S. 320.
[68] Lessing (1911), S. 61.
[69] Hiob 1, 21.
[70] Platon (1990), S. 72.
[71] Lukrez (1973), V, 222-227.
[72] Herder (1989), 20, 24.
[73] Gehlen (1978), S. 33.
[74] Lévi-Strauss (1976).
[75] Vgl. Wetz (1990).
[76] Vgl. Hassenstein (1972), S. 74; Lorenz (1981), S. 177; Bischof (1989), S. 512; Reichholf (1990), S. 145; Menninghaus (2003).
[77] Blumenberg (1989), S. 20.
[78] Ebenda, S. 55.
[79] Jonas (1984), S. 192.
[80] Vgl. Todorov (1993), S. 198, 263.
[81] Lévinas (1987), S. 102.

[82] Ebenda, S. 102.
[83] Ebenda, S. 9.
[84] Ebenda, S. 10.
[85] Lévinas (1986), S. 66.
[86] Ebenda, S. 73.
[87] Vgl. Margalit (1997), S. 100.
[88] Vgl. Nagel (1991), S. 39ff.
[89] Vgl. Rawls (1979).
[90] Vgl. Rorty (1989).
[91] Vgl. Nagel (1991), S. 61ff.; Rorty (1989), S. 14f.; Mackie (1983).
[92] Ebenda, S. 109.
[93] Vgl. Singer (1996), S. 18ff.; vgl. auch Spaemann (1993), S. 173.
[94] Vgl. Tugendhat (1995), S. 288ff.
[95] Vgl. Rorty (1994), S. 118f.
[96] Rorty (1994), S. 86.
[97] Ebenda, S. 115.
[98] Vgl. Spaemann (1993).
[99] Ebenda, S. 129.
[100] Vgl. Todorov (1993).
[101] Vgl. Picker (2002).
[102] Vgl. Podlech (1989), S. 208ff.
[103] FAZ, 3. Sept. 2003.
[104] Spaemann (1993), S. 147.
[105] Freud (1996), S. 42.
[106] Hegel (1970), Bd. 12, S. 42.
[107] Diogenes Laertius (1967), S. 48.
[108] Machiavelli (1976), S. 132.
[109] Ebenda, S. 95.
[110] Hobbes (1994), S. 17.
[111] Vgl. Schmitt (1993), S. 59ff.; (1996), S. 61.
[112] Schmitt (1996), S. 63; vgl. auch Berlin (1990), S. 123ff.; Holmes (1996), S. 35ff.
[113] Schopenhauer (1978), Bd. 3, S. 742.
[114] Ebenda.
[115] Freud (1996), S. 76.
[116] Ebenda, S. 145.
[117] Vgl. Wetz (1996), S. 86f.
[118] Gehlen (1986), S. 59.
[119] Ebenda.
[120] Hayek (1991), S. 76.
[121] Epiktet (1938), S. 15.
[122] Mandeville (1998), S. 247.
[123] Vgl. Gambetta (1994), Müller (1990).
[124] Kant (1968), Bd. 4, S. 336.
[125] Berger (1987), S. 79; Taylor (1997).
[126] Vgl. Honneth (1992), S. 196-205.
[127] Vgl. BVerfGE 85, 19; 86, 11f.; 93, 289ff.; Kriele (1997), S. 67-92; Isensee (1997), S. 5ff.; Kröger (1998), S. 88f.
[128] Vgl. Kriele (1997), S. 72.
[129] Ebenda, S. 68.
[130] Vgl. ebenda.

Rechtsprinzipien

1 Kant (1968), Bd. 8, S. 15.
2 Vgl. Kant (1968), Bd. 6, S. 294f.
3 Kant (1968), Bd. 8, S. 35.
4 Ebenda.
5 Ebenda.
6 Vgl. Aristoteles (1975), 1140a/b.
7 Vgl. ebenda, 1140-1144b.
8 Vgl. Ebenda 1140b, 1142a/b.
9 Vgl. Aristoteles (1989), 1355b.
10 Kant (1968), Bd. 6, S. 237.
11 Kant (1968), Bd. 8, S. 290.
12 Hobbes (1994), S. 107.
13 Bodin (1994), S. 19.
14 Hobbes (1994), S. 129.
15 Bodin (1994), S. 111.
16 Hobbes (1994), S. 176.
17 Bodin (1994), S. 42.
18 Ebenda, S. 25.
19 Ebenda, S. 24.
20 Hobbes (1994), S. 205.
21 Ebenda.
22 Vgl. Becker (1997), S. 1ff.
23 Kriele (1988), S. 22.
24 Ebenda.
25 Vgl. Ziegler (1994), S. 60ff.
26 Vgl. Zippelius (1994), S. 373.
27 Vgl. Zippelius (1994), S. 154ff.
28 Locke (1974), 143.
29 Montesquieu (1989), 11.4.
30 Vgl. Kriele (1990), S. 257f., 287.
31 Vgl. Montesquieu (1989), 11.6 et passim; Kant (1968), Bd. 8, S. 431 ; vgl. auch Locke (1992), 143ff.
32 Jefferson in: Hayek (1991), S. 316.
33 Vgl. Kielmansegg (1994).
34 Vgl. Rouseeau (1981), 2.1, 4.2.
35 Vgl. ebenda, 1.7.
36 Tocqueville (1990), S. 145ff.; Mill (1988), S. 9ff.
37 Vgl. Habermas (1992).
38 Leibholz/Mangoldt (1951), S. 48.
39 Ebenda, S. 49.
40 Vgl. Zippelius (1994), S. 131.
41 Vgl. Kriele (1990), S. 388.
42 Vgl. Galtung (1994), S. 117.
43 Rorty (1989), S. 13.
44 Vgl. Tille (1993), S. 49ff.
45 Vgl. Welzel (1990), S. 17.
46 Vgl. Huxley (1993), S. 67ff.
47 Vgl. Denzler (1977), S. 926ff.; Isensee (1987), S. 138ff., (1988), S. 52ff.

[48] Vgl. Rorty (1988).
[49] Rorty (1989), S. 12.
[50] Ottaviani (1960), S. 72f.
[51] Vgl. Greinacher (1994), S. 131ff.
[52] Marx (1982), Bd. 2, S. 365.
[53] Vgl. Kühnhardt (1987).
[54] Vgl. Sommer (1993), S. 93.
[55] Vgl. Roetz (1992).
[56] Höffe (1981), S. 249.
[57] Vgl. Tugendhat (1995); Rorty (1994); Walzer (1996); Galtung (1994); Nussbaum (1993).
[58] Nussbaum (1993), S. 339.
[59] Vgl. Galtung (1994), S. 92; Höffe (1981), S. 248.
[60] Vgl. Larmore (1993), S. 156f.
[61] Walzer (1996), S. 104.
[62] Ebenda.
[63] Kriele (1990), S. 164.
[64] Vgl. Singer (1994), S. 278ff., 293.
[65] Weizsäcker (1994), S. 6, vgl. auch 123, 261ff.
[66] Vgl. Hauff (1987).
[67] Rorty (1994), S. 86; (1994), S. 103.
[68] Rorty (1994), S. 104.
[69] Ebenda, S. 118.
[70] Vgl. Nussbaum (1993), S. 354f.
[71] Lassalle (1970), S. 55.
[72] Humboldt (1987), S. 52.
[73] Vgl. Hayek (1991; 1996); Friedman (1971; 1985); Nozick o.J.; Buchanan (1984).
[74] Vgl.Wende (1981), S. 250.
[75] Hayek (1991), S. 289; vgl. Smith (1978), S. LXV.
[76] Vgl. ebenda, S. 113, 407.
[77] Ebenda, S. 101.
[78] Ebenda, S. 287.
[79] Vgl. Eucken (1955).
[80] Röpke (1997), S. 47.
[81] Vertrag über die Schaffung einer Währungs-, Wirtschafts- und Sozialunion zwischen der Bundesrepublik Deutschland und der Deutschen Demokratischen Republik, 1990, Artikel 1, Absätze 3 und 4.
[82] Müller-Armack (1956), S. 390.
[83] Eucken (1989), S. 239.
[84] Erhard (1990), S. 138.
[85] Erhard (1988), S. 462.
[86] Vgl. BVerfGE 1, 104; 20, 32.
[87] Vgl. Arendt (1981); Brocker (1992), S. 405ff.
[88] Vgl. Rifkin (1996).
[89] Vgl. Weizsäcker (1994), S. 249.
[90] Vgl. Abschnitt 4.2.
[91] Pascal (1978), fr. 436.
[92] Brocker (1992), S. 391ff.

Literatur

Adorno, Theodor W. (1970): Ästhetische Theorie, Frankfurt/M.

Altner, Günter (1988): Leben auf Bestellung. Das gefährliche Dilemma der Gentechnologie, Freiburg.

Amery, Carl (1974): Das Ende der Vorsehung. Die gnadenlosen Folgen des Christentums, Reinbek.

Anders, Günter (1994): Der Blick vom Mond, München.

Apel, Karl-Otto (1990): Diskurs und Verantwortung, Frankfurt/M.

Arendt, Hannah (1981): Vita activa oder: Vom tätigen Leben, München.

Aristoteles (1975): Nikomachische Ethik, München.

– (1990): Politik, Hamburg.

Auer, Alfons (1984): Umweltethik, Düsseldorf.

– (1989): Bioethische Argumentation mit der Menschenwürde, in: Schwab, D./Giesen, D./Liste, S.V./Strätz, H.-W. (Hg.): Staat, Kirche, Wissenschaft in einer pluralistischen Gesellschaft, Berlin, S. 13–28.

Augustinus, Aurelius (1962): Theologische Frühschriften, Zürich/Stuttgart.

Balzer, Philipp/Rippe, Klaus Peter/Schaber, Peter (1998): Menschenwürde vs. Würde der Kreatur, Freiburg.

Bandzeladze, Gela D. (1987): Über den Begriff der Menschenwürde, Gießen.

Barth, Karl (1957): Die Kirchliche Dogmatik, Zürich.

Battegay, Raymond (1993): Vom Hintergrund der Süchte, Wuppertal.

Baumann, Eva (2000): Die Vereinnahmung des Individuums im Universalismus, Münster.

Bayertz, Kurt (Hg.) (1993): Evolution und Kritik, Stuttgart.

– (1995): Die Idee der Menschenwürde: Probleme und Paradoxien, in: Archiv für Rechts- und Sozialphilosophie 4, S. 465–481.

– (Hg.) (1996): Sanctity of Life and Human Dignity, Dortdrecht/Boston/London.

Beck, Heinrich (1989): Menschenwürde als Rechtswert, in: Salzburger Jahrbuchfür Philosophie 34, S. 135–145.

Becker, Georg E./Hartmann-Kurz, Claudia/Nagel, Ute (Hg.) (1997): Schule für alle, Weinheim/Basel.

Becker, Werner (1985): Elemente der Demokratie, Stuttgart.

– (1997): Toleranz – Grundwert der Demokratie, in: Ethik und Sozialwissenschaften 8/4, S. 1–11.

Behrendt, Richard (1967): Menschenwürde als Problem der sozialen Wirklichkeit, Hannover.

Benda, Ernst/Maihofer, Werner/Vogel, Hans-Jochen (Hg.) (1983): Handbuch des Verfassungsrechts der Bundesrepublik Deutschland, Berlin/New York.

Benda, Ernst (1985): Erprobung der Menschenwürde am Beispiel der Humangenetik, in: Flöhl R. (Hg.), Genforschung – Fluch oder Segen, München, S. 205–231.

Benn, Gottfried (1988/1996): Gedichte, Frankfurt/M.
Berger, Peter (1987): Das Unbehagen in der Modernität, Frankfurt/M.
Berlin, Isaiah (1990): Das krumme Holz der Humanität, Frankfurt/M.
Bieri, Peter (Hg.) (1981): Analytische Philosophie des Geistes, Königstein.
– (1992): Analytische Philosophie der Erkenntnis, Frankfurt/M.
Birnbacher, Dieter (Hg.) (1988): Ökologie und Ethik, Stuttgart.
– (1988): Verantwortung für zukünftige Generationen, Stuttgart.
– (1991): Mensch und Natur, in: Bayertz, K. (Hg.), Praktische Philosophie, Reinbek, S. 278–321.
– (1995): Tun und Unterlassen, Stuttgart.
Bischof, Norbert (1989): Das Rätsel Ödipus, München/Zürich.
Bizer, J. (1993): Postmortaler Persönlichkeitsschutz?, in: Neue Zeitschrift für Verwaltungsrecht (1993).
Bloch, Ernst (1991): Naturrecht und menschliche Würde, Frankfurt/M.
Blumenberg, Hans (1965): Kopernikus im Selbstverständnis der Neuzeit, Mainz.
– (1981): Die Genesis der kopernikanischen Welt, Frankfurt/M.
– (1986): Arbeit am Mythos, Frankfurt/M.
– (1987): Die Sorge geht über den Fluß, Frankfurt/M.
– (1989): Höhlenausgänge, Frankfurt/M.
– (1997): Die Vollzähligkeit der Sterne, Frankfurt/M.
Böckenförde, Ernst-Wolfgang (1965): Die Historische Rechtsschule und das Problem der Geschichtlichkeit des Rechts, in: Collegium Philosophicum, Basel/Stuttgart, S. 9–36.
– (1991): Recht, Staat und Freiheit, Frankfurt/M.
Böckenförde, Ernst-Wolfgang/Spaemann, Robert (1987): Menschenrechte und Menschenwürde, Stuttgart.
Böckle, Franz/Ernst-Wolfgang Böckenförde (Hg.) (1973): Naturrecht in der Kritik, Mainz.
Bodin, Jean (1994): Über den Staat, Stuttgart.
Boff, Leonardo (1994): Von der Würde der Erde, München.
Böhler, Dietrich (1992): Diskursethik und Menschenwürdegrundsatz zwischen Idealisierung und Erfolgsverantwortung, in: Apel, Karl-Otto/Kettner M.: Zur Anwendung der Diskursethik in Politik, Recht und Wissenschaft, Frankfurt/M., S. 201–232.
Bologne, Jean Claude (2001): Nacktheit und Prüderie, Weimar.
Braun, Kathrin (2000): Menschenwürde und Biomedizin, Frankfurt/M.
Brock, Adolf (Hg.) (1969): Die Würde des Menschen in der Arbeitswelt, Frankfurt/M.
Brocker, Manfred (1992): Arbeit und Eigentum, Darmstadt.
Bruch, Richard (1981): Die Würde des Menschen in der patristischen Tradition, in: Grüber, W. (Hg.): Wissen-Glaube-Politik, Graz, S. 139–154.
Brueton, Diana (1997): Der Mond, München.
Buchanan, James M. (1984): Die Grenzen der Freiheit, Tübingen.

Buck, August (1991): Studien zu Humanismus und Renaissance, Wiesbaden.
Buergenthal et alii (1988): Grundzüge des Völkerrechts, Heidelberg.
Bundesverband für akzeptierende Drogenarbeit und humane Drogenpolitik (1993): Menschenwürde in der Drogenpolitik, Hamburg.
Camus, Albert (1960): Fragen der Zeit, Hamburg.
– (1965): Essais, Paris.
Cancik, Hubert (1987): Die Würde des Menschen ist unantastbar, in: Funke, H. (Hg.): Utopie und Tradition, Würzburg.
Cavalieri, Paola/Peter Singer (Hg.) (1994): Menschenrechte für die Großen Menschenaffen, München.
Cicero, Marcus Tullius (1964): Vom rechten Handeln, Zürich/Stuttgart.
– (1975), Über den Staat, Stuttgart.
Cohen, Hermann (1978): Religion der Vernunft aus den Quellen des Judentums, Darmstadt.
Copernicus, Nicolaus (1990): Das neue Weltbild, Hamburg.
Dannecker, Martin (1978): Der Homosexuelle und die Homosexualität, Frankfurt/M.
Dawkins, Richard (1978), Das egoistische Gen, Heidelberg.
Delgado, Mariano (1994): Kolonialismus und Menschenwürde, in: Brose, Th./Lutz-Bachmann, M. (Hg.): Umstrittene Menschenwürde, Hildesheim, S. 35–67.
Denninger, Erhard (1994): Menschenrechte und Grundgesetz, Weinheim.
Denzer, Georg (1977): Das Papsttum und die Menschenrechte im 19. Jahrhundert, in: Liberal. Beiträge zur Entwicklung einer freiheitlichen Ordnung 19, S. 926–947.
Descartes, Rene (1960): Von der Methode, Hamburg.
Diderot, Denis (1991): Rameaus Neffe, Stuttgart.
Diels, Hermann/Kranz, Walther (1974): Die Fragmente der Vorsokratiker, Zürich/Dublin.
Dietze, Hans-Helmuth (1936): Naturrecht in der Gegenwart, Bonn.
Dilthey, Wilhelm (1977): Gesammelte Schriften 8, Stuttgart/Göttingen.
– (1993): Edmund Husserl. Briefwechsel VI, Dordrecht/Boston/London.
Diogenes Laertius (1967): Leben und Meinungen berühmter Philosophen, Hamburg.
Dolzer, R./Vogel, K. (1999), Bonner Kommentar zum Grundgesetz, Heidelberg.
Drexler, Hans (1980): Dignitas, in: Klein, R.: Das Staatsdenken der Römer, Darmstadt, S. 231–254.
Droysen, Johann Gustav (1958): Historik, Darmstadt.
Dürig, Günter (1952): Die Menschenauffassung des Grundgesetzes, in: Juristische Rundschau 7, S. 259–263.
– (1956): Der Grundrechtssatz von der Menschenwürde, in: Grewe, W./Jacobi, E. et alii (Hg.): Archiv des öffentlichen Rechts, 81. Bd., Tübingen, S. 117–157.

– (1957): Dignitas, in: Reallexikon für Antike und Christentum, Bd. 3, Stuttgart, S. 1024–1035.
– (1958), Artikel 1, in: Maunz, Th./Dürig, G. (Hg.): Grundgesetz Bd. 1, München, Rdnrn 16, 29.
Dworkin, Ronald (1984): Bürgerrechte ernstgenommen, Frankfurt/M.
– (1994): Die Grenzen des Lebens, Reinbek.
Elias, Norbert (1990): Die Einsamkeit der Sterbenden, Frankfurt/M.
Emter, Elisabeth (1995): Literatur und Quantentheorie, Berlin/New York.
Enders, Christoph (1986): Die Menschenwürde und ihr Schutz vor gentechnologischer Gefährdung, in: Europäische Grundrechte Zeitschrift 13/7, S. 241–252.
– (1997): Die Menschenwürde in der Verfassungsordnung, Tübingen.
Epiktet (1938): Fragmente, Mainz.
Erhard, Ludwig (1990): Wohlstand für alle, Düsseldorf.
– (1988): Selbstverantwortliche Vorsorge für die sozialen Lebensrisiken, in: Hohmann, Karl (Hg.): Ludwig Erhard, Düsseldorf/Wien/New York
Erklärung des Deutschen Ärztetages zur Euthanasie (1996): Zeitschrift für Didaktik der Philosophie und Ethik 18/3, S. 218f.
Erklärung Deutscher Wissenschaftlicher Gesellschaften (1994): Hirntod, Neu-Isenburg.
Eser, Albin (1998): Ein neuer Gesetzentwurf zur Stebehilfe, in: Jens, Walter/Küng, Hans: Menschenwürdig sterben, München/Zürich.
Eucken, Walter (1955): Grundsätze der Wirtschaftspolitik, Tübingen.
– (1989): Die Grundlagen der Nationalökonomie, Berlin.
Evangelischer Erwachsenenkatechismus (1989): Gütersloh.
Feuerbach, Ludwig (1974): Das Wesen des Christentums, Stuttgart.
Ficino, Marsilio (1993): Traktate zur Platonischen Philosophie, Berlin.
Fichte, Johann Gottlieb (1971): Werke, Berlin.
Fink-Eitel, Hinrich (1994): Die Philosophie und die Wilden, Hamburg.
Fleiner, Thomas (1996): Was sind Menschenrechte?, Zürich.
Flöhl, Rainer (Hg.) (1985): Genforschung – Fluch oder Segen?, München.
Floeht, Ralf (Hg.) (1985): Das Grundgesetz entsteht. Aus den stenographischen Berichten über die Plenarsitzungen des Parlamentarischen Rates, Krefeld.
Forst, Rainer (1994): Kontexte der Gerechtigkeit, Frankfurt/M.
Forster, Georg (1966): Über die Beziehung der Staatskunst auf das Glück der Menschheit, Frankfurt/M.
Foucault, Michel (1974): Die Ordnung der Dinge, Frankfurt/M.
– (1978): Von der Subversion des Wissens, Frankfurt/M./Berlin/Wien.
– (1981): Archäologie des Wissens, Frankfurt/M.
Frank, Oliver A. (1994): Die Strafbarkeit homosexueller Handlungen, Würzburg.
Fränkel, Hermann (1993): Dichtung und Philosophie des frühen Griechentums, München.

Freud, Sigmund (1996): Das Unbehagen in der Kultur und andere kulturtheoretischen Schriften, Frankfurt/M.
Friedman, Milton (1981): Capitalism and freedom, Chicago/London.
– Rose Friedman (1985): Die Tyrannei des Status quo, München.
Friedrich, Hugo (1993): Montaigne, Tübingen/Basel.
Gadamer, Hans-Georg (1988): Die Menschenwürde auf ihrem Weg von der Antike bis heute, in: Humanistische Bildung 12: Vom Wert des Menschen, Stuttgart 1988, S. 95ff.
Galtung, Johan (1994): Menschenrechte – anders gesehen, Frankfurt/M.
Gambetta, Diego (1994): Die Firma der Paten, München.
Gatzemeier, Heiner (1993): Heroin vom Staat, München.
Geddert-Steinacher, Tatjana (1990): Menschenwürde als Verfassungsbegriff, Berlin.
Gehlen, Arnold (1978): Der Mensch, Wiesbaden.
– (1986): Anthropologische und sozial-psychologische Untersuchungen, Reinbek.
Geiger, Rudolf (1994): Grundgesetz und Völkerrecht, München.
Gersemann, Olaf (1996): Kontrollierte Heroinabgabe, Hamburg.
Giese, Bernhard (1975): Das Würde-Konzept, Berlin.
Goethe, Johann Wolfgang (1986): Sämtliche Werke Bd. 14.
– (1987): Werke I. Abt., Bd. 49/1.
Gorki, Maxim (1992): Nachtasyl, Stuttgart.
Gould, Stephen Jay (1994): Zufall Mensch, München.
Greinacher, Norbert (1994): Bekehrung durch Eroberung, in: Innsbrucker geographische Studien 21, S. 131–145.
Groh, Ruth/Groh, Dieter (1991): Weltbild und Naturaneignung, Frankfurt/M.
Gröschner, Rolf (1994): Menschenwürde und Sepulkralkultur in der grundgesetzlichen Ordnung, Stuttgart.
Habermas, Jürgen (1968): Technik und Wissenschaft als Ideologie, Frankfurt/M. 1968.
– (1981): Theorie des kommunikativen Handelns, Frankfurt/M.
– (1992):Faktizität und Geltung, Frankfurt/M.
– (2001): Die Zukunft der menschlichen Natur, Frankfurt/M.
Haeckel, Ernst (1984): Die Welträtsel, Stuttgart.
Hare, Richard M. (1990): Abtreibung und Goldene Regel, in: Leist, A. (Hg.): Um Leben und Tod, Frankfurt/M., S. 132–156.
Hartmann, Nicolai (1935): Ethik, Berlin/Leipzig.
Hassenstein, Bernhard (1972): Das spezifisch Menschliche nach den Resultaten der Verhaltensforschung, in: Gadamer, H.-G./Vogeler, P. (Hg.): Neue Anthropologie Bd. 2, München/Stuttgart.
Hauff, Volker (Hg.) (1987): Unsere gemeinsame Zukunft, Greven.
Hayek, Friedrich A. von (1979): Wissenschaft und Sozialismus, Tübingen.
– (1979): Liberalismus, Tübingen.
– (1991): Die Verfassung der Freiheit, Tübingen.
– (1996): Die verhängnisvolle Anmaßung, Tübingen.

Hegel, Georg Wilhelm Friedrich (1969/70): Theorie-Werkausgabe, Frankfurt/M.
– (1955): Grundlinien der Philosophie des Rechts, Hamburg.
Herder, Johann Gottfried (1989): Abhandlung über den Ursprung der Sprache, Stuttgart.
– (1969): Plastik, Köln.
– (1881): Sämtliche Werke Bd. 17, Berlin.
– (1989): Werke, Frankfurt/M.
Hobbes, Thomas (1991): Leviathan, Frankfurt/M.
– (1994): Vom Menschen/Vom Bürger, Hamburg.
Hoch, H. (1975): Fortwirken zivilrechtlichen Persönlichkeitsschutzes, Köln.
Hoerster, Nobert (1991): Abtreibung im säkularen Staat, Frankfurt/M.
– (1998): Sterbehilfe im säkularen Staat, Frankfurt/M.
Hofstetter, Viktor (1992): Bartolome de Las Casas, Freiburg.
Hoff, Johannes/Schmitten, Jürgen (Hg.) (1994): Wann ist der Mensch tot?, Reinbek.
Höffe, Otfried (Hg.) (1981): Johannes Paul II. und die Menschenrechte, Fribourg/Paris.
– Menschenrechte als Legitimation und kritischer Maßstab der Demokratie, in: Schwartländer, J. (Hg.) (1981): Menschenrechte und Demokratie, Kehl am Rhein/Straßburg, S. 241–274.
– (1993): Moral als Preis der Moderne, Frankfurt/M.
– (1996): Vernunft und Recht, Frankfurt/M.
Höffner, Josef (1972): Christentum und Menschenwürde, Trier.
Höhn, Hans-Joachim (2001): Vergängliche Würde?, in: Wetz, Franz Josef/Tag, Brigitte (Hg.): Schöne Neue Körperwelten, Stuttgart, S. 215–240.
Holmes, Stephen (1995): Die Anatomie des Antiliberalismus, Hamburg.
Holzhüter, Werner (1989): Konkretisierung und Bedeutungswandel der Menschenwürdenorm des Artikels 1, Absatz 1 des Grundgesetzes, Darmstadt.
Homer (1968): Ilias/Odyssee, Darmstadt.
Honneth, Axel (1992): Kampf um Anerkennung, Frankfurt/M.
– (1996): Universalismus als moralische Falle?, in: Lutz-Bachmann, L./Bohman, J.: Frieden durch Recht, Frankfurt/M., S. 272–299.
Honnefelder, Ludger/Rager, Günter (Hg.) (1994): Ärztliches Urteilen und Handeln, Frankfurt/M.
Honnefelder, Ludger (1991): Person und Menschenwürde, in: Pöldinger, W. (Hg.): Ethik in der Psychiatrie, Heidelberg, S. 22–39.
Humanismus in Europa (1998), Heidelberg.
Humboldt, Wilhelm von (1987): Ideen zu einem Versuch, die Grenzen der Wirksamkeit des Staates zu bestimmen, Stuttgart.
Hume, David (1984): Die Naturgeschichte der Religion, Hamburg.
Husserl, Edmund (1962): Die Krisis der europäischen Wissenschaften und die transzendentale Phänomenologie, Husserliana VI, Haag.
– (1981): Philosophie als strenge Wissenschaft, Frankfurt/M.

– (1988): Vorlesungen über Ethik und Wertlehre 1908–1914, Husserliana XXVIII, Dordrecht.
– (1993): Briefwechsel VI, Dordrecht/Boston/London.
Huxley, Thomas Henry (1993): Evolution und Ethik, in: Bayertz, K. (Hg.): Evolution und Ethik, Stuttgart, S. 67–74.
Instruktion der Glaubenskongregation in Rom (1987): Leben und Fortpflanzung, Stein am Rhein.
Isensee, Josef (1987): Die katholische Kritik an den Menschenrechten, in: Böckenförde, E.-W./Spaemann, R. (Hg.): Menschenrechte und Menschenwürde, Stuttgart, S. 138–174.
– (1988): Wahrheit und Freiheit, in: Klug, U./Kriele, M. (Hg.): Menschen- und Bürgerrechte, Stuttgart 1988, S. 52–69.
– (1997): Grundrecht auf Ehre, in: Ziemske, Burkhardt (Hg.): Staatsphilosophie und Rechtspolitik, München.
– (2003): Tabu im freiheitlichen Staat, Paderborn/München/Wien/Zürich.
Jaspers, Karl (1962): Der philosophische Glaube angesichts der Offenbarung, München.
Jendorff, Bernhard/Schmalenberg, Gerhard (Hg.) (1993): Politik – Religion – Menschenwürde, Gießen.
Jens, Walter/Küng, Hans (1995): Menschenwürdig sterben, München.
Jerouschek, Günter (1989): Vom Wert und Unwert der pränatalen Menschenwürde, in: Juristen Zeitung 6, S. 279–285.
Johannes Paul II. (1979): Enzyklika Redemptor Hominis, Bonn.
– (1980):Von der Königswürde des Menschen, Stuttgart.
– (1995): Enzyklika Evangelium Vitae, Bonn.
Jonas, Hans (1973): Organismus und Freiheit, Göttingen.
– (1983): Forschung und Verantwortung, St. Gallen.
– (1984): Das Prinzip Verantwortung, Frankfurt/M.
– (1987): Technik, Medizin und Ethik, Frankfurt/M.
– (1988): Heideggers Entschlossenheit und Entschluß, in: Neske, G./Kettering E. (Hg.): Antwort, Pfullingen, S. 221–229.
– (1992): Philosophische Untersuchungen und metaphysische Vermutungen, Frankfurt/M.
Ju, Gau-Seng (1990): Kants Lehre vom Menschenrecht und von den staatsbürgerlichen Grundrechten, Würzburg.
Kaiser, Otto (1985): Der Mensch unter dem Schicksal, Berlin/New York.
Kanitscheider, Bernulf (1994): Naturalismus und wissenschaftliche Weltorientierung, in: Logos 2/1, S. 184–199.
– (1996): Im Innern der Natur. Philosophie und moderne Physik, Darmstadt.
– (Hg.) (1997): Liebe, Lust und Leidenschaft, Stuttgart.
Kant, Immanuel (1968): Werke. Akademie Textausgabe, Berlin.
Katechismus der katholischen Kirche (1993): München.
Kaufmann, Matthias (1996): Rechtsphilosophie, Freiburg/München.
Keil, Geert/Schnädelbach, Herbert (2000): Naturalismus, Frankfurt/M.

Keller, Rolf/Günther, Hans-Ludwig/Kaiser, Peter (1992): Embryonenschutzgesetz. Kommentar, Stuttgart/Berlin/Köln.
Kelsen, Hans (1928): Die philosophischen Grundlagen der Naturrechtslehre und der Rechtspositivismus, Charlottenburg.
– (1989): Staat und Naturrecht, München.
Kersting, Wolfgang (1981): Transzendentalphilosophische und naturrechtliche Eigentumsbegründung, in: Archiv für Rechts- und Sozialphilosophie, LXVII, S. 157–175.
Kessler, David (1997): Die Rechte des Sterbenden, Weinheim/Berlin.
Kettner, Matthias (2004): Biomedizin und Menschenwürde, Frankfurt/M.
Kielmansegg, Peter Graf (1988): Das Experiment der Freiheit, Stuttgart.
– (1994): Volkssouveränität, Stuttgart.
Kliemt, Helmut (1993): Gerechtigkeitskriterien in der Transplantationsmedizin, in: Nagel, E./Fuchts, Ch. (Hg.): Soziale Gerechtigkeit im Gesundheitswesen, Berlin/Heidelberg/New York, S. 262–276.
Klug, Ulrich/Kirele Martin (1988) Menschen- und Bürgerrechte Archiv für Rechts- und Sozialphilosophie, Beiheft 33, Stuttgart.
Kobusch, Theo (1993): Die Entdeckung der Person, Freiburg/Basel/Wien.
Kraus, Karl (1980): Sprüche und Widersprüche, Frankfurt/M.
Kriele, Martin (1986): Befreiung und politische Aufklärung. Plädoyer für die Würde des Menschen, Freiburg.
– (1988): Menschenrechte und Gewaltenteilung, in: Klug, U./Kirele, M. (Hg.): Menschen- und Bürgerrechte, Stuttgart, S. 20–31.
– (1990): Recht-Vernunft-Wirklichkeit, Berlin.
– (1994): Einführung in die Staatslehre, Opladen.
– (1997): Ehrenschutz und Meinungsfreiheit, in: Püttmann, Andreas (Hg.): Wertewandel, Rechtswandel, Gräfelfing.
Kristeller, Paul Oskar (1972): Die Philosophie des Marsilio Ficino, Frankfurt/M.
– (1986): Acht Philosophen der italienischen Renaissance, Weinheim.
Kröger, Klaus (1998): Grundrechtsentwicklung in Deutschland von den Anfängen bis zur Gegenwart, Tübingen.
Kuhnhardt, Ludger (1987): Die Universalitat der Menschenrechte, München.
– (1989): Ursprünge und Gehalt der universellen Menschenrechtsidee, Brüssel/Straßburg.
Kuhse, Helga (1994): Die Heiligkeit des Lebens in der Medizin, Erlangen.
Kuhse, Helga/Singer, Peter (1993): Muß dieses Kind am Leben bleiben?, Erlangen.
Lange, Erhard H. M. (1993): Die Wurde des Menschen ist unantastbar. Der Parlamentarische Rat und das Grundgesetz, Tübingen.
Lange, Friedrich Albert (1974): Geschichte des Matenalismus, Bd. 1 und 2, Frankfurt/M.

Larmore, Charles (1995): Strukturen moralischer Komplexität, Stuttgart.
Lassalle, Ferdinand (1970): Reden und Schriften, München.
Lautmann, Rüdiger (Hg.) (1977): Gesellschaft und Homosexualität, Frankfurt/M.
Lederberg, Joshua (1985), zitiert nach Flöhl, R. (Hg.): Genforschung – Fluch oder Segen?, München.
Leibholz, Gerhard/Mangoldt, Hermann von (Hg.) (1951): Jahrbuch des öffentlichen Rechts der Gegenwart, Neue Folge Bd. 1, Tübingen.
Leist, Anton (1990): Eine Frage des Lebens, Frankfurt/M.
– (Hg.) (1992): Um Leben und Tod, Frankfurt/M.
Lepp (1980): Eine Lücke im Gesetz, in: Frankfurter Rundschau vom 25. Juni 1980.
Lessing, Theodor (1983): Geschichte als Sinngebung des Sinnlosen, München.
Lessing, Gotthold Ephraim (1911): Laokoon, Paderborn.
Le Vay, Simon (1993): Keimzellen der Lust, Heidelberg.
Lévi-Strauss, Claude (1976): Mythologica IV: Der nackte Mensch, Frankfurt/M.
– (1978): Traurige Tropen, Frankfurt/M.
Lévinas, Emmanuel (1987): Totalität und Unendlichkeit, Freiburg/München.
– (1986): Ethik und Unendlichkeit, Graz/Wien.
– (1992): Jenseits des Seins oder anders als Sein geschieht, Freiburg/München.
Lichtenberg, Georg Christoph (1983): Schriften und Briefe Bd. 1: Sudelbücher, Frankfurt/M.
Lindemann, H. (1957): Körper und Name des Menschen, in: Deutsches Verwaltungsblatt 2 (1957).
Locke, John (1992): Über die Regierung, Stuttgart.
– (1992): Zwei Abhandlungen über die Regierung, Frankfurt/M.
– (1957): Ein Brief über Toleranz, Hamburg.
Lord Byron (1956): Childe Harold's Pilgrimage, in: English Romantic Poetry and Prose, New York/Oxford.
Lorenz, Konrad (1965): Über tierisches und menschliches Verhalten. Gesammelte Abhandlungen Bd. 2, München/Zürich.
Lorz, Albert (1992): Tierschutzgesetz. Kommentar, München.
Lotario de Segni (Papst Innozenz III.) (1990): Vom Elend des menschlichen Daseins, Hildesheim/Zürich/New York.
Löwith, Karl (1981–88): Sämtliche Werke, Stuttgart.
Lübbe, Hermann (1990): Der Lebenssinn der Industriegesellschaft, Berlin/Heidelberg.
– (1997): Modernisierung und Folgelasten, Berlin/Heidelberg.
Luhmann, Niklas (1965): Grundrechte als Institution, Berlin.
Lukrez (1973): Welt aus Atomen, Stuttgart.
Maar, Christa/Pöppel, Ernst/Christaller, Thomas (Hg.) (1996): Die Technik auf dem Weg zur Seele, Reinbek.

Machiavelli, Niccolo (1976): Der Fürst, Stuttgart.
Mackie, John Leslie (1981): Ethik, Stuttgart.
Maihofer, Werner (Hg.) (1966): Naturrecht oder Rechtspositivismus, Darmstadt.
– (1967): Die Würde des Menschen, Hannover.
Mandeville, Bernard (1998): Die Bienenfabel, Frankfurt/M.
Manetti, Gianozzo (1990): Ober die Würde und Erhabenheit des Menschen, Hamburg.
Mangoldt, Hermann von/Klein, Friedrich/Starck, Christian (1985): Das Bonner Grundgesetz. Kommentar Bd. 1, München.
Mann, Thomas (1997): Der Zauberberg, Frankfurt/M.
Maunz, T/Dürig, G. (1958/1999): Grundgesetz-Kommentar, München.
Marcel, Gabriel (1965): Die menschliche Würde und ihr existentieller Grund, Frankfurt/M.
Margalit, Avishai (1997): Politik und Würde. Über Achtung und Verachtung, Berlin.
Marx, Karl/Engels, Friedrich (1982/1974): Werke Bd. 2 und 8, Berlin.
Meinhof, Ulrike (1994): Die Würde des Menschen ist antastbar, Berlin.
Menninghaus, Winfried (2003): Das Versprechen der Schönheit, Frankfurt/M.
Menschenrechte (1995): Dokumente und Deklarationen, Bonn.
Merkel, Reinhard (2002): Forschungsobjekt Embryo, München.
Meyer-Abich, Klaus Michael (1990): Aufstand für die Natur, München/Wien.
Mill, John Stuart (1988): Über die Freiheit, Stuttgart.
Milton, John (1980): Die Politischen Hauptschriften, Hildesheim.
Mittag, Oskar (1997): Der letzte Weg. Wie wir mit dem Tod umgehen, Stuttgart.
Mohr, Hans (1987): Natur und Moral, Darmstadt.
Montaigne, Michel de (1953): Essais, Zürich.
Montesquieu, Ch. de (1989): Vom Geist der Gesetze, Stuttgart.
Morgenthaler, Fritz (1984): Homosexualität, Heterosexualität, Perversion, Frankfurt/M.
Müller, Peter (1990): Die Mafia in der Politik, München.
Müller-Armack, Alfred (1956): Soziale Marktwirtschaft, in: Handwörterbuch der Sozialwissenschaften Bd. 9, Tübingen.
Münch, Ingo von/Kunig, Philip (1992): Grundgesetz Kommentar Bd. 1, München.
Musil, Robert (1970): Der Mann ohne Eigenschaften, Hamburg.
Nagel, Thomas (1991): Die Grenzen der Objektivität, Stuttgart.
– (1992): Der Blick von nirgendwo, Frankfurt/M.
– (1996): Letzte Fragen, Bodenheim.
Naviasky, Hans (1953): Die Verfassung des Freistaats Bayern, München.
Nelson, Leonard (1962): Fortschritte und Rückschritte der Philosophie, Hamburg.
Nida-Rümelin, Julian (Hg.) (1996): Angewandte Ethik, Stuttgart.

Nietzsche, Friedrich (1980): Sämtliche Werke, Kritische Studienausgabe, München/Berlin/New York.
– (1973/1977): Werke Bd. 1 und 3, München.
Nipperdey, Hans Carl (1954): Die Würde des Menschen, in: Neumann, F. L./Nipperdey, H. C./Scheuner, U. (Hg.): Die Grundrechte, Berlin.
Nozick, Robert (o. J.): Anarchie, Staat, Utopia, München.
Nuland, Sherwin B. (1994): Wie wir sterben. Ein Ende in Würde?, München.
Nussbaum, Martha C. (1993): Menschliches Tun und soziale Gerechtigkeit, in: Brumlik, M./Brunkhorst, H.: Gemeinschaft und Gerechtigkeit, Frankfurt/M., S. 323–361.
Oestreich, Gerhard (1968): Geschichte der Menschenrechte und Grundfreiheiten im Umriß, Berlin.
Organtransplantationen (1990): Erklärung der Deutschen Bischofskonferenz und des Rates der Evangelischen Kirche in Deutschland, Bonn/Hannover.
Ottaviani, Alfredo (1960): Institutiones iuris publici ecclesiastici II, Ecclesia et Status, Rom.
Pappert, Peter (Hg.) (1995): Den Nerv getroffen. Engagierte Stimmen zum Kruzifix-Urteil, Aachen.
Paragraph 218 (1996): Was ist neu?, Bonn.
Parlamentarischer Rat (1948/49): Verhandlungen des Hauptausschusses, Bonn.
Pascal, Blaise (1978): Über die Relgion und über einige andere Gegenstände, Heidelberg.
Pawlowski, Hans-Martin (1986): Einführung in die juristische Methodenlehre, Heidelberg.
Petrarca, Francesco (1988): Heilmittel gegen Glück und Unglück, München.
Petri, Harald/Simm, Walter (Hg.) (1988): Die Würde des Menschen ist unantastbar, Bochum.
Pfordten, Dietmar v. d. (1996): Ökologische Ethik, Reinbek.
Picker, Eduard (2002): Menschenwürde und Menschenleben, Stuttgart.
Pico della Mirandola, Giovanni (1990): Über die Würde des Menschen, Hamburg.
Pindar (1993): Pythien 8, 81, in: Fränkel, H.: Dichtung und Philosophie des frühen Griechentums, München 1993, S. 568.
Platon (1940): Gesetze, Hamburg.
– (1991): Der Staat, München/Zürich.
– (1990): Protagoras, in: Oelmüller, W./Dölle-Oelmüller, R./Geyer, C.-F. (Hg.): Diskurs Mensch, Paderborn.
– (1988): Gorgias, Hamburg.
– (1986): Nomoi, Hamburg.
Podlech, Adalbert (1989): Schutz der Menschenwürde, in: Wassermann R. (Hg.): Kommentar zum Grundgesetz für die Bundesrepublik Deutschland, Neuwied, S. 199–224.

Poschl, Viktor (1989): Der Begriff der Würde im antiken Rom und später, Heidelberg.
Pothast, Ulrich (Hg.) (1978): Freies Handeln und Determinismus, Frankfurt/M.
– (1980): Die Unzulänglichkeit der Freiheitsbeweise, Frankfurt/M,
Pufendorf, Samuel (1744): De iure naturae et gentium.
– (1753): De officio hominis et civis secundum legem naturalem.
Radbruch, Gustav (1932): Rechtsphilosophie, Leipzig.
– (1966): Die Erneuerung des Rechts, in: Maihofer, W. (Hg.): Naturrecht oder Rechtspositivismus, Darmstadt, S. 1–10.
Rager, Günter (Hg.) (1998): Beginn, Personalität und Würde des Menschen, Freiburg.
Rahner, Karl/Vorgrimler, Herbert (1982): Kleines Konzilskompendium, Freiburg.
Ranft, Eberhard (1965): Grundrecht und Naturrecht. Entwicklung und Tendenzen der naturrechtlichen Auslegung der Grundrechte nach 1945, München.
Ratschow, Carl Heinz (1987): Von der Würde des Menschen, in: Von der Gestaltwerdung des Menschen, Berlin/New York, S. 177–195.
Rawls, John (1979): Eine Theorie der Gerechtigkeit, Frankfurt/M.
– (1992): Die Idee des politischen Liberalismus, Frankfurt/M.
Reichholf, Josef H. (1990): Das Rätsel der Menschwerdung, Stuttgart.
Reindl, Richard/Nickolai, Werner (Hg.) (1994): Drogen und Strafjustiz, Freiburg.
Reinhard, Wolfgang (1985): Die Geschichte der euoropäischen Expansion Bd. 2: Die neue Welt, Stuttgart.
Rickert, Heinrich (1922): Die Philosophie des Lebens, Tübingen.
– (1924): Die Probleme der Geschichtsphilosophie, Heidelberg.
– (1926): Kulturwissenschaft und Naturwissenschaft, Tübingen.
– (1929): Die Grenzen der naturwissenschaftlichen Begriffsbildung, Tübingen.
– (1934): Die Grundprobleme der Philosophie, Tübingen.
Rifkin, Jeremy (1996): Das Ende der Arbeit, Frankfurt/M.
Roetz, Heiner (1992): Die chinesische Ethik der Achsenzeit, Frankfurt/M.
Röpke, Wilhelm (1997): Kernfragen der Wirtschaftsordnung, in: Ordo 48 (1997).
Rorty, Richard (1981): Der Spiegel der Natur, Frankfurt/M.
– (1988): Solidarität oder Objektivität?, Stuttgart.
– (1989): Kontingenz, Ironie und Solidarität, Frankfurt/M.
– (1993): Kultur ohne Zentrum, Stuttgart.
– (1994): Unkorrigierbarkeit als Merkmal des Mentalen, in: Frank, M. (Hg.): Analytische Theorien des Selbstbewußtseins, Frankfurt/M., S. 587–620.
– (1994): Hoffnung statt Erkenntnis, Wien.

– (1994): Menschenrechte, Vernunft und Empfindsamkeit, in: Huber, J./ Müller, A. M.: Kultur und Gemeinsinn, Zürich, S. 99–126.
Roth, Gerhard (1994): Das Gehirn und seine Wirklichkeit, Frankfurt/M.
Rousseau, Jean-Jacques (1981): Sozialphilosophische und Politische Schriften, München.
Ryder, Richard D. (1994): Sentientismus, in: Cavalieri, P./Singer, P. (Hg.): Menschenrechte für die Großen Menschenaffen, München, S. 337–340.
Sachße, Christoph/Engelhardt, H. Tristram (1990): Sicherheit und Freiheit. Zur Ethik des Wohlfahrtsstaates, Frankfurt/M.
Sartre, Jean-Paul (1975): Drei Essays, Frankfurt/M./Berlin/Wien.
Sass, Hans-Martin (1985): Extrakorporale Fertilisation und Embryotransfer, in: Flöhl, R. (Hg.): Genforschung – Fluch oder Segen?, München.
Savigny, Friedrich Carl von (1814): Vom Berufe unserer Zeit für Gesetzgebung und Rechtswissenschaft, Heidelberg.
Schäfer, Lothar (1993): Das Bacon-Projekt. Von der Erkenntnis, Nutzung und Schonung der Natur, Frankfurt/M.
Schaich, Klaus (1994): Das Bundesverfassungsgericht, München.
Schapp, Japp (1994): Freiheit, Moral und Recht, Tübingen.
Schelauske, Hans Dieter (1968): Naturrechtsdiskussion in Deutschland, Köln.
Scheler, Max (1954): Der Formalismus in der Ethik und die materiale Wertethik, Bern.
Schelling, Friedrich Wilhelm Joseph (1962–71): Werke, München.
– (1982): Schriften 1804–1812, Berlin.
Schiller, Friedrich (1976): Gesammelte Werke 5, Gütersloh.
– (1862): Sämmtliche Werke, Stuttgart.
Schmitt, Carl (1942): Land und Meer, Leipzig.
– (1985): Der Hüter der Verfassung, Berlin.
– (1993): Der Begriff des Politischen, Berlin.
– (1996): Politische Theologie I, Berlin.
– (1996): Politische Theologie II, Berlin.
Schneider, Reinhold (1978), Gesammelte Werke 9, Frankfurt/M.
Schnur, Roman (Hg.) (1964): Zur Geschichte der Erklärung der Menschenrechte, Darmstadt.
Schopenhauer, Arthur (1978f.): Sämtliche Werke. Stuttgart/Frankfurt/M.
– (1986): Werke Bd. 5, Frankfurt/M.
Schulz, Walter (1985): Metaphysik des Schwebens, Pfullingen.
Schwartländer, Johannes (Hg.) (1978): Menschenrechte, Tübingen.
– (1981): Menschenrechte und Demokratie, Kehl am Rhein/Straßburg.
Sen-rong Lin (1977): Der Wiederaufbau der Naturrechtslehre in Deutschland nach dem Zweiten Weltkrieg, Heidelberg.
Shakespeare, William (1974): Tragödien, Stuttgart.
Sieghart, Paul (1988): Die geltenden Menschenrechte, Kehl am Rhein/ Straßburg.

Singer, Peter (1984/1994): Praktische Ethik, Stuttgart.
Sinn, Hans-Joachim (Hg.) (1999): Von der Würde des Menschen, Frankfurt/M.
Skinner, Burrhus Frederic (1973): Jenseits von Freiheit und Würde, Reinbek.
Smith, Adam (1978): Der Wohlstand der Nationen, München.
Sommer, Theo (Hg.) (1993): Menschenrechte. Das uneingelöste Versprechen, Hamburg.
Spaemann, Robert (1987): Das Natürliche und das Vernünftige, München.
– (1988): Verantwortung für die Ungeborenen, in: Schriftenreihe der Juristen-Vereinigung Lebensrecht e.V. zu Köln, Nr. 5, S. 15–30.
– (1993): Glück und Wohlwollen, Stuttgart.
– (1996): Personen, Stuttgart.
– (2001): Grenzen. Zur ethischen Dimension des Handelns, Stuttgart.
Spaemann, Robert/Fuchs, Thomas (1997): Töten oder sterben lassen?, Freiburg/Basel/Wien.
Spektrum der Wissenschaft (1994): Gehirn und Bewußtsein, Heidelberg/Berlin/Oxford.
Starck, Christian (1982): Menschenwürde als Verfassungsgarantie im modernen Staat, in: Behrendt, E. L. (Hg.): Recht und Christentum, München.
Stimer, Max (1985): Der einzige und sein Eigentum, Stuttgart.
Stöckler, Manfred (1991): Das Anthropische Prinzip, in: Praxis der Naturwissenschaften 40/4, S. 25–27.
Stolleis, Michael (Hg.) (1975): Staatsdenker in der frühen Neuzeit, München.
Strauss, Botho, Anschwellender Bocksgesang, in: Spiegel 6 (1993).
Streithofen, Basilius (Hg.) (1995): Das Kruzifixurteil, Berlin.
Täschner, Karl-Ludwig (1997): Harte Drogen – Weiche Drogen, Stuttgart.
Taupitz, Jochen (1992): Privatrechtliche Rechtspositionen um die Genomanalyse: Eigentum, Persönlichkeit, Leistung, in: Juristen Zeitung 22, S. 1089–1099.
Taylor, Charles (1997): Multikulturalismus und die Politik der Anerkennung, Frankfurt/M.
Tetens, Holm (1994): Geist, Gehirn, Maschine, Stuttgart.
Theunissen, Michael (1991): Negative Theologie der Zeit, Frankfurt/M.
Thomas von Aquin (1934ff.): Summa Theologica, Graz/Salzburg/Wien/Köln/Heidelberg.
Tille, Alexander (1993): Charles Darwin und die Ethik, in: Bayertz, K. (Hg.): Evolution und Ethik, Stuttgart, S. 37–66.
Tocqueville, Alexis de (1990): Über die Demokratie in Amerika, Stuttgart.
Todorov, Tzvetan (1993): Angesichts des Äußersten, München.
Tödt, Heinz Eduard (1992): Menschenrechte – Grundrechte, in: Christ-

licher Glaube in moderner Gesellschaft Bd. 27, Freiburg/Basel/Wien.
Tooley, Michael (1990): Abtreibung und Kindstötung, in: Leist, A. (Hg.): Um Leben und Tod, Frankfurt/M., S. 157–195.
Topitsch, Ernst (1963): Die Menschenrechte – Ein Beitrag zur Ideologiekritik, in: Juristen Zeitung 1, S. 1–7.
Troeltsch, Ernst (1961): Der Historismus und seine Probleme, Aalen.
Trombley, Stephen (1993): Todesstrafe. Die Hinrichtungsindustrie in den USA, Hamburg.
Tugendhat, Ernst (1995): Vorlesungen über Ethik, Frankfurt/M.
Universitas (1996): Brauchen wir diese Bioethik-Konvention?, in: Universitas 603, S. 835–866.
Vilmar, Fritz (Hg.) (1973): Menschenwürde im Betrieb, Hamburg.
Vitzthum, Wolfgang Graf (1985): Die Menschenwürde als Verfassungsbegriff, in: Juristen Zeitung 5, S. 201–209.
– (1986): Menschenwürde und Humangenetik, in: Universitas 41/2. Bd., S. 810–828.
– (1987): Gentechnologie und Menschenwürdeargument, in: Zeitschrift für Rechtspolitik 20/2, S. 34–37.
Vollmer, Gerhard (1994): Was ist Naturalismus?, in Logos 2/1, S. 200–219.
Voltaire (1969): Micromégas, in: Sämtliche Romane und Erzählungen, München, S. 125–146.
Wagner, Hans (1992): Die Würde des Menschen, Würzburg.
Walder, Patrick/Amendt, Günter (1998): Ecstasy und Co, Hamburg.
Walser, Robert (1985): Sämtliche Werke Bd. 16, Frankfurt/M.
Walzer, Michael (1996): Lokale Kritik – Globale Standards, Hamburg.
Wassermann, Rudolf (1989): Kommentar zum Grundgesetz für die Bundesrepublik Deutschland, Darmstadt.
Wehowsky, Stephan (Hg.) (1987): Lebensbeginn und menschliche Würde, Frankfurt/M./München.
Weinkauff, Hermann (1966): Der Naturrechtsgedanke in der Rechtsprechung des Bundesgerichtshofes, in: Maihofer, W. (Hg.): Naturrecht oder Rechtspositivismus, Darmstadt, S. 554–576.
Weizsäcker, Ernst Ulrich von (1994): Erdpolitik, Darmstadt.
Welzel, Hans (1958): Die Naturrechtslehre Samuel Pufendorfs, Berlin.
– (1963): Wahrheit und Grenze des Naturrechts, Bonn.
– (1990): Naturrecht und materiale Gerechtigkeit, Göttingen.
Wende, Frank (1981): Lexikon zur Geschichte der Parteien in Europa, Stuttgart.
Wesel, Uwe (1996): Die Hüter der Verfassung, Frankfurt/M.
– (1997): Die Geschichte des Rechts, München.
Westermann, H. (1957): Person und Persönlichkeit als Wert im Zivilrecht, Köln.
Wetz, Franz Josef: (1994): Lebenswelt und Weltall. Hermeneutik der unabweislichen Fragen, Stuttgart.

– (1994): Die Gleichgültigkeit der Welt, Frankfurt/M.
– (1994): Hans Jonas zur Einführung, Hamburg.
– (1995): Edmund Husserl, Frankfurt/M.
– (1996): Schelling zur Einführung, Hamburg.
– (1996): Letztbesinnung ohne Letztbegründung. Von der Texthermeneutik zur Naturhermeneutik, in: Philosophisches Jahrbuch 2, S. 15–28.
– (1997): Naturwissenschaft als Provokation. Wege zu einer existentiellen Hermeneutik der Natur, in: Praxis der Naturwissenschaften – Physik 6, S. 10–17.
– (1998): Hermeneutischer Naturalismus, in: Kanitscheider B./Wetz F. J.: Hermeneutik und Naturalismus, Tübingen.
– (1999): Die Naturalisierung der Kultur. Ein unvollendbares Projekt, in: Neue Rundschau 3 (1999), S. 9–28.
– (2004): Hans Blumenberg zur Einführung, Hamburg.
White, Lynn T. (1967): The Historical Roots of Our Ecologic Crisis, in: Science 155/1203.
Wolf, Jean-Claude (1992): Verhütung oder Vergeltung, Freiburg/München.
Ziegler, Karl-Heinz (1994): Völkerrechtsgeschichte, München.
Zippelius, Reinhold (1971): Geschichte der Staatsideen, München.
– (1992): Eingriffe in das beginnende Leben als juristisches Problem, in: D. Berg/H. Hepp/R. Pfeiffer/H.-B. Wuermeling: Würde, Recht und Anspruch des Ungeborenen, München, S. 57–64.
– (1994): Rechtsphilosophie, München.
– (1994): Allgemeine Staatslehre, München.
– (1994): Juristische Methodenlehre, München.
– /Maunz, Th. (1994). Deutsches Staatsrecht, München.
– (1995): Kleine deutsche Verfassungsgeschichte, München.
Zweig, Stefan: Ungeduld des Herzens, Frankfurt/M. 2001.

Personenregister

Franz Josef Wetz:

Die Kunst der Resignation

192 Seiten, gebunden, ISBN 3-608-94252-1

Sinn, Sinnlosigkeit und Unsinn gehören zu den mißbrauchten Wörtern, mit denen unsere Zeit den Geist quält. Wie oft ist die Rede von Sinnkrise, dem Verfall ewiger Werte und dem Ende der großen Sinngeschichten.
Franz Josef Wetz zeigt Auswege aus der Sinnkrise der Moderne auf. Er verfällt dabei weder den Götzen unserer gottverlassenen Zeit noch dem Nihilismus, sondern empfiehlt eine Kunst der Resignation: Ohne Sinn – und trotzdem glücklich.

Schöne neue Körperwelten

Der Streit um die Ausstellung

Herausgegeben von Franz Josef Wetz und Brigitte Tag

362 Seiten, broschiert, ISBN 3-608-94311-0

Körperwelten, die erfolgreichste Ausstellung in Europa, hat heftige Reaktionen ausgelöst. Der erste Debattenband versachlicht die Diskussion. Mit Hilfe von Abbildungen, die bisher noch nicht zu sehen waren, wird das Thema veranschaulicht. Befürworter und Gegner kommen zu Wort und schlagen Orientierungen vor in einer aufwühlenden Debatte, die jeden betrifft.
Die Ausstellung *Körperwelten* ist die meistbesuchte Ausstellung in Europa; sie ist auch eine der umstrittensten. In Rundfunk und Presse wurde zum Teil äußerst polemisch und missverständlich über diese Ausstellung informiert. Mit diesem Band soll die einsetzende Debatte versachlicht werden.

Klett-Cotta

Franz Josef Wetz:

Die Magie der Musik

Warum uns Töne trösten

439 Seiten, 40 s/w-Abbildungen, gebunden,, ISBN 3-608-93232-1

Von Alter Musik, der Oper oder Kirchenmusik bis zum Cool Jazz, zu Musical und Hip Hop: Warum überwältigt oder tröstet uns Musik? Wie läßt sich ihre Magie erklären? In dem facettenreichen historischen Aufriß spürt der Autor den vielfältigen Wirkungen der Musik nach, die unsere Kulturgeschichte begleitet.

Franz Josef Wetz:

Lebenswelt und Weltall

Hermeneutik der unabweislichen Fragen

523 Seiten, Leinen, ISBN 3-608-91151-0

Welche Folgen muß die moderne Wissenschaft für unser letztes Selbst- und Weltverständnis haben? Franz Josef Wetz entwirft eine Hermeneutik des modernen Weltbilds und kehrt zur ursprünglichen Aufgabe der Philosophie zurück: nach dem Ganzen des unermeßlichen Weltalls zu fragen und die Bedeutung des Menschen darin sowie seine Verantwortung dafür zu bestimmen.

Bernhard von Mutius:

Die Verwandlung der Welt

Ein Dialog mit der Zukunft

340 Seiten, Leinen, Faltkarte, ISBN 3-608-94271-8

Wir sehen die Zukunft immer noch mit den Augen der Vergangenheit, mit festen Standpunkten, Kategorien und Unterscheidungen. Virtualisierung und Globalisierung, Informations- und Wissensgesellschaft, digitale und biotechnische Revolution: Was verbirgt sich hinter den neuen Begriffen, mit denen sich diese Zeit selbst beschreibt? Sind wir Augenzeugen eines Epochenwechsels? Dieses Buch entfaltet wie auf einer mehrdimensionalen Landkarte das Bild einer sich umfassend wandelnden Welt mit tiefgreifenden Konsequenzen für Wirtschaft, Gesellschaft und Kultur.

Klett-Cotta